新疆师范大学文学院研究集刊之九

明月天山

——"李白与丝绸之路国际学术研讨会"论文集

朱玉麒　周　珊　主编

国家图书馆出版社

图书在版编目(CIP)数据

明月天山:"李白与丝绸之路国际学术研讨会"论文集/朱玉麒,周珊主编.
--北京:国家图书馆出版社,2018.9
ISBN 978 - 7 - 5013 - 6416 - 9

Ⅰ.①明…　Ⅱ.①朱…　②周…　Ⅲ.①李白(701—762)—人物研究—国
际学术会议—文集　②丝绸之路—国际学术会议—文集　Ⅳ.①K825.6 - 53
②K928.6 - 53

中国版本图书馆 CIP 数据核字(2018)第 060610 号

书　　名　明月天山——"李白与丝绸之路国际学术研讨会"论文集
著　　者　朱玉麒　周　珊　主编
责任编辑　黄　静
封面设计　邱　炯

出　　版　国家图书馆出版社(100034　北京市西城区文津街 7 号)
　　　　　　(原书目文献出版社　北京图书馆出版社)
发　　行　010 - 66114536　66126153　66151313　66175620
　　　　　　66121706(传真)　66126156(门市部)·
E-mail　　nlcpress@ nlc. cn(邮购)
Website　www. nlcpress. com →投稿中心
经　　销　新华书店
印　　装　河北三河弘翰印务有限公司
版　　次　2018 年 9 月第 1 版　2018 年 9 月第 1 次印刷

开　　本　787 × 1092(毫米)　1/16
印　　张　23.5
字　　数　280千字

书　　号　ISBN 978 - 7 - 5013 - 6416 - 9
定　　价　168.00 元

2015 年 10 月 15 日，"李白与丝绸之路国际学术研讨会"
在吉尔吉斯斯坦首都比什凯克市广场酒店隆重开幕

与会专家合影

会议开幕式，吉尔吉斯斯坦外交部周边国家司司长别什莫夫·阿斯卡尔先生（中）致欢迎词

大会发言现场

中文分组会议现场

吉俄语分组会议现场

闭幕式现场

研讨会的部分学术资料

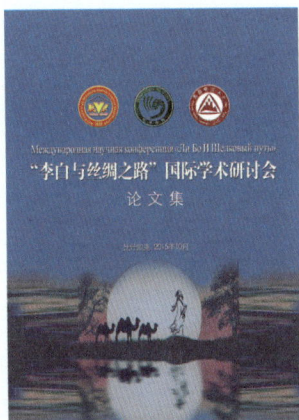

中文论文集书影

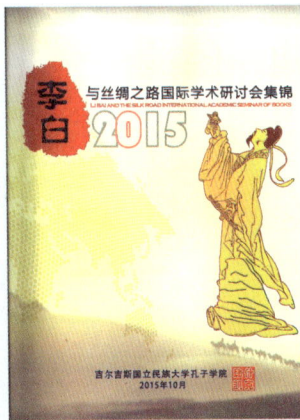

研讨会纪念图册

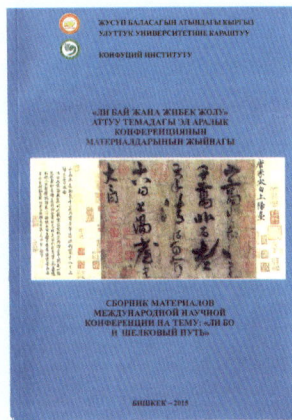

吉俄语论文集书影

研讨会期间首发的《李白研究论著目录》书影

吉尔吉斯斯坦国立民族大学孔子学院资助出版的中吉俄三语对照版《李白诗选》书影

《李白研究论著目录》新书首发暨赠书仪式现场。左起：原中国李白研究会会长、新疆师范大学文学院薛天纬教授，吉尔吉斯斯坦国立民族大学孔子学院吉方院长库勒塔耶娃·乌木特女士、中方院长马磊先生

研讨会开幕式上，吉尔吉斯斯坦小学生用中文背诵李白诗歌

3

吉尔吉斯斯坦国立民族大学国际关系与东方
学系朱马纳利耶夫·藤奇博洛特教授

吉尔吉斯斯坦国家科学院东干学与汉学研究
中心伊马佐夫·穆哈迈德教授

"碎叶"历史文化研究中心
马如昔奇·弗拉基米尔主任

吉尔吉斯斯坦国家科学院东干学与汉学研究
中心什赛尔·伊斯哈尔博士

吉尔吉斯斯坦国立民族大学科学
部艾森古洛夫·努尔玛玛特部长

哈萨克斯坦阿里－法拉比国立大学东方学系
纳比坚·穆罕穆德汗教授

吉尔吉斯斯坦国立民族大学
奥斯曼诺娃·乔勒盼、忠·阿力

吉尔吉斯斯坦国家科学院东干学与汉学中
心爱丽扎·索菲亚、哈瓦扎·法提玛

部分与会中国学者

河南省社会科学院文学研究所葛景春研究员

清华大学美术学院尚刚教授

四川大学中国藏学研究所霍巍教授

武汉大学文学院尚永亮教授

山西省考古研究所张庆捷研究员

陕西省考古研究院张建林研究员

中国人民大学国学院孟宪实教授

中央民族大学文学与新闻传播学院梁森教授

与会中国学者在吉尔吉斯斯坦考察

参观吉尔吉斯斯坦国立民族大学及孔子学院

在孔子学院交流，左：苏州大学文学院罗时进教授（右）向孔子学院赠书；
右：北京大学考古文博学院齐东方教授为孔子学院题词

考察阿克·贝希姆遗址（唐代碎叶故城），左：鸣枪祭诗魂；右：举杯邀诗仙

考察伊塞克湖（唐代热海），左：岩画公园；右：伊塞克湖畔

前　言

李白——丝绸之路上的瑰宝

一

《明月天山》是两年前在吉尔吉斯斯坦举办的"李白与丝绸之路国际学术研讨会"的论文结集。2015 年 10 月，"李白与丝绸之路国际学术研讨会"在吉尔吉斯斯坦国立民族大学隆重召开。这是由吉尔吉斯斯坦国立民族大学、中国新疆师范大学主办，吉尔吉斯斯坦国立民族大学孔子学院、新疆师范大学文学院、北京大学中国古代史研究中心、中国李白研究会共同承办的学术研讨会。

中国学术团体在海外，特别是在李白的出生地国家，举办以李白为主题的会议，这是第一次；以李白为主题的学术研讨将文学、语言、历史、考古、艺术等多个领域的专家集合在一起从事多学科的研究，也是第一次。跨国对话、交叉研究，是当代学术的共同追求；李白研究在丝绸之路上的这次实践活动，是顺应学术时势的成功典范。这个纪念性的学术活动，距离李白在中亚碎叶（今吉尔吉斯斯坦境内）的出生，已经过去了 1315 年；而距离他从中亚碎叶进入大唐帝国的天府之地四川，也已经过去了 1310 年。

促成我们在吉尔吉斯斯坦举办这个活动的因缘，正是李白先世谪居中亚碎叶、李白也出生其间这一重要的历史事实。"千秋万岁名，寂寞身后事。"（唐杜甫《梦李白二首》之二）像历史上众多的伟大作家那样，李白的作品本身，没有确切地将他的一切告诉后人。李白的一生充满了扑朔迷离的疑问，出生地则是争议最多的谜团。能够证明李白先世曾经生活在中亚碎叶的资料，是同时代李阳冰为李白文集所写《草堂集序》提及"中叶非罪，谪居条支。……神龙之始，逃归于蜀"，以及稍后的范传正《唐左拾遗翰林学士李公新墓碑并序》中提及"隋末多难，一房被窜于碎叶……神龙初，潜还广汉，因侨为郡人"的记载。正如本论文集中薛天纬教授《条支与碎叶》所辨析的那样:原始文献中李白先世的流窜地有"条支""碎叶"两种说法,其中条支是一个泛指西域的大概念,碎叶则是西域的一个具体地名;当碎叶城可以确定在今吉尔吉斯斯坦阿克·贝希姆遗址的时候,李白先世流窜之地也就明确了。

而李白本人出生于中亚碎叶,也在李白至德二年(757)所撰《为宋中丞自荐表》提及"臣伏见前翰林供奉李白,年五十有七"的字句中得到印证。《自荐表》中提及其五十七岁的年龄,可以推断李白的生年在武周大足/长安元年(701);前引李阳冰《草堂集序》和范传正《唐李公新墓碑》既然言及李白"神龙之始,逃归于蜀""神龙初,潜还广汉,因侨为郡人",那么,他在五岁之前生活在中亚的谪居地碎叶,应该是最可能的假设。

然而,李白却成了东亚民族的文学巨匠,成为汉语诗国的杰出歌手,与其出生地在中亚甚至出身可能是"西域胡人"的身世形成了极大的反差!这也是很多年来爱之太深的一些中国读者在狭隘的民族与地方主义情结下,对于李白出生于中亚碎叶问题讳莫如深、难得心平气和地进行学术讨论的原因。其实,对于这种争夺李白出生地归属的现象,明代思想家李贽早就发出了"自唐至今然矣"的喟叹,并予以评判:"呜呼!一个李白,生时无所容入,死而千百余年,慕而争者无时而已。余谓李白无时不是其生之年,无处不是其生之地。亦是天上星,亦是地上英。……死之处亦荣,生之处亦荣,流之处亦荣,囚之处亦荣,不游不囚不流不到处,读其书,见其人,亦荣亦荣,莫争莫争。"(明李贽《焚书·李白诗题》)

尊重历史的事实,是热爱李白的前提。即使他是一位出生于中亚的非汉族文人,却成为了汉语诗坛的国手,也丝毫无损中华文化的光辉。"异族出身的人成为中国文学史上有代表性的诗人的意义",日本的李白研究专家松浦友久教授这样总结:"中国文化(汉族文化)巨大的同化力是通过中国各异族王朝的历史体现出来的,这一点与其说是衣、食、住这一有形(具体形象)的部分,还不如说是语言、学术、诗文这一无形(直接与语言有关)的部分更显著。……李白是异族出身,如果认为这一点会给中国文学史(乃至中国文化史)带来不利的因素,那显然是一种误解。与出身的种族和血统无关,在中国的文明中成长,把中国作为祖国,依靠中国语(汉语)而成为中国有代表性的诗人的'李白'的存在,在这个词的真正意义上,应该说是中国民族性的杰出体现者。"(松浦友久《李白的出生地及家世:以异族说的再研究为中心》)松浦教授的论述,为中华文化的包容性和生命力做出了很好的概括。

二

什么样的因素能够将李白从遥远的中亚引向万里之外的东方,成就他"光焰万丈"的锦绣文章?毫无疑问,古老的丝绸之路在盛唐时代的繁荣,是李白从中亚碎叶东进中原的重要渠道。"洗兵条支海上波,放马天山雪中草。"(《战城南》)"明月出天山,苍茫云海间。长风几万里,吹度玉门关。"(《关山月》)正如本集中葛景春先生《李白及其诗歌中的丝路文化色彩》所论述的那样,李白诗歌中的丝路色彩,是那个文化交融的大时代以及李白中亚出生背景的直接映射。因此,李白与他的诗歌,不仅是中国文学的瑰宝,也熔铸了整个东亚文明的精神,更汇聚了丝绸之路通向世界的文化精髓!

正是在这样的背景下,2015 年的会议以"李白与丝绸之路"为主题,希望通过两大主题的交汇,探讨中国文明借由丝绸之路通向世界的开放与包容面貌。2013 年,中国政府提出了"一带一路"的倡议;2014 年,中国和哈萨克斯坦、吉尔吉斯斯坦联合申报的"丝绸之路:长安—天山廊道路网",顺利列入世界文化遗产名录。这一系列的事件并非巧合。在"一带一路"的倡议背后,是深远的历史传统;长安—天山廊道路网作为丝绸之路的东段首先列入世界遗产名录,是几千年来人类文明的锻造结晶;而李白,正是这一丝绸之路编织出来的最璀璨的诗国瑰宝!

这次成功的会议,在文化交流的多方面取得了杰出的成果和深远的影响,本论文集也是其中的一个硕果。为此,作为论文集的主编,我们要感谢会议的研讨者提供的优秀篇章(其中部分论文经过修改、调整,与会议发言稿有所差异);我们要感谢吉尔吉斯斯坦国立民族大学孔子学院的团队在承办此次会议中付出的辛苦,他们在吉尔吉斯斯坦有口皆碑的文化交流工作带来的积极影响,使我们的会议代表在这里宾至如归,会议研讨和考察也得到顺利开展;我们要感谢孔院吉方院长库勒塔耶娃·乌木特(Kultaeva U. B.)女士组织了吉尔吉斯斯坦的学者和诗人撰写论文、翻译李诗,编辑出版了吉俄版的《"李白与丝绸之路国际学术研讨会"论文集》,使得会议在中吉双方展开了良好的互动;本论文集中也选译了吉方学者的俄语论文及相关背景材料,让中国读者方便地了解吉尔吉斯斯坦学者关于"李白与丝绸之路"研究的杰出成果。

我们更要感谢孔院中方院长马磊先生对于会议的统筹安排和组织考察、同声传译等细致的工作,以及在我们编辑论文集时有求必应的技术支持。在会议的前一年,当我们第一次前往吉尔吉斯斯坦考察丝绸之路时,是马磊院长审慎地提出了"李白可否作为中吉文化交流议题"的建议,才有了一年之后多学科的国际对话。

在我们编辑完成这部论文集的同时,我们也欣喜地看到这个会议在其他方面的延续影响:

2016 年 4 月,在得悉会议的成果之后,对于中国文化情有独钟的泰国公主诗琳通殿下专程前来北京大学,同唐诗与唐史研究的中国学者交流,吟诵李白"举头望明月,低头思故乡"的诗篇,随后飞度天山,考察了碎叶故城和吉尔吉斯斯坦国立民族大学孔子学院。

2016 年 10 月,李白的终老之地第一次迎来了李白出生地国家的客人,由中国李白研究会等单位组织的"乘风千万里,圆梦绿诗城"国际文化交流活动在安徽马鞍山当涂青山李白墓园隆重举行,吉尔吉斯斯坦国立民族大学前校长、文学研究专家伊萨米金诺夫·伊斯坎德尔教授在马磊院长的陪同下,与中国的李白纪念地——四川江油、湖北安陆、山东济宁和安徽马鞍山的四方代表一起,用取自这五地的泥土共同栽种下五棵"香满天下"桂花树,纪念诗仙。

2017 年 11 月,"中国李白研究会第十八届年会暨学会成立三十周年纪念大会"在马鞍山市召开,会议也第一次迎来了吉尔吉斯斯坦的学者参加,楚河州国立大学苏来曼·卡依波夫教授、国立民族大学图鲁斯别克·玛拉孜阔夫教授的到来,体现了中国李白研究会走过 30 年的研究历程之后的新趋向:让李白的影响走出东亚,让中亚乃至世界共同分享这一丝绸之路上的文学瑰宝,正是研究者在新时代的"一带一路"上应尽的责任和义务。

"但使主人能醉客,不知何处是他乡。"(李白《客中作》)是中国文化的美酒,使得中亚出生的李白沉醉在了汉语诗律的东方花园中,把它视作故乡,用生花妙笔铸就了盛唐诗歌的最强音。我们也期待:"李白与丝绸之路"的持续研究,能够使更多的人通过李白的诗篇,栖息在人类文明的精神家园。

朱玉麒 周 珊
2017 年 12 月 8 日

目　　录

从李贤、李静训到李白

——考古发现与李白先祖

齐东方

一

隋代大业年间,朝廷发生一起大案,权臣李浑(字金才)被告谋反,李浑、李敏等宗族三十二人被诛,李门中幸存的老幼,皆徙岭外,其中有一房流寓到碎叶。学者考证,流寓到碎叶的李氏一房,即为李白的五世祖,李白生于碎叶①。

这可能是一个冤案。史书记载的案情并不复杂:大业十一年(615)有个方士叫安伽陀,"自言能晓图谶,谓帝曰'当有李氏应为天子'"。与此同时,宇文述"诬构(李)浑于帝曰:'伽陀之言,信有征矣,臣与金才夙亲,闻其情趣大异。常日数共李敏、善衡等,日夜屏语,或终夕不寐。浑大臣也,家代隆盛,身捉禁兵,不宜如此。愿陛下察之'"②。更为荒唐的是,隋文帝因梦洪水没都城,而李敏的小名叫"洪儿",这一切跟安伽陀的"李氏应为天子"谶语相合,于是李氏家族遭到了灭顶之灾③。

尽管理由都很荒谬,却也事出有因。方士之说可不论,宇文述告李浑应是政治权力之争。李浑之父李穆是显赫一时的权臣,卒后,李筠"以嫡孙袭爵"。后来李筠死,李浑要继承爵位,"谓妻兄太子左卫率宇文述曰:'若得封袭,当以国

---

① 参见张书城《李白先世之谜:论李白属西汉李广、李陵、北周李贤、杨隋李穆一系》,《唐代文学论丛》总 8 辑,西安:陕西人民出版社,1986 年,55—77 页;收入作者著《李白家世之谜》,兰州:兰州大学出版社,1994 年,1—21 页。

② 《隋书》卷三七《李穆传》,北京:中华书局,1973 年,1120—1121 页。

③ 《资治通鉴》卷一八二"大业十一年"条:"初,高祖梦洪水没都城,意恶之,故迁都大兴。……浑从子将监敏,小名洪儿,帝疑其名应谶,常面告之,冀其引决。"北京:中华书局,1956 年,5695 页。

赋之半每岁奉公。'"宇文述帮助事成之后,李浑却没有遵守诺言,"二岁之后,不以俸物与述"。宇文述怀恨在心,曾说:"我竟为金才所卖,死且不忘!"①如此深仇,便借方士之言导演了这一案件。

李浑案的审理中,没有得到证据,宇文述又找到关在狱中的李敏的妻子、自己的妹妹宇文氏,说:"夫人,帝甥也,何患无贤夫!李敏、金才,名当妖谶,国家杀之,无可救也。夫人当自求全,若相用语,身当不坐。"②并亲自口授了一份假证词,由李敏妻宇文氏写好密报皇帝,最后定案,导致李氏宗族三十多人被杀的惨案。

这起冤案也非完全无故,皇帝也未必糊涂。李氏家族先祖立功建业于北周,势力多在河西,到了隋代家族显赫,开始渗入都城。隋初李氏家族,"子孙虽在襁褓,悉拜仪同,其一门执象笏者百余人","冠冕之盛,当时莫比焉,自周迄隋,郁为西京盛族,虽金、张在汉,不可尚也"③。李浑为隋开国元勋,又在隋炀帝时率兵西征立功。李敏参加了隋炀帝征高丽、辽东的战役。如此显赫的地位,必然招致其他贵族和大臣的嫉妒。而且家族势力过大,又是军功集团,功高盖主,威胁皇权,不能不引起帝王的警惕。在整个案件审理中,也透露出了皇帝的意图。李浑、李敏被抓后,先"遣左丞元文都、御使大夫裴蕴杂治之。案问数日,不得其反状,以实奏闻。帝不纳,更遣述穷治之"④。通过正常渠道的审理并无真凭实据,对这个结果皇帝不满意,明知宇文述与李浑有仇,又是告密者,偏偏换成他再审,说明皇帝也想置李家于死地。李家"谋反"案完全是一场政治斗争。李敏妻诬陷丈夫以求全,但几个月后亦赐鸩而终,带有明显的灭口之嫌。

二

案件中的一个重要人物是李敏。李敏的祖父叫李贤,李敏有个爱女叫李静训。有趣的是,1957年陕西省西安市发掘了隋代大业四年李静训墓⑤;二十六年

---

① 《隋书》卷三七《李穆传》,1120 页。
② 《隋书》卷三七《李穆传》,1121 页。
③ 《周书》卷二五《李贤传》,北京:中华书局,1971 年,424 页。
④ 《隋书》卷三七《李穆传》,1121 页。
⑤ 中国社会科学院考古研究所《隋代李静训墓》,同作者编著《唐长安城郊隋唐墓》,北京:文物出版社,1980 年,3—28 页。

后的 1983 年,宁夏固原南郊发掘了北周天和四年(569)李贤墓①。从亲缘关系上看,李贤是李静训的曾祖。从地域上看,一个葬在宁夏固原,一个葬在陕西西安。从朝代上看,一个是北周人,一个是隋代人。不同朝代,埋葬地点相距遥远,又是直系亲属的墓葬被发现是少见的巧合。奇特的还有,两座墓出土遗物极为丰富,甚至有些关联,而考察这个家族的兴衰,又竟然与唐代大诗人李白有藕断丝连的关系。

更为幸运的是,这两座墓保存较好,都经过科学发掘。考古发现后,立即成为两个时代具有代表性的墓葬。谈到北周,经常要提李贤墓;论及隋代,也要涉及李静训墓。

李贤墓是由斜坡墓道、甬道、天井、弧方形土洞墓室组成,全长超过 35 米,形制特征基本沿袭北魏了的做法(图 1)。该墓虽被盗扰,仍出土了数量众多的陶俑,陶俑半模制成,造型简朴,不同于关东地区东魏、北齐的陶俑。

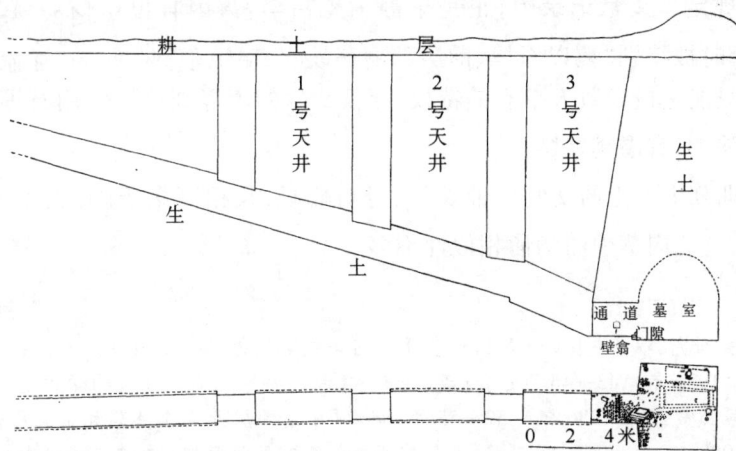

图 1　李贤墓平、剖面图(《宁夏固原北周李贤夫妇墓发掘简报》)

墓中绘彩色壁画,有门楼图、武士图、侍从伎乐图等,疏放生动,有传统画风,还融汇了西域风格,不同于其他北朝时期带有装饰性的人物处理方式,虽不能代表北周绘画的整体面貌,却为汉唐绘画艺术发展转变提供了值得研究的新线索。美术史上隋代成名画家多经历北周,后来的唐墓壁画布局、题材与李贤墓相近之

----

① 宁夏回族自治区博物馆、宁夏固原博物馆《宁夏固原北周李贤夫妇墓发掘简报》,《文物》1985 年第 11 期,1—21 页。

处颇多,就墓葬壁画而言,其渊源关系更深①。

李静训墓是长方形竖井土坑墓,但规模很大(图2),长
6.05米,宽5.1米,最突出的特点是用石椁为葬具。隋墓有
石椁的很少,已知李和墓出土了石棺②,李和官职为司徒公
(正一品)、徐州刺史(正三品)、德广肃公(从一品)。潼关税
村隋墓也有石棺③,推测是太子杨勇的墓葬。

隋代因地位不同,死后的墓葬区别较大。官至从一品的
姬威、独孤罗墓都没有石棺、石椁,只有石棺床。地位再低的
李敬族、宋忻墓连石棺床也不见④。因此,是否采用石葬具是
等级的限制。《通典·棺椁制》载:"大唐制,诸葬不得以石为
棺椁及石室,其棺椁皆不得雕镂彩画,施户牖栏槛,棺内又不
得有金宝珠玉。"⑤这是明确的唐代制度,唐承隋制,或许隋代
也有类似规定。文献记录中,正是李静训先祖李穆,因官位
隆高,丧葬时被特别"赐以石椁、前后部羽葆鼓吹、辒辌车"⑥。
使用石椁只能是极少数人享有的特权,年仅9岁的李静训墓居然用石椁,足见其
家族势力强大,有僭越之嫌。

李静训墓中出土的女俑广袖长裙,身材修长,长裙高束于胸,更多地继承了
北齐风范,与北周墓中的陶俑相似性不多。

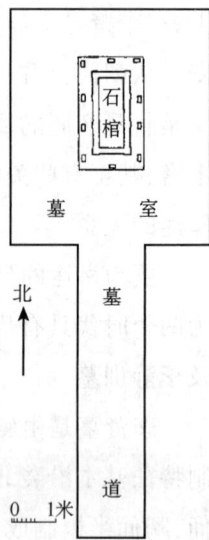

图 2　李静训墓
平面图

----

① 相关研究,参韩兆民《固原北周李贤夫妇合葬墓发掘的主要收获》,《宁夏文物》试刊
号总第1期(1986年),43—46页;何继英、杜玉冰《浅谈固原北周李贤墓的学术价值》,《宁夏
文物》试刊号总第1期(1986年),52—55页;宿白《宁夏固原北周李贤墓札记》,《宁夏文物》
总第3期(1989年),1—9页;王卫明《北周李贤夫妇墓若干问题初探》,《美术研究》1985年第
4期,62—72页。

② 陕西省文物管理委员会《陕西省三原县双盛村隋李和墓清理简报》,《文物》1966年第
1期,27—42页。

③ 陕西省考古研究院《陕西潼关税村隋代壁画墓发掘简报》,《文物》2008年第5期,4—
31页。

④ 刘玉杲《河北省饶阳县王桥村隋墓清理简报》,《文物》1964年第10期,47—48页;陕
西省考古研究院《陕西长安隋宋忻夫妇合葬墓清理简报》,《考古与文物》1994年第1期,32—
41页。

⑤ (唐)杜佑撰,王文锦等点校《通典》卷八五"棺椁制",北京:中华书局,1988年,
2299页。

⑥ 李穆功绩显赫、官位隆高,隋文帝曾下诏:"但非谋逆,纵有百死,终不推问。"(《隋书》
卷三七《李穆传》,1118页。)

三

李贤、李静训墓最值得关注的,是随葬品中有西方输入品或仿制品。李贤墓有鎏金银壶、金戒指、玻璃碗。李静训墓有波斯萨珊银币、宝石镶嵌的金项链、金手镯、金银高足杯器等,至今仍是难得一见的重要文物。

李贤墓中的鎏金银壶极为精致(图3)。鸭嘴形流口,弧形把,把的顶端带一深目高鼻戴帽的胡人像。环绕壶的腹部为男女相对的三组人物图像,表现的是古希腊神话故事"帕里斯的审判""掠夺海伦及回归"的场面①。鎏金银壶制作地点可

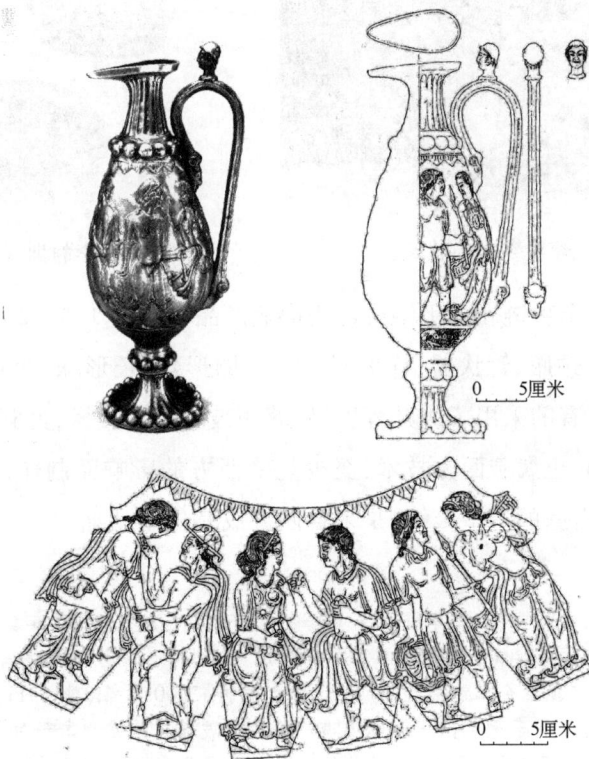

图3　李贤墓出土鎏金银器
左上:原器物;右上:线描图;下:腹部图案展开线描图

---

① B. I.マルシャータ(马尔沙克)、穴沢咲光《北周李贤夫妇墓とその银制水瓶について》,《古代文化》第41卷第4号,京都,1989年;张鸿智汉译文《宁夏固原北周李贤墓及其中出土的饰以古希腊神话故事的鎏金银壶述评》,《固原师专学报》1992年第2期,92—94页。

能在巴克特里亚,制作年代在5、6世纪之交,作者是哌哒占领区内的土著工匠或客籍于这一地区的罗马手工艺人①。金戒指顶面镶嵌蓝色的宝石,上面刻一位手举花环、闻歌欲舞的裸体女像,应来自葱岭以西。玻璃碗饰圆纹,其特征是圆纹凸起于器表,每个圆饰的顶面稍内凹。制作过程是先有模吹制出器物形状,再对凸起圆形部分进行打磨,是萨珊玻璃器无疑(图4-1)②。

图4-1 李贤墓中的玻璃碗

图4-2 李静训墓中的玻璃扁瓶

李静训墓的金项链和金手镯或许为中亚产品(图5-1、5-2)③,墓中还出土包括罐、扁瓶、无颈瓶、管状器、杵形器、小杯、卵形器、长形珠、小珠等共24件玻璃器(图4-2),有的采用了缠贴等罗马、萨珊玻璃工艺技术,经过检测,小杯、无颈瓶是钠钙玻璃,也属于西方技术,至少是受西方的影响而制作的④。金银高足杯,属于罗马拜占庭的造型传统,是来自西方或其仿制品⑤。

---

① 相关研究,参吴焯《北周李贤墓出土鎏金银壶考》,《文物》1987年第5期,66—76页;孙机《固原北魏漆棺画》,《文物》1989年,38—44、12页;罗丰《北周李贤墓出土的中亚风格鎏金银瓶——以巴克特里亚金属制品为中心》,《考古学报》2000年第3期,311—330页。

② 参安家瑶《北周李贤墓出土的玻璃碗——萨珊玻璃器的发现与研究》,《考古》1986年第2期,173—181页;齐东方、张静《中国出土的波斯萨珊凸出圆纹切子装饰玻璃器》,《创大アジア研究》第16号,创价大学アジア研究所,1995年,55—59页;谷一尚《西方系凸雕玻璃容器的系统与传播》,宁夏回族自治区固原博物馆、中日原州联合考古队编《原州古墓集成》,北京:文物出版社,1999年,41—49页。

③ 熊存瑞《隋李静训墓出土金项链、金手镯的产地问题》,《文物》1978年第10期,77—79页。

④ 齐东方《隋代玻璃》,《故宫文物月刊》1998年第6期,124—133页。

⑤ 齐东方《唐代金银器研究》第三编《唐代金银器与外来文明·唐代高足杯研究》,北京:中国社会科学出版社,1999年,398—419页。

北周、隋代墓葬发现甚多，出土精美的外来文物却极少，为什么恰好出现在这两座有亲缘关系的李氏墓葬中？解答这一饶有趣味的问题，对探讨丝绸之路和外来文化传播十分重要，也透露了这个家族的特殊之处。

李贤能带兵打仗，深得朝廷信任，"王师东讨，朝议以西道空虚，虑羌、浑侵扰，乃授贤使持节、河州总管、三州七防诸军事、河州刺史"①。

图 5-1　李静训墓中的金项链　　图 5-2　李静训墓中的金手镯

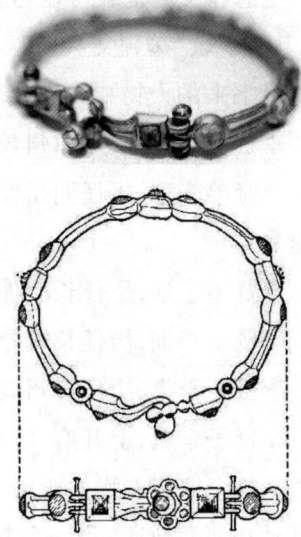

对于他的家世，墓志称："本姓李，汉将陵之后也。"《北史·李贤传》说："自云陇西成纪人，汉骑都尉陵之后也。陵没匈奴，子孙代居北狄，其后随魏南迁，复归汧、陇。"②都把李贤追述为汉代李陵的后裔。附会前贤，攀附名人望族，是古人书写墓志时的习惯，研究者多不取其说。墓志在讲述族谱时又说："十世祖俟地归，聪明仁智，有则哲之监，知魏圣帝齐圣广渊，奄有天下，乃率诸国定扶戴仪，凿石开路，南越阴山，竭手爪之功，成股肱之任，建国拓跋，因以为氏。"有学者据此推测李贤为鲜卑、高车人的后裔③。这段记载令人费解，但紧接着从十世祖立

---

① 《周书》卷二五《李贤传》，417 页。

② 《北史》卷五九《李贤传》，北京：中华书局，1974 年，2105 页。《隋书·李穆传》记载相同。

③ 姚薇元《高车诸姓》，作者著《北朝胡姓考》，北京：中华书局，1962 年，299—300 页；罗丰《李贤夫妇墓志考略》，《宁夏文物》试刊号总第 1 期（1986 年），47—51 页；顾铁符《关于李贤氏族、门望、民族的一些看法》，《美术研究》1985 年第 4 期，57—58 页；王卫明《北周李贤夫妇墓若干问题初探》，《美术研究》1985 年第 4 期，62—72 页。

即转到了祖父,似乎撰写墓志时对距离遥远的祖先说不清楚。《周书》《北史》记载李贤时又提到曾祖为李富。李富"魏太武时以子都督讨两山屠各,殁于阵,赠宁西将军、陇西郡守"①。《隋书》记载李贤之弟李穆时说"祖斌,以都督镇高平,因家焉。父文保,早卒"②。可以说从李贤祖父李富开始,这个家族的线索逐渐清楚可信了。

墓志和文献记载可以勾勒出李氏家族的轮廓。李富在魏太武时殁于西北战场,其子李斌"袭领父兵,镇于高平"③。到了李贤、李穆时,李氏家族更为兴旺,被记录下来的人物和官职如下:

李贤历任高平令、原州长史、原州刺史、瓜州刺史、河州总管、洮州总管。

李贤弟李穆,历任同州刺史、雍州刺史、原州刺史、直州刺史、原州总管、并州总管。

李贤弟李远,历任长城郡守、高平郡守、原州刺史、河东郡守。

李贤子李询,历任长安令、隰州总管,以军功赐爵平高郡公、陇西郡公。

李贤子李崇,历任怀州刺史、徐州总管、幽州总管。

李贤子李轨,上开府、岐章公。

从这个家族人物的职历中可以发现两个现象,一是几乎都任过军职,二是主要活动在河西地区,是一个封地在陇西的军人世家。家族成员中"尤工骑射","战守之备,无不精锐"者甚多④,并屡以军功授勋。李崇"起家州主簿,非其所好,辞不就官,求为将兵都督"⑤,以投笔从戎为理想,最终在与突厥人的战争中死于军阵。

固原北魏为高平镇,后改为原州。西魏改高平为平高,北周置总管府,隋代又称原州。无论行政建置如何更改,都是河西的政治中心,也是通向西域的重镇和门户。以往的考古发现在固原东郊雷祖庙北魏墓曾出土萨珊银币⑥,北周田弘墓出土东罗马金币⑦,隋唐时代的粟特人后裔史氏墓地仍发现萨珊银币、东罗

① 《周书》卷二五《李贤传》,417 页。《北史·李贤传》记载相似。
② 《隋书》卷三七《李穆传》,1115 页。
③ 《周书》卷二五《李贤传》,413 页。
④ 《北史》卷五九《李贤传》,2111 页。
⑤ 《隋书》卷三七《李穆传附李崇》,1122 页。
⑥ 韩孔乐、韩兆民《宁夏固原北魏墓清理简报》,《文物》1984 年第 6 期,48 页。
⑦ 原州联合考古队《北周田弘墓》,北京:文物出版社,2009 年,86—88 页、198—199 页。

马金币等①，说明这里曾是丝绸之路上一个长久不衰的通道入口。李贤一直是这里炙手可热的高官，地位和影响力远超上述各墓的墓主。墓中出现珍贵的外来物品。北周贵族墓经过发掘的有拓跋虎、叱罗协、田弘、王德衡、若干云、独孤藏、尉迟运墓等②，出土文物均不如李贤墓精美。李氏以军人世家长期经营河西，在战争中多次取胜，无论是战争中缴获，还是直接从胡商或外国使臣手中获得，都不奇怪。

李静训无官职，"未登弄玉之台，便悲泽兰之夭"，死时年仅9岁，在历史上没有树碑立传的资格。墓志在叙述其家世时云"女郎讳静训，字小孩，陇西成纪人。上柱国、幽州总管壮公之孙，左光禄大夫敏之第四女"，"幼为外祖母周皇太后所养"，可见她不仅生长在高官贵族之家，还有皇室血统。

这座墓格外豪华，随葬外来物品，必有特殊原因。

李静训祖父李崇在与突厥人的战争中死去，其时父亲李敏年幼，隋文帝特别下令养于宫中，即以功臣子弟的身份长期住在都城中，李敏长大后袭父爵，官至光禄大夫，又授予上柱国，及蒲、豳、金、华、敷、岐州刺史的头衔，但李敏"多不莅职，常留京师，往来宫内，侍从游宴，赏赐超于功臣"③。皇帝的赏赐当然珍贵，不排除有外来物品。李氏家族其他人得到皇室的赏赐也颇多。李穆之子李惇"每有遐方服玩，异域珍奇，无不班锡"④，十分明确地提到赏赐中有"异域珍奇"。可见李静训家藏有外来物品应是自然的事情，她丧葬时"赠赙有加"。因此墓中的外来物品，不是来自皇帝的赏赐，就是祖传遗物。

另外，河西势力强大的家族，麾下常有胡人相助，李家也当如此。李贤墓志中讲述先祖时提到"随魏南迁"，与鲜卑、高车联系在一起，无论是否可靠，能够写在墓志上，表明李氏家族与胡人关系密切，固原地区有胡人聚族而居，当地已发现粟特人后裔的墓群⑤，其中有史射勿墓，志载"其先出自西国"，"天和元年（566），从平高公于河东作镇"，"建德五年（576），又从申国公击破轵关，大蒙优

---

① 罗丰《固原南郊隋唐墓地》，北京：文物出版社，1996年，146—168页。
② 负安志编著《中国北周珍贵文物——北周墓葬发掘报告》，西安：陕西人民美术出版社，1993年；原州联合考古队编《北周田弘墓——原州联合考古队发掘调查报告》，东京：勉诚出版社，2000年。
③ 《北史》卷五九《李贤传附李敏》，2110页。
④ 《周书》卷三〇《于翼传（附李穆传）》，527—529页。
⑤ 参罗丰《固原南郊隋唐墓地》，北京：文物出版社，1996年。

赏"。"西国"是指中亚昭武九姓诸国。李贤子李询"以军功赐爵平高郡公",李贤之弟李穆在"天和中,进爵申国公"①。即粟特人史射勿曾跟随李询、李穆坐镇出征。到了隋代开皇二年(582),史射勿又"从上开府、岐章公李轨出向凉州,与突厥战于城北"。李轨也是李贤之子。

考古发现证实,迁移到河西聚族而居的昭武九姓,形成了不可忽视的群体,隋唐时出任官府委任的职务,必然与当地高官结成紧密的联盟。李氏家族数代经营河西,守卫丝绸之路要冲,也必然与各族结成了密切关系。从史射勿墓志中看到了粟特人后裔追随历代李氏的情况。在这一背景下,李贤、李静训墓都出土珍贵的外来物品,在考古发掘中罕见,但从家族、地域以及与胡人关系的背景上看,也许就不会是偶然的现象了。

四

李白有诗自述家世:"本家陇西人,先为汉边将。功略盖天地,名飞青云上。"②研究者考证李白出生在中亚碎叶,远祖即是汉将军李广,并推出李白为李广的二十五世孙③。李广之孙就是投降了匈奴的汉骑都尉李陵。李陵的后裔,后来在蒙古草原上加入鲜卑部,4世纪末,随鲜卑拓跋部南下入塞,在北魏、西魏、北周、隋代四朝。这和李贤的家世完全一样。李贤、李静训墓志所载郡望均为"陇西成纪人",李白先祖也是"陇西成纪人",虽然这其中有冒认郡望的可能,但也并非纯属巧合。由此,中国文学史上的著名人物李白,就和李贤、李静训发生了微妙的联系。

李白的祖先因"隋末多难,一房被窜于碎叶。流离散落,隐易姓名"④。这样看来,李贤、李静训便是赫赫有名的唐代大诗人李白的先人了。回到本文开头提到的隋代的那起大案,李浑、李敏等宗族三十二人被诛,幸存者皆徙岭外,其中一房流寓到了碎叶。按照以往学者的考证,李白先世家族正是那一支,那么李贤、

① 《隋书》卷三七《李穆传》,1116、1122 页。
② 李白《赠张相镐二首》,《全唐诗》卷一七〇,北京:中华书局,1960 年,1757 页。
③ 郭沫若《李白出生在中亚碎叶》,作者著《李白与杜甫》,北京:人民文学出版社,1972 年,3—7 页。
④ 范传正《唐左拾遗翰林学士李公新墓碑》,王琦注《李太白全集》卷三一,北京:中华书局,1977 年,1462 页。

李静训与李白自然联系在一起了。

遭难后投奔中亚的李氏家族，后来诞生了李白，甚至还有学者认为他是"西域胡人"①，李白是否为胡人后裔或有胡人血统可不论，他的家族要继续生存，自然要与当地融为一体，浸染胡风。李白后来的生活中对胡姬酒肆、老胡似乎很有亲切感，在《上云乐》诗中曾经描述了一个来自中亚康国人的形象："康老胡雏，生彼月窟。巉岩容仪，戍削风骨。碧玉炅炅双目瞳，黄金拳拳两鬓红。华盖垂下睫，嵩岳临上唇。不睹诡谲貌，岂知造化神。"字句夸张而生动，最后是："不睹诡谲貌，岂知造化神。"②对康国老胡的描述带有赞美。还有，李白诗中多次提到"胡姬"，著名诗篇《少年行》中的第二首云："五陵年少金市东，银鞍白马度春风。落花踏尽游何处，笑入胡姬酒肆中。"③胡姬酒肆是李白熟悉的场所，唐金乡县主墓曾出土过胡姬的形象，面目有些妖冶，服装色彩艳丽，有的嘴角还保留着黑色圆点妆靥，侧首拿姿，面带迷人的笑意，恰如李白诗中"胡姬貌如花，当垆笑春风"的形象④。也许是李白出生在中亚，对那里的生活环境有挥之不去的记忆，这种特殊的情感，使他也常常"笑入胡姬酒肆中"，不仅是寻欢作乐，也带着回忆与憧憬。

李氏家族与胡人、与西方关系密切，李贤、李静训两墓都出土有精美的外来文物，与同时期其他墓葬的随葬品大不相同。缀合文献记录和考古发现，可知李静训卒于大业四年，与李白时代最近，虽然死时仅9岁，却正是李氏家族"族纂历乡，得神仙之妙，家荣戚里，被日月之光"的显赫之时。墓葬不仅使用石椁，随葬品也豪华风光。而且墓葬的地点很独特，葬在了长安城内"休祥里万善道场之内"。万善道场是一座尼寺，"本在故城中，周宣帝大象二年置。开皇二年移于此，度周氏皇后嫔御以下千余人为尼以处之"⑤。隋唐人死后葬在长安都城内的情况很少见到，也许因为李静训是北周皇族后代，而这里恰恰是"周氏皇后嫔御

① 陈寅恪《李太白氏族之疑问》，《清华学报》10卷1期（1935年）；作者著《陈寅恪集·金明馆丛稿初编》，北京：三联书店，2001年，311—314页。

② 李白《上云乐》，《全唐诗》卷一六二，1687页。

③ 《全唐诗》卷一六五，1709页。李白其他吟咏胡姬的诗句还有如"细雨春风花落时，挥鞭且就胡姬饮"（《白鼻騧》）、"胡姬貌如花，当垆笑春风"（《前有一樽酒行二首》之二）、"胡姬招素手，延客醉金樽"（《送裴十八图南归嵩山二首》之一）等。

④ 李白《前有一樽酒行二首》，《全唐诗》卷一六二，1686页。

⑤ 徐松撰、张穆校补、方严点校《唐两京城坊考》卷四，北京：中华书局，1985年，115页。

以下千余人为尼"之处。墓志云"即于坟上构造重阁",说明墓上还曾有建筑。李静训是李家最后的幸运儿,她死当其时,不仅免去了日后被诛杀或流放的下场,还享受了最高等级的丧葬荣典。

隋代强势的李氏家族与皇室的关系微妙,既是功臣,又是威胁,难免卷入政治争斗的旋涡之中,最终还背上了"谋反"的罪名,惨案之后退出政治舞台,甚至消声匿迹。直到李白横空出世,加之新的考古发现,重新勾起人们对这个家族的关注。

对于李氏家族来说,长安是天堂,也是地狱。李白的先祖由北周至隋雄踞西北,入隋后进入了当时的政治中心长安,又曾显赫一时,却在这里遭到几乎灭族的灾难。后来李白的长安之梦也如秋风落叶般凄凉,当他26岁"仗剑去国",游览名山大川后,42岁赴京应诏供奉翰林,虽然短暂地享受了众星捧月的荣耀,却没有真正登朝入仕的机会,满怀憧憬却反遭排挤,又被无情的现实粉碎了幻想。尽管与祖先的情况不同,他终于怀着失望与悲愤的心情离开了长安。

李贤—李崇—李敏—李静训……到李白,虽然是一个无法衔接的家世,却也可引发一个联想。李崇的事迹附在《李穆传》中,于"开皇三年,除幽州总管","壮"是他死后的谥号①。《李穆传》再附有李敏传,在整个李氏家族的人物中,他有些特别:"高祖以其父死王事,养宫中久之。""美姿仪、善骑设,歌舞管弦,无不通解。""开皇初,周宣帝后封乐平公主,有女娥英,妙择婚对,敕贵公子弟集弘圣宫者,日以数百……至敏而合意,竟为姻媾。敏假一品羽仪,礼如尚帝之女。"②可知李敏并非是叱咤沙场的勇士,而是凭借具有帅气的外表和歌舞才艺,以其风流才华成为周宣帝后的女婿。也许他遗传了另一种基因,在子孙后代中出现了能吟诵出既大气磅礴又委婉动听的"诗仙"——李白。

本文的关键词中有李贤、李静训、李白、胡人、中亚、外来文物,尽管有些支离破碎,却共同构建了一段真实而悲怨的传奇。

(作者单位:北京大学考古文博学院)

----

① 《隋书》卷三七《李穆传》,1122—1124 页。
② 《隋书》卷三七《李穆传》,1124 页。

陈寅恪李白家世考辨平议

梁 森

阮堂明在《中国李白研究》2005 年集上发表《陈寅恪的李白观述论》①,其中一节谈到陈寅恪研究李白家世的问题。本文便是受文中观点的启发而作。

由于可资征信材料的不足,近世关于李白家世中许多重要问题的考辨,尽管取得了一些进展,但基本上还处在推论的阶段。在足以证实所有疑点的可靠材料发现之前,这些问题仍然会引发人们的研究兴趣。回顾以往李白家世的研究,我们可以看到,力求切近乃至还原真相固然是最重要的目的,而一些论者对李白的种族血统及家族渊源探寻中的观点交锋,实际上也是对李白和他那个时代的历史及文化重新建构的过程。从这个角度来说,寻求真相便不应该是李白家世真相探寻的唯一目的和价值。

近世关于李白家世的研究,无不以李阳冰《草堂集序》、魏颢《李翰林集序》、范传正《唐左拾遗翰林学士李公新墓碑》及李白相关诗文为主要依据,然而却出现诸多意见不一的推论。王琦《李太白年谱》云:"阳冰《序》,乃太白在时所作,所述家世必出于太白自言。传正《碑》,据太白之子所手疏。二文序述无有异词,此其可信而无疑者也。"②除了可能存在的个别文字的错漏,这些与李白家世相关的信息,直接或间接来自李白自述,其来源的可靠性是毋庸置疑的,且能与李白的诗文相互印证,这已是学界的共识。但文献来源的可靠性并不意味着其本身就完全真实,许多研究便是针对李白家族变迁、李白降生、李家复姓的相关记载而展开证实或辨伪的。

概括民国以来李白家世研究的各家观点,无外"西域胡人"与"非胡人"两

---

① 阮堂明《陈寅恪的李白观述论》,《中国李白研究》2005 年集,合肥:黄山书社,2005 年,1—23 页。

② 王琦注《李太白全集》卷三五,北京:中华书局,1572 页。

说。主张"非胡人"说的论者,近 30 年来,以"李唐宗室说"占大多数;析而言之,李白世系凉武昭王李暠以下,又分为李达摩之后、李轨之后、李建成之后、季抗之后等诸多推论。另有李姓而非唐宗室之说。我注意到,主张"非胡人"说的论者,大多数仅就文献所载李白家世之真伪展开辨析,尚未论及其推论对认识李白思想及行迹的意义。而主张"西域胡人说"的论家,以陈寅恪的影响最大,松浦友久则是后来的有力推动者,他们的研究具有明显的历史与文化重构的意义,这并没有引起人们的充分关注。

"西域胡人说"肇端于陈寅恪,他写有两篇关于李白家世考辨的文章:《李太白氏族之疑问》(1935 年)①、《书〈唐才子传·康洽传〉后》(1951 年)②。两篇文章即是针对李《序》、范《碑》的质疑而展开。陈寅恪引《新唐书·地理志》,指证李《序》所言李白先祖"中叶非罪,谪居条支"、范《碑》所载"隋末多难,一房被窜于碎叶"之说不实。依据是,碎叶、条支在唐太宗贞观十八年(644)平焉耆,高宗显庆二年(657)平贺鲁,隶属于中国政治势力范围之后,才可能成为窜谪罪人之地。如果太白先人于隋末即窜谪如此遥远之地,"断非当日情势所能有之事实"。玄宗曾在天宝初下诏,将凉武昭王孙李宝以下诸房子孙隶入宗正寺,编入属籍。在陈寅恪看来,李白既称为李暠九世孙,却未编入皇家宗族属籍,那不过是其"文饰"之辞,所以才"诡称"其先人隋末非罪,被窜于西域。针对李《序》、范《碑》所载李白出生、恢复李姓及李白父名之说,陈寅恪明确指出,太白生于西域(未明确具体出生地),5 岁随父迁居蜀汉后改姓,进而断言:"夫以一元非汉姓之家,忽来从西域,自称先世于隋末由中国谪居于西突厥旧疆之内,实为一必不可能之事。则其人之本为西域胡人,绝无疑义矣。""其父之所以名客者,殆由西域之人名字不通于华夏,因以胡客呼之,遂取以为名,其实非自称之本名也。"又引若干旁证材料进一步证实,其中所引辛文房《唐才子传·康洽传》一条尤其值得注意:

> 洽,酒泉人,黄须美丈夫也。盛时携琴、剑来长安,谒当道,气度豪爽。
> 工乐府诗篇,宫女梨园,皆写于声律。玄宗亦知名,尝叹美之。

辛文房的这段记载,传主如果换作李白,除去容貌描写,揆之李白实际,也实在是

----

① 陈寅恪《陈寅恪集·金明馆丛稿初编》,北京:三联书店,311—314 页。
② 陈寅恪《陈寅恪集·金明馆丛稿初编》,315—318 页。

相当准确的。陈寅恪据此指出,"六朝、隋唐时代蜀汉亦为西胡行贾区域。其地之有西胡人往来侨寓,自无足怪也"。"以洽之姓氏容貌生地年代及事迹观之,盖为西胡族类之深于汉化者",李白之"氏族所出,与康洽不异"。

从辨析理路看,陈寅恪的推论是合理的。但还存在一些疑点。

关于李白的家族血统,两《唐书》及后世史传笔记、小说传奇、文人诗文中,都没有非汉人的明确记载或描写,这或许是受到李《序》、范《碑》及李白诗文自述的影响。但与李白有过交往的人当中,也没有任何关于他的胡人身份或者形貌的只言片语。以胡人入诗,在当时本是常见的。比如陈寅恪指出辛文房为康洽作传,便取材于李端《赠康洽》诗。李白《上云乐》《猛虎行》等诗作中也有对胡人形貌的传神描写。又,陈寅恪《以杜诗证唐史所谓杂种胡之义》举杜诗数首,以证明杂种胡即中亚昭武九姓胡。他指出:"凡杜工部诗中涉及安史之种族,除羯胡柘羯等名已详于拙著前书外,其有关杂种胡之字句,亦可与此互相发明。"①这也说明杜甫对胡人是相当关注的。以杜甫对李白的了解和认识,在与李白相关的十多首诗中,却没有他胡人身份的任何信息,这不好理解。不过,陈寅恪在考辨白居易种姓及中古史研究所持之观点,或可作一间接解释:

> 鄙意白氏与西域之白或帛氏有关,自不俟言,但吾国中古之时,西域胡人来居中土,其世代甚近者,殊有考论之价值。若世代甚久远,已同化至无何纤微迹象可寻者,则止就其仅余之标帜即胡姓一事,详悉考辨,恐未必有何发现,而依吾国中古史"种族之分,多系于其人所受之文化,而不在其所承之血统"之事例言之,(见拙著《唐代政治史述论稿》及《隋唐制度渊源略论稿》。)则此类问题亦可不辨。故谓元微之出于鲜卑,白乐天出于西域,固非妄说,却为赘论也。②

若依此说,则李白亦略同于元白一类人物,其胡人血统之特征已不明显,时人并不把他当胡人看。松浦友久则说:"(李白)家世到底属于哪个民族,仍很难认定。当时碎叶实际上是广义的突厥居住地,作为绿洲商业都市的一般特点,是多以苏特(Sogd)商人为首的商品交易集散地,也不能简单地归结为突厥系,而且,

---

① 陈寅恪《以杜诗证唐史所谓杂种胡之义》,《陈寅恪集·金明馆丛稿二编》,北京:三联书店,2001 年,58 页。

② 陈寅恪《白乐天之先祖及后嗣》,《陈寅恪集·元白诗笺证稿》,北京:三联书店,2001 年,317 页。

从李白后期广泛交游关系中很少有高鼻、紫髯、绿眼类描写看,至少,不大可能是明显印度系于伊朗、阿拉伯系,而可能是与汉民族相同的蒙古系的,或者蒙古系与波斯混血的少数民族出身。"①松浦这样的解说,也只是一种推断。李白自身有许多明显的西域胡族文化的印迹,许多论者也都注意到了。至于这些印迹来自胡人血统、长期寓居异域的家庭或者成长的环境(如上述陈寅恪所言,蜀汉在当时是胡汉杂处之地),还是没有确凿的根据。为数众多的"李唐宗室说"论者,为证实李白为李暠后裔中的某一支,对"西域胡人说"也提出过种种质疑。但总的来说,那些质疑,包括以上说到的疑惑,似乎还不足以推翻陈寅恪的推断。

陈寅恪的推断依据信实史料而来,尽管他的辨析尚不完备,还存在一些疑点,但基本判断是有说服力的。正如松浦友久所言,如果不对"诡称隋末"以"文饰"既为李暠之后而未入皇家属籍、李白之父"以客为名"以及何以此说见于范《碑》而不见于李《序》魏《序》这三个问题,做出合理的有可靠依据的解释,那么关于李白的家世问题,就应该得出诞生于西域的异族的结论,至少在现阶段是最妥当的②。

松浦友久《李白的客寓意识及其诗思——李白评传》中《李白的出生地及家世——以异族说的再研究为中心》一章,通过对相关文献的辨析,逐一排除了"非胡人说"各种推断的可靠性,并且对陈寅恪所指"诡称""文饰"的说法做出了相当合理的解说,使得陈氏对李白家世的基本推断趋于完善。松浦对作为异族出身的李白在中国文学史及文化史上的意义的阐发,尤其值得关注。他将这部以考辨见长的力作的主标题题作"李白的客寓意识及其诗思",以"客寓意识"为这部著作的主线,正表明了其深刻用意。松浦特别强调,作为个人的民族(汉族或异族)的从属是非常不固定的。唐代原本就是一个民族大融合的朝代,许多大臣、名将都出身异族,甚至高祖、太宗、高宗这样的统治者身上都至少有一半异族血统,而他们都是作为汉族文化的主要人物活跃在社会最高层。不管种族和血统如何,在华夏文明中成长,运用汉语而成为中国的代表诗人的李白,要用确切的话语来表述他存在的意义,那就应该说,他是中国民族性的卓越体现者。

松浦友久的阐发与陈寅恪"西域胡人说"所持的基本立场是相通的。我们知

---

① [日]松浦友久著,刘维治等译《李白的客寓意识及其诗思——李白评传》,北京:中华书局,2001年,48页。

② [日]松浦友久《李白的客寓意识及其诗思——李白评传》,19—48页。

道,陈寅恪是现代中古史学及西域史地学的学术重镇,特别致力于3世纪至10世纪间汉人与北方部族文化和种族接触、交流的研究。他关于李白家世的考辨,既是基于实证经验,也鲜明体现了他史学研究过程中所形成的历史观和种族文化观。比如他在《隋唐制度渊源略论稿》中,通过分析礼仪制度的发展变化,来描述南北朝时期各政治集团政治和文化的相互关系,着重强调异族习俗对汉人传统的深刻影响。又如他在《唐代政治史述论稿》中,通过梳理根据文化、种族和政治语义范畴所定义的政治势力之间的争斗,来阐释政治史的结构。他强调文化观念、家族传统、地域和种族是政治集团协调的主要因素,而不是具体、短期的政治派系争斗。这样来看,政治史也是不同文化族群的历史。

概而言之,陈寅恪的这些观念主要表现在两个方面,一是尤其重视种族及文化、民族之迁徙在历史发展中的作用。尝云:

> 凡与吾国邻近游牧民族之行国,当其盛时,本部即本种,役属多数其他民族之部落,即别部。至其衰时,则昔日本部所役属之别部大抵分离独立,转而归附中国,或进居边境,渐入内地。于是中国乃大受影响。……盖自玄宗开元初,东突厥衰败后,其本部及别部诸胡族先后分别降附中国,而中国又用绥怀政策,加以招抚。于是河北之地,至开元晚世,约二十年间,诸胡族入居者日益众多,喧宾夺主,数百载山东士族居住之旧乡,遂一变而为戎区。①

另一方面是,在陈寅恪看来,文化是超越种族与血统的。他说:"当时之所谓胡人汉人,大抵以胡化汉化而不以胡种汉种为分别,即文化之关系较重而种族之关系较轻。"②"汉人与胡人之分别,……文化较血统尤为重要。凡汉化之人即目为汉人,胡化之人即目为胡人,其血统如何,在所不论。"③阮堂明评价陈寅恪李白家世考辨称:"陈寅恪以李白为胡人,其本义固不仅在发李白家世之覆,从而在李白之种姓与血统上作分别,而是更有以李白为活例,揭示当时胡人迁入汉人区域、胡汉交互融合的背景下文化的互渗与影响之深义在焉。"④这一说法是很有见地的。

---

① 陈寅恪《论李栖筠自赵徙卫事》,《陈寅恪集·金明馆丛稿二编》,1页。
② 陈寅恪《隋唐制度渊源略论稿》,上海:上海古籍出版社,1982年,71页。
③ 陈寅恪《唐代政治史述论稿》,上海:上海古籍出版社,1987年,16页。
④ 阮堂明《陈寅恪的李白观述论》,《中国李白研究》2005年集,21页。

　　近读德国汉学家施耐德所作《道史之间：为中国寻找现代认同的两位中国史家》①，对认识陈寅恪的历史及文化研究也有所启发。施耐德指出，陈寅恪的研究旨在重构历史和对"民族精神"的同情之了解，文化和种族之交流融通决定了这种"民族精神"的发展过程。"陈不仅意识到主观意识影响着历史学家的研究，而且似乎认识到这些影响可能是积极的。"陈寅恪的方法论是基于对史实的证据重建和假设，即，"规范和事实以某种方式衔接，这种衔接以历史中的'民族精神'的表现为代表，而'民族精神'需要通过意识到中国文化重要性的历史行动者去实现"。

　　因此可以说，陈寅恪"西域胡人说"的推论，既是对李白家族历史变迁的探寻，也是一种文化重构，使我们在了解李白血统及文化基因的同时，进一步加深对他的思想行迹的认识。

　　许倬云曾用现代西方理论范畴"他者"（the other），来描述古代中国的历史和文化的流变，基本观念也跟陈寅恪相通。他在《我者与他者——中国历史上的内外分际》中说：

　　　　所谓"中—外"关系，若从日常语言的含义看，当是一个国家或一个文化系统，在面临"他者"时"自—他"之间的互动。但是，中国的历史，不是一个主权国家的历史而已；中国文化系统，也不是一个单一文化系统的观念足以涵盖。不论是作为政治性的共同体，抑或文化性的综合体，"中国"是不断变化的系统，不断发展的秩序。这一个出现于东亚的"中国"，有其自己发展与舒卷的过程，也因此不断有不同的"他者"界定自身。②

　　　　唐代的中国若是"我者"，其四周的"他者"，也相应地不同于前。唐代的"他者"，以境外而言，已推向边远的内亚与东方的海洋及沿海地区。而且，中国与这些"他者"，也有了前所未见的性质。③

周勋初曾以《李白思想中的"异端"因素》为题④，阐释李白仕途人生与时代格格不入的各种"异端"表现，以说明李白"成功"与"失败"的原因。他并不赞同"西

---

　　① 施耐德《道史之间：为中国寻找现代认同的两位中国史家》，《中国文化》第十七、十八期（2001年），15—28页。

　　② 许倬云《我者与他者——中国历史上的内外分际》，北京：三联书店，2010年，2页。

　　③ 许倬云《我者与他者——中国历史上的内外分际》，65页。

　　④ 周勋初《李白思想中的"异端"因素》，《唐代文学研究》第六辑，桂林：广西师范大学出版社，1996年，272—293页。

域胡人说"，因此并未从异域文化的角度探究，而是将李白的思想渊源放在中原和西蜀汉文化传统背景里，来考察其与现实的不同调。以"异端"说李白，是一个绝好的角度。而"异端"与阐释两种不同文化关系的"他者"的语义内涵，则是相通的。如果"西域胡人"说的推论成立，我们或可用西方"他者"之说来审视李白的思想及一生行迹，包括他仕途人生中的诸多不幸。

李白以其西域胡人的身份融入汉文化，这位汉文化的"他者"一生中的种种言行，均无不在宣告自己是主流文化的代言和时代社会的精英，显然并没有把自己当做"他者"。然而，除了供奉翰林前期，他总是不断受挫。"世人见我恒殊调，闻余大言皆冷笑"，这不过是少年李白的自我标榜。那么，当他高喊"大道如青天，我独不得出""我本不弃世，世人自弃我"的时候，是否已清醒认识到自己是上层政治文化的"他者"呢？

当然，无论前人如何褒贬李白，对于今人来说，他早已成为传统文化中一个耀眼的符号。李白当然不是中国文化的"他者"。"种族之分，多系于其人所受之文化，而不在其所承之血统。"以陈寅恪这一观点来看，李白在唐代社会中扮演的角色，其文化身份远远超越了种族身份。

李白是不是汉民族文化的"他者"，当然首先要找到更有说服力的材料作支撑，以确定他的种族血统。但从文化建构的层面来说，我以为是可以把他作为"他者"来看待的。至于李白这个"他者"与当时的主流文化之间是怎样一种关系，则还需寻求更有说服力的理据。

（作者单位：中央民族大学文学与新闻传播学院）

李白及其诗歌中的丝路文化色彩

葛景春

一、西域丝路文化在李白诗歌中的表现

在盛唐的著名诗人中,一说到西域及丝绸之路①,人们一定会首先想到两位诗人,一个是李白,一个是岑参。我们知道,岑参是一位著名的边塞诗人,他就像一个高明的摄影师,将中亚西域的壮丽风光和风土人情,生动形象地呈现在他的诗中。但李白的西域文化因子,并不完全表现在他的诗中,而是烙在他的灵魂上,溶化在他的血脉中。可以说,岑参诗中的西域文化成份,只是表现在风物和景象上,而李白的西域文化因素,却体现在他的骨子里。他本身就是中国文化和西域外来文化相互交融的代表性人物。

在李白的诗中,西域的地貌风物和风土人情,是从他的笔下自然流露出来的,他并未刻意地来表现它们,不像边塞诗人岑参写了许多西域边塞风光诗,他甚至没有多少专门描写西域风情和风光的诗篇。也正如他描写长江和黄河的诗,李白集中也没有一首专门描写这两条著名江河的诗,而只是在其他诗中,不经意地将它们略貌取神地写上几笔,精神和境界便全出来了。他的有关西域风光的诗,也大体如是。李白有关描写西域的诗,也不像岑参那样的真切如画,而是略貌取神,如:"明月出天山,苍茫云海间。长风几万里,吹度玉门关。"(《关山月》)虽寥寥几句,却将西域风光的境界全出,写得如此阔大,如此气势,如此传

① 西域是一个古老的称呼,而中亚是现代的地理概念,其实二者的内涵有重合之处,也有不同之处。中亚的现代含义,是指中亚六国,包括哈萨克斯坦、吉尔吉斯斯坦、塔吉克斯坦、乌兹别克斯坦、土库曼斯坦和阿富汗等国。而广义的西域,则指玉门关以西的广大地区,包括甘肃的西部、新疆全部、中亚各国以及西亚、南亚和中东等部分国家和地区。丝路文化则指丝绸之路沿线的周边地区和国家的文化,与西域文化同义。

神,恐怕并非全出于想象,那里有他先世的经历或他本人的亲身体会和感受,才能写得如此动人。李白诗中的月,充满了西域的文化意象,如:"小时不识月,呼作白玉盘。又疑瑶台镜,飞在青云端。"(《古朗月行》)诗中的白玉盘,使人联想起《山海经·西山经》中关于玉山的传说,《穆天子传》卷二说是群玉山,大概所指的就在于阗附近产和田美玉的山,在昆仑山之北。而"瑶台镜"的瑶台,则是指神话中西王母所住的地方。传说瑶台为五色玉制成,此瑶台传说就在西域昆仑的群玉山上。白玉盘在大唐内地是高档的工艺品,是很名贵的东西,只有皇宫和权贵家中才可拥有,一般人是见不到的。而李白小时就能看到,且将其比作月亮,说明这东西在西域产玉的地方,才容易见到。传说中西域的那个"月窟",就是月亮的老家,也在李白诗中经常出现:"渴饮月窟冰,饥餐天上雪。"(《苏武》)"扬兵猎月窟,转战略朝那。"(《发白马》)"金天之西,白日所没。康老胡雏,生彼月窟。"(《上云乐》)李白写月的这些诗句,与西域文化的联系是很密切的。

李白对西域的地理是十分熟悉的。在他的诗中,关于丝绸之路沿线的城镇,经常出现。如果从长安数起,就有陇西、临洮、金城、武威、张掖、酒泉、玉关、楼兰(即高昌)、交河、安西(都护府)、于阗等一系列的城镇。李白对西域的风光描写,虽然都只是些片断的词句,但点缀在诗文中,也显现出西域的文化色彩。如:

将军分虎竹,战士卧龙沙。(《塞下曲六首》其五)

胡关饶风沙,萧索竟终古。(《古风五十九首》其十三)

万里交河水北流,愿为双燕泛中洲。(《捣衣篇》)

天外飞霜下葱海,火旗云马生光彩。(《送程刘二侍郎兼独孤判官赴安西幕府》)

洗兵条支海上波,放马天山雪中草。(《战城南》)

此僧本住南天竺,为法头陀来此国。(《僧伽歌》)

寄书白鹦鹉,西海慰离居。(《寄远十二首》其十)

仲尼欲浮海,吾祖之流沙。(《古风五十九首》其二十九)

方与昆仑抗行,阆风接境。(《代寿山答孟少府移文书》)

这些与西域相关的地理和风光的词句,李白都很熟稔地运用在诗中,有咏边境战士辛苦守边的,有咏西域壮丽风光的,有咏天竺僧人迢迢万里来华传经的,有咏与中亚西海(指中亚的伊塞克湖、巴尔喀什湖、咸海等)的朋友飞鹦传书的,有咏西域昆仑山阆风仙境神话传说的,还有的是用老子出关西逾流沙的典故而借喻自己的先世曾流放西域的等等。如果对中亚和西域地理和文化不熟悉,他是很难做到这一点的。

值得提出的是,李白与西域胡人的交往,多是在大唐内地发生的。除了首都长安之外,还有其他各地。这说明通过丝绸之路,西域胡人带着他们的文化已进入和散布在大唐各地。

长安在盛唐时期,是世界政治、文化、经济交流的中心。在这里经常能见到从中亚、西亚、南亚等西域地区来的胡人,其中有西域各国的使者,也有外国的高僧,更多的是胡商和音乐歌舞艺人来大唐经商和谋生。比如天宝二年在长安,李白任翰林供奉时,曾见过西域胡人向玄宗献寿的乐舞表演,还作了一首《上云乐》以志其事①。诗中所描写西域胡人之相貌甚详:"金天之西,白日所没。康老胡雏,生彼月窟。巉岩容仪,戍削风骨。碧玉炅炅双目瞳,黄金拳拳两鬓红。华盖垂下睫,嵩岳临上唇。不睹诡谲貌,岂知造化神?"这个康老来自于西域的康居国,在乌孙国之西;在梁武帝时曾来到中原向梁武帝献寿。李白此诗是梁周舍《上云乐》的拟作。李诗中扮演康老即文康的胡人,其相貌十分诡谲,完全是一个金红色卷发、高鼻梁、深眼窝、绿眼睛的中亚胡人,很像是文康的子孙,与华人面貌差异很大。此相貌若非亲睹,是不能描写如此准确生动的。李白在其诗中,描写最漂亮活泼的是酒肆中的胡姬和诸胡族的舞儿歌女:"何处可为别?长安青绮门。胡姬招素手,延客醉金樽。"(《送裴十八图南归嵩山二首》其一)"胡姬貌如花,当垆笑春风。笑春风,舞罗衣,君今不醉将安归?"(《前有一樽酒行二首》其二)"细雨春风花落时,挥鞭直就胡姬饮。"(《白鼻䯀》)"落花踏尽游何处?笑入胡姬酒肆中。"(《少年行二首》其二)这些酒家胡姬,多数是聚集于长安东西市的酒家,但也有是住在洛阳、金陵等大城市的,可见他们活动范围之广。尤其是那些身怀绝技的乐师、歌者或舞蹈家,他们在全国各地到处表演,以其中亚的音乐舞蹈,扬名华夏。如李白曾在溧阳听过胡人吹笛:"溧阳酒楼三月春,杨花茫茫愁杀人。胡雏绿眼吹玉笛,吴歌白纻飞梁尘。"(《猛虎行》)在历阳观看过胡姬歌舞:"笔踪起龙虎,舞袖拂云霄。双歌二胡姬,更奏远清朝。"(《醉后赠王历阳》)可见这些艺术家已将中亚和西域的乐舞文化传播到了全国各地。李白本人也能

---

① 关于《上云乐》的系年,有不同的意见。胡震亨、王琦等均以为写于肃宗朝。但肃宗朝时李白并未入京。故安旗先生系此诗于天宝二年,见安旗主编《李白全集编年笺注》,北京:中华书局,2015 年,453 页。今从之。

自编自跳青海舞、脱帽舞等①,说明李白浸染的胡气颇深。

李白在金陵见到过西域的特产葡萄酒和酒器金叵罗②,在东鲁还喝过含有郁金香料的琥珀酒③,郁金香据说就是通过中亚传过来的罗马香料④。而李白《玉阶怨》中"水晶帘"的"水晶"及《留别曹南群官之江南》中"琉璃匣"的"琉璃"的产地,即来自于东罗马帝国。据《旧唐书·拂菻传》:"拂菻国,一名大秦,在西海之上,东南与波斯接,地方万余里,列城四百,邑居连属。其宫宇柱栊,多以水精、瑠璃为之。"⑤

此外像天马、大宛马、胡鹰、白鹦鹉、狮子、海石榴、胡桃等,都是西域出产的动植物,也在李白诗中不断出现,这说明中亚的特产,都通过丝绸之路,不断地来到了大唐的首都和内地,丰富了东土大唐的物种,成了内地常见之物。

二、李白的胡化家世之谜

李白的家世是一个扑朔迷离之谜。也许是他的家人没有给他讲清楚,也许是李白本人心里清楚但却不愿讲清楚,也不能讲清楚等原因,所以我们至今对他的家世也未能彻底弄清楚。但我们从大量的资料中,可以感觉到,他与中亚地区和西域文化有着千丝万缕的关系。关于李白生于中亚碎叶的问题,到现在也只是一个推断,谁也拿不出过硬的证据。但他的先世曾被流放中亚碎叶(一名素叶),虽不见于李白诗,但却是见于史传记载的。范传正《唐左拾遗翰林学士李公新墓碑并序》载:"隋末多难,一房被窜于碎叶。"⑥这个碎叶的地理位置,按《新唐书·地

---

① 李白《东山吟》:"酣来自作青海舞,秋风吹落紫绮冠。"《扶风豪士歌》:"脱吾帽,向君笑。饮君酒,为君吟。"《资治通鉴》卷一五四《梁纪》十"武帝中大通二年(530)"条:"(尔朱)荣方与上党王天穆博,徽脱荣帽,欢舞盘旋。"胡三省注:"唐李太白诗云:'脱君帽,为君笑。'脱帽欢舞,盖夷礼也。"北京:中华书局,1956年,4783页。

② 李白《对酒》:"蒲萄酒,金叵罗,吴姬十五细马驮。"

③ 李白《客中行》:"兰陵美酒郁金香,玉碗盛来琥珀光。"

④ 谢弗著、吴玉贵译《唐代的外来文明》:"从郁金香深橙色的柱头里提炼出来的芳香染料,是古代商品贸易中的一宗重要商品。在普林尼时代,郁金香生长在希腊和西西里,罗马人用它来调配甜酒。……641年(贞观十五年)和743年(天宝二年),天竺国和安国分别向唐朝贡献郁金香。"北京:中国社会科学出版社,1995年,125—126页。

⑤ 《旧唐书》卷一九八《西戎·拂菻》,北京:中华书局,1975年,5313页。

⑥ 范传正《唐左拾遗翰林学士李公新墓碑》,王琦注《李太白全集》卷三一,北京:中华书局,1977年,1462页。

理志》的记载:"(热海)又四十里至冻城,又百一十里至贺猎城,又三十里至叶支城,出谷至碎叶川口,八十里至裴罗将军城,又西二十里至碎叶城。城北有碎叶水,水北四十里有羯丹山,十姓可汗每立君长于此。"①也就是说碎叶城在热海(今吉尔吉斯斯坦伊塞克湖)西北约三百里处。北依碎叶水和羯丹山(在今吉尔吉斯斯坦北境)。但据玄奘《大唐西域记》所载,在距碎叶城西约有五百多里的怛罗斯城,"城周八九里,诸国商胡杂居也。土宜气序,大同素(碎)叶。南行十余里有小孤城,三百余户,本中国人也。昔为突厥所掠,后遂鸠集同国,共保此城,于中宅居。衣服去就,遂同突厥;言辞仪范,犹存本国"②。这个怛罗斯城(今哈萨克斯坦塔拉斯,南临吉尔吉斯斯坦边境;今吉尔吉斯斯坦西北边境也有一个名叫塔拉斯的城市,未知孰是)南十余里的小孤城,所住的三百多户中国人,是唐以前被突厥从中国内地掠夺过来的,其衣服是突厥式的,而其语言和礼仪却是中国的。这颇似中国移民在国外城中所建的"唐人街""陕西村"③,中国人在国外有好扎堆的习惯,在这里得到体现。而李白的先世就可能是这个"唐人城"中的一员。但在中亚地广人稀的荒漠地区,它离碎叶镇不算远,隋末的西突厥的牙帐就驻在碎叶镇,唐太宗贞观元年至武则天天授三年(627—692)间,将安西都护府移驻碎叶。咀逻斯城及其附近的小孤城,为碎叶镇所管辖,故李白先世所窜的碎叶,就包括了这座聚集着几百户中国人的小孤城。这里,我们就可以理解,李白的先世在异国他乡长期生活在一个汉文化集中的小环境中,所以他的先世对中国的语言、文化及礼仪都一直传承未坠。因此,长期居住过西域的李白之父,对中国文化仍有相当好的修养,就不难理解了。在他带领全家到蜀中时,还能指导少年李白学习中国诗赋等典籍,李白后来回忆说:"余小时,大人令诵《子虚赋》,私心慕之。"(《秋于敬亭送从侄耑游庐山序》)就可以说明这一点。又由于长期生活在西域,李白的父亲与胡人的交往机会很多,对当地的胡语和胡俗,也有较深的濡染,所以他能讲双语或多种语言。李白受到家庭的影响(不排除李白之先世之中有胡人血统),故对西域的文化习俗,也较熟悉。

----

① 《新唐书》卷四三下,北京:中华书局,1975 年,1149—1150 页。

② (唐)玄奘、辩机原著,季羡林等校注《大唐西域记校注》卷一,北京:中华书局,1985 年 2 月,77—78 页。

③ 据 2004 年 4 月 13 日《新京报》在《哈萨克斯坦"陕西村":完整保留了明清习俗》的报道中说,在哈萨克斯坦与吉尔吉斯斯坦交界处、离碎叶城三公里的地方有个"陕西村",是清代 1877 年过去的,村子的 2000 多户村人至今还会说陕西话。

关于李白的先世在隋末被窜的问题。李阳冰的《草堂集序》中说："自穷蝉至舜，五世为庶，累世不大曜。"①这里是暗指在唐朝的五个朝代中，李白的先世都是庶民，名位不显。这五世，显然不是指李白家的五世，而是指帝王的五世，即唐高祖、唐太宗、唐高宗、唐中宗、唐睿宗（中宗和睿宗二人是兄弟，可算是一世）和唐玄宗五世。因为舜是帝王，李白之先世是不能随便与之比附的，否则就会犯了大忌。而将唐玄宗比为舜，就顺理成章了，因为玄宗的帝位是由睿宗禅让的。在大唐皇帝的五世之间，李白的先世都是庶民，"累世不大曜"。这也与唐高祖之前的隋末之时，李白先世"被窜"或"自窜"的时间相符。因李阳冰用了舜的家世的典故，致使许多人产生误解。总之，李阳冰关于李白家世这几句话，除了说李白是"凉武昭王暠九世孙"是明确的之外，对李白在隋末至唐玄宗时这段家世的历史，是故意回避而闪烁其词的。即是说，李白先世的姓名、经历都是不可考的。可以肯定的是李白先人与唐王室的先祖同出于凉武昭王李暠。但因为与唐王室有过矛盾和冲突而获罪，而不便于说清楚②。

隋代末年究竟有什么事让李白的先世从中原"被窜"或是"自窜"至西域的呢？据《隋书·炀帝纪》载：大业十一年（615）"五月丁酉，杀右骁卫大将军、光禄大夫、郕公李浑，将作监、光禄大夫李敏，并族灭其家"③。原因是当时有一个方士曾向隋炀帝预言"当有李氏应为天子"，并建议炀帝"尽诛海内凡姓李者"④。于是隋炀帝族诛李浑、李敏，弄得天下李姓者人人自危，纷纷逃命以避祸，而李渊也因此被迫造反。所以李白的先世就可能逃往西域以避祸⑤。因之，李白其家可能是"自窜"而非"被窜"。其家先至碎叶，后又西移呾逻斯附近的小孤城。或来往于小孤城与呾逻斯及碎叶之间。由于长期受突厥文化影响，胡怀琛称李白及其先世为"突厥化的中国人"⑥，差或近之。

关于李白的出生地问题。如果说李白不出生于西域，为什么他的本人和其诗歌，有那么多的中亚文化印记？李白家世有那么浓重的胡化色彩？他为什么

---

① 王琦注《李太白全集》卷三一，1443 页。
② 参见王文才《李白家世探微》，《四川师范学院学报》1979 年第 4 期，50—54、14 页。
③ 《隋书》卷四《炀帝纪》下，北京：中华书局，1973 年，89 页。
④ 《隋书》卷三七《李穆传》，1120 页。
⑤ 此论参考刘友竹《李白的生地是条支》，《社会科学研究》1982 年第 2 期，91—96 页。
⑥ 胡怀琛《李太白的国籍问题》，《逸经》1 卷 1 期（1936 年 3 月），10—15 页。

会中亚的月氏语①？他为什么自称"乡关渺安西"（《江西送友人之罗浮》）？他是一个混血儿，还是一个胡人？他的先世到底是干什么的？什么时候流放到西域，在西域又具体地经历过哪些地方？至今仍猜测不已，争论不休。如李白的相貌，魏颢说他"眸子炯然，哆如饿虎"（《李翰林集序》），还真有些不像是纯粹的汉人。他的父亲给他起名白，字太白，范传正说李白是"先夫人梦长庚而告祥，名之与字，咸所取象"（《唐左拾遗翰林学士李公新墓碑并序》）。所谓"取象"的星象，指的是长庚星，古代指傍晚出现在西方天空的金星，亦名太白星、明星。《诗·小雅·大东》："东有启明，西有长庚。"毛传："日旦出谓明星为启明，日既入谓明星为长庚。"这里面隐含着李白先世的居住地和李白的出生地，是说李白有来自西方之意。"太白金星"在五行中，金属西方，金色为白。其父命其名曰白、字太白，真的不是没有来由的，应是有些隐喻的。再说李白的父亲"李客"这个名字也不像一个正常人的名字，应是当地人对外来人的称呼。更奇怪的是李白将两个儿子分别起名为"明月奴"和"颇黎"，也不怎么符合汉人的习惯，而是令人联想与西域胡人的习俗有关。这些都有人考证甚详，不必细说。他自称是李唐的宗室，为"凉武昭王暠九世孙"（李阳冰《草堂集序》）。按辈分计算，应与唐高宗是一辈。又因"难求谱牒"又"漏于属籍"（范碑），不被宗正寺承认。他又与李唐宗室人物，胡乱攀辈分，这些现象都使人心生疑窦，这个口好大言的李白，其身世是否有假？是不是他为了便于晋身而编出的一套假世系来冒充宗室？或是他真有胡人血统而故意隐瞒之？如果我们从李白及其家庭的胡化色彩来看的话，我们就会明白，他为什么会与中亚文化的关系如此密切了。

我们还可以从《天马歌》中一窥李白与西域和中亚文化的关系。这首诗因有太多的西方意象，而引起我们的重视。这是来自于中亚"月支窟"的一匹天马，它"腾昆仑，历西极"，曾是穆天子车驾游西域的八骏之一，曾吃过"玉山禾"即西王母群玉山上的仙草。这匹天马正是李白的自喻，他曾经"龙跃天衢"、照耀皇都，有过光彩的历史，但如今却老了，为人所弃。这首诗可以说是李白一生的缩影。隐约说出了他与西域有关的出身和在长安曾经过的光荣与目前所遭遇的冷

----

① 李白《寄远十二首》其十："鲁缟如玉霜，笔题月氏书。寄书白鹦鹉，西海慰离居。行数虽不多，字字有委曲。天末如见之，开缄泪相续。泪尽恨转深，千里同此心。相思千万里，一书值千金。"诗中自称"笔题月氏书"，说明李白通月氏文字，没有西域文化背景的话，他是不可能认识月氏文字的。范碑中说他"草答蕃书"，不为无据。

落。美国学者艾龙先生曾经对此诗做过专门的研究①，此不赘。

三、李白丝路文化色彩的文化意义

唐朝与西域的文化交流都是通过丝绸之路的交通来完成的。中国与西方世界的沟通和交流，如与中亚、西亚、南亚及欧洲的联系，都是通过丝路来完成的。中亚的丝路是中国与西部世界相联系的通道。如通过西域的丝路，欧洲、南亚的珠宝、香料等传到了中国，而中国则通过丝路将中国的丝绸、茶叶、瓷器等传到了中亚、南亚和欧洲。起到了相互交流和互通有无的作用。

除了物质文化的交流之外，更重要的是精神和文化的交流，如思想观念、宗教文化、音乐歌舞、绘画、习俗风尚、精神等等。

李白诗歌的丰富多彩性、他身上散发出的多种文化的魅力，他的个性和诗风，与西域中亚文化是有密切关系的。崇尚日月和光明，是中东和中亚各国和民族所特有的宗教习俗。像唐时传入中国的祆教、摩尼教等，都有崇尚日月、光明的内容。《旧唐书·波斯传》："俗事天地、日月、水火诸神，西域诸胡事火祆者，皆诣波斯受法焉。"②又《旧唐书·疏勒传》："俗事祆神，有胡书文字。贞观九年，遣使献名马，自是朝贡不绝。开元十六年，玄宗遣使册立其王裴安定为疏勒王。"③此二条可证崇尚"日月水火"的祆教是从波斯国经过疏勒等地传到中国的。李白诗歌热爱光明，喜爱月亮，李白命名其子为"明月奴"，及传说其妹名为"月圆"，都与中东和中亚信奉祆教等宗教有关。

除了祆教、摩尼教以外，如天竺国传来的佛教也是先经过中亚和西域地区中转而传到中原地区的。初盛唐时代的中亚诸国和西域地区，多信仰佛教。李白在《为窦氏小师祭璇和尚文》中说："绍释风于西域，回佛日于东维。"是说这个璇和尚是从西域过来的僧人。这说明佛教是由天竺通过西域的丝绸之路传过来的。隋唐时曾在碎叶城驻牙帐的西突厥也信仰祆教与佛教："突厥人对外来宗教的态度是很宽容的。不仅火祆教在突厥汗国境内得以保护或留传，起源于印度

---

① 艾龙撰，葛景春译《李白的〈天马歌〉与中亚文化》，《祁连学刊》1992 年第 2 期，83—88页。

② 《旧唐书》卷一九八《西戎·波斯》，5311 页。

③ 《旧唐书》卷一九八《西戎·疏勒》，5305 页。

的佛教也在突厥社会中得到了传播。"①只是到了后来,伊斯兰教才在西域逐渐代替了祆教和佛教。在文化艺术方面,天竺的佛教绘画艺术,也经过西域的丝路传到大唐。李白《金银泥画西方净土变相赞并序》一文,就讲湖州刺史夫人为超度其夫而绘制的一幅佛教绘画,里面画有西方净土的佛国天堂画。据李白所描写,其中绘画的内容、艺术形式,就颇似敦煌莫高窟中的西方净土相变壁画。而敦煌的壁画,则源自于西域和天竺的佛窟艺术与中国传统艺术的结合。在这些绘画中,供佛的宝物中有砗磲、琉璃、颇黎、玛瑙等七宝。这些宝物都是西域国家中特有的。

丝绸之路不仅是一条中西交通的商道,更重要的是一条中西文化交流之通道,它是将中国与中亚、西亚、南亚以及欧洲相联结的一条路线,将中、西方物质和文化进行交流和融合,联为一体,促进了丝路沿线上的国家和民族经济繁荣和文化昌盛,他们与中国经济和文化获得了双赢的效果。

李白因其先祖曾长期寓居中亚,其家庭受到中亚文化的深刻影响,他能将中国文化与外来文化相互交融,故具有中国文化的博大和外来文化的异彩。西域的中亚文化在李白文化思想中占有重要地位,但也只是他所接受的外来文化之一。其他还有东亚的日本文化和朝鲜文化,也是李白接触的外来文化。像李白与日本友人交往,曾身穿日本裘,他还观看过朝鲜的海东青舞蹈等②。李白对外来文化有高度的好奇性和吸收性,他"十五观奇书"(《赠张相镐二首》其二),就说明他的好奇心极强。他像海绵一样,吸收一切新鲜和新奇的东西。他的文化视野是十分开阔的,而且极具包容性。他的习剑和尚武,就受到西域胡人的尚武之风的影响。

由于大唐的对外文化开放的政策与丝绸之路的开通及李白特殊的家世,才产生了李白这样的融丝路文化与中国文化于一身的思想开放、文化多元的典型的盛唐诗人。丝路文化夺目的光辉,使李白诗歌显现出突出的丝路文化色彩,增添了他诗歌的丰富内容和艺术魅力。

（作者单位:河南省社会科学院文学研究所）

---

① 余太山主编《西域文化史》,北京:中国友谊出版公司,1996 年,215 页。

② 参李白《送王屋山人魏万还王屋》:"回桡楚江滨,挥策扬子津。身著日本裘,昂藏出风尘。"《高句丽》:"金花折风帽,白马小迟回。翩翩舞广袖,似鸟海东来。"

接受与拒绝

——李白在诗歌声律化进程中的姿态

罗时进

在唐诗史的分期问题上,学界对"盛唐"的起始时间是否定于开元元年(713),看法有所不同,但对迄于肃宗朝末年即宝应元年(762),都持基本一致的态度。人们自然注意到,这一年不仅是肃宗朝的终结,也是李白辞世的时间。"盛唐"是与李白等一大批诗人联系在一起的,他们诗歌的声律化问题,是盛唐文学研究的课题之一。但学者们在这个问题上往往注意到约半个世纪诗界声律化的知识溢出,却忽略了这一时期声律观念发生消解性变化的重要事实;而对李白"薄声律"的现象,人们或者加以回护,或者仅仅作为个体创作特征加以诠释,淡化了这一诗学行为的特殊意义。本文试图将李白"薄声律"问题放到初盛唐诗学演变的时代背景中去考察,并由此分析这一观念与李白复古诗学倾向之间的关系,以及对盛唐诗歌品质形成的内在作用。

一、李白"薄声律"的含义及其争议

由于杜甫在宋代以后的巨大影响,同时也由于后代唐诗选本尤其是重要的蒙学选本都以唐代格律诗为主,人们往往以"声律细"的作品作为唐诗发展的代表性成就。就整个唐诗史而论,特别是从唐诗接受视野来看,这种印象性的看法有其正确的一面,但如果将这个问题放到盛唐这个特定阶段来考察,情况就复杂得多,结论也绝非那么简单。事实上盛唐这半个世纪,一方面是诗歌声律化得到实质性推进,并达到新高度、新境界,一方面是声律化受到质疑,被自觉淡化,而"薄声律"的创作取得了突出成就。这两方面,前者以杜甫为标志,后者以李白为代表,将其合为一体方能形成盛唐的总体面貌。

李白"薄声律"的说法最早出自于孟启《本事诗·高逸》：

> 白才逸气高，与陈拾遗齐名，先后合德。其论诗云："梁陈以来，艳薄斯极，沈休文又尚以声律，将复古道，非我而谁与！"……玄宗闻之，召入翰林。以其才藻绝人，器识兼茂，欲以上位处之，故未命以官。尝因宫人行乐，谓高力士曰："对此良辰美景，岂可独以声伎为娱，倘时得逸才词人吟咏之，可以夸耀于后。"遂命召白。时宁王邀白饮酒，已醉。既至，拜舞颓然。上知其薄声律，谓非所长，命为宫中行乐五言律诗十首。白顿首曰："宁王赐臣酒，今已醉。倘陛下赐臣无畏，始可尽臣薄技。"上曰："可。"即遣二内臣掖扶之，命研墨濡笔以授之。又令二人张朱丝栏于其前。白取笔抒思，略不停缀，十篇立就，更无加点。笔迹遒利，凤跱龙拏。律度对属，无不精绝。①

这篇文字带有浓厚的故事色彩，但细审其记载，定非出于孟氏杜撰，必有所根据。从"上知其薄声律，谓非所长"可知，李白"薄声律"是上达天听的，诗人群体中当更不乏了解。需要解释的是，这里的"薄声律"是什么意思。论者一般根据"谓非所长"一语，将该句理解李白"不谙声律"，恐未正解。据词义并结合前文"梁陈以来，艳薄斯极，沈休文又尚以声律，将复古道，非我而谁与"的表述，知"薄"乃"鄙薄"之意，"薄声律"是对梁、陈以来沈约等人精研声律，使雅道不存、正声微茫的批判态度，并非指其声律才能的高低。文中"谓非所长"之"谓"是"意料""料想"的意思。《唐语林》载杜甫言"不谓严挺之乃有此儿也"②，其"谓"与此同义。这段话所记的是一个现场感很强的宫廷诗学之事。玄宗原以为李白既然看不上声韵、对属、词采的格律体诗，则以之测试，最能见其诗才，便特意诏命作"宫中行乐五言律诗"。而临场写作的结果却是李白"律度对属，无不精绝"。这个结果对玄宗来说虽出意料，但也许倒是乐见的，而对我们了解李白声律化水平和态度来说，正可见其非不能也，乃不愿为之也。

如果将李白"薄声律"看作一个需要解释的问题的话，那么"非不能，乃不愿为之"则是求解这一问题的两条进路。前者涉及声律诗的轨约性，后者则是对这种轨约性的态度，即自觉的审美倾向及其实践。

这里要回到知识和学术层面谈一下"声律"问题。声律，即语言的声调和韵

---

① 孟启《本事诗·高逸第三》，《历代诗话续编》，北京：中华书局，1983 年，14—15 页。

② 王谠《唐语林》卷四《豪爽》，北京：中华书局，1978 年，121 页。

律,在诗歌中指的是对声调、音韵、格律诸方面的要求,其初学者论述声律,对其构成往往强调它源自人的自然发声机理。陆机在《文赋》中说:"暨音声之迭代,若五色之相宜。"①刘勰《文心雕龙·声律》说:"夫音律所始,本于人生者也。声含宫商,肇自血气,先王因之,以制乐歌。故知器写人声,声非学器者也。"他提出了"双声""叠韵"声韵现象,并说"双声隔字而每舛,叠韵离句而必睽"②,仍然重在阐发声调韵律的自然性与先验性特点。但也就是在刘勰的时代,语言学范畴中的声律研究逐渐从先验转向经验的探究。周颙作《四声切韵》,已分辨字的平、上、去、入四声。沈约更推进一步,要求用宫商角徵羽五声来调适诗歌音节。他在《宋书·谢灵运传论》中提出:"欲使宫羽相变,低昂互节,若前有浮声,则后须切响。"③也就是要把宫声和羽声的字、浮声和切响的字互相调配,在此基础上推出"八病"说,至此声律学说的雏形基本形成,而正是这种极为"学科化"的研究,从自然的声律美要求走向了人为的轨约。如果同时再将字、词、音、意以类排比构成对称句式的"对仗"纳入规则,诗歌写作就变得高度技术化,显得越来越复杂,以致发明者所处的那个时代的诗人都难以真正达到这种"学科化"的要求。

天姿英发的李白对诗歌声律化的要求不但熟悉,而且善于进行技术性的操作。据郁贤皓统计,他的律诗现存 118 首,除 8 首七律诗外,其余都是五律④。"诗人早年曾花相当功夫攻五律,现存最早诗篇之一《访戴天山道士不遇》就是一首工稳整饬的五律。开元年间写的《渡津门送别》《送友人入蜀》《江夏别宋之悌》《太原早秋》《赠孟浩然》等等,平仄对仗都合律,已经也是律诗气象。"⑤这里我们将孟启《本事诗·高逸》提到的李白应玄宗要求"取笔抒思,略不停缀,十篇立就,更无加点"的《宫中行乐词》选录几首:

> 小小生金屋,盈盈在紫微。山花插宝髻,石竹绣罗衣。每出深宫里,常

----

① 萧统编、李善注《文选》卷五〇,上海:上海古籍出版社,1986 年,2220 页。
② 刘勰著、周振甫注《文心雕龙注释》,北京:人民文学出版社,1981 年,364 页。
③ 沈约《宋书》卷六七《谢灵运传论》,北京:中华书局,1974 年,1779 页。
④ 历史上各家对律诗(不含绝句)认定的标准不一,统计结果殊不相同。明人胡震亨《李诗通》统计为五律九十三首,五排二十首,七律七首,五言小律(六句)二首,七言小律一首,合为一百二十三首。刘世教《合刻分体李杜全集》统计为李白五律八十八首,五言排律十七首,七律八首,合为一百一十三首。汪瑗《李白五言辩律》专收其五律,分为正变两类,共一百五十九首。
⑤ 郁贤皓《李白诗选前言》,作者选编《李白诗选》,上海:上海古籍出版社,1990 年,19 页。

随步辇归。只愁歌舞散,化作彩云飞。(其一)

柳色黄金嫩,梨花白雪香。玉楼巢翡翠,金殿锁鸳鸯。选妓随雕辇,征歌出洞房。宫中谁第一,飞燕在昭阳。(其二)

卢橘为秦树,蒲桃出汉宫。烟花宜落日,丝管醉春风。笛奏龙吟水,箫鸣凤下空。君王多乐事,还与万方同。(其三)

寒雪梅中尽,春风柳上归。宫莺娇欲醉,檐燕语还飞。迟日明歌席,新花艳舞衣。晚来移彩仗,行乐泥光辉。(其七)

水绿南薰殿,花红北阙楼。莺歌闻太液,凤吹绕瀛洲。素女鸣珠佩,天人弄彩球。今朝风日好,宜入未央游。(其八)①

且撇开内容、风格等方面的问题,仅就声律诗要求而言,这组诗确实堪称"律度对属,无不精绝"了,后人称道其"用律严矣"绝非过誉②。置于天宝二年(743)盛唐大幕刚刚开启的背景下客观考察,可以看出李白声律诗写作功力无疑不在侪辈之下。如果进一步将其"冠绝古今"的绝句合并观之,更可知李白对"近体诗"的基本规则是何等的熟谙、练达!《唐诗纪事》引宋蜀中杨天惠《彰明逸事》有云:"时太白齿方少,英气溢发,诸为诗文甚多,微类宫中行乐词体。今邑人所藏百篇,大抵皆格律也。虽颇体弱,然短羽褵褷,已有凤雏态。"③由此可以了解,李白少年时期已无愧为声律诗之杰才。

自中唐元稹提出李白属对律切尚不能历杜甫藩篱之说后,历代都不乏此论。宋代王安石说李白之诗格"不知变"④,已隐含了对李白格律诗才的批评,明代刘少彝称李白"好称古,于近体若不屑"⑤,胡应麟说太白以绝为律,则律诗如"骈拇枝指","唐人特长近体,而青莲缺焉,故诗流习杜者众也"⑥。清初柴绍炳则认为"李白不长于七律,故集中厥体遂少"⑦,贺贻孙谓李白少于律诗,乃"立名之意甚

----

① 瞿蜕园、朱金城《李白集校注》,上海:上海古籍出版社,1980年,378—386页。

② 郭兆祺《梅崖诗话》,转引自郁贤皓《李白诗选》,152页。

③ 计有功撰、王仲镛校笺《唐诗纪事校笺》卷一八,北京:中华书局,2007年,600页。

④ 王安石《钟山语录·杜少陵一》,转引自《中华大典·文学典·隋唐五代文学分典》,南京:江苏古籍出版社,2001年,359页。

⑤ 李维桢《李杜分体全集序》,引自裴斐、刘善良编《李白资料汇编》,北京:中华书局,1994年,422—423页。

⑥ 胡应麟《诗薮》卷六,引自《李白资料汇编》,第409、411页。

⑦ 柴绍炳《柴虎臣家诫》,引自《李白集校注》,1879页。

坚,每不肯以拙示人"①。其间明人汪瑷曾对李白是否具有律诗写作能力问题作过比较深入的分析,他在《李诗五言辩律序》说:"夫太白秉天纵之姿,积渊泉之学,每欲以恢复大雅自任,故平生不甚喜作律诗,非不能也。后人不谅,遂谓太白为偏才,长于古,不长于律,而选李诗者亦多草草。此编虽仅百余首,然对偶精妙,音韵铿锵,众体咸备,莫不合格。雄浑悲凉之句,互见递呈……孰谓《三百篇》之后,独杜少陵也与哉! 孰谓太白不闲于律,为一偏之才也欤哉!"②

显然,在诸家之说中汪瑷是具有某种理解之同情的。从李白现存的诗歌作品可以看出,李白的"薄声律"是一个不争的事实,他主张"清水出芙蓉,自然去雕饰",就是倡导以《诗经》时代的那种先验性的、自然性的写作代替近代(建安后,尤其是齐梁时代)经验性的、技术性的写作,以诗歌原始的构造原则代替近代的轨约原则③,从而使自我精神、自由个性得到最大程度的释放,从形式的、装饰的美感走向内在的、本质的美感。清人赵翼说:"太白才气豪迈,全以神运,自不屑束缚于格律对偶与雕绘者争胜。"④现代学者王瑶在《李白》中说:他"是不耐烦在形式和字句的推敲上下功夫的","李白要写的那种汹涌的内容与豪放的情绪,用声律对偶限制得很严的律诗是不适当的。因此他必须采用形式比较自由的乐府歌行,才能达到元稹所说的'壮浪恣肆,摆去拘束'的表现能力"⑤。这些分析虽仅着眼于"才气"和"个性",尚未切入唐代诗学演变的背景,亦未能涉及李白复古诗学倾向,但都意识到他对"轨约"的不屑与抵制,颇有助于理解李白"薄声律"的观念内涵和现实指向。

二、盛唐声律观变化与"开元十五年"之特殊意义

在盛唐约半个世纪的历程中,曾经历了诗学观上的激烈争论。这场争论的

---

① 贺贻孙《诗筏》,引自《李白资料汇编》,574 页。
② 汪瑷《李诗五言辩律》卷首,万历四十一年刻本。
③ "轨约原则"为康德哲学中的一个概念。"何谓轨约原则? 轨约原则就康德论述而言,它是一种理性原则……即经验概念需被系统化,被引导向一贯彻之统一。"见高鸿钧、马剑银《社会理论之法:解读与评析》,北京:清华大学出版社,2006 年,415 页。另参读李瑞全《思解之格度与轨约原则》,见"牟宗三先生七十寿庆论文集编辑组"编《牟宗三先生的哲学与著作》,台北:台湾学生书局,1978 年,891 页。
④ 赵翼《瓯北诗话·李青莲诗》,北京:人民文学出版社,1963 年,4 页。
⑤ 王瑶《李白》,上海:上海人民出版社,1979 年,106—107 页。

焦点似在如何看待六朝诗歌,是否应该继承六朝文风问题上。由于遗存的文学史料较为有限,对于争论的具体情况,今天已很难知悉详情,但这是唐代诗歌演变史上的一个重大问题,是盛唐气象兴起的背景之一,与李白声律观的形成亦有重要关系,故需要着力探究。

在这个问题上,学者们都注意到杜甫的《戏为六绝句》的前两首:"庾信文章老更成,凌云健笔意纵横。今人嗤点流传赋,不觉前贤畏后生。""王杨卢骆当时体,轻薄为文哂未休。尔曹身与名俱灭,不废江河万古流。"正如郭绍虞先生所说:"第惜其为韵语所限,不能如散体之曲折达意,故代词之所指难求,诗句之分读易淆,遂致笺释纷纭,莫衷一是。"①其中一个很重要的诗学概念"当时体"到底何谓,至今都没有一个能够被普遍认同的解释。盛唐人苑咸在《酬王维并序》中曾称道王维"为文已变当时体",这里的"当时体"与杜甫所论"当时体"是什么关系,这个问题也不容易说清楚,王维创作趋向不是单向度的,这使得"为文已变当时体"的意旨显得云遮雾障。

在遗存的盛唐文学史料中,信息丰富而具有诗学理论倾向的是殷璠的《河岳英灵集序》②,其云:

> 梁昭明太子撰《文选》,后相效著述者十余家,咸自称尽善,高听之士,或未全许。且大同至于天宝,把笔者近千人,除势要及贿赂者,中间灼然可尚者五分无二,岂得逢诗辑纂,往往盈帙。盖身后立节,当无诡随,其应诠拣不精,玉石相混,致令众口销铄,为知音所痛。夫文有神来、气来、情来,有雅体、野体、鄙体、俗体,编纪者能审鉴诸体,委详所来,方可定其优劣,论其取舍。至如曹、刘,诗多直语,少切对,或五字并侧,或十字俱平,而逸驾终存。然挈瓶庸受之流,责古人不辨宫商徵羽,词句质素,耻相师范。于是攻异端,妄穿凿,理则不足,言常有余,都无兴象,但贵轻艳。虽满箧笥,将何用之?自萧氏以还,尤增矫饰。武德初微波尚在,贞观末标格渐高,景云中颇通远调。开元十五年后,声律风骨始备矣。实由主上恶华好朴,去伪从真,使海

---

① 郭绍虞《杜甫戏为六绝句集解》,北京:人民文学出版社,1978 年,3 页。

② 盛唐人的"唐人选唐诗",非地域性的选本今存殷璠《河岳英灵集》、芮挺章《国秀集》、佚名《搜玉小集》等几种,其中《国秀集》选诗不精,《搜玉小集》难明编选标准和意图,而以《河岳英灵集序》集与《国秀集序》比较,则前者观点鲜明,后者平平道来。虽然都具有文献价值,但从诗学理论研究来说,《河岳英灵集》及其《序》《论》都是极为可贵的。

内词场,翕然尊古,南风周雅,称阐今日。①

通读全《序》可知,殷璠对"大同至于天宝,把笔者近千人"的诗歌史有自己的观点,说"中间灼然可尚者五分无二",则已大部分予以否定。又云"然挈瓶庸受之流,责古人不辨宫商徵羽,词句质素,耻相师范。于是攻异端,妄穿凿,理则不足,言常有余,都无兴象,但贵轻艳",这是对在声律、骈偶、辞藻问题上发生激烈论争从而形成贵近薄古倾向的描述。尤可注意的是,他非常明确地总结:"自萧氏以还,尤增矫饰。武德初微波尚在,贞观末标格渐高,景云中颇通远调,开元十五年后,声律、风骨始备矣。"这段文字学者引用甚多,虽然给予了重视,但仍有许多问题值得思考。比如,对"萧氏以还,尤增矫饰"的批评与杜甫的《戏为六绝句》涉及的文学现象有无某种联系?"武德初微波尚在"是针对某种诗风还是具体的"挈瓶庸受"对象而言?为什么将"开元十五年"定为"声律、风骨始备"的起点?再则,"萧氏以还"所存在的诗风问题与声律论的关系如何?"海内词场,翕然尊古"的主要表征是什么?在这些问题上,历来的细读与理解是不够的。也许正因为我们未能深究其中的问题,故而忽略了李白"薄声律"的特殊意义,使盛唐诗歌史上的一段极有意味的诗学观念之争被轻易地遮蔽。

厘清上述所有问题非本文题义所能覆盖,但"开元十五年"何以成为诗史转折节点这是一个相当重要的问题,不可不论。与此相关的是,作为观念和方法的诗歌声律化是如何形成和变化的,开元十五年之于李白意味着什么?这是需要一并讨论的。

一般认为诗歌声律化是六朝诗人的重要贡献,其实不然,谢榛在《四溟诗话》中已经指出:"建安之作率多平仄稳帖,此声律之渐;而后流于六朝,千变万化,至唐极矣。"②从今存的建安诗歌中也可以大致看出这一时期开启声律之渐的倾向。南齐永明(483—493)之际是诗歌声律化的发展期,同时也是全面奠基的重要阶段。进入初唐后一大批诗人在格律诗的写作方面进行了理论与实践两方面的探索,"声谱之论郁起,病犯之名争兴。家制格式,人谈疾累"③,其成果是相当丰富的。上官仪的《笔札华梁》和作者已无考的《文笔式》主要就属对与声病展开讨论,前者侧重修辞,后者侧重音调,合而为声律。初唐以来这一问题上讨论

---

① 傅璇琮、陈尚君、徐俊《唐人选唐诗新编》,北京:中华书局,2014年,156页。
② 丁福保《历代诗话续编》,1137页。
③ 遍照金刚《文镜秘府论》西卷《序》,北京:人民文学出版社,1975年,177页。

的实况多被遮蔽,但以空海所提出的"阅诸家格、式等,勘彼同异,卷轴虽多,要枢则少,名异义同,繁秽尤甚"的批评①,以及最后经过归并仍然整理出"二十九种对","二十八种病"的结果②,可以想见声律问题在六朝至唐代曾怎样地引起关注,掀动起文字之潮。这一重要的文学事件,我们从初唐重要诗人如四杰以及沈佺期、宋之问、杜审言的遗存作品中看到的大体都是格律诗发展"属对精密,回忌声病,约句准篇,如锦绣成文"的成果③,但这只是庞大冰山露出的部分,还有更大一部分只能在李白"大雅久不作,吾衰竟谁陈""自从建安来,绮丽不足珍""我志在删述,垂辉映千春"的激烈批判与杜甫"窃攀屈宋宜方驾,恐与齐梁作后尘""别裁伪体亲风雅,转益多师是汝师"的鼎鼐调和中去窥测了④。大约一个世纪之后,李商隐在《漫成五章》中对初唐声律化做了一个总结,应该比较切近这一文学事件的实际:"沈宋裁辞矜变律,王杨落笔得良朋。当时自谓宗师妙,今日惟观对属能。李杜操持事略齐,三才万象共端倪。"⑤从这里我们可以知道王杨、沈宋作为初唐一代诗坛大家,曾相当热衷于"裁辞矜变律",但置于诗歌史的长河中评价,也只不过"对属能"而已,改变这种状况的,正是伟大诗人李白和杜甫。

"李杜操持事略齐,三才万象共端倪"所称赏的是盛唐诗坛的总体面貌,这一面貌是随着"矜变律""对属能"的状况改变而出现的,殷璠作为那个时代诗史的见证人将其转折点确定在开元十五年,值得我们充分注意。有研究者将玄宗登位后的敦古崇儒的文化政策导向与"开元十五年"联系起来,这是受殷璠"主上恶华好朴,去伪从真,使海内词场,翕然尊古"这种阐颂辞令影响,未足为训。其实在"开元十五年"这个诗史坐标中,我们很难找到与当朝帝王的具体关联。正如王运熙先生所论:"对盛唐诗歌发达的原因,殷璠是片面夸大了唐玄宗政治措施的作用的,我们不能完全同意他的见解。"⑥赵昌平先生曾敏锐地提出盛唐诗歌可分为"准备期""形成期""大盛期"之说,而"形成期"乃以"开元十五年前后

---

① 遍照金刚《文镜秘府论》天卷《序》,2 页。
② 参张伯伟《全唐五代诗格校考》,西安:陕西人民出版社,1996 年,5 页。
③ 《新唐书》卷二○二《宋之问传》,北京:中华书局,1975 年,5750 页。
④ 殷璠《河岳英灵集》之《论》中,对"齐梁陈隋,下品实繁,专事拘忌,弥损厥道,夫能文者匪谓四声尽要流美,八病咸须避之"的批评,是包含了对初唐以来声病之学盛行的态度的。对于研究初盛唐的声律观,该《论》有重要的价值。
⑤ 刘学锴、余恕诚《李商隐诗歌集解》,北京:中华书局,2004 年,1003 页。
⑥ 王运熙《释〈河岳英灵集序〉论盛唐诗歌》,《复旦学报》1957 年第 2 期,221—228 页。

为中心"，其中"长安诗人群体的新陈代谢"是一个"引人注目的现象"①。

这里不妨聚焦于"开元十五年"具体追问一下：本年最突出的文学事件是什么，诗人群体有何变化呢？梳理史实可知，这一年以苏颋卒世为标志，武后统治晚期上层文学集团中主要作家亡殁殆尽，几乎仅剩徐坚（开元十七年卒）、张说（开元十八年卒）了，而恰恰在开元十四年、十五年两年间，储光羲、崔国辅、綦毋潜、王昌龄、常建、李嶷等一批入选"河岳英灵"的人物皆进士及第②。由此我们知道，开元十五年意味着具有诗史意义的新旧交替，老一辈诗人从诗坛谢幕远去，新一代诗人站到了文学舞台的中央，而推陈出新之际，一个新的文学时代的大幕正式开启了。

需要注意的是，那个旧的上层文人集团与诗学范畴中的声律论有着密切关系。该文人集团在初唐泛称学士集团，就武后时期而言，即珠英学士。他们"东壁图书府，西园翰墨林。诵诗闻国政，讲易见天心"③，与最高统治者有密切的文学创作往还，左右着整个诗坛风尚。珠英学士是一批典型的台阁诗人，他们似乎天然地将诗歌格律化作为自己的诗学使命。学者贾晋华通过对现存敦煌写本《珠英学士集》所存五十九首诗分析，发现其中近体诗有二十二首，古体诗有三十七首④，近体诗所占比例是相当可观的。不可否认，珠英学士们在为唐诗发展做出贡献的同时也带来了某些负面影响。张说曾在开元十六年叹伤学士文人凋零，评论几位珠英学士的文风并比较其高下云：

> 李峤、崔融、薛稷、宋之问，皆如良金美玉，无施不可。富嘉谟之文，如孤
> 峰绝岸，壁立万仞，丛云郁兴，震雷俱发，诚可畏乎！若施于廊庙，则为骇矣。
> 阎朝隐之文，则如丽色靓妆，衣之绮绣，燕歌赵舞，观者忘忧。然类之《风》
> 《雅》，则为俳矣……韩休之文，有如太羹玄酒，虽雅有典则，而薄于滋味。许

---

① 赵昌平《开元十五年前后——论盛唐诗的形成与分期》，《中国文化》1991 年第 1 期，105—115 页。

② 戴伟华《论〈河岳英灵集〉初选及其诗史意义》与吴光兴《〈河岳英灵集〉的地域性、派别性问题：兼及"开元十五年"新解》都论及储光羲等新进士登第对"开元十五年"的意义，可参读。分见《文学评论》2011 年第 2 期，113—116 页；2012 年第 2 期，176—180 页。

③ 张说《恩制赐食于丽正殿书院宴赋得林字》，《全唐诗》卷八七，北京：中华书局，1960年，945 页。

④ 贾晋华《"珠英学士"与律诗定型》，《唐学报》第 14 卷（1996 年），陈才智中译文见 http://www.literature.org.cn/Article.aspx？id=4134。

景先之文,有如丰肌腻体,虽秾华可爱,而乏风骨。①

张说的诗学认识颇为清醒和明睿,他对台阁老成之士的创作有褒有贬,对其缺陷以"俳优"类比,对新进诗人则谓"秾华可爱,风骨不足",称"若能箴其所阙,济其所长,亦一时之秀也",这与殷璠合声律、风骨于一体的诗学观有相通之处。

在"开元十五年"这一具有诗史意义的转折中,李白处于何种地位呢?殷璠《河岳英灵集》首列常建,次列李白,全书未选杜甫诗,这也许与他以"开元十五年"为诗学坐标的认识有一定关系。这一年杜甫十六岁,尚在少年时期,而二十七岁的李白已经赫然登上了诗坛。稍作考察可知,开元九年李白游成都,谒苏颋,受到"天才英丽","若广之以学,可以相如比肩"的推奖②,名声始播;开元十三年出峡,至江陵遇司马承祯,作《大鹏遇希有鸟赋》,有诗《渡荆门送别》云:"远渡荆门外,来从楚国游",继而南游洞庭,东游金陵;开元十四年自金陵赴扬州,作《夜下征虏亭》有"船下广陵去,月明征虏亭"之句,该年夏尚有越中之游,一路行程一路诗;开元十五年由吴越而赴居安陆,遁于寿山,作《南轩松》等诗言志,并作《代寿山答孟少府移文书》发出"申管、晏之谈,谋帝王之术。奋其智能,愿为辅弼,使寰宇大定,海县清一"的振聋发聩之音③。未久即开始了弹长剑于王公大人之门的行程,在"大道如青天,我独不得出"的苦闷中酝酿突破,等待壮年的豪情岁月。

从以上简略的梳理可以知道,李白仗剑去国,漫游吴越,正是与台阁诗人老成凋谢而河岳英灵接踵登第同步的。也许正是看到这一点,殷璠选李白诗,最早的作品即取于开元十五年所作,这对盛唐诗坛和李白本身都是一个极有意味的文学史实。虽然人们很难预料吴越之行后的李白在诗坛上将欲何为,如何作为,但他一定会走出一条与前辈诗人不同的道路,则已经可以想见。事实也表明,在诗歌发展道路上,李白不是前代诗学力量的附庸,而是新的诗歌世界的建设者。而这种建设必将是一种破坏性的建设,即与当时"掣瓶庸受"之流异轨而行,打破原有的诗学阵营运行秩序,以建立自我的诗歌王国。

从这个意义上来说,走向诗坛中心的李白是诗歌声律化的天生的异议者,由初唐学士集团主导的这股诗歌发展潮流在独立挺峻的诗人那里必将受到冲击,

---

① 刘肃《大唐新语》卷八,北京:中华书局,1984 年,130 页。
② 李白《上安州裴长史书》,《李白集校注》,1544 页。
③ 李白《代寿山答孟少府移文书》,《李白集校注》,1521 页。

其所产生的自非翡翠兰苕之优美,而是鲸鱼碧海之雄奇。

三、李白"薄声律"与"将复古道"诗学实践

虽然殷璠树立"开元十五年"的诗史标志乃鉴于新老交替的事实,并非是对李白的特别礼赞,但从李白出蜀后至开元十五年的创作可以看到他自立诗坛的努力,而在诗歌激流中的不断畅游、搏击使他逐步站到了时代的潮头,认识到"大雅久不作""正声何微茫""自从建安来,绮丽不足珍",并以"吾衰竟谁陈"作为自我期许了。学界迄今对《古风》五十九首到底写于何时,是否为同时所作,尚未形成一致的意见,但可以相信这些诗应是出蜀以后的作品,而非早期之作①。而恰恰越到中年以后,李白的声律诗创作数量越少,主要以古体诗为主,即使是五七言律,也力破工稳整饬、声韵谐调的形式。

李白的创作道路表明,鄙薄声律对其而言,既是一种自由天放性格使然的诗学态度,也是一种确立自我价值与诗学理想的进路策略。如果说诗歌声律化是一种近体(或今体)的诗风,那么以复古为旗帜,力倡古体诗风自然就具有了抗衡和号召的力量。我们可以说,李白的"薄声律"是与其诗学复古理想相表里的。这种复古理想是力图超越初唐、凌迈齐梁,直追汉魏以上的大雅之境,达到"文质相炳焕"的境界,以克服片面的形式主义、唯美主义诗学产生的时代性弊病。关于这个问题《本事诗·高逸》中有一段记载已为学者们注意:

> 白才逸气高,与陈拾遗齐名,先后合德。其论诗云:"梁、陈以来,艳薄斯极,沈休文又尚以声律。将复古道,非我而谁与!"故陈、李二集律诗殊少。
> 尝言"兴寄深微,五言不如四言,七言又其靡也,况使束于声调俳优哉!"②

这里明确将声律化作为诗道"艳薄"的主要表征,甚至以"声调俳优"拟之。他提出"将复古道"的针对性已溢于言表,以采用古体形式达到"兴寄深微"的策略也显而易见。正因为如此,我们看到李白今存的绝大部分作品都是古体诗,殷璠《河岳英灵集》选李白十三首诗,即《战城南》《远别离》《野田黄雀行》《蜀道难》

---

① 詹锳先生《李白诗文系年》将其中一些作品系于天宝十载,郁贤皓先生《李白诗选》认为部分作品应是天宝十一、二载所写。各家意见颇有分歧,但认为这是一组"老成之作"则是基本一致的看法。

② 孟启《本事诗·高逸第三》,《历代诗话续编》,14—15 页。

《行路难》《梦游天姥山别东鲁诸公》《忆旧游寄谯郡元参军》《咏怀》《酬东都小吏以斗酒双鳞见赠》《答俗人问》《古意》《将进酒》《乌栖曲》,皆属古体①,且不少都是借古题而作。殷璠品题曰:"白性嗜酒,志不拘检,常林栖十数载,故其为文章,率皆纵逸。至如《蜀道难》等篇,可谓奇之又奇。然自骚人以还,鲜有此体调也。"②这里没有触及到李白追求的"兴寄深微"的审美效果层面,但赞之"奇之又奇",列于"骚人以还"之鲜见者,已属很高的评价了。

李白诗的古体形式,追步于风雅与骚赋,同时承继了汉乐府与建安体。这种追步与承继,不是模拟祖述,而是走向极致性的创造。在摆脱了声调格律拘束后,其诗笔一任性情的驱使,诉"蜀道难,难于上青天"之艰困,言"回山转海不作难,倾情倒意无所错"之豪爽,皆变幻超忽,意气轩举,内中自有精神与风骨在;而如《三五七言》"秋风清,秋月明。落叶聚还散,寒鸦栖复惊。相思相见知何日,此时此夜难为情",其体一变再变,风格奇古,在餐霞饮露、月明风清中显出兴寄深微。清人吴锡麒谓:"观其驱云作采,喝月成吟,漱沆瀣于三霄,郁神明于五岳,非徒搴荣香草腾异翠虬而已。"③是看到了李白力破声律而力复古道所达到的风格奇幻、情词并美的艺术效果的。

六朝文风在"开元十五年前"的影响到底如何,似难说清,殷璠批评的当时诗坛"都无兴象,但贵轻艳",其程度尚难以论定。但可以肯定的是,龙朔初载文场变体,"影带以徇其功,假对以称其美,骨气都尽,刚健不闻"的情况④,直到珠英学士主盟诗坛时期仍有所存在。虽然将责任完全归于近体诗和声律化的流行,并不符合事实,但台阁气息渗透于近体诗风在当时形成了某种绮碎文风则属无疑。正因为如此,李白对"梁、陈以来,艳薄斯极,沈休文又尚以声律"是持激烈批判态度的。既然格律化的诗歌形式是问题的一个突出症结,那么异化律诗形式就不失为以古化今、以古造今的方法了。

这里所谓"异化形式",即所谓"以古行律"。李白诗集中虽有完全合律的作品,但数量在一般统计的百余首中不过其半。明人颇以格律诗为唐诗高境,汪瑗

---

① 《河岳英灵集》所选的李白十三首诗中,《答俗人问》一首有绝句之形,而无绝句之韵律,充其量为古绝,不应归入近体诗。
② 殷璠《河岳英灵集·论》,《唐人选唐诗新编》,171 页。
③ 吴锡麒《有正味斋骈体文集》卷五《金手山环中庐初稿序》,《李白资料汇编》,999 页。
④ 杨炯《王子安集序》,见聂文郁《王勃诗解》,西宁:青海人民出版社,1980 年,176 页。

特地立出"正律"与"变律"两种名目，以尽量扩大李白律诗创作的数量。李维桢在为汪氏《李杜五言律诗辨注》所作《序》中说："六代以降，有律赋而四六文体日繁，唐诗有定律而律诗用日繁，几不知古选为何物。青莲律不尽以偶字偶句，有三百篇、赓歌之思焉。彼言七言靡矣，束缚声律类于俳优，即五言亦不若四言，诚伤夫律诗之愈趋愈下也。其律八句中或仅两句为偶，而四声不必相间，如诗拗体，唐人故多有之，不可胜举，惟青莲百首中参半耳。"①律体诗是以中间两联对偶，通篇四声相间为规范的，如果所有的这些规则都打破，自然不但不能称为近体律诗，连齐梁新体（尚未确立邻句相粘原则）也算不上，本质上还是古体诗，所以对变律的认定应当慎重。盛唐时代，正是近体诗从不成熟走向成熟的时期，古中有律，律中含古是一个并不鲜见的现象，既不可一概视为复古，也不必动辄归于变律，应当根据具体作品的本质特征进行分析。在这个问题上高棅无愧为高明的选家，他编《唐诗品汇》将一些论家认为属于李白变律的作品皆列入五古之"正宗"，是具有品鉴眼光的。

当然李白笔下声调与对仗的使用情况比较复杂，变律的情况也不能完全排除。关于声调，其作品中失粘、失对是比较多见的，拗而救之、拗而不救的现象每见；而对仗，有三联对仗的，如《登新平楼》《赠升州王使君忠臣》；有一联对仗的，一般用在颈联，如《鹦鹉洲》，也有用在颔联的，如《宿五松山下荀媪家》。还有一种特殊情况，即通篇声调应属合辙，但全无对仗，《夜泊牛渚怀古》一首相当典型：

> 牛渚西江夜，青天无片云。登舟望秋月，空忆谢将军。余亦能高咏，斯人不可闻。明朝挂帆席，枫叶落纷纷。②

这首诗应作于开元十五年，可视为其诗格转型变化期的作品。后人以之为"以古行律"的代表作。宋人严羽《沧浪诗话》云："有律诗彻首尾不对者，盛唐诸公有此体。如孟浩然'挂席东南望'……又太白'牛渚西江夜'之篇，皆文从字顺，音韵铿锵，八句皆无对偶者。"③沈德潜《唐诗别裁》云："不用对偶，一气旋折，律诗中有此格也。"④王尧衢《古唐诗合解》云："此诗以古行律，不拘对偶，盖情胜于

---

① 李维桢《大泌山房集》卷九《李杜五言律诗辨注序》，引自《李白资料汇编》，424 页。
② 《李白集校注》，1314 页。
③ 郭绍虞《沧浪诗话校释·诗体》，北京：人民文学出版社，1983 年，73 页。
④ 沈德潜《唐诗别裁集》卷一〇，上海：上海古籍出版社，1979 年，342 页。

词。"①以古行律实际上正是李白的复古诗学实践,王琦《李太白全集》引赵宧光之说认为此诗"无一句属对,而调则无一字不律。故调律则律,属对非律也"②。这是以李白为尊,便以李白所作立规,不足为训,倒是陈仅在《竹林答问》中沿用汪瑗的概念将其称为"古律",颇近于诗理。

这里有一个问题不妨提出,即何谓"属对"(或"对属")?进一步说,"属对"是否纯粹指词意、词性的对偶而排除声律安排的意义?我的看法是,说"属对"是"对仗"固然不错,但这是集语音、词汇、语法要素于一身诗学方法,不应简单等同于词语对偶。杜甫《寄彭州高三十五使君适、虢州岑二十七长史参三十韵》所云"更得清新否,遥知对属忙",其"对属"应泛指诗歌写作;张蠙《赠丘衙推》中"诗逸不拘凡对属,易穷皆达圣玄微",这里的"对属"就包含了声韵与词汇两方面的因素了;李商隐《漫成五章》中"惟观对属能",是与"裁辞矜变律"相关联的,则显然不应脱离声律问题来论"属对"。强调这个问题是说明,李白在以古行律中轻忽属对,实际上是"薄声律"的表现。这种对近体诗的否定行为,正是其"将复古道"诗学实践的一个组成部分。

四、结语

综上所述,我们认为在初盛唐之际诗学理论形成过论争与冲突,其中声律观是论争的主要内容之一。开元十五年后,"既闲新声,复晓古体,文质半取,风骚两挟"③,方成为诗坛的主流取向。在这一过程中,李白以"薄声律"的姿态出现,以"将复古道"为旗帜推行复古诗学理想。其"天才超迈,绝去町畦……不屑屑于排偶声调,当其意合,真能化尽笔墨之迹,迥出尘壒之外"④,对扭转拘忌声病的倾向,改变盛唐诗坛的品质,丰富诗歌创作的风格做出了具有诗史价值的贡献。将唐诗发展有力地推向了"盛唐"的高峰。

何以谓此?须知"盛唐"所表征的不是庄严的色相、成熟的形态,本质上是一种发育、成长中的文化生态,具有包孕万方、自由激荡、价值多元、富于展望的精

① 王尧衢《古唐诗合解》卷七,长沙:岳麓书社,1989 年,310 页。
② 王琦注《李太白全集》卷二二,北京:中华书局,1977 年,1050 页。
③ 殷璠《河岳英灵集·论》,《唐人选唐诗新编》,157 页。
④ 《唐宋诗醇》品题《夜泊牛渚怀古》,引自《李白诗选》,38 页。

神风貌。新一代诗人们深知,时代可能造就他们,而前提是必须保持自身的独立人格与诗风。对前代之文学,则既需要承继和发扬,也需要批判与拒绝。只有互为对蹠,在对蹠中摩戛融摄,方能形成一个文学的大世界。

李白是一个个性极强的诗人,对前代文学遗产的接受带有强烈的选择性。《酉阳杂俎》载李白"前后三拟词选,不如意,悉焚之,唯留恨、别赋"①,从对选学"不如意,悉焚之"的接受态度便可知其文学观念的自觉与明确。如此,当他认识到大雅不存、正声微茫时,突显鄙薄声律的姿态,力倡复古以截断众流,就是自然而然的了。

长期以来,对李白是否擅写声律诗的论述很多,对其复古诗学的探讨也较深入,部分研究涉及两者之间的关系,但李白"薄声律"的本义及其背后的诗学背景未能引起足够关注。我们将李白"薄声律"的诗学观与其复古诗学实践结合起来考察,便可以看出唐诗演变的一个重要关节,看到李白在盛唐诗坛所显示的特立高峻。这种特立高峻,即使不无偏执,也决无妨其伟大;甚或,正是其偏执的创造性破坏,成就了他的伟大。

(作者单位:苏州大学文学院/古典文献研究所)

---

① 段成式《酉阳杂俎》前集卷一二《语资》,北京:中华书局,1981 年,112 页。

从周舍到李白

——《上云乐》的艺术与宗教脉络再解读

刘 屹

一、前贤的研究

自20世纪初至今,学界围绕李白的诗作《上云乐》是否具有景教思想或景教意蕴,先后发表了各自不同的意见,迄今尚无定论。截至目前,对相关问题的研究史梳理最到位的是林悟殊先生。本文在此不拟重复他在这方面已经做过的工作,只是为说明本文撰写的目的而概要地介绍前贤在此问题上的分歧点所在。

早在20世纪20年代,中国的邠牟对李白的《上云乐》"暇日讽诵,偶有所触",认为此诗是"唐代基督教输入之征也"①。随后,日本的中村久四郎指出李白《上云乐》中的"大道"指天父,即基督教的上帝,而"老胡文康"就是一位"老景教师"②。20世纪30年代,陈垣先生注意到李白此诗中有景教因素的说法,也认为"老胡"有可能是"景教僧",但又承认缺乏确证③。向达先生也支持李白《上云乐》反映唐代景教思想的说法,认为"大道、元气"即景教的上帝,诗中反映了基督教创世说与中国神话糅杂而成的情况④。20世纪50年代,方豪先生认为从此诗可见李白颇熟谙景教教义,但并不能据此认为李白本人是景教徒⑤。任

---

① 邠牟《李太白与基督教》,《申报》1924年10月2日第二张第八版常识版"宗教"专栏;后被选录《真光》第23卷第11号,1924年,62页。

② [日]中村久四郎《李太白乐府の景教の解释》,《史学杂志》第37编第2号,1926年,142—148页。

③ 陈垣《基督教入华史》,1930年初刊;此据《陈垣学术论文集》第一集,北京:中华书局,1980年,96页。

④ 分别参见向达《中外交通小史》,上海:商务印书馆,1930年,67—68页;《中西交通史》,1934年初版,此据上海书店影印《民国丛书》第五编第27本,26页。

⑤ 方豪《中西交通史》,1954年台湾初版;此据上海:上海人民出版社,2008年,296页。

半塘先生则针对向达先生的意见提出质疑,认为"大道""元气"和创世说在中国都原已有之,无法确证属于景教因素①。

到 20 世纪 60 年代,罗香林先生重申了二三十年代学者们肯定《上云乐》有景教因素的意见,他提供的证据仍然是"大道"为天父、上帝,并认为李白诗作描写了景教僧以乐舞向唐皇祝寿的场面②。此后,虽仍有学者试图凿实前贤关于李白《上云乐》含有景教思想的推测,但他们的论说既漠视前贤贡献,又有诸多不严谨的论述,总体上推进不大。故肯定李白《上云乐》反映了景教思想的观点,仍要以邹牟、中村、向达、罗香林诸先生早年的论述为主要依凭。

2007 年,林悟殊先生重新探讨这一问题,他主要从"老胡祝寿是史实还是文学虚构",以及"'大道''元气'有无可能指景教上帝"这两个方面响应了前贤提出的论据,基本上否认了李白《上云乐》含有景教思想的说法③。作为一位专注于中古三夷教研究数十年的专家,林先生对此问题的意见,无疑应值得充分重视。此后,又有学者从新的角度展开论证,认为《上云乐》固然并非景教圣诗,却蕴含了景教的创世神话和舞乐,因而具有景教意蕴④。似乎又把这一问题重新推到难解或无解的境地。

我从前贤对此问题的讨论中获益良多,但也发现了一个明显的缺失:在围绕是否存在景教思想因素的讨论时,大家似乎都乐于从域外文化的角度去解读诗中的一些意象,却很少有人尝试从中国本土文化的传统中去理解这篇诗作。这具体表现在:第一,前贤的讨论,似乎尚未充分发掘李白这首《上云乐》与前代乐府诗、西胡舞乐传承之间的关联。研讨《上云乐》的宗教思想问题,离不开其作为伎乐歌舞产生和表演的艺术史背景,但目前对《上云乐》进行艺术史和宗教思想的研究,基本上还是两个互无交叉的领域,亟待加强彼此的对话以求共同解决一些基本问题。

第二,无论是赞成或否认《上云乐》含有景教思想的意见,也都没有正面去讨

---

① 任半塘《唐戏弄》,1958 年初版;此据上海:上海古籍出版社,1984 年,1270—1271 页。
② 罗香林《景教入华及其演变与遗物特征》,1965 年初刊;此据作者著《唐元二代之景教》,香港:中国学社,1966 年,17—18 页。
③ 林悟殊《李白〈上云乐〉景教思想质疑》,2007 年初刊;此据作者著《中古夷教华化丛考》,兰州:兰州大学出版社,2011 年,93—114 页。
④ 杨富学、盖佳择《李白〈上云乐〉景教意蕴探蠡》,《石河子大学学报》2014 年第 6 期,108—114 页。

论其中引起最大争议的"大道"和"元气"这两个概念在中国本土文化语境下的存在状况,及其在李白《上云乐》中的真正意义。赞成景教说的学者,甚至直接用后世基督教《圣经》译本中的"太初有道,道即上帝"来比附《上云乐》中的"大道"。林悟殊先生已指出这种"以后证前"的方法并不严谨和可靠,故他采用唐代景教汉文经典中对上帝的称呼,来比较李白《上云乐》中的"大道",发现唐代景教文献从无使用"大道"来称呼上帝的例子。这当然是很有说服力的一个证据。然正如任半塘先生指出的,"大道"和"元气"都是中国本土文化的概念,如果在中国本土文化的语境下可以对《上云乐》做出圆满的解释,又何必非要用"以后证前"的方式从景教的角度牵强作解?如果能从正面论说这两个概念的本土特性,或可为林悟殊先生所做的反证提供进一步的支持。

截至目前,李白诗作中被认为有可能反映景教思想的,仅此一篇,所以弄清这篇《上云乐》是否具有景教的意涵,就不仅仅是如何理解这一首诗的问题,还会关涉到理解李白诗歌创作的整体思想文化背景的某些基础性认识。

二、周舍《上云乐》的艺术史脉络

最早收录李白《上云乐》全诗的是宋郭茂倩(1041—1099)编的《乐府诗集》[①]。而《上云乐》原本是曲名,郭茂倩引南陈时的释智匠《古今乐录》云:"梁天监十一年(512)冬,武帝改西曲,制《江南》《上云乐》十四曲。《江南弄》七曲:……《上云乐》七曲,梁武帝制,以代西曲。一曰《凤台曲》,二曰《桐柏曲》,三曰《方丈曲》,四曰《方诸曲》,五曰《玉龟曲》,六曰《金丹曲》,七曰《金陵曲》。"[②]"西曲"是流行于长江中游的江汉、江陵一带的南朝民歌。梁武帝即位后就展开正乐的工作,到天监十一年创制出《江南弄》七曲和《上云乐》七曲。与《江南弄》

---

① 见宋郭茂倩编《乐府诗集》卷五一《清商曲辞》八,北京:中华书局,1979 年,747 页。
② 《乐府诗集》卷五一,726、744 页。唐杜佑《通典》卷一四五《乐》五载:"梁有吴安泰,善歌。后为乐令,精解声律。初改西曲《别江南》《上云乐》。内人王金珠善歌吴声西曲,又制《江南歌》,当时妙绝。"北京:中华书局点校本,1988 年,3700 页。很可能是吴安泰在梁武帝时期具体完成了改造西曲的工作,后人把功劳记在梁武帝的头上。

七曲相比,《上云乐》七曲具有更明显的中国传统仙道意味①。可以认为是梁武帝时期将民间的荆楚西声曲调,改造为具有仙道意蕴的庙堂清商曲辞。故《上云乐》的曲名,或可认为是从梁武帝时才正式登入大雅之堂。郭茂倩对此前《古今乐录》的叙述加按语说:"按《上云乐》又有老胡文康辞,周舍作,或云范云。《隋书·乐志》曰:梁三朝,第四十四,设寺子导安息孔雀、凤皇、文鹿,胡舞,登连《上云乐》歌舞伎。"②《乐府诗集》在梁武帝《上云乐》七曲之后,收录了周舍和李白的两首《上云乐》。一般认为李白之作就是对周舍"老胡文康辞"的拟作,故弄清周舍"老胡文康辞"的来龙去脉,对于理解李白《上云乐》无疑是个重要的前提。

所谓"梁三朝",指的是梁的三朝元会,即在每年的元旦这一天,举行皇太子以下诸王、群臣、外国使臣等朝见皇帝的仪式。元旦这一天同时是一岁、一月、一日之始,故曰"三朝"③。郭茂倩注意到《隋书·乐志》记述梁的三朝元会时,有一系列礼乐仪程,其中第四十四个步骤明确出现了《上云乐》的歌舞。而《隋志》的这一记述,无论是文字,还是句读,都存在一些争议。《隋志》这一段的上下文作:

> 三朝,第一,奏《相和五引》;……四十二,设青紫鹿伎;四十三,设白武伎,作讫,将白鹿来迎下;四十四,设寺子导安息孔雀、凤皇,文鹿胡舞,登连《上云乐》歌舞伎;四十五,设缘高絙伎……④

"四十四"中的"寺子",历来无解,近有刘航大胆提出应是"狮子"之误⑤,并提供了旁证,很有道理。这样就可知道是由狮子作为先导,引领孔雀和凤凰登场。学者们也都认同这里并不是指真正的奇禽异兽,而是指由歌舞伎人戴着面具扮演的祥瑞禽兽上场表演。而"文鹿"一词,钱志熙提出很可能是"文康"之误⑥,这也是很有价值的一个猜想。值得在此为其提供一点旁证。"文鹿"是指带斑点的梅花鹿,梅花鹿应该比较常见,还算不上堪与孔雀、凤凰、狮子相并列的祥瑞异兽;况且此前的"四十二"和"四十三"分别已有作为吉祥异兽的"青紫鹿"和"白鹿"

---

① 许云和《梁武帝〈江南弄〉七曲研究》,《武汉大学学报》2010 年第 4 期,438—446 页;蔡丹君《道教影响下的〈江南上云乐〉及其乐舞源流——兼论与〈老胡文康辞〉的主题关系》,《中国典籍与文化》2012 年第 3 期,21—33 页。

② 《乐府诗集》卷五一,744 页。标点根据我自己的理解有改动。

③ 《汉书》卷八一《孔光传》:"岁之朝曰三朝。"颜师古注曰:"岁之朝,月之朝,日之朝,故曰三朝。"北京:中华书局点校本,3359、3360 页。

④ 《隋书》卷一三《音乐》上,北京:中华书局点校本,1973 年,302—303 页。

⑤ 刘航《〈文康乐〉与汉魏六朝戏剧艺术的发展》,《文艺研究》2011 年第 2 期,64 页。

⑥ 钱志熙《南北朝隋代散乐与戏剧关系札论》,《文学与文化》2010 年第 11 期,106 页。

出现,似乎"四十四"中就无需再出现与孔雀、凤凰并列的"文鹿";而"康"与"鹿"两字也的确容易混淆。如果"寺(狮)子"和"文鹿(康)"这两个关键词解决,则《隋志》"四十四"的字句就可通顺为:"设狮子导安息孔雀、凤凰,文康胡舞,登连《上云乐》歌舞伎。"①意思是先由伎人戴着面具扮演的狮子、孔雀、凤凰上场,接着是伎人扮演老胡文康胡舞,然后再是奏唱《上云乐》七曲的歌舞伎。

何为"文康胡舞"?《隋志》载:

> 《礼毕》者,本出自晋太尉庾亮家。亮卒,其伎追思亮,因假为其面,执翳以舞,象其容,取其谥以号之,谓之为《文康乐》。每奏《九部乐》终,则陈之,故以"礼毕"为名。其行曲有《单交路》,舞曲有《散花》。乐器有笛、笙、箫、篪、铃槃、鞞、腰鼓等七种,三悬为一部。②

所谓"礼毕",是在那些正舞正乐的"九部乐"表演结束后,还有散乐、百戏之类的附加表演。故"礼毕"以下,通常是娱乐性的表演。"礼毕"之所以又称《文康乐》,是相传这种形式的表演源自庾亮家伎对庾文康的怀念。"文康乐"是有音乐伴奏、舞蹈动作的表演,故戏剧史学者认为这与后世的戏剧有直接的关系。东晋的"文康乐"如何演变成一种胡舞,现在还缺乏更多的材料来说明。不过,颜之推曾云:

> 或问:俗名傀儡子为郭秃,有故实乎?答曰:《风俗通》云:诸郭皆讳秃。当是前代人有姓郭而病秃者,滑稽戏调,故后人为其象,呼为郭秃,犹《文康》象庾亮耳。③

《颜氏家训》最终成书于颜氏入隋以后,可见北朝末年至隋代的人,的确是相信当时名为"文康"的乐舞表演,就是从庾亮家伎那里传下来的。换言之,无论"文康乐"的实质内容已经和东晋中期相比有了多大的变化,但"文康"之名直接与东晋庾亮有关,北朝末至唐初的人对此都不否认。

----

① 许云和《〈隋书·音乐志〉断句商榷一例》,《中国史研究》2011 年第 3 期,84—86 页。该文曾专门讨论这句话的句读问题,但似仍有未通之处。

② 《隋书》卷一五《音乐》下,380 页。《通典》转述此段话时,多了一句:"隋平陈,得之,入《九部乐》。"见《通典》卷一四六《乐》六,3731 页。说明隋的《九部乐》之一的《礼毕》就是"文康乐"。

③ 王利器《颜氏家训集解(增补本)》,北京:中华书局,1993 年,504—505 页。对颜之推的这句"文康象庾亮"的话,学者们的理解也很不同,详见王利器的集解部分,506—507 页。在此依据的是钱志熙的理解,见其前揭文,105 页。

周舍《上云乐》所描绘的，就是在举行三朝元会时，由俳优扮演的老胡，率众在梁武帝君臣面前胡舞的场面，这正与前引《隋志》的"四十四"记载相合：

> 西方老胡，厥名文康。遨游六合，傲诞三皇。西观蒙汜，东戏扶桑。南泛大蒙之海，北至无通之乡。昔与若士为友，共弄彭祖扶床。往年暂到昆仑，复值瑶池举觞。周帝迎以上席，王母赠以玉浆。故乃寿如南山，志若金刚。青眼眢眢，白发长长。蛾眉临髭，高鼻垂口。非直能俳，又善饮酒。箫管鸣前，门徒从后。济济翼翼，各有分部。凤皇是老胡家鸡，师子是老胡家狗。陛下拨乱反正，再朗三光。泽与雨施，化与风翔。觇云候吕，志游大梁。重驷修路，始届帝乡。伏拜金阙，仰瞻玉堂。从者小子，罗列成行。悉知廉节，皆识义方。歌管愔愔，铿鼓锵锵。响震钧天，声若鹓皇。前却中规矩，进退得宫商。举技无不佳，胡舞最所长。老胡寄箧中，复有奇乐章。赍持数万里，愿以奉圣皇。乃欲次第说，老耄多所忘。但愿明陛下，寿千万岁，欢乐未渠央。[①]

这里除了"安息孔雀"没有被提及，狮子和凤凰都有出场。而"老胡文康"这一形象，一方面被描绘成高鼻青眼典型的胡人面貌，以及带来凤凰、狮子之类来自域外的珍奇瑞兽；另一方面，老胡的"文康"之名，则很可能来自庾文康[②]；而与老胡有关的其他文化要素，也基本上都来自中国传统文化：如六合、三皇、蒙汜、扶桑、若士、彭祖、昆仑、瑶池、周帝、王母等等。这并不是一个真实的从域外胡国千里迢迢跑来给梁武帝颂寿的胡人，而只是一个在象征四夷宾服的中原传统文化之下的符号性角色而已。周舍诗中的描绘，表明这实际上是一个以俳优伎人扮演的老胡为首的歌舞伎群表演：如"从者小子，罗列成行。……前却中规矩，进退得

---

① 周舍《上云乐》，见《乐府诗集》，746—747页。也有学者认为周舍的整首《上云乐》诗其实就是根据文康乐舞表演前由侏儒俳优口诵的"致语"而改编的。不过，《上云乐》很可能像《尚书·牧誓》一样，里面既有周武王的誓词，又有周武王指挥部众在战前鼓舞士气的舞蹈动作。周舍还是以旁观者的视角，用诗来记录或描绘老胡文康表演的经过，所以能够把老胡的说辞和动作都描述出来。

② 有学者将此"文康"与康国联系起来，认为指的是来自康国的胡人。然康国乐舞正式传入中国，应在北周时经由突厥传入，已晚于梁武帝之时。且康国乐舞主要是胡旋舞，在周舍诗中看不出有胡旋舞的迹象。《通典》卷一四二《乐》二，3614页载："自宣武已后，始爱胡声，泊于迁都。屈茨、琵琶、五弦、箜篌、胡直、胡鼓、铜钹、打杀罗，胡舞铿锵镗鳌，洪信骇耳。"北魏宣武帝在位期间是499—515年，故老胡文康表演的有"铿鼓锵锵"伴奏的胡舞，应该是北魏时传入的"胡声"，而非北周时传入的康国乐。

宫商"。而这群歌舞伎所表演的正是"最所长"的"胡舞"。看来,周舍作《上云乐》的老胡文康辞,应是根据他亲眼所见的由俳优伎人扮演的老胡领衔的一批伎人,在梁皇面前表演胡舞的场景而创作。诗作本身,既不是全场表演的完全写实,也不是在表演中直接用来口诵或歌唱的歌词。

老胡文康的表演,是对东晋庾亮家伎戴着面具进行表演的"文康"乐舞进行胡化处理的结果。"文康乐"本是一种伎人戴着面具表演的乐舞,故后世对"文康乐"主要继承的是戴着面具的表演形式,而不是以纪念庾亮为主题。已有学者注意到,梁武帝创制《上云乐》七首,所用的伴奏乐器多为江南传统的管弦乐,而文康胡舞虽有"歌管愔愔",却也是"铿鼓锵锵",有震天之响①。如前《隋志》所记,东晋传下来的"文康乐"所用乐器中的鼓类,只有腰鼓,恐怕还不能"铿鼓锵锵"。所以,从乐舞的内容到使用的乐器,相传始自东晋中期的"文康乐",到南北朝后期已经加入了大量西域胡舞的要素。

东晋的"文康乐"之所以容易被胡舞所改造,大概就是因为戴面具表演的俳优主要以娱乐、戏谑为目的,而自汉代以来中国传统的文学和艺术中,胡人的形象有不少是被嘲弄和戏谑的对象。而这种俳优扮演域外胡人来为皇帝祝寿助兴的传统,更是早在汉代就已存在。伏俊琏先生考察汉赋中的"杂四夷及兵赋",就列举了张衡《西京赋》、李尤《平乐观赋》等文学作品,其中就描写了胡人带来域外的奇珍异兽,一同为皇帝献寿的表演。汉代百戏中还有"戏豹舞罴"的"仙倡",也可直接与老胡文康耍弄狮子、凤凰的表演一脉相承②。故这位"老胡文康"并不是被当作西方的神仙来推崇的,而是作为逗笑、扮丑的角色而出现。明了这一本自中原的文化传统,就更可了解老胡文康的出现,从本质上说仍然是对中原文化传统的继承,只不过加入了南北朝时期新传来的西域胡国歌舞和乐器。

至于"文康胡舞"之后,为何会紧跟着主题和演奏乐器都不相同的《上云乐》歌舞?以目前所见,还是刘航的分析最有道理:周舍诗中讲到老胡文康"寄箧中,复有奇乐章",所谓"奇乐章",就是指特意献给梁武帝的《上云乐》七曲③。亦即说,前面的狮子、孔雀、凤凰直到老胡文康的出场,都是为后面的《上云乐》七曲

---

① 蔡丹君前揭文,30 页。

② 伏俊琏《〈汉书·艺文志〉"杂行出及颂德"、"杂四夷及兵"赋考》,《西北师大学报》2001 年第 4 期,50—54 页。

③ 刘航前揭文,64—67 页。

的演奏做铺垫。整个"四十四",实际上就是借用一个西域仙胡的角色,为梁皇献上由江南西曲改编的、本土仙道韵味十足的《上云乐》七曲。这也是周舍所作的《上云乐》很明显与梁武帝所制七曲从句式到伴奏乐器都不相同,但也仍然被冠以《上云乐》之名的原因所在。

对于《隋志》有关梁三朝时"四十四"的进一步描述,可以北宋陈旸(1064—1128)的《乐书》卷一八三《上云舞》的记载为例:

> 梁三朝乐,设寺子遵(导)安息孔雀、凤凰、文鹿,胡舞登连《上云乐》歌舞伎。先作《文康辞》,而后为胡舞。舞曲有六:第一《踏节》,第二《胡望》,第三《散花》,第四《单交路》,第五《复交路》,第六《脚掷》。及次,作《上云乐》:《凤台》《桐柏》等诸曲。①

《乐书》说明了文康胡舞和《上云乐》歌舞伎两个部分的具体情况:先作《文康辞》,周舍诗中介绍老胡文康来历的部分应即根据这个《文康辞》改编的。其后为胡舞六曲,这里的《单交路》和《散花》,也见于前引《隋志》关于文康乐来历的介绍文字,足证《隋志》所言隋朝九部乐中的文康礼毕乐,与梁武帝面前表演的文康胡舞就是同一种舞乐,而这种胡舞也确实被时人追溯到庾亮家伎那里。

总之,在汉魏时期形成的四夷宾服来贺的文化传统之下,以符号化的老胡文康领衔的胡舞表演,引出真正具有江南韵味的《上云乐》七曲,这在梁代是三朝元会上重要的一个表演节次。此后,陈宣帝太建元年(569),"定三朝之乐,采梁故事……祠用宋曲,宴准梁乐,盖取人神不杂也。制曰:可"②。至太建六年,陈朝君臣又议三朝元会之设乐,"旧元会有黄龙变、文鹿、师子之类,太建初定制,皆除之。至是蔡景历奏,悉复设焉"③。则太建元年本来曾把梁代的文康胡舞从三朝元会中去掉了,但到太建六年又被恢复。文康胡舞似已变成有无两可之物。此后,隋灭陈,隋文帝一度视梁乐为亡国之音,不肯仿效。然《隋

---

① 此据文渊阁《四库全书·经部·乐类》,《乐书》卷一八三《乐图论·俗部·舞》,5 叶。
② 《隋书》卷一三《音乐》上,308 页。
③ 《隋书》卷一三《音乐》上,309 页。这里的"文鹿、师子",无疑与前记梁三朝的"四十四"相对应,可证刘航推测的"寺子"应为"师子"之误是有道理的。而再次出现"文鹿",仍应看作是"文康"之误。因为在前述几种动物中,狮子无疑应排第一位,"师子之类"就包括了狮子、孔雀、凤凰等动物。在周舍诗中并未出现的文鹿,无论如何也不该排在狮子之前。只有作为人物的"文康"才该排在狮子之前。

志》载：

> 始开皇初定令，置《七部乐》：一曰国伎，二曰清商伎，三曰高丽伎，四曰
> 天竺伎，五曰安国伎，六曰龟兹伎，七曰文康伎。又杂有疏勒、扶南、康国、百
> 济、突厥、新罗、倭国等伎。……及大业中，炀帝乃定《清乐》《西凉》《龟兹》
> 《天竺》《康国》《疏勒》《安国》《高丽》《礼毕》，以为九部。①

可见有隋一代，"文康伎"亦即"礼毕"②，一直还能列入官方的《七部乐》或《九部
乐》。但入唐以后，情况就变了。据《唐会要》记载，到贞观年间，《文康伎》就被
正式废黜：

> 隋文平陈，及《文康礼曲》，俱得之百济。……《文康礼曲》者，东晋庾亮
> 殁后，伎人所作，因以亮谥为乐之名，流入乐府。至贞观十一年(637)，黜去
> 之。今亡矣。③

正因为唐初官方不再保留"文康乐"，导致其逐渐亡佚。到唐开元年间，朝廷大
燕会所设的十部伎中，也确然不见"文康礼毕伎"的踪影：

> 凡大燕会，设十部之伎于庭，以备华夷：一曰燕乐伎，……二曰清乐伎，
> 三曰西凉伎，四曰天竺伎，五曰高丽伎，六曰龟兹伎，七曰安国伎，八曰疏勒
> 伎，九曰高昌伎，十曰康国伎。④

在南北朝后期至隋代都还兴盛的"文康伎"，到唐初官方伎乐中消失的原因，可
能主要是因为这是一种俳优扮演胡人逗笑、戏谑的乐舞，不太适合庙堂正乐；也
可能是唐太宗被尊为"天可汗"，故不希望庙堂之上再出现通过丑化胡人来取乐
的伎乐。无论如何，《上云乐》到唐代不仅已不见于三朝元会所用乐舞，而且也

----

① 《隋书》卷一五《音乐》下，376—377 页。
② 《通典》卷一四六《乐》六，3726 页云："隋文帝平陈，得《清乐》及《文康礼毕曲》，而黜
《百济》。"
③ 王溥《唐会要》卷三三《东夷二国乐》，上海：上海古籍出版社，1991 年，723 页。有学
者根据《唐会要》的这条记载，认为文康乐本是康国胡乐，曾传入百济，经改编后再传入中国。
但除前注《通典》引文外，《旧唐书》卷二九《音乐》二："隋文帝平陈，得《清乐》及《文康礼毕
曲》，列九部伎，《百济》不预焉。……我太宗平高昌，尽收其乐。又造《燕乐》，而去《礼毕
曲》。"北京：中华书局点校本，1975 年，1069 页；《新唐书》卷二一《礼乐》——："隋乐每奏九部
乐终，辄奏《文康乐》，一曰《礼毕》。太宗时，命削去之，其后遂亡。"北京：中华书局点校本，
1975 年，470 页。结合诸书所记，可知《唐会要》"俱得之百济"这里应是有阙文的，而太宗时确
已黜《文康礼毕曲》。
④ 《通典》卷一四四《乐》四，3687—3688 页。

基本不在其他场合行用①。

三、李白与周舍《上云乐》的异同

在这样的背景下再来看李白的《上云乐》：

> 金天之西，白日所没。康老胡雏，生彼月窟。巉嵒容仪，戍削风骨。碧玉炅炅双目瞳，黄金拳拳两鬓红。华盖垂下睫，嵩岳临上唇。不睹诡谲貌，岂知造化神。大道是文康之严父，元气乃文康之老亲。抚顶弄盘古，推车转天轮。云见日月初生时，铸冶火精与水银。阳乌未出谷，顾兔半藏身。女娲戏黄土，团作愚下人。散在六合间，蒙蒙若沙尘。生死了不尽，谁明此胡是仙真。西海栽若木，东溟植扶桑，别来几多时，枝叶万里长。中国有七圣，半路颓鸿荒。陛下应运起，龙飞入咸阳。赤眉立盆子，白水兴汉光。叱咤四海动，洪涛为簸扬。举足踏紫微，天关自开张。老胡感至德，东来进仙倡。五色师子，九苞凤凰，是老胡鸡犬，鸣舞飞帝乡。淋漓飒沓，进退成行。能胡歌，献汉酒，跪双膝，并两肘，散花指天举素手。拜龙颜，献圣寿，北斗戾，南山摧。天子九九八十一万岁，长倾万岁杯。②

李白诗既然是拟周舍诗而作，就不能脱离开前作太远，但也不能很明显地与前作相同，所以李白此诗既有对前作的继承，又有发展甚至是夸张渲染之处。如同样是对老胡容貌的描写，李白较周舍的描写更生动形象；老胡的名字仍然用的是东晋南朝一直传下来的"文康"，还有"仙倡"与师子、凤凰的表演，进退成行，胡歌献酒等等，也仍然是以老胡为首的一班伎人集体表演的场面。在描绘老胡的仙真身份时，还用到了"若木"和"扶桑"这两个和周舍所用相同的典故。这都可以看作是对周舍前作的用心模拟。但两诗也颇有些明显的不同之处。

第一，李白诗中用了几乎一半的篇幅在交代老胡文康的来历。周舍前诗只说此老胡来自西方，因为其长寿而可以笑傲三皇，还曾见过彭祖、西王母这类的

---

① 郭茂倩在李白《上云乐》之后，又收录李贺的《上云乐》一首，见《乐府诗集》，748 页。李贺本也无缘亲历在皇帝面前举行《上云乐》歌舞的场面，故这诗作只是出于他的想象。且歌舞的时间是"八月一日"，已非三朝元会之日。
② 此据《乐府诗集》卷五一《清商曲辞》八，747—748 页。并参王琦注《李太白全集》卷三《乐府》，北京：中华书局，1977 年，204—209 页。

神仙人物。三皇在南朝梁代人的心目中已是历史的最古时代,周舍意即此老胡生于比三皇还早得多的时代。李白对老胡文康来历的上溯,比周舍则更久远得多,说此老胡是在开天辟地之前就已出生了,所以他能够抚弄开辟大神盘古,眼见日月之初生,女娲抟土造人等这些天地和人类创立之始的情况。正是因为这一段的内容,才引发了是否具有景教思想的争论。对此,下文再详细讨论。

第二,李白将周舍诗中梁武帝的拨乱反正,替换成了唐朝皇帝的中兴之功。对于唐朝来说,安史之乱及最终平定,或可比为"白水兴汉光",所以不少学者认为此诗是用来歌颂玄宗或肃宗的。但李白在天宝初年到长安奉诏成为翰林学士后,才可以接近皇帝,但不足两年就被迫离开宫廷和长安。安史之乱爆发后,李白在政治上跟随永王璘,永王璘失败后,李白还受到肃宗贬斥夜郎的处罚。除非是违心向肃宗献谄,否则李白也不应该把肃宗作为中兴之君来歌颂。且安史之乱爆发后,李白就没有机会再出现甚至接近玄宗或肃宗的朝堂之上①。所以,李白作《上云乐》,应该只是出于对周舍前诗的模仿,而并不是真正要献诗给唐朝的中兴之主玄宗或肃宗。因而也就难以判定李白作此诗的具体年代②。

第三,李白诗中老胡文康及仙倡、瑞兽歌舞的最终目的,只是给皇帝献酒祝寿,已完全没有原来通过老胡来献上《上云乐》仙曲之意。这与前述《上云乐》在入唐以后逐渐亡佚的背景有关。看来,并非是李白亲历过某次康国老胡文康对玄宗或肃宗的贺寿场面,才创作出此诗,而只是从文学创作的角度,对周舍前作的拟作而已。也正因为在唐代《上云乐》七曲已不流行,故李白所拟的部分,只有周舍诗中老胡文康表演的部分,而没有提及奉献"奇乐章"之事。李白所拟周舍的部分,只是原来的"文康伎"的表演部分,并非严格意义上的《上云乐》,但李白的诗题仍作《上云乐》而非《文康伎》,也表明他只是对一种既有传统的模仿,而非对现实表演的写实记录。

以下再分析李白对"老胡文康"来历的描写。"金天之西,白日所没。康老胡雏,生彼月窟。"如果对照目前所知的入华粟特人墓志对墓主人家世来历的描

---

① 关于李白在入长安和安史之乱前后的行迹,详见松浦友久《李白的客寓意识及其诗思——李白评传》,1994 年日文初版;此据刘维治等中译本,北京:中华书局,2001 年,120—296 页。

② 本次会议上,承薛天纬先生指教,"中国有七圣"的"七圣",或指从高祖、太宗、高宗、武后、中宗、睿宗、少帝李重茂的七位皇帝。"赤眉立盆子"即指李重茂事。李白此诗意在歌颂玄宗,最有可能作于天宝一、二年时。可备一说。

述,可知李白此处对老胡出生地的描写,只是一种按照中国传统的五行中"西方—金"的标准化描述,并不是对一个真正存在的康国胡人身份的介绍。邵牟曾把"康老胡雏"解释为是圣母玛莉亚怀抱圣子耶稣,但因景教是不拜圣母的①,故此说有违唐代入华景教的基本教义。李白在此只是讲婴儿状态的老胡文康,出生在日月所没的极西之地。"月窟"是月之归处,正与"白日所没"相对。

正因为老胡的面相生得太过奇特,所以李白要介绍生成老胡的"造化神"。这里的"神"字,既可理解为是"神奇",也不妨理解为是"神祇"。由此引出了"大道"和"元气"。"严父"指父亲毫无疑问,有学者认为只有基督教的教义中有"天父"的概念,所以将此"大道"与"天父"联系起来。然能与"严父"相对而称的"老亲",只能是指母亲。李白此意不过是讲老胡文康如同所有人一样,都要先有自己的父母,然后才能降生于世。把"大道"比定为天父上帝,从景教或基督教的立场就无法解释一个明显的疑问:如何理解上帝耶和华、圣母玛莉亚和耶稣、老胡文康之间的关系?"大道"如果是耶和华,"元气"无论是否比拟为圣母玛莉亚,则老胡文康都等于是与耶稣相同的上帝的另一个儿子②,而这上帝之子却扮演了来华献寿的角色,这怎么能叫熟谙景教教义?有学者还试图例举传为葛洪所作的《太清金液神丹经》中关于"大道"出自大秦国的说法,认为这部道经中的"大道"就是指基督教③。这恐怕是没有注意到中国文献中"大道"一词的宽泛用义。如同"道"字一样,儒家、道家、道教、佛教经典,乃至摩尼教、景教的汉译文本,都会用这一个抽象名词来代指天地间最高的原则和道理。而任何学派或教派,也都会标榜自己的学说是天地间最高的原则和道理。所以在中国文献中"道"字或"大道"一词的使用,并没有特定的学说或宗教的归属。如果说一部道经中出现了代指基督教的"大道",则需要将道教与基督教、中国与大秦等多方面的要素进行综合研讨后,才能得出结论。不能仅凭"大道"和"大秦"这两个都具有复杂内涵的名词来确认。

"大道"和"元气"的确是两个出自中国本土的基本概念,完全无需借景教教

----

① 见罗香林前揭书,2 页。

② 也有学者认为"生死了不尽,谁知此胡是仙真"句,疑似数说耶稣死而复生的故事。这更令人难以信服。

③ 刘阳《李白〈上云乐〉宗教思想探》,《解放军外语学院学报》1995 年第 3 期,103—104 页。

义来做曲解。因为中国的道教早在六朝时期就已有将"大道"作为最高的神格来崇奉。如道经中有《大道家令戒》①,正是以"大道"的口吻发布教令,此"大道"自然已被拟人化。而此"大道"具有化生天地万物的功能,并握有对人类的生杀大权,因而是当时天师道的主神。六朝道教中还有"太上大道君"的神格,是"三清"之一,有时也被简称为"大道"。无论"大道"还是"太上大道君",从最本源上说,都是道气,道气再可转化成不同形态和不同名号的道教神格。因而"大道"与"元气"在道教中本来没有阴阳之别,道教的神格通常也不强调阴阳合和的必要性。李白在此只是文学夸张的描写,而非严格按照道教的教义来使用"大道"和"元气"两词②。

李白描写此老胡"抚顶弄盘古",以及眼见女娲抟土造人,用意在于说明此老胡生于天地开辟和人类诞生之前。这种描述的前提是按照道教的宇宙观来认知人类历史开始之前的时空状态。中国古典中原本渐次形成了太易、太初、太始、太素、太极的"先天五太说",但还不能满足人们的想象力。道教提供了远比儒家"先天五太说"更早和更本源性的描述。道教以"道"为根本,"道"最初的状态就是气,道气化生出了包括盘古在内的创生大神③。从宇宙开辟和人类创生的角度来看,道教的"大道"和"元气"这两个概念完全可以提供一套完整的解释体系。李白在此援用道教的概念,固然是他具有道教信仰的表现,但他的用意并非藉此来宣扬道教教义,而是为了说明老胡早在盘古、女娲这些传统认为的开辟之神出现之前,就已被更为根本性的"大道"和"元气"创造出来了。这也并不是为了表明老胡文康有多么重要的身份,因为从本质上说,老胡文康还是一个由头戴面具的伎人扮演的老丑胡人形象。他诞生得再久远,出生地再靠近西极,也是因为中国出现了圣君而入华献寿。这才是《文康乐》和《上云乐》中老胡角色的实质。李白对道教的修仙活动感兴趣,多少接触到了道教的理论和经典,甚至还曾

---

① 《大道家令戒》是早期道教史研究中的热点之一,最近的成果见王璟《〈正一法文天师教戒科经〉成书年代考辨》,《成大中文学报》第 46 期,2014 年,69—97 页。

② 关于道教元气的概论,可参《云笈七签》卷五六《诸家气法》所收的《元气论》,此据李永晟点校本,北京:中华书局,2003 年,1215—1223 页。并参中嶋隆藏《云笈七签的基础的研究》,东京:研文出版,2004 年,314—360 页。

③ 如传为葛洪的《枕中书》,就将域外传来的盘古纳入道教神格体系。这方面的论述可参柳存仁《道教前史二章》中的《道教的〈创世纪〉》,1993 年初刊;此据氏著《道教史探源》,北京:北京大学出版社,2000 年,6—14 页。饶宗颐《论道教创世纪及其与纬书之关系》,1996 年初刊;此据氏著《中国宗教思想史新页》,北京:北京大学出版社,2000 年,89—100 页。

找道士受箓①。所以他是完全具备这些基本的道教知识的。如果说周舍的诗作还只是反映了汉魏时期传统仙道信仰背景，李白的诗作则更多反映了中古时期道教的某些基本教义，如道气为宇宙本源，大道和元气化生万物之说。如果说李白的《上云乐》反映了宗教的思想和教义，也必然应该是道教，而非景教。

四、结语

周舍是亲眼看到了在梁武帝面前表演了文康胡舞和《上云乐》后，依据伎人表演的《文康辞》并对表演加以写实性的记述，创作出了《上云乐》老胡文康辞。但到李白的时代，已经没有文康胡舞和《上云乐》在皇帝面前的表演，所以他只能从文学创作的角度对周舍的前作进行拟作。如果《上云乐》还有机会演出，李白甚至可以完全抛开周舍的前作进行自己的原创性创作。明了这个差别，也就无需去纠缠李白《上云乐》作于何时何地，或是为谁而作等问题。因为仅凭诗句和内容，实难找到更为准确的历史背景。

此前学者们所能提供的李白《上云乐》反映景教思想的依据，不外乎以下四点：一，老胡文康具有粟特人相貌，很可能是一位粟特景教传教士。但如果明了《上云乐》在艺术史上的脉络，就会知道老胡文康的形象，并不是对某个具体胡人的描绘，而是对从汉代以降在歌舞百戏中一直存在的符号化的胡人丑角的继承。二，"大道"是天父上帝。如前所述，这本就是个顾此失彼的臆测：老胡如果是天父上帝之子，反而是违背景教基本教义的。三，把盘古比为亚当，女娲比为夏娃。无论从中国本土的神话，还是从基督教的创世神话，都无法合理地解决天地开辟者与人类始祖之间的错位关系，且这种说法也是典型的"以后证前"，在唐代不可能有这样的观念。四，李白生于中亚，又值大唐盛世，故有机会与景教僧侣交往，就有可能得到景教知识，反映在其诗作当中。这一点恰恰无法得到正面验证，却极有可能得到反证。在我看来，以上这些试图从景教角度解说李白《上云乐》的努力，都是基于种种表面化的推测，经不住深层的追问。相反地，如

---

① 关于李白与道教的关联，学界讨论较多，仅举几例：如李长之《道教徒的诗人李白及其痛苦》，1941 年初版；此据沈阳：辽宁教育出版社，1998 年版。土屋昌明《李白之创作与道士及上清经》，《四川大学学报》2006 年第 5 期，105—111 页。李小荣、王镇宝《取象与存思：李白诗歌与上清派关系略探》，《福建师大学报》2007 年第 2 期，106—113 页。

果不从景教角度解读,却可以提供出诸多切实可靠的实证。所以,我认为李白的《上云乐》,根本无需从景教的角度去做解释。

《上云乐》是李白所有传世的诗作中唯一一首被认为可能与景教有关的作品,如果最终确认这种所谓的"景教意象"太过牵强而不能成立,则不仅可以将李白从事诗歌创作的文化背景重新归位到中国本土文化,对于景教在李白那个时代在中国文人心目中的影响和地位,也无疑是一个重要的启示。

初稿 2015 年 7 月

二稿 2015 年 10 月

（作者单位：首都师范大学历史学院）

李白"铁杵磨针"传说考

朱玉麒

引　言

　　唐代诗人李白(701—762)少年时代路遇老媪用铁杵磨针,因此感悟而勤学的传说,是中国古代励志苦学的典型故事。

　　杰出的童蒙故事需要有醒目的道具引人入胜。在"铁杵磨针"的传说中,缝制衣服的针是人类社会中须臾不离左右的生活用品。因此,用日常的铁针制作来做比喻,引发心智未开的儿童走向勤学这一抽象的精神层面,无疑是最为形象而有效的。而铁针的制作是一个非常专业的行当,不为普通的人群所知悉[①];一般的民众可能以人类远古记忆中骨针磨制的方式来想象铁器时代到来后的针具制作,将铁棒通过磨砺而制成细小的缝衣针,似乎也是一种笨拙但不失为可行的途径。以世间不可能出现之事想象为可行之举,坚硬的铁具在由粗变细之间需要积累的功夫,就非常具象地为儿童灌输了不可磨灭的勤学记忆。

　　杰出的童蒙故事更需要有醒目的人物令人起信。"诗仙"李白在中国的名声称得上是妇孺皆知而家喻户晓,毫无疑问是当之无愧的正能量代表;"铁杵磨针"在学步的儿童所知有限的杰出人物名单中,正是因为李白的大名而留下了深刻的记忆。

　　这是一个具有启蒙意义但是违背生活常理的虚构故事,不过,它衍生出具有

---

　　① 中国古代铁针制作的方式,在明人宋应星的《天工开物》"锤锻"第十"针"中有详细的记载:"凡针先锤铁为细条。用铁尺一根,锥成线眼,抽过条铁成线,逐寸剪断为针。先镟其末成颖,用小槌敲扁其本,钢锥穿鼻,复镟其外。然后入釜,慢火炒熬。炒后以土末入松木火矢、豆豉三物罨盖,下用火蒸。留针二三口插于其外,以试火候。其外针入手捻成粉碎,则其下针火候皆足。然后开封,入水健之。凡引线成衣与刺绣者,其质皆刚。惟马尾刺工为冠者,则用柳条软针。分别之妙,在于水火健法云。"潘吉星《天工开物校注及研究》,成都:巴蜀书社,1989年,404、407页。

高度概括力的成语"铁杵磨针"及其各种变体,活跃在日常语言中,也反过来普及了成语的本身在中国文化中、童蒙教育里的流传。然而,在民间流传的文本中,这个传说的主人公却并非只为李白所专擅。本文下面展开的论述,即基于并不完整的历史文献,来探讨这个传说在后世的成语流传情况,及其故事主人公由丰富多元而单一集中于李白名下的动态过程。

一、"铁杵磨针"成语的传播

明清以来,"铁杵磨针"的成语确实已经脱离了具体的传说情节,被提炼为民间谚语,以不同的变体活跃在作家的笔下,成为文学作品用来表达勤学苦练乃至软磨硬泡等一系列褒贬性质不一的常用词汇,体现出这个汉语词组为众所周知的文化意蕴和高度概括能力。生动的例证如:

元末明初罗贯中原著、明末清初冯梦龙改编的《平妖传》:"蛋子和尚似信不信的道:'一不做,二不休。拼得功夫深,铁杵磨成针。再守他一年十二月,好歹要掏摸些儿本事到手。'"①明天启年间西湖逸史的《天凑巧·余尔陈》:"江公子道:'这也不须兄过为忧虑。俗语说得好,只要工夫深,铁杵磨作针。'"②清初西周生的《醒世姻缘传》:"当初山东武城县有一个上舍,姓晁,名源……只是读书欠些聪明,性地少些智慧。若肯把他陶熔训诲,这铁杵也可以磨成绣针。"③嘉庆年间娜嬛山樵的《增补红楼梦》:"你既知道这话,就很好。古话有个'若要工夫深,铁杵磨成针',也是桑维翰'磨穿铁砚'的意思。"④光绪年间俞达的狭邪小说《青楼梦》:"即素来愚钝的,只须专心致志,亦能渐进修途。倘平时聪敏不肯用功,即百倍聪明,也难有获,古人说得好:'若要工夫深,铁杵好磨针。'"⑤晚清西

---

① 罗贯中、冯梦龙《平妖传》第一○回"石头陀夜闹罗家畈,蛋和尚三盗袁公法",南昌:豫章书社,1981年,78页。

② 西湖逸史《天凑巧》第一回《余尔陈》,曹亦冰等点校《十二笑·贪欣误·天凑巧》,杭州:浙江古籍出版社,1993年,210页。

③ 西周生辑著、童万周校注《醒世姻缘传》第一回"晁大舍围场射猎,狐仙姑被剑伤生",郑州:中州书画社,1982年,10页;

④ 娜嬛山樵《增补红楼梦》第一六回"梦个楼因戏参假真,榆荫堂歌曲娱灯月",姜凌编《红楼续梦》,北京:中国文联出版公司,1992年,799页。

⑤ 俞达《青楼梦》第二五回"护芳楼挹香施巧令,浣花轩月素试新声",哈尔滨:黑龙江美术出版社,2015年,92—93页。

泠野樵的艳情小说《绘芳录》："不妨，不妨，管他书香不书香。俗说'只要工夫深，铁杵磨成针'。难得他老子不在家，有个计策在此，不怕他鱼儿不上我钩。"①接续了谴责小说《官场现形记》的晚清白眼（许伏民）所著《后官场现形记》："又说：'铁杵磨成针，功到自然成！'有的是家私，老婆儿女全不要你养。不愁吃，不愁用，今科不中，下科再来，没有不会中的时候。"②以上的这些小说，都将"铁杵磨针"与下工夫做事联系在了一起③。

"铁杵"这个词，有时也发生变化，如明万历间罗懋登的神魔小说《三宝太监西洋记》中记作"钝铁"："过了一会，却才拿出主意来，说道：'求人不如求己。钝铁磨成针，只要工夫深。挨了受这一夜，那里不是。'"④冯梦龙所编的《醒世恒言·闹樊楼多情周胜仙》又变成了"铁枪"："金瓶落井全无信，铁枪磨针尚少功。"⑤在清代学者顾张思记载乾嘉时期江浙一带的俗语里，"铁杵"变成了"铁矼"，即铁桩⑥。晚清汤颐琐反映妇女解放的小说《黄绣球》中，则又将"铁杵"演化成了"铁棒"："细细想些法子，渐求进步，拼着些坚忍工夫，做到铁棒磨成针的

----

① 西泠野樵《绘芳录》第一六回"见彼美陡起不良心　借世交巧作进身计"，南昌：百花洲文艺出版社，1993 年，196 页。

② 白眼《后官场现形记》第一回"托遗言续现形记　述情话剖说厌世心"，王伟主编《中国古典谴责小说精品·宦海沉浮》，北京：中国文联出版公司，1998 年，429 页。

③ 这个词在当代小说中也不乏引用。如刘波泳《秦川儿女》："真是'铁杵磨绣针，功到自然成'，不大一会，就练得很不错了。"北京：人民文学出版社，1979 年，1157 页。萧玉《大风口》："特别是云子和铁柱的事，他虽然只露了个头（一个'林'字，林什么？）可是有头就有尾，慢慢化到功夫，就能弄个水落石出。'铁杵磨成针，全靠功夫深'嘛！"北京：解放军文艺社，1980 年，278 页。刘绍棠《小荷才露尖尖角》："舌头尖子能压死人，榆钱儿的耳朵从小就磨出了茧子。他虽然没能一拳头砸出一眼井，却偏要铁杵磨成针。果然，天下无难事，有志者事竟成。七八年榆钱儿又报考大学，头榜没录取，二榜却中了。"《人民文学》1982 年第 2 期，6 页。浩然《姑娘大了要出嫁》："刘永发得到这封信，如获至宝般，高兴得不知道咋办好。真是'铁杵磨成绣花针，功夫到了自然成'呀！"沈阳：春风文艺出版社，1983 年，107 页。

④ 罗懋登《三宝太监西洋记》第八三回"王克新两番铁笛，地里鬼八拜王明"，北京：华夏出版社，2013 年，718 页。

⑤ 冯梦龙编、顾学颉校注《醒世恒言》卷一四，北京：人民文学出版社，1956 年，286 页。

⑥ 顾张思撰，曾昭聪、刘玉红校点《土风录》卷一三"铁矼磨如针"条："眉州象耳山下有磨针溪，相传李太白读书山中，未成，弃去。过小溪，逢老媪方磨铁杵。问之，曰：'欲作针。'太白感其意，还，卒业。媪自言姓武，今溪旁有武氏岩。俗云'只要功夫深，铁矼磨成针'，用此事。针，俗作针。"上海：上海古籍出版社，2016 年，185 页。又"打桩曰矼"："吴任臣《字补》云：'植木定桩谓之矼，音闯。'俗谓打桩曰矼，当即此字。"同书卷一四，203 页。

地位,看似发达得迟,实在收效最速。"①这个意象,在当代民歌陕北的横山民歌《铁棒磨成针》中也一直被传唱下来:"墙头上种瓜扎不下根,青石板栽葱(你)扎不下根。为人要能费下心,铁棒也能(你)磨成针。"②

在大量的京味小说里,"铁杵"成了更加夸张的"铁(房)梁",未加修饰的"针",也变为更纤细的"绣(花)针",粗细之间的对比更加强烈起来。如康熙年间成书的世情小说《林兰香》:"挨金似金,挨玉似玉,铁打的房梁还可作绣针,何况是个人?"③光绪年间文康的《儿女英雄传》:"不想这一磨,正应了俗语说的'铁打房梁磨绣针',竟磨出一个儿见识来了。""便是玉凤姐姐难得说话,俗语说的:'铁打房梁磨绣针,功到自然成。'眼前还有大半年的光景,再说还有舅母在那边,大约也没个磨不成的。"④在现代小说家老舍(1899—1966)于1932年完成的《猫城记》里,这个谚语也被延续:"铁打房梁磨成绣花针,工到自然成;但是打算在很短的时间用块石片磨断一条金属的脚链,未免过于乐观。"⑤此外,赵树理(1906—1970)在1941年发表的短篇小说《探女》也用了这个谚语作为结尾:"慢慢熬吧!铁梁磨绣针,功到自然成。去年冬天我在妇救会受训,领了一本课本。那书上说男男女女,有一分力量要尽一分责任。持久抗战全凭大家齐心,打到最后,咱中国一定要胜,打走了日本,就能太平!"⑥新中国成立以来,1958年出版的两部红色经典小说也都采用了这一俗语,一是梁斌(1914—1996)的《红旗谱》:"江涛说:'你今天纺二两,明天纺三两,纺到哪一天才能积攒这么多钱?'春兰说:'我一天天地纺,铁打房梁磨绣针,功到自然成!'"⑦二是冯志(1923—1968)的《敌后武工队》:"这个发现在他说来是个意外,就利用槽腿的棱角来磨捆绑手

① 汤颐琐著、陈麦青校点《黄绣球》第一〇回"演说怪象抉尽弊端感触亲情陈其原委",南昌:江西人民出版社,1988年,254—255页。

② 薛有娃演唱、耕牛采录《铁棒磨成针》,曹世玉编《绥德文库·民歌卷》,北京:中国文史出版社,2004年,3154页。

③ 随缘下士编辑、徐明点校《林兰香》第一八回"中和日助款良朋,寒食节怜伤孝女",北京:中华书局,2004年,72页。

④ 文康撰、松颐校注《儿女英雄传》第五回"小侠女重义更原情,怯书生避难翻遭祸"、第二十三回"返故乡宛转依慈母,圆好事娇嗔试玉郎",北京:人民文学出版社,1983年,70、416页。

⑤ 老舍《猫城记》,《老舍全集》第二卷,北京:人民文学出版社,2008年,153页。

⑥ 赵树理《探女》,《赵树理全集》第一卷,太原:北岳文艺出版社,1986年,319页。

⑦ 梁斌《红旗谱》,北京:中国青年出版社,2009年,292页。

腕的麻绳。只要功夫深,房梁磨绣针,一会儿就磨断了。"①这些谚语式的引用,特别是大多数作为小说人物的对话出现的形式,反映了它在北方地区民间流传的广泛性。

从以上小说对这一俗语的偏爱可知:即使离开原本的传说故事情节,这一成语在单独使用的时候,它所设置的比喻的具象、夸张等特性,仍然能够形象鲜明而生动地表达出作者的意图,因而为文学创作所乐于采用。上揭由"铁杵磨针"的成语衍变出"铁棒磨成绣花针""铁打房梁磨绣针"等的俗语,也体现了民间对于这一由粗磨细的道具在表述历程艰辛的准确理解。更为重要的是,作者有信心使用这一成语及其变体,就在于"铁杵磨针"传说确实成了中国民众社会生活中重要的童蒙故事,而为文学的阅读设定了家喻户晓、妇孺皆知的语意背景——即文学理论中强调的文化语境(context)。作家作品对于"铁杵磨针"词语的引用和改编,是这一传说故事在民间广泛流传并影响到作家创作、成为作家书面文学养料的典型个案。

"铁杵磨针"的传说人物是李白吗?具体到这一成语的传说来源探寻,可以发现:主人公虽然以李白最为知闻,却还有着众说纷纭的其他人物。它的衍变流传,体现了这个勤学感悟传说在民间强大的生命力,也反映了中国传统文化的一些重要精神特质。

二、"铁杵磨针"丰富的主人公

"铁杵磨针"传说充分体现了民间文学的变异性特质。对于不同时代、不同地区和不同人群的适应性改编,成就了这个故事在中国民间流传过程中丰富的主人公形态。在被文本记录下来的故事中,"铁杵磨针"出现在很多类型的杰出人物身上。

1. 道教人物传说

真武大帝在武当山修行的故事,是宗教传说中引用"铁杵磨针"较早也较有影响的一则。真武大帝有玄天上帝、玄武大帝、佑圣真君玄天上帝等的不同称

---

① 冯志《敌后武工队》,北京:人民文学出版社,2005年,285页。

谓,北宋真宗时,因避宋圣祖玄朗讳,改称真武。它本是中国神话传说中的北方之神,后被道教供奉为玉京尊神,道经中称他为"镇天真武灵应佑圣帝君",简称"真武帝君"。据道教经典记载:真武大帝是太上老君的化身,托生于大罗境上无欲天宫,是净乐国善胜皇后之子。长成后入武当山修道,历四十二年功成果满,白日升天。玉皇有诏,封为太玄,镇于北方。也是从宋代开始,道经将武当山附会成传说中真武神的出生地和飞升处,真武大帝成为武当山供奉的主神①。"铁杵磨针"的早年修行故事被附着于武当山的山水风物之上,至今传诵。

目前所见这一故事最早的出处,是元初武当山道士刘道明编撰的《武当福地总真集》,其言武当山"把针峰""磨针石",均与真武大帝早年参悟"磨杵成针"故事有关:

> 把针峰:在大顶之西。岑小而高,颖秀可敬。传云:玄帝顿悟之后,元君飞铁杵于此。②

> 磨针石:五龙宫北一里许有涧曰磨针涧,其源自五龙顶而下,飞泉怪石,乔木芳草,有灵石横于涧滨,若磨垅痕迹。古今相传云:玄帝炼真之时,久未契玄,似有怠意,因步涧下,见一神女以铁杵磨之,即紫元君神化也。因问曰:"磨欲何为?"应之曰:"家住山中,失姑绣针,磨以偿之。"谓曰:"铁杵成针,巨非容易。"答曰:"工夫未至耳。"玄帝大悟,厥后愈勤修进,克证天真。③

五龙宫建筑群附近的磨针石、磨针涧等至今犹在,而且在进入武当山的玄虚门后,更有又名纯阳宫的磨针井所在。除了水井之外,玄武修真的壁画和紫元君化身姥姆以铁杵磨针的塑像,都在加强武当山为玄武大帝"铁杵磨针"的修炼之地。

根据许道龄的研究,真武大帝入武当修行以及尊贵的太子身世,都是宋代以来的附会④。从郑思肖(1241—1318)《骊山老姥磨铁杵欲作绣针图》的吟咏中,可知在南宋末年,"铁杵磨针"的故事确实已经成型。其诗云:

---

① 许道龄《玄武之起源及其蜕变考》,《史学集刊》第五期(1947年),223—240页。
② 刘道明《武当福地总真集》卷上"七十二峰",《道藏》,北京:文物出版社等,1988年,第19册,651页
③ 刘道明《武当福地总真集》卷中"神仙灵迹",《道藏》第19册,656页。
④ 许道龄《玄武之起源及其蜕变考》:"玄武入武当修行的传说,首见于宋人所著的图籍,后来道士们羡慕佛法的昌明,释迦的尊贵,皈依者日多,而自觉玄武的家世不明,不足以资号召,因又附会玄武为西方净乐国皇太子,以提高声价,而所谓净乐国者原属子虚乌有,依照《北游记·玄武出身传》盛赞西土文明,谓非受尽苦难,不能登极乐世界的口气看来,或许就是'净土''极乐'的简称。"《史学集刊》第五期(1947年),230页。

欲化龟蛇生圣胎，骊山微意孰能猜。纯钢一块都磨尽，不信纤毫眼
不开。①

道教传说，以玄武为龟蛇合体，故此诗所云骊山老姥点化的对象正是真武大帝。
而骊山老姥，也是道教创造出来的女仙形象。

其后成书于元代中期的《玄天上帝启圣录》中也有"悟杵成针"的故事：

> 悟杵成针：玄帝修炼，未契玄元。一日，欲出山，行至一涧，忽见一老媪
> 操铁杵磨石上。帝揖媪曰："磨杵何为？"媪曰："为针耳。"帝曰："不亦难
> 乎？"媪曰："功至自成。"帝悟其言，即返岩而精修至道。老媪者，乃圣师紫
> 元君感而化焉。涧曰磨针，因斯而名。云麓仙人《磨针涧》诗曰："淬砺功多
> 粗者精，圣师邀请上天京。我心匪石坚于石，小器成而大道成。"②

以上的故事属于描述性的人物传说，而没有像《武当福地总真集》那样作为地方
风物传说，被限定于某物某事的解释性故事记载。故事中所引云麓仙人，即罗霆
震，号云麓樵翁，元仁宗时道士，《道藏》收录其《武当纪胜集》一卷，《磨针涧》即
在其中③。

明代以来，一些记载到武当山胜迹的著作，均沿袭了这一道教传说故事，将
"铁杵磨针"依托于真武大帝在武当山修道的生平中④。影响较大者，是明末文
学家张岱（1597—1679）在其《夜航船》中的概括：

> 真武：净乐国王太子。遇天神，授以宝剑，入武当山修道。久之，无所

---

① 郑思肖《所南翁一百二十图诗集》，《四部丛刊续编》七〇册，上海：上海书店，1985年，
叶五背。清人俞樾《茶香室丛钞》卷一〇曾记录其与后代俗语渊源关系，为今世辞书多所引
用。其云："宋郑思肖有百二十图诗，有一题云《骊山老母磨铁杵欲作绣针图》。今俗语云'只
要工夫深，铁杵磨成针'，亦有所本。"北京：中华书局，1995年，245页。

② 《玄天上帝启圣录》卷一，《道藏》第19册，573页。

③ 罗霆震《武当纪胜集》，《道藏》第19册，669页。

④ 李贤（1408—1466）等《明一统志》卷六〇："磨针涧在太和山北。真武修炼久之，未契
玄元，亟欲出山。至此涧，忽遇老妪操铁杵磨石上，问：'磨此何为？'妪曰：'为针耳。'曰：'不
亦难乎？'妪曰：'功至自成。'真武大悟，即返岩精修，卒得上道。因名曰磨针涧。"《文渊阁四
库全书》本，叶三三正、背。王圻（1530—1615）《续文献通考》卷二四一"仙释考"："武当山北
有磨针涧者，云真武修炼久之，未契玄元，亟欲出山。忽遇老妪操铁杵磨石上，问：'何为？'妪
曰：'为针耳。'曰：'不亦难乎？'妪曰：'功到自成。'真武大悟即返岩精修。"明万历刻本，叶二
八背、二九正。龚黄《六岳登临志》卷六"玄岳武当山"："磨针：在五龙宫北一里，有石横涧滨，
若磨痕。传云：玄帝修炼久，有怠意，因步涧下。见神女以铁杵磨之，即紫元君神化也。因问
曰：'欲何为？'应之曰：'失姑绣针，磨以偿之。'曰：'讵非容易？'答曰：'工夫未到耳。'玄帝大
悟。"明抄本，叶二六背、二七正。

得,欲出山。见一老妪操铁杵磨石上,问:"磨此何为?"曰:"为针耳。"曰:"不亦难乎?"妪曰:"功久自成。"真武悟,遂精修四十二年,白日冲举。[1]

从宋元之际的俞琰《周易参同契发挥》已经引用"铁杵磨针"的成语[2],而元明两代的道教著作中也频有引用"铁杵磨针"词语来看[3],将真武大帝认作这一传说的主人的,在道教信徒中已经是一件不争的事实。万历年间,福建的刻书家兼通俗小说家余象斗根据民间神话传说故事编撰并刊刻了神魔小说《北方真武祖师玄天上帝出身志传》(即《北游记》),堪称是真武大帝武当山修道故事的集大成作品,"铁杵磨针"传说也在小说第九回"太子被戏下武当"中,敷演为武当山圣母化身老婆婆感悟真武的情节:

> 女子见师发怒下山,大惊言曰:"吾有罪矣。其人修行二十余年矣,天书将至,吾今戏了他,倘此人一去,前功废矣。妙乐天尊知之,则我怎了?不如摇身变一老婆子,去路上点化他转,以释前罪。"说罢,口念真言,变一老婆子,将朽木化成一铁杵,驾云抢至前面,在路旁石上,磨来磨去。祖师忿然下山,正行之间,见前面一老婆子,将铁杵石上磨。祖师住立细想,不知作何使用。近前问婆子曰:"贫道见老安人将此铁杵在此琢磨,不知作何使用?"婆子曰:"老身为女孙问我讨花针用,家下无矣。老身只得将此铁杵磨成花针,与孙女用。"祖师闻言笑曰:"铁杵何日成得花针?勿废了神思。"婆子曰:"老身亦知难成,前言既出,许女孙磨成花针,安可半途而废?料耐心磨成必有一日也。"祖师听言,亦不再问,遂行。[4]

《北游记》以《四游记》的合刊本形式传播世间,在明清以来产生了巨大的影响,当然也包括"铁杵磨针"的励志情节。在北方甘肃的道教名山崆峒山上,也筑有磨针观,当地传说以为就是武当山的无量祖师在崆峒山修行而由观音菩萨磨针

---

① 张岱撰、刘耀林校注《夜航船》卷一四"九流部",杭州:浙江古籍出版社,1987年,537页。

② 俞琰《周易参同契发挥》卷八:"志道之士,诚能发勇猛心,办精进力,勤而行之,夙夜不休,则时至而气自化,水到而渠自成。又何患乎煮顽石之不烂,磨铁杵之不为针也哉?"《道藏》第20册,248页。

③ 元王惟一《道法心传》:"人心常要合天心,铁杵成针功要深。直待火烟烧灭后,那时矿尽方是真金。"《道藏》第32册,415页。明朱权编《天皇至道太清玉册·参堂文》:"铁杵尚可磨针,金丹如何不就!"《道藏》第36册,411页。

④ 余象斗《北游记》,作者著《四游记》,哈尔滨:北方文艺出版社,1985年,311页。

点化而来①。真武大帝被称为无量祖师并受观音点化,这是清代以来佛道互为影响的民间文化常态。当然,更多关于崆峒山磨针观的传说,还是附会在本山道教人物广成子学仙成道的故事中,前来点化者为骊山老母云云。而陕西长安库峪的太兴山磨针观,也同样是武当山真武大帝修行的传说故事北上过程中在秦岭留下的痕迹②。

而以下两则传说故事,则将"铁杵磨针"安排在了说故事人自己的家乡风物之上,其表达主人公求仙学道坚定毅力的情节,仍然是从真武大帝而来。

尹沙罐·铁棒磨成针不负苦心人

几个三年,几经周折,尹真道士历经人间坎坷。……他渐渐开始对步入天庭的愿望有些心灰意冷,便提着沙罐离开岩泉寺,到其他地方另谋生路去了。他下完伏狮山的长坡,走到西山营村口时,见一个八十老妇在门前的磨石上磨一根锄把粗、五寸长的铁棒,便好奇地问:"老大妈,你老人家磨这铁棒做什么?"这老妇人语重心长地讲:"家有一个女儿,再过两年就要出嫁了,我没有什么送的,只有把这铁棒磨成几根绣花针送她。"尹真道士惋惜道:"你这样做可是事倍功半、劳民伤财啊!"老妇人坚定地说:"只要功夫修得深,铁棒就能磨成绣花针。我送给女儿的不仅是几根针,更重要的是恒心和意志。"一席话,字字句句刺在他心上。尹真想:八十老妇有决心将铁棒磨成绣花针,我这五十而知天命的人,也应该有决心修炼成正果啊!在老妇人的启发下,他又返回岩泉寺静心修道去了。……③

绣针河的传说

在日照市汾水镇汾水村南,有一条与江苏分界的河,名叫"绣针河"。说起这绣针河来,当地还流传着一个郑公老爷潜心修炼的故事呢。传说,郑公听说仙境要比凡间美妙得多,于是就一心想得道成仙。成仙没有别的法子,只有到深山古庙里去修炼。……终于郑公受不了这煎熬,从山上下来了。

① 《无量祖师的传说》,仇非搜集整理《崆峒山与泾河水》,平凉市文化馆内部印刷,1983年,32—34页。

② 李利安《一处罕见的民间宗教"活化石"——太兴山民间宗教历史遗存调查》,《世界宗教研究》2003年第3期,129—135页。

③ 杨兴汉讲述、马德全记录《铁棒磨成针不负苦心人》,刘伟主编《中国民间故事全书·云南昆明·宜良卷》,北京:知识产权出版社,2012年,42—43页。这则故事的后半,述及观音化为女身考验尹真,与下述佛教关于昙翼的成佛故事同。

当他走到如今绣针河的时候,遇到一位老太太,正在河沙上磨一根钢梁,他感到非常纳闷,于是上前问道:"老人家,您这是磨什么呢?"老太太回答说:"闺女要出嫁,我为娘的别无陪送,给磨一只绣花针当嫁妆。"郑公一听觉得好笑,说道:"这么粗的钢梁,您能磨成绣花针吗!"老太太微微一笑,说:"钢梁磨成针,功到自然成。"说罢,自顾磨她的绣针,不再顾及郑公。郑公却牢牢记住了这句"钢梁磨成针,功到自然成"。念叨着,念叨着,他猛然醒悟过来,于是他调转回身,又回到深山古庙继续修炼。……①

《尹沙罐》里的岩泉寺在云南宜良,《绣针河的传说》里的绣针河在山东日照,相差不可以道里计,两位主人公也从武当山的真武大帝变成为当地求仙学道的成功人士。但是,故事未曾改变的内核,除了考验情节之外,就是从真武大帝演变而来的道教基因。

2. 佛教人物传说

"铁杵磨针"传说与佛教人物联系在一起,目前从文献所见的资料来看,似乎晚于道教故事。譬如"昙翼成佛"的传说,笔者是在清人王昙(1760—1817)的诗歌中看到的记载:

磨针石歌

石在法华山寺,晋昙翼逢老妮磨针感悟处也。歌曰:

磨砖作镜镜无光,磨杵成针针有芒。

他人磨砖不鉴物,衲子磨针便成佛。

昙翼山中老妮子,磨得针成口无齿。

君不见尼连河魔舞,戈芦穿膝骨,髻鸟巢青螺。②

法华山寺在浙江绍兴,唐李邕(678—747)撰书有《秦望山法华寺碑》,云:"法华者,晋义熙十二年释昙翼法师之所建也。"③昙翼为佛教史上的高僧,曾以持诵

---

① 刘杰搜集记录《绣针河的传说》,赵斌主编《日照民间故事选编》上册,济南:山东大学出版社,35—36页。又见《中国民间文学集成·日照民间故事卷》第1卷,1989年,109—110页。此则故事在厉彦林搜集整理的《绣针河的传说》中,绣针河的名称被说成是嫁给抗金战士朱明的五仙女因丈夫战死而痛哭成河者。参临沂地区地名办公室编《琅玡乡音》,1985年,济南:明天出版社,314页。

② 郑幸点校《王昙诗文集》,北京:人民文学出版社,2014年,40页。诗歌标点略有改正。

③ 李邕《秦望山法华寺碑并序》,《全唐文》卷二六二,北京:中华书局,1983年,2664页。

《法华经》三十多年的苦行感普贤菩萨现前的灵瑞事迹,成为法华信仰中土传播的重要开端。洎至唐代,关于其修行,流传有普贤菩萨以女身示化考验的传说①。以"铁杵磨针"的方式来坚定昙翼的信心,也是这种箭垛效应在其佛教修持中的踵事增华。据何剑平的研究,"普贤女身示化考验"在昙翼传说中的形成,受到古印度有关信仰考验文化的影响,因此在中土出现的这个情节应该是佛教的原创;"铁杵磨针"虽然尚未能找寻到其更早的源头,但它和"女身示化"一样被余象斗《北游记》移植为真武大帝的考验故事,也有可能是先有佛教的考验传说,继而为道教故事所采用。

佛教世界对于铁杵磨针磨砺信念的认可,在后世僧人的文字中也不乏征引。如元代高僧清珙禅师(1272—1352)的《山居诗》:

> 尽道凡心非佛性,我言佛性即凡心。工夫只怕无人做,铁杵磨教作线针。②

即使是普通的士人,在撰写与佛教相关的文章时,也会自觉地使用这一典故,表明了佛教对于这一典故的认同。如明代文人宋濂(1310—1381)在其《四明佛陇禅寺兴修记》中,就有"是宜精进策励,如上水舟单篙直进,如磨铁杵必欲成针,不至于成功不止可也"的句子③。明万历年间,郑之珍(1518—1595)编撰的佛教戏文《目连救母》也有尼姑劝善的唱词:"只在自家警省,好似铁杵磨针,心坚杵有成针日,莫惜区区岁月深。"④从中也可见作为佛教的"铁杵磨针"故事,确实具有了深入的影响。致于当代传说中,"铁棒磨成针"也有附会在其他佛教人物身上者,如张所文《"铁棒磨成针,功到自然成"小考》:

> 达摩面壁十年,后来成了正果。原先他在当和尚时,念经打坐,常常心不在意。师父不在跟前,就偷偷溜出庙门,拾松籽、斗山猴。西天佛祖有意点化他,问他:"想成正果不?"达摩当然说愿意。佛祖说:"只要有真心就可。我有一神鸟,想在你头上抱窝,啥时孵出小鸟,你也成功了。"达摩答应了。一对神鸟在达摩头上筑窝、产蛋。达摩日夜不敢躺下,只好坐在蒲团

---

① 何剑平《中土〈法华经〉普贤菩萨女身示化考:以东晋僧昙翼持诵〈法华经〉感普贤之故事为中心》,《中华文史论丛》2013 年第 4 期,343—369 页。
② 《福源石屋珙禅师语录》卷下,CBETA,X70,no. 1399,p. 670,a11–12。
③ 宋濂《宋文宪公护法录》卷五,CBETA,J21,no. B110,p. 650,a8。
④ 郑之珍《新编目连救母劝善戏文》"刘氏斋尼",朱万曙校点《皖人戏曲选刊·郑之珍卷》,合肥:黄山书社,2005 年,18 页。

上,双手合十,念经求佛。一晃就是三年,达摩实在忍不住了,一着急,把鸟窝从头上拿下来,放在地上,就自由自在下山玩耍去了。达摩来到河边,看见一个老妈妈正在磨一根铁棒,达摩好奇地走向前去问道:"老人家,你磨铁棒有啥用?"老妈妈说:"我磨一根绣花针。"达摩又问:"哎哟,这么粗的铁棒,啥时能磨成个绣花针呢?"老妈妈哈哈大笑说:"只要有恒心,功到自然成嘛!"达摩一听,顿觉有道理。转身回到山上,把鸟窝又放到头上,一直等到小鸟出窝。达摩也修成正果,成了东土佛教创始人。①

达摩即菩提达摩,南北朝时的僧人,被推尊为中国禅宗的始祖,在民间有达摩祖师的尊称。关于他面壁十年参禅修行的传说,其中也体现了坚韧不拔的参佛意志,是人们将"铁杵磨针"故事附会在他身上的共同因素。这个传说,在河南南阳地区的方城县,直接附会在了当地风物"小顶山的传说"中②。

此外,玄奘西天取经的民间传唱中,江淮之间属于江苏、安徽地方的傩歌"神书"《唐僧取经》,也有南海观世音化为老妪磨针而测试唐僧的情节③。

3. 英雄人物传说

"铁杵磨针"表现出的坚韧不拔、磨炼意志的喻义,也被传说故事赋予在了诸多创造历史奇迹的英雄志士身上。如明末吴门啸客编撰的《孙庞演义》提及孙膑学艺的反复,即用了"铁鏊磨针"的情节:

次早,孙膑、庞涓拜辞鬼谷下山,行至半山,见一老婆手拿铁鏊磨于石上。孙膑问道:"婆子,手磨何物?"婆子答道:"小主母在家做针指,无处觅针,叫我把铁鏊磨做绣花针儿。"孙膑笑道:"奶奶差矣,老大铁鏊,怎么磨得成绣花针。"婆子道:"先生岂不闻俗语云:'只要工夫深,铁鏊磨做针。'"孙膑闻言大悟,自想:"婆子之言其实深奥,凡事只要工夫精到,毕竟可成,所以师父说我驽钝,还欠攻书,即此可喻。"……孙膑复上山回水帘洞拜见师父。鬼谷道:"你去了,为何复来?"孙膑道:"弟子下山,见一老婆铁鏊磨针,又一大汉凿山通海,弟子一时省悟,想起师父金石之言,说我攻书未深,因此别了

---

① 张所文编著《民间俗闻稗考》,丹东市孤山印刷厂内部印刷,2003年,106—107页。
② 刘玉生、熊军祥编著《方城览胜》,方城县内部印刷,2002年,381页。
③ 朱恒夫《江淮傩歌"神书"》,《文献》1994年第4期,18—33页;"铁棍磨成针"故事见31—32页。

庞涓，又上山来，望乞指示愚顽。"鬼谷道："那婆子、大汉俱是神将，我特差他点化你的。……"①

以上故事设置的"铁錾磨针""大汉凿山"考验情节，与余象斗《北游记》的情节是一致的，可见是作家在进行世俗英雄事迹创作时，借鉴了宗教人物的传说故事。

另一个故事《牟伽陀开辟鹤庆》，则将这个考验附会在了云南鹤庆的开辟英雄身上：

> 观音怕牟伽陀灰心，化身成一个老婆婆，来到金斗山下。……隔几天，牟伽陀又来到小河边，又碰上老婆婆在水边石头上磨大铁棒。牟伽陀问："这么粗的铁棒，磨它干什么？"老婆婆说："磨成绣花针。"牟伽陀说："咋个磨得成？"老婆婆说："只要功夫深，铁杵磨成针！"牟伽陀想了想：这是要自己不灰心啊！他就决定从金斗山迁到石宝山去，再苦练十年，修好道法，再来开凿南山，排干海水！②

牟伽陀或者赞陀倔哆，是白族民间传说中的英雄人物。很明显，"铁杵磨针"传说不仅附会在了鹤庆地方的历史记载过程中，还从汉族民间迁移到了白族群体中，是民族文化交融的典型。

以上的各种传说具有不同的区域和群体特点，多样的主人公体现的"铁杵磨针"情节为民众所喜闻乐见，因此就各自生活的精神领域和自然区域对其做出了适应性改编。它也充分反映了这一传说作为民间文学而具有的变异性特征。

三、李白是"铁杵磨针"最大的公约数

然而，更多关于"铁杵磨针"传说的主人公，却附会在了诗人李白少年时代励志勤学的生平中。

---

① 吴门啸客《孙庞演义》第二回"白鹿击涓大冰雹，鬼谷授膑假天书"，陈四益校点《前后七国志》，长沙：湖南人民出版社，1984年，14—15页。

② 文竹九讲述、郑谦记录《牟伽陀开辟鹤庆》（1958年），大理白族自治州同书名编辑组《白族民间故事》，昆明：云南人民出版社，1982年，72页。又，大理白族自治州文化局编《白族民间故事选》有鹤庆县城四街老人讲述，庄根富搜集整理《赞陀倔哆开辟鹤庆》，也记载了相同故事，上海：上海文艺出版社，1984年，22页。后者27页附记云："这则故事在鹤庆流传较广，虽然讲法各有差异，但大体相同。有些地方把赞陀倔哆称为牟伽陀或牟提陀，当系译音之误。但无论如何称呼，都说他是开辟鹤庆的祖师。"

1. 李白作为主人公的历代记载

目前能够追溯到"铁杵磨针"传说以李白作为主人公的最早文献,出现在南宋理宗嘉熙三年(1239)前后由祝穆(？—1255)编纂的地理志《方舆胜览》中。在眉州的象耳山外,磨针溪承担了这个传说的真实场景:

> 象耳山:在彭山县。有杨祐甫《十事记》,……五曰太白书台,有石刻太白留题,云:"夜来月下卧醒,花影零乱,满人襟袖,疑如濯魄于冰壶也。"
>
> 磨针溪:在象耳山下,世传李太白读书山中,未成,弃去。过是溪,逢老妪方磨铁杵。问之,曰:"欲作针。"太白感其意,还卒业。妪自言武姓,今溪旁有武氏岩。①

象耳山和磨针溪都在四川省眉山市彭山区境内,与我们熟知的李白少年时代生活的四川省绵阳市辖的江油市相去尚远。如果上引杨祐甫记载的太白读书台及其留题是真实的记录的话,那有可能是李白青少年时代曾经游历彭山的象耳山,民间遂据此题刻而想象李白曾长期读书其间,"铁杵磨针"的传说因以附会流传。如今,磨针溪及其"铁杵磨针"的传说又因为李白故里的原因,搬迁到了四川江油,在那里出现了类似的遗址和故事流传②。

这个故事在明代曹学佺(1574—1646)的《蜀中广记》记载中,讹变为李白友人窦子明的传说:

> 按,子明江油人,李太白之友,为彰明县主簿。后弃官入圌山学道,故名窦圌山焉。初,子明学仙未几,辄下山。至桥侧,见一女磨铁杵,问之。答曰:"铁杵磨绣针,功久自然成。"遂感悟,复归。修炼三载,白日升天。③

不过,曹学佺的《蜀中名胜记》叙述彭山县磨针溪的情形时,仍然沿用了与《方舆胜览》相同的记载,而将主人定为李白:

> (彭山)县东北二十五里有磨针溪,在象耳山下。相传李白读书山中,学

---

① 祝穆编、祝洙补订《宋本方舆胜览》卷五三"眉州"条,上海:上海古籍出版社,1991年,471—472页。第二则文字还出现在佚名作者于孝宗淳熙十五年(1188)编纂的类书《锦绣万花谷》续集卷一一中,扬州:广陵书社,2008年,926页。据此,则《方舆胜览》的记载亦当有所本,而非原创。

② 王光顺讲述、刘术云采录《李白与磨针溪》,中国民间文学集成全国编辑委员会《中国民间故事集成·四川卷》上册,北京:中国ISBN中心,1998年,205—206页。

③ 曹学佺《蜀中广记》卷七三,《文渊阁四库全书》本,叶一九背。

未成，弃去。适过是溪，逢老媪方磨铁杵。问何为，曰："欲作针耳。"白感其言，遂还卒业。媪自言武姓，傍有武氏崖。①

主人公一书两属的情形，在张岱的《夜航船》记载中也一样发生过。如前揭在该书"九流部"中叙述真武大帝的早年修行中，就引用了这个故事；但在卷二的"山川部"中，故事的主人公又转移为李白：

> 磨针溪：彭山象耳山下，相传李白读书山中，学未成，弃去。过是溪，逢老媪方磨铁杵。白问故，媪曰："欲作针耳。"白感其言，遂卒业。②

《方舆胜览》是了解南宋时期江南各地的经济、文化、风俗、民情、山川、土产的重要地理志书，特别是关于各地名胜古迹及有关的诗赋序记，记载尤其详细，因此《四库全书总目》称其"大抵于建置沿革、疆域道里、田赋户口、关塞险要，他志乘所详者，皆在所略。惟于名胜古迹多所胪列，而诗赋序记、所载独备。盖为登临题咏而设，不为考证而设，名为地记，实则类书也。然采摭颇富、虽无裨于掌故、而有益于文章。摘藻搽华、恒所引用。故自宋元以来、操觚家不废其书焉"③。正是这个原因，曹学佺和张岱虽然从其他的文献中获得铁杵磨针的不同传说故事，但都还是受到了传播广泛的《方舆胜览》的影响，而将李白作为故事的主人公之一，记录在案。

《方舆胜览》的记载在清代依旧影响深广。王琦（1696—1774）注《李太白文集》三十六卷是清代及其以前关于李白诗文合注最完备的本子，其中最后一卷附录的"外记·遗迹"中，就收录了"磨针溪"的传说④。前引顾张思编辑俗语研究的专著《土风录》，也一样在"铁孔磨如鍼"条下，引用了《方舆胜览》的内容⑤。

李白的铁杵磨针传说在宋元之际的通俗日用类书中也被记载，如其时建安人虞韶辑录历史人物故事的《小学日记切要故事》（后世简称《日记故事》），即记载了李白作为主人公的"感针卒业"故事：

> 唐李白字太白（蜀人），少年学业未成，弃归。道逢一妪（老妇人也），磨铁杵。白问之，妪曰："欲作针。"白感其言（俗言："工夫深，铁杵磨成针。"），

① 曹学佺著、刘知渐点校《蜀中名胜记》卷一二，重庆：重庆出版社，1984年，194页。
② 张岱撰、刘耀林校注《夜航船》卷二"山川部"，杭州：浙江古籍出版社，1987年，85页。
③ 永瑢等撰《四库全书总目》卷六八，北京：中华书局，1965年，596页。
④ 王琦注《李太白全集》卷三六，北京：中华书局，1977年，1626页。
⑤ 顾张思撰，曾昭聪、刘玉红校点《土风录》卷一三，185页。

遂还卒业。①

《日记故事》图文并茂、寓教于乐的蒙学类型在当时的市井文化中带来了巨大的反响,因此该书不同名称的翻刻、重编本不绝于时②。此后,盛行于明清时期雅俗共赏的各种类书,也多受到其编辑分类的影响,包括铁杵磨针这一故事,也得到延续,连李白的主人公形象都不曾改变。如晚明陈仁锡(1581—1636)所编《潜确居类书》"耽学·磨杵"条:

> 李白少读书未成,弃去。道逢老妪磨杵,白问其故,曰:"欲作针。"白感其言,遂卒业。③

同时人彭大翼(1552—1643)的《山堂肆考》也有"老妇磨针"一条:

> 唐李白幼时从师读书,未成而归。中途见一老妇磨铁杵,白问之。妇答曰:"将欲作针。"白曰:"怎得成针?"妇曰:"铁杵磨成针,只要工夫深。"盖以此感发白之心也。白乃回读书,遂成业。④

从以上情节的记录情况来看,《日记故事》及其后来的各种类书仍然是受到了《方舆胜览》记载的影响。不过作为类书编纂的故事,它们删汰了依托于地方风物的区域局限,而作为普遍性的知识,传播给了大众。这种传播方式,迅速扩大了李白作为"铁杵磨针"主人公的影响力,成就了他在这个传说中全方位的接受程度。

2. 工具书与童蒙教材的当代定型

当代关于"铁杵磨针"的故事传说定型,也一样是通过工具书和童蒙教材编纂者的选择,而定型了李白广为人知的主人公形象。几种重要的工具书如:

《中文大辞典》列"磨杵作针"条为正条,"铁杵成针"为参见条。前者下云:

> 勉人耐苦精进之辞也。今谚亦有"若要功夫深,铁杵磨成针"之语。

----

① 元刊本《日记故事》今不存,而明清翻刻本迭出。本文所引,为日本宽文九年(1669)中尾市郎兵卫覆明万历中刘龙田刊本《新锲类解官样日记故事大全》卷二,上海:上海古籍出版社,1990 年影印长泽规矩也编《和刻本类书集成》第三辑,264 页。

② 虞韶生平及《日记故事》流传,参苑磊《明代故事汇编类通俗日用类书的编辑艺术——以〈日记故事〉为例》,《山东图书馆学刊》2014 年第 1 期,90—94 页;张建利、杜秀萍《古代蒙书〈日记故事〉作者考》,《鸡西大学学报》2015 年第 6 期,145—146、149 页。

③ 陈仁锡《潜确居类书》卷六○,崇祯刻本,叶三九正。

④ 彭大翼《山堂肆考》卷一八二"器用",《文渊阁四库全书》本,叶四二背。

《潜确类书》：李白少读书，未成，弃去。道逢老妪磨杵，白问其故，曰作针。白感其言，遂卒业。①

《现代汉语词典》"铁杵磨成针"条：

> 传说李白幼年时，在路上碰见一个老大娘，正在磨一根铁杵，说要把它磨成一根针。李白很感动，改变了中途辍学的念头，终于取得了很大的成就（见于宋代祝穆《方舆胜览·五十三·磨针溪》）。比喻有恒心肯努力，做任何事情都能成功。②

《新华词典》"铁杵磨成针"条：

> 宋祝穆《方舆胜览》中记载，传说李白小时读书不用功，想中途不念。有一天，在路上碰见一位老奶奶正在把一根铁棒磨成针。李白因受感动，从此发奋学习，终于取得了很大的成就。后用"铁杵磨成针"比喻只要有毅力、肯下工夫，任何难办的事情都能取得成功。杵：春米或捶衣的棒。③

《辞海》"铁杵成针"条：

> 李白少读书，未成，弃去。道逢老妪磨杵。白问其故。曰："欲作针。"白感其意，遂卒业。见《方舆胜览·眉州·磨针溪》。谚语"若要功夫深，铁杵磨成针"，本此。后常以此勉励人刻苦用功，以求有所成就。④

《辞源》"铁杵磨针"条：

> 传说唐李白少读书眉州象耳山，未成弃去。过小溪，逢一老妪，方磨铁杵，问之，曰欲作鍼。白感其意，因还卒业。见宋祝穆《方舆胜览》五三"眉州磨针溪"。明郑之珍《目连救母》传奇四《刘氏斋尼》："只在自家警省，好似铁杵磨针，心坚杵有磨针日，莫惜区区岁月深。"今语有"只要功夫深，铁杵磨作针"。参阅清顾张思《土风录》十三"铁孔磨如针"、俞樾《茶香室丛钞》

----

① 同书编纂委员会《中文大辞典》，台北：中国文化学院出版部，1968 年，23 册，432 页（参见条"铁杵成针"在 35 册，18 页）。

② 中国社会科学院语言研究所词典编辑室编《现代汉语词典（第 7 版）》，北京：商务印书馆，2016 年，1303 页。

③ 商务印书馆辞书研究中心修订《新华词典（第 4 版）》，北京：商务印书馆，2013 年，1003 页。

④ 同书编辑委员会《辞海》，上海：上海辞书出版社，第六版彩图本，2009 年，2262 页；第六版普及本，2010 年，3910 页。

十"磨杵作针"。①

《成语大词典》"铁杵磨成针"条：

> 杵：春米或捶衣用的圆木棍，一头粗一头细。比喻只要有毅力，坚持不懈地努力干下去，再难办的事也能办成。[出处]明张岱《夜航船·磨针溪》："彭山象耳山下，相传李白读书山中，学未成，弃去。过是溪，逢老媪方磨铁杵。白问故，媪曰：欲作针耳。'白感其言，还，卒业。"清·颐琐《黄绣球》第一〇回："拼着这些坚忍工夫，做到铁杵磨成针的地位，看似发达得迟，实在收效最速。"[例句]刘绍棠《小荷才露尖尖角》二："他虽然没能一拳头砸出一眼井，却偏要铁杵磨成针。"②

此外，收罗俗语宏富的集中工具书，在引用"铁杵磨针"的大量变体时，也都会以较早的李白典故作为开篇，体现了民间俗语词选择这个词语时李白作为主人公的必然性③。

至于当代童蒙类教材在讲述"铁杵磨针"故事中，几乎都引用了"李白与老奶奶"这样的对话场景。据笔者在"读秀学术搜索"网站上以"铁杵磨针""铁棒成针""铁棒磨成针"的字段进行的图书搜索④，仅 2015 年度，就有以下 35 种图书均记录了李白的"铁杵磨针"故事。

序号	书名	作者	出版社	出版年月
1	古代寓言故事	公维建编著	长春：吉林人民出版社	2015.01
2	中国寓言故事·铁杵磨成针（汉英对照）	赵镇琬主编	北京：新世界出版社	2015.01

---

① 何九盈等主编《辞源（第三版）》，北京：商务印书馆，2015 年，4231 页。之前各版文字略同，唯未注出处"见宋祝穆《方舆胜览》五三'眉州磨针溪'"旧版《辞源》《辞海》引用明陈仁锡《潜确类书》为证，与《中文大辞典》同，是引非其源，故今本皆作改正。参周大璞主编《训诂学初稿（第 5 版）》，武汉：武汉大学出版社，2013 年，255 页。

② 同书编委会编《成语大词典（最新修订版）》，北京：商务印书馆国际有限公司，2014 年，1062 页。

③ 著录"铁杵磨针"及其变体比较流行的几种俗语（谚语）类工具书如：商务印书馆辞书中心《新华谚语词典》，北京：商务印书馆，2005 年，507—508 页；翟建波编著《中国古代小说俗语大词典》，上海：上海辞书出版社，2013 年，1025 页；温端政主编《俗语大词典》，北京：商务印书馆，2015 年，2200—2201 页。

④ 据 http://www.duxiu.com/。以上著作之外，只有刘名俭、周霄编著《荆楚大地湖北（一）》介绍湖北武当山风物时，在"铁杵磨针的典故出自哪里"条，将故事主人公定位为玄武大帝。北京：中国旅游出版社，2015 年，190—191 页。

续表

序号	书名	作者	出版社	出版年月
3	儿童素质教育读本·拔萝卜	车艳青编	北京:中国人口出版社	2015.01
4	新课标经典名著·成语故事(学生版)	佚名著,石磊改写	南京:南京大学出版社	2015.01
5	语言常识全知道·家庭必备(典藏版)	文若愚编著	北京:中国华侨出版社	2015.02
6	新课标小学生必读·俗语谚语故事	王琼编	杭州:浙江人民美术出版社	2015.02
7	致青春·你不可不读的中华典故	刘川编著	北京:中国华侨出版社	2015.02
8	初中生优秀作文超级范本(精华版)	陈磊主编	上海:上海科学技术出版社	2015.03
9	中国寓言故事(注音版)	少军编	乌鲁木齐:新疆青少年出版社	2015.03
10	青少年文体活动丛书·关于奋斗的演讲与朗诵	雨辰、木菁编著	乌鲁木齐:新疆美术摄影出版社	2015.04
11	中考语文·阅读百题	王学东主编	上海:华东师范大学出版社	2015.04
12	《童趣阳光馆·国学系列故事·铁杵磨针》(彩绘版)	许刚主编	长春:吉林美术出版社	2015.05
13	《童趣阳光馆·成长励志故事·孙康映雪》(彩绘版)①	许刚主编	长春:吉林美术出版社	2015.05
14	青少年成长励志丛书·李白	万有图书编绘	成都:天地出版社	2015.05
15	365夜寓言故事	李廷斌、王敏改写	南京:南京大学出版社	2015.06
16	365夜成语故事	袁文超改写	南京:南京大学出版社	2015.06
17	每天10分钟胎教故事	付娟娟主编	北京:中国妇女出版社	2015.06
18	甄味书屋领跑者·新课标经典文库·小故事大道理	杨晶主编	哈尔滨:哈尔滨工业大学出版社	2015.06

----

① 其中有"李白与老奶奶"一则,即"铁杵磨针"故事。

续表

序号	书名	作者	出版社	出版年月
19	错觉心理学—有图也没有真相	陈南著	南京:江苏文艺出版社	2015.06
20	汉语典故故事选萃	刘新乐主编	北京:金盾出版社	2015.06
21	小学生一段话日记	于莉主编	北京:北京工业大学出版社	2015.06
22	高中生议论文论点论据论证及备考范文	周文涛主编	长沙:湖南教育出版社	2015.06
23	成语故事·励志篇	风车文化编	广州:新世纪出版社	2015.07
24	国学直播厅系列·增广贤文·为人立信,处世立心	姜正成主编	北京:中国财富出版社	2015.07
25	诵读成语(大字大图)(注音版)	幼儿国学教育研讨小组主编	济南:明天出版社	2015.07
26	优乐互动宝宝成长随身听·成语故事	汪娟主编	合肥:安徽少年儿童出版社	2015.07
27	中国名家经典原创图画书乐读本·寓言三则	杨永青绘	北京:清华大学出版社	2015.08
28	我的第一本填字游戏书(少儿启智悦读版)	张凌翔编著	北京:中国纺织出版社	2015.08
29	最难忘的童年经典·中华寓言故事·44	崔钟雷主编	哈尔滨:黑龙江美术出版社	2015.09
30	成长阅读经典·伴随孩子成长的成语故事	周周著	北京:时代华文书局	2015.09
31	寓情喻理——古代寓言故事	梁晓楠编著	合肥:黄山书社	2015.10
32	中国汉字故事(新课标注音版)	陈广涛改编	长春:北方妇女儿童出版社	2015.10
33	中外名人故事(无障碍阅读学生版)	余良丽主编	北京:知识出版社	2015.11
34	年轻人必知的500个国学典故·千年中国文化集粹(典藏版)	墨菲编著	北京:中国华侨出版社	2015.12
35	云阅读注音版经典童话·成语故事	胡媛媛编	武汉:湖北美术出版社	2015.12

以上这些图书中讲述"铁杵磨针"的故事,大部分属于少儿教育的启蒙读物,其中多以绘图、注音、汉英对照等方式,吸引儿童的注意力,灌输其励志勤学的正能量,正是古代《日记故事》的当代翻版。

3. 李白作为传说主人公的内外动因

铁杵磨针传说选择李白作为幡然悔悟而励志勤学的主人公,无疑是作为历史人物的李白,其精神特质的某些方面展现出了民间文学理论中的某种"箭垛效应",使他成了勤学苦练的"箭垛式人物"①。

作为传说的箭垛内因,是李白本人的自述及唐人的记载中,确实有着少年时代苦学的经历描述。如李白在安陆干谒当地长官的《上安州裴长史书》中,提及自己的早年学习经历时云:"五岁诵六甲,十岁观百家。轩辕以来,颇得闻矣。常横经籍书,制作不倦,迄于今三十春矣。"②这一在而立之年回顾自己学习历程的论述,体现了他从五岁即学干支计数,十岁已经开始读诸子百家之书,直到三十岁仍然枕经籍书而制作不倦,可见勤学的程度。他人的记载,以晚唐文学家段成式(803—863)在《酉阳杂俎》的记载最为典型:"白前后三拟《文选》,不如意,悉焚之。惟留恨、别赋。"③南朝梁时期的萧统所编《文选》是中国现存最早的一部古诗文总集,在以诗赋取士的唐代社会,一直是士人必读的教材。在煌煌三十卷的篇幅中,共收录作家130家、作品514题,分列赋、诗、骚、七、诏、册、令、教等38类文体,李白对于如此繁复的篇幅和文体,竟然前后拟作三遍,也是少见的勤奋。这个记载或许也是后世的传闻,但是它也体现了即使是天才的诗人也必须通过勤学苦练才能进入到文学殿堂的大众心理期许。

作为传说的箭垛外因,是李白天才纵逸的诗歌带来了毫无负面影响的楷模形象。李白诗歌以《静夜思》《望天门山》《赠汪伦》等为代表的清新明快、琅琅上口的作品,也是很早就进入到儿童记诵之中的诗作,它们为李白奠定了童蒙故事

---

① 刘守华、陈建宪《民间文学教程》:"所谓箭垛式,是民众把一些同类情节集中安置在某一个人物身上的现象。"武汉:华中师范大学出版社,2009年第2版,59—60页。

② 王琦注《李太白全集》卷二六,1243页。

③ 段成式撰,许逸民校笺《酉阳杂俎》卷一二《语资》,北京:中华书局,2015年,900页。

人物耳熟能详的外因①。而在中国古代诗人的长廊中,李白无疑也是一个生平传说最为丰富的人物。与其浪漫主义的诗歌风格相呼应,李白在诗歌中表现出来的追求自由、热爱生命、傲岸不群的人生态度,带来了他身后很快就形成的从诞生到临终的一系列传说故事,而且越来越丰富②。以这样一个传说中的天才诗人作为勤学的例证,"铁杵磨针"自然就进入了李白生平传说的系列之中,而代代相传开来。

相比而言,宗教人物的"铁杵磨针"传说在中国这样一个以儒家思想立国、在今天则以无神论的思想占据主导地位的国度,自然会在政治教化中构成一定的宣传障碍和受众限制。因此,无论是佛教、道教还是地方英雄人物,就丧失了李白所具有的世俗社会全方位的影响力,从而只能在宗教和地方性的领域内获得较小的接受影响。虽然李白深受道家思想的影响,也曾经接受道箓③,但总体而言,他是中国文化在诗歌领域的代言人,龚自珍(1792—1841)所谓:"庄、屈实二,不可以并,并之以为心,自白始;儒仙侠实三,不可以合,合之以为气,又自白始也。"④正体现出李白及其诗歌代表了中国传统文化核心的思想。

----

① 从古至今,李白诗歌在通行的诗歌普及读本中,都占有很高的比例。如清代最为流行的唐诗选本《唐诗三百首》选入李白诗25题33首,仅次于杜甫。当代人教版小学语文教材中,入选古诗词44首,其中李白诗6首:《静夜思》《赠汪伦》《望庐山瀑布》《登黄鹤楼送孟浩然之广陵》《望天门山》《独坐敬亭山》。参赵海红《"瑜"中之"瑕":李白诗作在现行小学语文教材中的选编刍议》,《现代中小学教育》2015年第5期,31页。事实上,中国儿童在学龄前背诵李白诗篇,已经成为家庭启蒙教育中语言学习的常态。如程郁缀主编《儿童必备古诗》,即选入李白诗歌10首,是古诗人中入选作品最多者,篇目为:《静夜思》《秋浦歌》《黄鹤楼送孟浩然之广陵》《早发白帝城》《赠汪伦》《古朗月行》《望庐山瀑布》《望天门山》《独坐敬亭山》《夜宿山寺》),南昌:二十一世纪出版社,2006年,30—42页。

② 李白由历史原型而诗艺造型、传说特型的形象塑造论述,可参何念龙《三型李白论纲》,《武汉教育学院学报》1998年5期,5—15页。李白传说故事的研究,可参松浦友久撰、刘维治译《关于李白"捉月"传说:兼及临终传说的传记意义》,《北京大学学报》1995年5期,104—111页;陈钧《李白传说故事溯源》,《中国典籍与文化》1998年4期,65—71页;朱玉麒《戏曲作品中的李白形象》,《河南社会科学》2002年第2期,19—22、72页;朱玉麒《李白题材的小说作品叙论》,《明清小说研究》2002年第3期,150—162页;白云慧《唐宋笔记小说中的李白故事研究》,2014年陕西师范大学硕士学位论文。

③ 李长之(1910—1978)的名著《道教徒的诗人李白及其痛苦》(长沙:商务印书馆,1940年)充分论证了李白的道教情结。

④ 龚自珍《最录李白集》,龚自珍著、王佩诤校《龚自珍全集》,上海:上海古籍出版社,1999年,254页。

余 论

李白的"铁杵磨针"作为一个传说故事,在《日记故事》等中国古代的类书中,就已经将其归结为勤学类型而传播着。当民间故事作为一种文体被研究时,20世纪也出现了国际上通用的故事情节类型分析法——AT(阿尔奈—汤普森体系)分类法,中国民间故事也普遍采用了这一比较简明的分类法及其变体。"铁杵磨针"在比较晚近的年代里,被学者们接收到了中国古代民间故事的类型中。

据笔者的检索,祁连休是最早将"铁杵磨针型"作为一个在宋元时期成型的故事而记录下来的①。不过,他没有注意到"铁杵磨针"故事主人公在李白之外有过变化,反而是把它作为"在后世流传时,人物传说类型的故事主人公一般均无变化"的例证来作叙述,这一点与其搜集例证不足有关;但同时,他也把这个故事作为同相关地方的山川名胜密不可分,在流布过程中往往在人物传说与地方传说之间相互转换的典型,是比较准确的②。稍后,顾希佳将"铁杵磨针型"归结为"一般民间故事"大类下的"生活故事·其他生活故事"中,并且注意到了主人公在李白之外的其他人物替换情况③。这是民间故事类型研究中"铁杵磨针"最新的动态。

李白作为"铁杵磨针"传说的主人公,是目前所知传说记载中流传最早、传播最广的文本。虽然我们并不能以此认定他就是这个虚构的故事中最早的主人公,但有一点却是肯定的:即在后来的流传过程中,作为杰出的诗人,李白没有任何负面影响的社会身份,使他成为故事主人公中最大的公约数。

由诗歌出发而广为人知的诗人李白,在"铁杵磨针"的传说故事中,又被推举为勤奋好学的代表,带来了诗歌之外更为杰出的道德影响力。传说与诗歌在文学传播中的互为呼应,使李白的影响如涟漪一般,在汉语文学圈中风生水起,经久不息。

(作者单位:北京大学历史学系暨中国古代史研究中心)

---

① 祁连休《中国古代民间故事类型研究》,石家庄:河北教育出版社,2007年,771—773页。

② 祁连休《中国古代民间故事类型研究》第十一章《宋元时期的民间故事类型》第四编"宋元时期的民间故事"第三节"宋元的民间传说类型",619页;同作者《中国民间故事史》卷中,石家庄:河北教育出版社,2015年,507页。

③ 顾希佳《中国古代民间故事类型》,杭州:浙江大学出版社,2014年,186—187页。

试论民间美术史上的李白现象

——以明清版画、年画"力士脱靴"和"醉草蛮书"题材为主

陶喻之

一、明清民间美术史上李白现象的题材缘起

唐朝诗人李白不拘礼法、放浪散淡的艺术形象,伴随唐以降众多文艺样式如诗歌、词曲、图画、戏剧和小说等盛传不衰①,逐渐由真实单一的骚客文人原型,化身变脸为集文士、志士、侠士、狂士、道士和隐士等多重角色于一体兼而有之、互为转换的复合型传奇人物②,甚至还因他能"斗酒诗百篇",几被人为提升尊崇为腾云驾雾的"酒仙""诗仙"。明清以还,戏曲文艺进一步繁荣,李白不畏强权、藐视贵胄、安贫乐道、与民同欢的正面形象持续"发酵",一如既往通过民间最易接受、引人入胜的舞台表演形态,释放传播出正能压邪的正能量。

也因此,当代李白研究学人几乎都关注到史上承前启后李白现象的"人民性"问题。如1951年李长之先生《李白》第一部分"楔子",在"先给李白画一个素描"前,就开宗明义提出"中国人民热爱的诗人"主题③。此后1954年王瑶先生的《李白》,同样在卷首提纲挈领发表"人民热爱的诗人"话题④。另外,当代李白研究专家裴斐先生《李杜厄言》,也曾谈及《李白与月:兼论李白性格的叛逆性与平民性》⑤。直到二十一世纪初的2001年,在纪念李白诞生1300周年大会

---

① 陈钧《诗、词、曲中的李白》《图画中的李白》《戏剧中的李白》《小说、传记中的李白》,作者著《李白与苏颋论考》,太原:山西古籍出版社,2001年,35—87页。
② 陈钧《李白形象的演变》,《李白与苏颋论考》,18—34页。
③ 李长之《李白》,北京:三联书店,1951年。
④ 王瑶《李白》,上海:华东人民出版社,1954年。
⑤ 裴斐《李杜厄言》,作者著《看不透的人生》,北京:北京燕山出版社,1992年;《裴斐文集》第二卷,北京:人民文学出版社,2013年。

上,中国李白研究会会长、南京师范大学教授郁贤皓先生的主旨演讲,仍然以《李白:人民最喜爱的伟大诗人》为题①。

而伴随明清戏曲艺术播于人口的同时,长期经历自身发展并由戏文衍生的版画、年画,在明万历年间也达到峰值②;这其中身份变幻而充满"文艺范"的李白图像,在创作演进过程同样魅力四射,广受欢迎,乃至影响程度因印刷品的海量复制和流通各地的技术便利,大大突破戏曲流行的地域局限。特别是反映"李白醉草吓蛮书"和"令高力士脱靴"两则故事图画戏份最足,最凸显他张扬个性的禀赋和不惧怕恶势力、富有正义感的家国情怀,而深受民众热捧喝彩。

值得回顾的是,民间美术中李白图像脱颖而出,首先得益并脱胎于当时繁荣兴盛的戏曲舞台。据不完全统计,尚不包括元杂剧家广泛使用的"吓蛮书""平蛮稿"或"定夷书"典故③,流行明末清初、涉及李白戏曲文艺作品,计有文学戏曲家屠隆《彩毫记》,小说戏剧家冯梦龙完成于天启四年(1624)的"三言"之一《警世通言》的《李谪仙醉草吓蛮书》,万历元年(1573)前后出生的吴世美编著的《惊鸿记》。这三部戏曲、小说、传奇,对后世各剧种改编有重要指导意义。像传统剧目《太白和番》就取材于《彩毫记》及《警世通言》中的《李谪仙醉草吓蛮书》。写里蛮国致书唐玄宗,文字无人能识,里蛮使臣气焰嚣张,嘲笑唐朝国中无人。贺知章急荐李白带醉应召朗读全文并斥来使;里蛮使臣折服,复请与唐修好。此剧曾遍及粤、京、川等剧种而仅剧名稍异;但京剧《太白醉写》与昆曲同名而不同剧情④,后者据《惊鸿记》第十五出《学士醉挥》改编,曲词与原著《吟诗脱靴》有别,写唐玄宗与杨贵妃沉香亭赏牡丹,召李白作新乐章,李迫高力士为之拂纸磨墨脱靴,带醉挥毫立成《清平调》三篇⑤。

明末清初戏曲文艺突飞猛进,既跟发展的时代性有关,又是社会步入资本主

----

① 郁贤皓《李白:人民最喜爱的伟大诗人》,《中国李白研究2001—2002年集》,合肥:黄山书社,2002年,1—11页。

② 王伯敏《中国古代版画概观》,《中国美术全集》"绘画编20版画",北京:人民美术出版社,1991年,2页。

③ 参看王贞珉《关于李太白醉草吓蛮书》列举"吓蛮书"典故计有白仁甫《东墙记》第三折:"比那吓蛮书,赛也不赛。"郑德辉《王粲登楼》第一折:"书吓南蛮。"《倩女离魂》第一折:"也不让李太白醉写平蛮稿。"张寿卿《红梨花》第一折:"李太白一封书吓得南蛮怕。"此外,《宝文堂书目》尚著录有元明间无名氏《李太白醉写定夷稿》。

④ 《中国戏曲曲艺辞典》,上海:上海辞书出版社,1981年,571页。

⑤ 《中国戏曲曲艺辞典》,571、572、490页。

义萌芽阶段、市井文化空前发达的产物;况且明末政治黑暗、民不聊生,在此朝代更替的历史节点,与内外邪恶势力不懈抗争的李白舞台形象,恰好符合芸芸劳苦大众为主的社会群体希望以巧取胜、愚弄当局的审美意识,代表并传递着他们的普遍心理诉求;甚至李白被树为天仙,应该也跟寄托他为民请命、天行道的良好愿景有关。因而具有藉古讽今和"精神胜利法"意味的上述戏曲几乎家喻户晓,跟它同时的话本小说"三言二拍"冠以"警世""醒世"寓意同理可证,不言自明。

当然,反映李白斗争性的这些戏文,是否还暗含抨击明末阉党横行的批判性象征①? 或是警示宦官专权以致晚明政治腐败,明初宦官参政酿成"土木堡之变"丧师失地的历史教训? 晚清杨柳青年画表现"醉斥番表",是否跟当地盛行反帝爱国义和团运动而借题发挥有关,并波及淮北阜阳年画? 再譬如伴随民主革命思潮上升,民间年画出现不少以反侵略、讥讽清王朝腐败、提倡变法图强等爱国题材新画样②。而近代烟草广告画"脱靴醉草"图案,又是否跟民族工商业界倡导国货抵制外烟意图有关呢③? 总之,这些耐人寻味的疑案,或许都将成为今后可持续深入研究的学术探索命题。但不管如何,明清民间美术史上李白图像的问世,是被民间艺人从戏曲舞台上请下,移植到版画、年画等绘画样式中去,应该是毋庸置疑的事实。

----

① 清初"四王"之一王时敏之子、"娄东十子"之一王抃自编《王巢松年谱》载,康熙十四年(1675),"清和之初,余欲将李文饶(唐朝名相李德裕表字)事,谱一传奇(《筹边楼》),盖专为任子吐气也。湘碧("四王"之一王鉴)知之,特约余至染香庵,同惟次并老优林星岩商酌"。所谓"任子",特指因父兄功绩得保任授予官职。王抃之父王时敏即因宰相之孙,以任子官清卿而不由科目;而唐李德裕乃宰相李吉甫,亦起家门荫为会昌名相。故王抃以李德裕故事比其父王时敏而编《筹边楼》,一为任子案例扬眉吐气,同时也是为其父称觞祝贺八十三岁寿辰。王鉴获悉王抃欲以唐代名相李德裕事迹作传奇,不顾年迈,表现出极大的热情,甚至特地邀约王抃与老伶工同赴其染香庵商量、斟酌剧情,其参与并领衔投入其中的动机、用意委实耐人寻味。其实,王时敏与王鉴均以荫官身入仕途,这与李德裕重门第而不由科目举贤任能观念相一致。所以,非但王时敏之子王抃以李德裕比其父,王鉴同样会以起家门荫为会昌名相的李德裕自比而产生跨越时代的"穿越"感。参陶喻之《珠厓昔日罢征求——廉州知府王鉴事迹考证》,《中华书画家》2016 年第 4 期,118—123 页。

② 王树村《中国年画史叙要》,《中国美术全集》"绘画编 21 民间年画",北京:人民美术出版社,1985 年,3 页。

③ 参看朱国荣《抗战让上海月份牌画家改行》、陈若茜《冯懿有:烟画上的抗战史》,《东方早报》2015 年 9 月 2 日"艺术评论"周刊。

二、明清民间美术史上李白现象的题材本事探讨

然而"醉草"和"脱靴"本事史上究竟是否真的发生过,还仅仅是无中生有的小说家戏言? 李白实施行为状态是清醒主动有意为之,还是无非酒醉癫狂的无意识举动? 高力士替李白脱靴深感羞辱遂迁怒陷害李白说能否成立? 等等,这些学术议题的解答似乎要复杂得多。因此学界始终无法达成共识①,从而使得至少脱靴故事成为李白留给世人众多千古之谜之一。尽管彼此意见观点相左,并不影响就李白乃唐朝伟大诗人的公认评价。笔者在此主张秉持宁信其有而勿信其无的开放姿态与思维模式,予此公案以综合考察,故而以下稍费笔墨略陈管见。

笔者以为:既然"脱靴"旧闻有正史、野史、碑传相佐证并被言之凿凿记录在案,说明李白"天宝初,召见于金銮殿,玄宗明皇降辇步迎,如见园、绮。论当世务,草《答蕃书》,辩如悬河,笔不停缀。玄宗嘉之,……时公已被酒于翰苑中",唐玄宗"仍命高将军扶以登舟,优宠如是"(范传正《唐左拾遗翰林学士李公新墓碑并序》),并"不觉忘万乘之尊,因命纳履,白遂展足与高力士"(段成式《酉阳杂俎》前集卷一二"语资"),"对御引足令高力士脱靴,上命小阉排出之"(李肇《唐国史补》卷上"李白脱靴事"),确有其事。兼以唐以降相关史料文献也承认该故事凿凿可信并信以为真,似乎没理由怀疑李白此举不曾发生;因为这与其平生放浪形骸、桀骜不驯、敢于正面顶撞当局者的坚强斗志大抵吻合。虽然他跟高力士之间的恩怨矛盾,从史书暂未理出蛛丝马迹;但单就他以上表现而论,与高力士

---

① 参看王贞珉《关于李白醉草吓蛮书》,《文科教学》1980 年第 3 期,43 页;许嘉甫《李白〈答和蕃书〉考辨》,《祁连学刊》1992 年第 4 期,102—107 页;朱玉麒《脱靴的高力士——一个文学配角的形成史》,《唐研究》第七卷,北京:北京大学出版社,2001 年,71—90 页;吴增辉《"力士脱靴"的文化解读》,《江淮论坛》2007 年第 1 期,148—154 页;何念龙《简论〈李谪仙醉草吓蛮书〉的文化意义》,《乐山师范学院学报》2007 年第 8 期,11—14 页;胡月英《论隐喻的歧义性:从高力士诋毁李白谈起》,《吉林省教育学院学报》2009 年第 9 期,140—142 页;吴海燕《李白本事与故事探源:以"龙巾拭吐,御手调羹,贵妃捧砚,力士脱靴"为例》,《河北科技师范学院学报》2010 年第 3 期,89—93 页;朱全福《李白形象的另一种解读:谈〈李谪仙醉草吓蛮书〉中的李白形象》,《中国李白研究(2010—2011 年集)》,合肥:黄山书社,2011 年,381—389 页;崔际银《略述"力士脱靴"故事的传播与接受》,《中国李白研究(2013 年集)》,合肥:黄山书社,2014 年,333—342 页;杨莹莹《"力士脱靴"本事考辨》,《中国李白研究(2014 年集)》,合肥:黄山书社,2014 年,154—168 页。

芥蒂极深显而易见,所以才会当着宠幸高力士的唐明皇面借醉羞臊。在此,表面上李白醉酒在先,可实际上主观意识应该相当清醒,至少也是留一半清醒留一半醉,甚至是酒后吐真言、露真相。因此,当唐玄宗让他勿失体统"纳履",李白故意指向性明确地选择唤高力士上前脱靴,而非侍奉唐玄宗左右的在场小阉、奴婢辈。

由此可见李白借机从行为、精神两方面战胜高力士的动机针对性明显,主动挑战意愿清晰,明眼人一望而知;而他戏弄高力士仿佛也达到预期效果,因为事发现场目击证人唐玄宗可谓旁观者清,对他貌似"趾高气扬""无理取闹"而其实饱含扬眉吐气用意的举手投足理应心知肚明。正因为李白言行举止失态出乎意料,所以即令小阉扶将他出殿以免再惹是非、生事端。

尽管李白圆满实现抑或思量已久作弄高力士完成式,却招致后者嫉恨并乘机中伤也是情理中事。周笃文先生《高力士与李白》不相信脱靴本事,以为两人之前从无正面交锋冲突记录,李白没有平白无故蓄意寻衅滋事之正当理由①。但需要关注的是,他论证列举导致李白出宫的真实状况,又认同李白族叔李阳冰《草堂集序》判断,是"出入翰林中,问以国政。潜草诏告,人无知者。丑正同列,害能成谤。格言不入,帝用疏之",即同事诽谤才是李白被贬遭冷处理的关键。旁证资料为自幼获知于李白的刘全白《唐故翰林学士李君碣记》曰:"天宝初,玄宗辟翰林待诏。因为《和蕃书》,并上《宣唐鸿猷》一篇。上重之,欲以纶诰之任委之,同列者所谤,诏令归山,遂浪迹天下,以诗酒自适。"而这些表述跟李白《为宋中丞自荐表》中自叹"召入禁掖,既润色于鸿业,或间草于王言。雍容揄扬,特见褒赏。为贱臣诈诡,遂放归山",和《翰林读书言怀》诗的"青蝇易相点,白雪难同调。本是疏散人,屡贻褊促诮",以及《答高山人兼呈权顾二侯》"谗惑英主心,恩疏佞臣计"的感慨,倒似乎完全能够对号入座。甚至李白十分赏识的青年魏万后来在《李翰林集序》中,更直截了当指认以谗言逼迫李白出走发小人,乃丞相张说之子、唐明皇乘龙快婿的卫尉卿张垍。"上皇豫游,召白。白时为贵门邀饮,比至半醉,令制《出师诏》,不草而成。许中书舍人,以张垍谗,逐游海岱间。"

值得玩味的是,周笃文先生的论述给我们启示的同时,张垍生父燕国公张说跟高力士的关系史料也被打捞浮现——张说曾替高力士养父高延福、生父冯君衡、生母麦太夫人三撰碑铭,推许备至;非但如此,高力士仿佛跟张说、张垍父子

---

① 周笃文《高力士与李白》,《中国韵文学刊》2007 年第 3 期,93—96 页。

也交情不薄,不说相互勾结,也是惺惺相惜、互通款曲。想当初"安史之乱"非常时刻,张垍见风使舵,撇下失势的岳丈而认贼作父,主动向称王的安禄山投怀送抱;高力士执迷不悟,竟照例肆意袒护,误以为张垍势必会追随唐明皇入蜀,共图东山再起。就此,《旧唐书》曝光过高、张沆瀣一气却几令高无地自容的尴尬说辞:

> 禄山之乱,玄宗幸蜀,……朝臣多不至。次咸阳,帝谓高力士曰:"昨日苍黄离京,朝官不知所诣,今日谁当至者?"力士曰:"张垍兄弟世受国恩,又连戚属,必当先至。房琯素有宰相望,深为禄山所器,必不此来。"帝曰:"事未可料。"是日,琯至,帝大悦。因问均、垍。琯曰:"臣离京时,亦过其舍,比约同行,均报云'已于城南取马',观其趣向,来意不切。"既而均弟兄果受禄山伪命,垍与陈希烈为贼宰相,垍死于贼中。……史臣曰:惜乎均、垍务速,失节贼廷。①

《新唐书·张说传》所记略同而稍详:

> 帝西狩至咸阳,唯韦见素、杨国忠、魏方进从。帝谓力士曰:"若计朝臣当孰至者?"力士曰:"张垍兄弟世以恩戚贵,其当即来。房琯有宰相望,而陛下久不用,又为禄山所器,此不来矣。"帝曰:"未可知也。"后琯至,召见流涕。帝抚劳,且问:"均、垍安在?"琯曰:"臣之西,亦尝过其家,将与偕来。均曰:'马不善驰,后当继行。'然臣观之,恐不能从陛下矣。"帝嗟怅,顾力士曰:"吾岂欲诬人哉?均等自谓才器亡双,恨不大用,吾向欲始终全之,今非若所料也。"垍遂与希烈皆相禄山,垍死贼中。……赞曰:至子(指张说子均、垍)以利遽败其家。②

从以上史传记载不难想象,在高力士被李白羞辱脱靴而事后图谋疯狂报复过程中,跟张垍结党营私、联手呼应向唐明皇举报诬陷,绝对具备实施可能性和操作性;对此,由波谲云诡的复杂人际、利益链关系辨析,李白被高、李排挤外放端倪可察。试想李白展足令脱之耻,纵使旁观如李隆基都感觉"惨"不忍睹,当事者高力士难道会坦然接受并乐于奉献?或者有容人的胸怀气度而无动于衷、安然若素?可想而知在这场争夺政治存在感和话语权的你死我活博弈中,类似可能

---

① 《旧唐书》卷九七《张说传附子垍传》,北京:中华书局,1975 年,3059—3060 页。
② 《新唐书》卷一二五,北京:中华书局,1975 年,4412 页。

性几乎为零。即使碍于唐明皇重视李白而不敢明里置其于死地,高力士也势必怀恨在心,暗中伺机睚眦必报;哪怕不亲自出面仅背后煽风点火,不还有当朝驸马张垍里应外合、狼狈为奸、党同伐异,可替自己出口恶气而除之后快吗?很显然,新、旧《唐书》本传和唐宋野史记述均举证充分,言之成理,笔者主张应当认同该本事源清本正,无可非议质疑。

三、明清民间美术史上李白现象的载体规模和作用

厘清了明清民间美术史上李白现象的题材缘起,并溯源追索了相关故事的史实真相,该言归正传谈谈其以版画、年画为主的绘画载体了。貌不惊人的民间美术受众面广,反知名度高优势,首先取决于以传统印刷品形式呈现给普通民众,系满足其审美情趣而喜闻乐道的精神食粮。这些"接地气"的图画跟知名画家精心构思创作不同。李白题材名画,史上代不乏人①,像南宋宝祐四年(1256)李白终老地、皖南地方官牟子才,就出于言志目的画过《力士脱靴图》。但佳作往往多只此一幅,可能还秘不示人,在不具备摄影印刷出版时代,名作欣赏显非等闲之辈有眼福观摩。纵然个别名画进入交易市场,怕也早为当时或后世藏家征集,或深藏若虚,或束之高阁,普通人多只闻其名,而难见真迹,这显系时代、技术局限使然。如传为南宋画家梁楷《李白行吟图》,除右上方钤朱文八思巴文官印,表明元至元十五年(1278)为大司徒阿尼哥收藏外,再无其他藏印;此后该图流散东瀛,今存日本东京国立博物馆,说明入藏公立博物馆展陈前,过眼鉴赏者极少。何况它是否梁楷真迹尚存争议②,行吟人物究竟是否李白,也不见冠名、题记确认;目前定名无非后人观其画风、人物神态,想当然命名,并无确切文献印证其实。至于史上著录明确描绘醉写、脱靴诸多画作③,事实上几乎无一得以递传抵今。

与此相反者,多数非名家民间艺人创作的看似艺术成就不高,但富有乡土气息绘画,一旦被认可具有商业开发价值,而进入传统雕版印制渠道,足以规模化

---

① 陈钧《图画中的李白》,作者著《李白与苏颋论考》,51—65 页。

② 《海外藏中国历代名画》"3 南宋 二二 李白行吟图",长沙:湖南美术出版社,1998年,41 页。

③ 陈钧《图画中的李白》,作者著《李白与苏颋论考》,51—65 页。

地化身千万,源源不断地以商品形式流通各地市场;其为人熟悉的认知程度自然大大超越仅为极少数人拥有的名画而深入寻常人家,成为蒙学读物或张贴门户壁间的必需品。如此,包括版画、年画在内的民间美术宣传放送效应不言而喻,因为其传播态势为千家万户,而这完全取决其较之原创名画先声夺人的一技之长。譬如明万历间汪氏版画《诗余画谱》有两幅反映李白诗词意境画配诗,其一作童子侍立关山雉堞古树巨石间李白造像题为"仿盛懋"表明取材出处(图1),但元盛懋底本原作怕早已佚失无存。

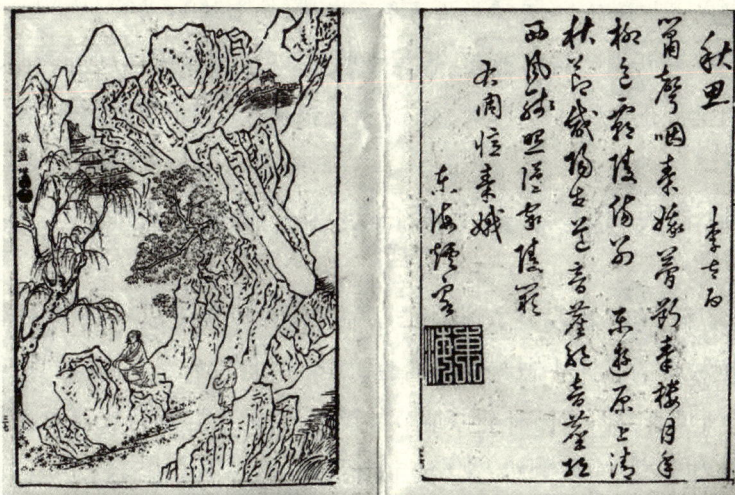

图1 《诗余画谱》李白诗意画

其次,民间美术的对象多为文化程度不高的中下层平民。寓教于乐,浅显易懂,老少皆宜的版画、年画,胜似低消费的基础教材,原本就是从前农村和市井人们逢年过节必备的祈福求知之年节物品。就大多数不具备断文识字能力或初通文墨的群众而言,雅俗共赏的版画、年画在推广李白基础知识上,跟讲究版本或有名家领衔笺注、释读、校勘的李白的著述读物相比,无疑发挥着领先善本古籍的通识普及教育功能;哪怕跟与之相关的戏曲表演相比,也既异曲同工、又作用持久。演出留给观众的是观感一次性过程;而门户壁间版画、年画能够长久保存面对,印象挥之不去,这都成为脚踏实地的民间美术在弘扬李白精神文化层面赢得受众的成功之处。

古典戏曲于今显然仅限于剧本传承,当年身临其境的原生态演出实况,剧情带动观众互动场景均难如实一一还原;有的剧种时过境迁,至今都快成为亟待抢救"活化石"了。但同为非物质文化遗产的民间美术则不然,由于具备深厚民间基础和广阔市场,某些传统戏曲精彩亮相定格,仿佛还有赖民间美术担当"传真"保留戏曲文艺历史记忆的储备功能,进而弥补人们无法回到过去设身处地观赏古典戏曲表演带来的缺憾。诚如相关学者研究指出的:

> 近代杨柳青年画的内容,京剧题材占主导地位。……由于京剧的影响,清中叶戏曲年画进一步发展,它不但大大扩展了年画题材,也从另一方面有力、深入地普及了京剧。……这时(清初)的戏曲年画中表现的剧目,仍有许多是属于昆弋或梆子的,如天津杨柳青年画中的《狐狸缘》《盗印》《背娃入府》《五梅驹》《义释严颜》《醉写蕃表》等。这些戏曲年画已开始不用背景,人物较大;道具用桌椅分堂屋内外;用黑、白、彩穗马鞭来代表坐骑及其颜色。①

四、明清民间美术史上李白现象的案例研究

"力士脱靴"和本事没有争议的"醉草蛮书"两则历史故事,因集中体现和传达李白睥睨权贵的昂扬斗志与精神面貌,博得后世艺术界广泛赞同。就美术史而言,宋人所见李白图像已有类似情节如影随形,此由题画诗文字可以想见今佚画面内容。如苏轼《东坡题跋》之《记宝山题诗》曰:"吾尝作李太白真赞云:平生不识高将军,手污吾足乃敢嗔。吾今复书此者,欲使后之小人少知自揆也。"陈师道《和饶节咏周昉画李白真》亦云:"平生潦倒饱丘园,禁省不识将军尊。袖手犹怀脱靴策,岂是从来骨相屯。"宋饶节《李太白画像歌》又云:"先生之气盖天下,当时流辈退百舍。醉中咳唾落珠玉,身后声名满夷夏。"而南京博物院藏清苏州织造工艺缂丝四屏,则完整呈现包括上述两则故事在内的四出"天宝遗事"(图2)②;另外,民国南洋烟草广告月份牌画家谢之光为东北营口启东烟草公司创作设计烟草广告画,也曾以脱靴故事入画普及文化知识(图3)。至于传世清代羊城民间人物画家苏六朋的《太白醉酒图》(图4),另一位身份不明清代民间画家李坚《太白醉归图》(图5),虽说构图中都未再现高力士脱靴场面,但人们从醉眼蒙眬的李

---

① 杨连启《戏曲年画二题》,《艺坛》第四卷《艺坛百题》,上海:上海书店出版社,2006年,179—180页。

② 《"南腔北调"戏曲艺术展,倾听祖先深情的吟唱》,《收藏与拍卖》2016年第1—2期,85页。

白身边左右各有一名内侍搀扶他失魂落魄的可掬表情,不难理解这两位画家在重点展现紧接脱靴事发稍后的李白醉态,而这几乎成为多数画家落笔的共同关注点。

图2 南京博物院藏清苏州织造工艺缂丝四屏"天宝遗事"

图3 谢之光烟草广告画中脱靴故事

图4 苏六朋《太白醉酒图》

图5 李坚《太白醉归图》

肇始于唐代雕版宗教印刷品的民间版画,相当于史上坊间流行的教辅读物。明清美术史上李白版画占有较大比重,他跟其他同列历史人物一样,往往按历史进程扮演不同身份角色,被编辑到多种以圣贤、名臣、英才等归类的肖像传记、古代名人录中。纵观这些李白版画,从绘画技法和人物形态观察,以白描半身侧面人像配以生平介绍而图文并茂者居多,不见脱靴或醉写场面,但附带传记文字多有相关陈述,像明弘治《历代古人像赞》、嘉靖《三才图会》、万历《新刻历代圣贤像赞》、清道光《吴郡名贤图传赞》《晚笑堂画传》《历代帝王名臣像》《列仙全传》《无双谱》等皆然。其中《吴郡名贤图传赞》为李白执杯半身像(图6);《晚笑堂画传》则作李白举杯全身正面白描像(图7),而《列仙全传》表现出李白骑龙出没云端的动态(图8)。

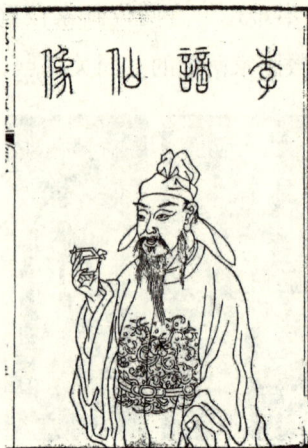

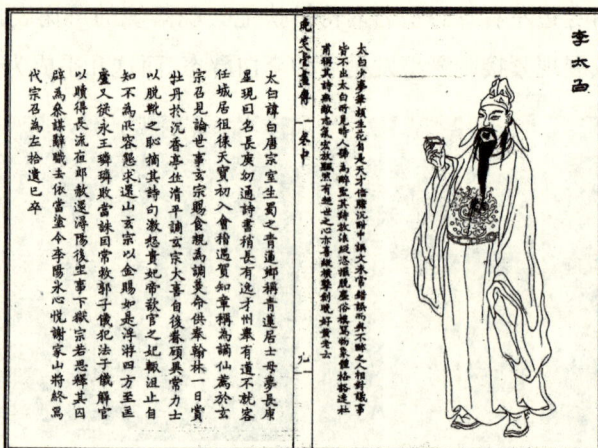

图6 《吴郡名贤图传赞》   图7 《晚笑堂画传》则作李白举杯全身像
李白执杯半身像

　　清初人物画家金古良制作版画名人册《无双谱》,因曾深得明末创作过版画《博古叶子》的著名画家陈洪绶真传,因而他以广为称道的历史名人绘成绣像并题诗文,冠名寓意举世无双,这一版画中的李白,一改以前人像面目大同小异一本正经或面无表情神态,作李白垂首闭目、倚酒瓮沉醉而眠状,栩栩如生,惟妙惟肖;此外,他还特意紧接其后白描盛开莲花一柄喻为"谪仙靴",并附词一首。此匠心独运的表现手法不光以往版画绝无仅有,历代绘画中也只此一例(图9)。

图8 《列仙全传》李白骑龙像   图9 《无双谱》中李白沉醉像与"谪仙靴"

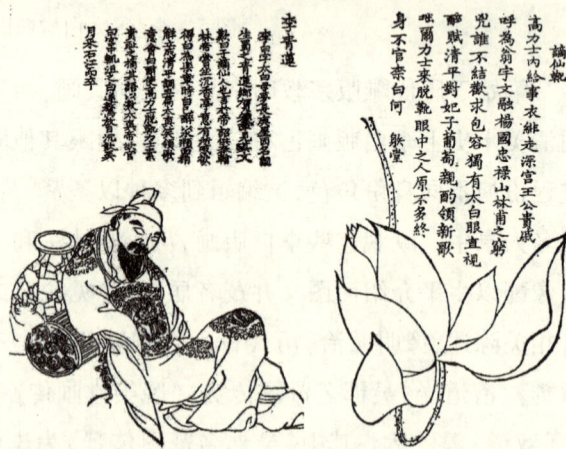

　　清代美术史上反映李白故事的民间年画产地,有天津杨柳青、苏州桃花坞和山东潍坊,以及并列为中国四大年画重镇的河南开封朱仙镇;后者相传正是李白《侠客行》《留别于十一兄逖裴十三游塞垣》和《送侯十一》诗所吟咏"战国四公子"之一信陵君门客、壮士朱亥的故里。尽管朱仙镇年画尚未发现有李白题材画作,但其他多地涉及李白故事的传世年画不乏可圈可点之处。首先,年画给人印象最深的是图象带有强烈丰富的色彩视觉冲击,此乃惟黑白两色版画的视觉效果所不及。其次,年画留给读者感觉是图像不著一字,或仅有标题点到为止,而无多余说明,全靠画面透露的故事情节给人以充分想象空间。再次是年画图象展现不再是版画常见单体半身或全身人像,而是有主、配角参与的全景画面,一如戏曲表演剧照。由于单幅图像概括容纳全剧,无法如连环画般接二联三一一展开,所以有出场先后关系如"醉写""脱靴"故事人物,均以经典亮相动作浓缩定身于一图应景点题。如清天津杨柳青年画《醉写番表》除主角李白外,就同时有唐明皇、高力士,还有杨贵妃到场(图10)。清安徽阜阳年画《李白解表》(图11)和清四川绵竹年画《李太白醉写黑蛮书》(图12)构图处理时,众多人物同样被整合一体,济济一堂。

图10　杨柳青年画《醉写番表》　　　　图11　阜阳年画《李白解表》

　　综上所述,醉草、脱靴这两则表现李白斗智斗勇、以醉压邪而令人忍俊不禁的经典图像,有着广泛持久的受众基础,绵延至今,还受人念叨而记忆犹新。即便盘点有关李白的当代文艺作品,也依然有不少作家试图将其重新唤醒,并以大写意笔法不惜投入浓墨重彩予以发挥展现,作为旧戏新谈的崭新亮点。现成实例见证着这两则图像故事的现当代翻版,或者可称之为现世"无形画"的,就有陈昭《李白故事》"醉草番书显奇才"(北京:华文出版社,2005年);刘春主编《立于文化之巅的巨人》丛书之一、尹国宏编著《李白》第四章"两进长安8、醉写吓蛮

书,9、以人道主义思想谴责侵略战争,10、不屈于权势,敢于抨击宫廷权贵"(北京:昆仑出版社,2008 年);文景主编《青少年健康人格教育丛书》之《李白》第二十一章"醉草吓蛮书"(北京:中国人口出版社,2012 年);童一秋编著《中国十大文豪》之一《李白》"醉草吓蛮书"和"恃才戏弄高力士"(长春:吉林文史出版社,2012 年);吴永生编《李白外传》第十四章"草吓蛮书"(合肥:合肥工业大学出版社,2012 年);《唐代大诗人故事集》之《诗仙·李白》第四章"4、醉笔狂草《吓蛮书》,5、遭谗言赐金放还"(武汉:武汉大学出版社,2012 年);意林编辑部编《李白:一代文豪,天上谪仙》"妙破使书,智修战表"(2012 年);尹国宏编《理想与自由的歌者:李白》第四章"两上长安 8、写吓蛮书,吓蛮气焰。9、笔锋犀利,谴责战争"(北京:企业管理出版社,2012 年);《名人的真实故事系列丛书》之《李白》"力士脱靴"和"遭谗被疏"(西安:未来出版社,2013 年);萧本雄编写《世界伟人传记》之《李白》"金殿读蕃书"和"醉写《清平调》"(西安:陕西人民出版社,2014 年)①,等等,不一而足。

图 12 绵竹年画《李太白醉写黑蛮书》

就上述以滥觞明清两则李白精彩传奇为蓝本的现当代文艺样式再表现现象,其实足以回归呼应本文开始有关李白"人民性"议案的讨论,也诚如二十世纪五十年代林庚先生著《诗人李白》之《李白诗歌的现实性》"三 李白的浪漫主义精神中的人民的骄傲"早就总结的那样:

---

① 以上条目,分见朱玉麒、孟祥光编《李白研究论著目录》"文艺创作类",北京:国家图书馆出版社,2015 年,423、427—430、432、434 页。

　　李白的诗歌气质是浪漫的。……李白有《和蕃表》,流传到了小说里,就成了《李太白醉写吓蛮书》。为什么要醉写呢? 正是要借此让李白更形象化、更有力量、更能够"状浪纵恣"。唐人的饮酒原是健康的豪爽的,……李白把它夸大了,典型化了,就成为"斗酒诗百篇"的歌唱。……这里尽管是强调了饮酒,而它的实质却正在于那"轻王侯"的歌唱上。这些诗句在封建时代中之所以被广泛流传,正因为人民欢迎它动摇了统治阶级的威势,增加了人民的对抗性的气派,这就都属于人民的骄傲。人民所喜爱的李白的人物性、戏剧性,酒就是他的锣鼓伴奏,尽管这个锣鼓也沾染下一些旧时代中一定的庸俗部分,甚至于消极成分,然而酒与那庸俗部分甚至于消极部分,到底不曾掩埋了李白,相反的,李白就提高了为他伴奏的酒的身价。酒店里的"太白遗风",虽穷乡僻壤都挂着这个响亮的招牌,人民心目中所喜欢的李白,正是连他的酒一起欢迎的。……李白的饮酒,正是健康的豪放的、解放的,而不是萎靡的、颓废的。他不是逃避现实,而是勇敢地迎接着现实中的矛盾。……李白正是大声地唱出着这样一个命运来,他的浪漫主义精神因此是热情的积极的、符合于现实主义的要求的。这就是属于人民的歌唱。[1]在《李白的思想与斗争性》"三　李白的爱国主义与民族矛盾中的和平主张"中,林庚先生又指出:"开元二十九年十二月吐蕃攻陷石堡城,次年(天宝元年)十二月皇甫维明败吐蕃于青海,就在这期间,李白到了长安,于是出现了李白的《和蕃书》不知是否专对吐蕃而说的,根据《新唐书》的记载,在前后连续的若干年之中只有天宝三载与吐蕃没有战争,那或者正是《和蕃书》发生了实效。"[2]其实"醉草蛮书"或"醉写番表"中的来使国籍,有笼统称番国,也有说"里蛮"[3]、"黑蛮"[4],或如元杂剧道"南蛮"的,还有结合李白识得国书文体而主张跟他出生地西域种族有关的。按唐玄宗时吐蕃骚扰西部边陲而唐明皇曾意欲讨伐,后许通和以息边境史实,则李白起草致《和蕃书》对象自然是吐蕃,急就则未必番文必然汉文。

----

　　① 林庚《诗人李白》之《李白诗歌的现实性》"三　李白的浪漫主义精神中的人民的骄傲",上海:上海古籍出版社,2000 年,7—9 页。

　　② 林庚《诗人李白》之《李白的思想与斗争性》"三　李白的爱国主义与民族矛盾中的和平主张",30 页。

　　③ 《中国戏曲曲艺辞典》,571 页。

　　④ 绵竹年画博物馆编《传统绵竹年画精品集》"杂条　李太白醉写黑蛮书",成都:四川美术出版社,2005 年,216 页。

附表一 明清民间美术中的李白图像统计表

序号	时代	作者、品名	题语、题赞、主题	传记、李白诗、题画诗	备注
1	明宣德、成化间（1426—1488）	徐良《太白骑鲸图》册页。徐良，字孟昭，善画人物、水纹，具有宋元人笔意。	无款识，钤白文：孟昭、徐良图书。左上题诗：銮奏对宠非常，一斗诗名万代扬；忆自骑鲸赴蓼廓，至今尘世尚流芳。庐山黄磊。骑鲸。		淮安市博物馆藏。1982年4月淮安明王镇墓葬出土。画面作李白骑鲸于波涛汹涌波浪间。《中国美术全集》绘画编6明代绘画上、五、七，第64、21页。
2	明弘治十一年（1498）前	《历代古人像赞》李白	酒中之仙，诗中之至；经济有才，秉钧无命。长庚人怀；谪仙人也；力士脱靴……	李白，字太白。生时，母梦长庚人怀，因以命之。天宝初，至长安，贺知章见其文，叹曰：子谪仙人也！言于上，召见金銮殿，论当时世事；赐食，亲为调羹。有诏，供奉翰林。帝尝坐沉香亭，召白作乐章，援笔成文，婉丽精切。上爱其才，欲官之。会高力士以脱靴为耻，摘其诗，以激怒贵妃，故妃沮止。从坐永王璘逆，郭子仪以官爵赎罪，长流夜郎。赦归，至采石，因醉乘舟，坠水而卒。	画面作李白半身肖像。

续表

序号	时代	作者、品名	题语、题赞、主题	传记、李白诗、题画诗	备注
3	明嘉靖四十四年(1565)	进士王圻等《三才图会》人物 卷六 李太白像	长庚入怀;谪仙人也;力士脱靴……	李白,字太白。母梦长庚入怀而生,因名焉。贺知章见而叹曰:子谪仙人也。供奉翰林。过华阴县,令贵供云。曾用龙巾拭睡,御手调羹,力士脱靴,贵妃捧砚,天子殿前答走马,华阴县里禁骑驴,今惊谢。	画面作李白半身肖像。
4	明万历廿一年刻本(1593)	《新刻历代圣贤像赞》卷下 李翰林太白像	李翰林太白赞 天才踔发,逸气横出;龙骧鹏搏,不可羁执;友视万乘,奴使贵岂;采石捉月,神游不忘。力士脱靴,捉月。		画面作李白半身肖像。
5	明万历(1573—1619)	汪氏《诗余画谱》	力士脱靴	《闺情》李太白 平林漠漠烟如织,寒山一带伤心碧。暝色入高楼,有人楼上愁。阶干空伫立,宿鸟归飞急。何处是归程?长亭更短亭。《菩萨蛮》。 《秋思》李太白 箫声咽,秦娥梦断秦楼月。秦楼月,年(年)柳色,霸陵伤别。乐游原上清秋节,咸阳古道音尘绝。音尘绝,西风残照,汉家陵阙。《古调忆秦娥》。东海烟客。	题画诗两幅。前一幅钤白文方印漫漶。后一幅钤款署:武原徐治徵书。白文方印:东海。仿盛懋。

续表

序号	时代	作者、品名	题语、题赞、主题	传记、李白诗、题画诗	备注
6	明天启六年（1626）	崔子忠绢本设色《藏云图》轴。崔子忠（1574—1644），字道母，号青蚓，从董其昌学。	丙寅五月五日子为玄胤同宗大书李青莲藏云图。		北京故宫博物院藏。画面表现李白深入七十二福地之一"地肺"以瓶藏浓云以归。
7	明崇祯十三年（1640）	张翀设色纸本《太白醉酒图》轴。张翀字子羽，号南图，南京人。生卒年不详。善人物、仕女。	醉酒。		画面不清。《中国古代书画图目》二一，故宫博物院京1—3053，北京：文物出版社，2012年，383页。
8	明	吴良智水墨绢本《李白赏月图》轴。吴良智字兰谷，号狂人，生平不详。	赏月。		日本私人藏。画李白松下赏月。《海外藏中国历代名画》，5明（上）一六七，长沙：湖南美术出版社，1998年，200、205页。

续表

序号	时代	作者、品名	题语、题赞、主题	传记、李白诗、题画诗	备注
9	清	金史绘图《无双谱》。金史字古良，一字墨禅，浙江绍兴人。约1661年前后在世。从陈洪绶学画。	谪仙仙靴 高力士，内给事，衣绯走深宫，王公贵戚呼为翁，字文融、杨国忠，禄山林甫之勋凶，谁不结欢求包容，独有太白眼直视，醉赋清平对妃子，葡萄亲酌领新歌，叫尔力士来脱靴，眼中之人原不多，终身不官奈白何？欸堂长庚人怀：谪仙人也；力士脱靴……	李白，字太白。母梦长庚星，因名白。生蜀之青莲乡。贺知章见其文，叹曰：子谪仙人也！言于帝，诏供奉翰林。帝尝坐沉香亭，意有所感，欲得白为乐章，时白已醉，以水颒面稍解，立成《清平调》三篇，太真笑领歌意。会白醉使高力士以脱靴，力士素贵耻之，摘其语，以激太真。帝欲官白，宫中辄沮之。白遂骜放自沉饮，弄月采石江而卒。	画面作李白倚靠酒瓮酒醺睡状。
10	清	佚名缂丝《天宝遗事》故事。	醉写，力士脱靴。		南京博物院藏。画李白醉写，力士脱靴等多个场景。《"南腔北调"戏曲艺术展，《倾听祖先深情的吟唱》2016年第1—2期，85页。

续表

序号	时代	作者、品名	题语、题签、主题	传记、李白诗、题画诗	备注
11	清	上官周编绘《晚笑堂画传》卷中李太白。上官周，字文佐，号竹庄（1665—?），福建长汀人，善山水、人物，于唐寅、仇英而外，别树一帜。	太白少梦笔头生花，自是天才倍瞻。沉酣中謿文，未常错误。而醉之人相对，议事皆不出太白所见。时人号为"醉圣"。其诗放浪纵恣，摆脱尘俗，模写物象，体格豁达，杜甫称其诗无改，志气宏放，飘然有超世之心，亦喜纵横击剑；谪仙人也；力士脱靴……	太白，诗白，唐宗室，生蜀之青莲乡，称青莲居士。母梦长庚星现，因名长庚。幼通诗书，稍长有逸才。州举有道，不就。客任城，居徂徕。天宝初，入会稽，遇贺知章，称为谪仙，荐于玄宗，召见世事。玄宗赐食，亲为调羹，命供奉翰林。一日赏牡丹于沉香亭，作清平调，大喜，自后眷顾异常。力士以脱靴之耻，摘其诗句，激怒贵妃，帝欲饮之，妃辄泪止。自知不为所容，恳求还山。玄宗以金赐，如是浮游四方，至匡庐，又从永王璘当诛，因常浮游郎，子仪犯法，子仪解官以赎，得长流夜郎。敕还，得阳，后坐事下狱，宗若恶，释其囚，辟为参谋，辞职去，依当令李阳冰，心悦谢家山，将终焉。代宗召为左拾遗，已卒。	画面作李白持杯全身像。
12	清康熙五十年（1711）		《太白醉写》。醉写。	兰陵美酒郁金香，玉椀盛来琥珀光；但使主人能醉客，不知何处是他乡。梅季。康熙辛卯[印]	天津杨柳青年画。画面作李白欲饮若狂状。载王树村《中国年画史叙要》，《中国美术全集》绘画编21民间年画，北京：人民美术出版社，1985年，20页。

续表

序号	时代	作者、品名	题语、题赞、主题	传记李白诗、题画诗	备注
13	清道光十七年（1827）	《吴郡名贤图传赞》卷一李谪仙像。	赞曰：自称酒仙，人谓诗豪；淑慝是辨，奖郭斥高。长庚人怀；谪仙人也；力士脱靴……	公姓李，讳白，字太白，陇西人。母梦长庚星现，因号长庚。天宝初，人会稽，遇贺知章，称为谪仙，荐于元宗，召见论事。命供奉翰林。一日赏牡丹于沉香亭，作《清平调》三章，元宗大喜，自后着顾异常。高力士以脱靴之耻，摘其诗句，激怒贵妃；帝欲官之，妃辄沮止。自知不为所容，恳求还山。帝赐以金。浮游四方，至匡庐，游吴中，有八月十五夜邱山夜宴序。后从永王璘，璘败流诛，因常数郭子仪死，子仪解官以赎，得全流夜郎。赦还浔阳，心悦谢家青山，将终焉。代宗召为左拾遗时已卒，年六十四。	画面作李白执酒杯半身肖像。
14	清	阚岚水墨纸本《李白吟诗图》轴。阚岚，字文山，号晴峰。(1758—1844) 安徽桐城人，客居苏州，兼擅山水、人物、花鸟等。	作诗。		上海博物馆藏。画面作李白于苑甫疾笔作诗场景。2001 年香港大学博物馆与上海博物馆合作《华谷世貌：上海博物馆藏明清人物画》展览图录 37 号作品，146 页。

续表

序号	时代	作者、品名	题语、题赞、主题	传记、李白诗、题画诗	备注
15	清道光廿四年（1844）	苏六朋设色纸本《太白醉酒图》轴。苏六朋（1798—?）字枕琴，好怎道人，别署罗浮道人，广东顺德人。人物师法元人和清代画家黄慎，生动逼真。	醉酒。		上海博物馆藏。画面作李白醉态双人扶状。《中国美术全集》绘画编11清代绘画下，一四八，141，54页。
16	清中叶	《太白醉写》。	醉写。	三月桃花放，绿柳真清凉；李白斗酒量，冲开锦绣肠。	河北武强年画。画面作李白倚坐桃树，童子捧来酒瓮状。《中国美术全集》21民间年画，74页。
17	清	《历代帝王名臣像》。	长庚人怀；谪仙人也；力士脱靴……	李白，字太白。生时，母梦长庚入怀，因以命之。天宝初，至长安，贺知章见其文，叹曰：子谪仙人也！言于上，召见金銮殿，论当时世事；赐食，亲为调羹，供奉翰林。有诏，供奉沉香亭，召白	画面作李白半身肖像。

续表

序号	时代	作者、品名	题语、题赞、主题	传记、李白诗、题画诗	备注
				作乐章，援笔成文，婉丽精切。上爱其才，欲官之。会高力士以脱靴为耻，摘诗以激怒贵妃，遂沮止。复用逆，郭子仪以官爵赎罪，长流夜郎，赦后，日事诗酒。至采石，因醉乘舟，坠水而卒。	
18	清	《列仙全传》卷之六 李白	长庚入怀；谪仙人也；力士脱靴……	李白，字太白，兴圣皇帝九世孙，其先于隋末徙西域。神龙初，通还客巴西。白之生母长庚星入怀，因以名之。十岁通诗书，既长，隐岷山，州举有道，不应。苏颋为益州长史，见白，异之曰：是子天才英特，少益以学，不减相如。后至长安，谒贺知章，知其诗叹曰：子谪仙人也。言子玄宗，召见金鸾殿，论当世事，奏颂一篇，帝坐沉香亭，赐食，亲为调羹。有诏供奉翰林。时牡丹盛开，欲白为乐章。速召，适白已醉，左右以水颒其面，稍解，即成《清平调》三章，笔无留意。帝爱其才，数宴见白，尝醉使高力士脱靴，力士素贵，耻之。因摘其诗以激贵妃。帝欲官白，妃辄沮之。白自知不为亲近所容，益骜放不自修。与张旭等	画面作李白腾云驭龙状。

续表

序号	时代	作者、品名	题语、题赞、主题	传记、李白诗、题画诗	备注
				日醉,时称为酒中八仙。恳求还山。帝赐金放还,安禄山反,时永王璘醉白为僚佐,起兵败,当诛。初白游并州,见郭子仪奇之,子仪犯法,白为救免。至是子仪请解官并上所赐银印以赎之。诏流夜郎。会赦,还浔阳,时末若愚将吴兵三千屯河南,过浔阳释困,辟为参谋。未几溃江死。访当涂令李阳冰。咸谓白坠江死。元和初,有人海上见白与一道士在高山上笑语。久之,与道士子碧雾中共跨赤虬而去。白龟年、白乐天之后也,尝至嵩山,遥望东岩古木廉幕荟地。信步往观,忽一人至前曰:李翰林相招。龟年乃随人。其人褒衣博带,风姿秀发,曰:吾李白也,向木解为仙,上帝令吾掌笺奏于此,已将百年。汝祖乐天,见在五台,掌功德所。出书一卷遗龟年,云谖之可以识禽言。后白海琼亦云:李白今为东华上清监清逸真人,白乐天为蓬莱长仙主。	
19	清	《芥子园画传四集》唐诗 李青莲。	醉酒。		李白画像仿《无双谱》。

续表

序号	时代	作者、品名	题语、题赞、主题	传记、李白诗、题画诗	备注
20	清	李坚设色纸本《大白醉归图》卷。李坚，生平不详。	醉归。	偶向长安酒市沽，春风十里倩人扶；金殿上文章客，不减高阳旧酒徒。诗中无敌酒中豪，四海飘萧一锦袍。千丈醉魂无处著，青山矶上月轮高。癸巳夏月，写于清鉴高。子固李坚。	南京市博物馆藏。画面李白醉态双人扶。
21	清	《醉写番表》	醉写番表。		天津杨柳青青画。莫斯科艾尔米塔什博物馆藏。画面作李白将须择毫，高力士脱靴，杨贵妃捧砚，唐明皇伸纸状。《苏联藏中国民间年画珍品集》，北京：人民美术出版社，圣彼得堡：阿芙乐尔出版社1990年。
22	清	《醉写番表》，又名：《吓蛮书》，出自《警世通言》和《隋唐演义》。	醉写番表。		天津杨柳青青画。画面作李白将须择毫，高力士脱靴，杨贵妃捧砚，唐明皇伸纸状。

续表

序号	时代	作者、品名	题语、题赞、主题	传记、李白诗、题画诗	备注
					陶君起注解,王树村编选《京剧版画》,北京:北京出版社,1959年,6页。
23	时代不详	《醉写番表》	醉写番表。		天津杨柳青年画。苏联地理学会藏。画面李白、唐玄宗、杨贵妃三人。《苏联藏中国民间年画珍品集》156 戏曲八出(一)之(四)。
24	清	《李白解表》	醉写番表。		安徽阜阳年画。画面作使臣捧表,李白坐读其文、高力士立左、杨国忠、杨贵妃立右,唐玄宗坐于案前听李白朗读表文状。《中国美术全集》21民间年画,150页。

续表

序号	时代	作者、品名	题语、题赞、主题	传记、李白诗、题画诗	备注
25	清	李太白醉写黑蛮书	醉写。		私人收藏。据川剧《太白醉写》内容所绘。唐代黑蛮番国致书唐玄宗，文字无人能识，黑蛮使臣气焰嚣张，讥唐朝无人。贺知章推荐李白，李白带醉应召迫使高力士为之拂纸磨墨及脱靴，带醉挥毫以黑蛮文字写就复书并朗读全文，斥责来使，黑蛮使臣折服。绵竹年画博物馆编《传统绵竹年画精品集》，成都：四川美术出版社，2005年，216页。

续表

序号	时代	作者、品名	题语、题赞、主题	传记、李白诗、题画诗	备注
26	民国	谢之光绘太白醉写烟草广告画。谢之光（1900—1979），南洋烟草广告公司美术员，上海中国画院画师。	力士脱靴、醉写。		私人藏品。

（作者单位：上海博物馆书画部）

唐代诗文与工艺美术

尚　刚

引　子

中国工艺美术史研究曾长期逡巡不前，原因自有种种。其中很关键的一个，就是文献史料的搜集、整理工作没有充分展开。诗文占了古代文献的很大比重，它却是一个被长期忽视的宝藏。在系统利用诗文讨论工艺美术方面，我曾做过一些尝试。下面拟以唐代为例，说明诗文的工艺美术史料价值。

十年前，我出版过一本书，名为《隋唐五代工艺美术史》（北京：人民美术出版社，2005 年）。全书的文字主体是正文和史料简编，史料简编共收入文献史料 735 则，其中，191 则出自《全唐诗》，45 则出自《全唐文》，大约分别占到了 26% 和 6%。此外，我把自认不甚重要的文献史料放入注释，注释又分别引《全唐诗》15 处、《全唐文》19 处。由此可知，在古代工艺美术研究中，诗文极其重要。

还应说明的是，《全唐文》中的不少工艺美术文献转录自编撰更早的《册府元龟》和《唐大诏令集》等典籍。对于它们，我引用的是《册府元龟》和《唐大诏令集》等，而不引《全唐文》，因此，前述的 45 则史料和 15 处注释也不包含它们。

对于本文，逐一录出诗文史料并无必要。以下仅挑选若干自认价值甚高的，归类说明诗文史料的重要。

一、说明装饰演进

对于工艺美术，装饰至关重要，它涵盖的内容有构图（即图案组织）、有色彩，还有包括主题和辅饰或辅纹的题材。由于是等级制度的物质体现、由于每每制为服装而最具展示性,装饰的典型是丝绸,丝绸装饰主题的演进最能体现社会审美的变迁。

隋唐五代完成了中国装饰主题由鸟兽向花卉的转折,丝绸装饰的表现最典型。不过,丝绸属有机物,易腐难存,当年的丝绸主要发现在气候干燥、利于保存的新疆、青海、甘肃。西北的发现固然重要,但毕竟远离文明的中心区,中心区的丝绸采用什么装饰?除去扶风法门寺地宫、苏州灵岩寺塔中心窟的零星收获与日本奈良正仓院、法隆寺等的若干藏品外,实物没有提供更多的知识。幸亏有大量的诗文留存,它们提供了极其丰富的信息。

中国古代,有大批丝绸服装用于国家仪典,它们的装饰都有固定的程式。在我讨论隋唐五代丝绸装饰主题演进时,没有把它们包括在内。讨论中,共征引文献 62 则,其中,50 则出自《全唐诗》、7 则出自《全唐文》。

从诗文里,可以清晰地看出:隋和初唐装饰主题多系走兽和飞禽,间或有狩猎图像,尽管对花卉纹样也有报道,但它们大多以辅纹的形式出现;盛唐,走兽减少,禽鸟数量大增,花卉和几何纹样大量成为主题;中晚唐和五代的情况相似,走兽纹所占比重还在降低,而禽鸟和花卉已成主流,花卉的种类不断增多,地位在逐渐上升。若以诗文对证各地不同材质的考古收获及传世品,丝绸装饰主题演进的轨迹还能看得更加清晰。

如果弃用诗文,得到这个认识很难想象。尤其是诗文提供的是文明中心区的资料,工艺美术品又主要出产在这里,因此,对于讨论全中国的工艺美术,诗文的史料价值绝不亚于得自边陲的考古资料。

二、提供定名依据

对于许多古代装饰、造型、作品的命名,学界虽有成说,可惜,其中也包含着若干失误。唐代的瑞锦就是命名失误的典型一例。20 世纪 50 年代,一位备受敬仰的大家指出,瑞锦的纹样取"瑞雪兆丰年"之意,其题材为花朵,其结体若雪花,呈放射状(图 1)。于是,大批专家都将这类纹样的织锦称为"瑞锦"。其实,它的装饰不过是宝相花纹。

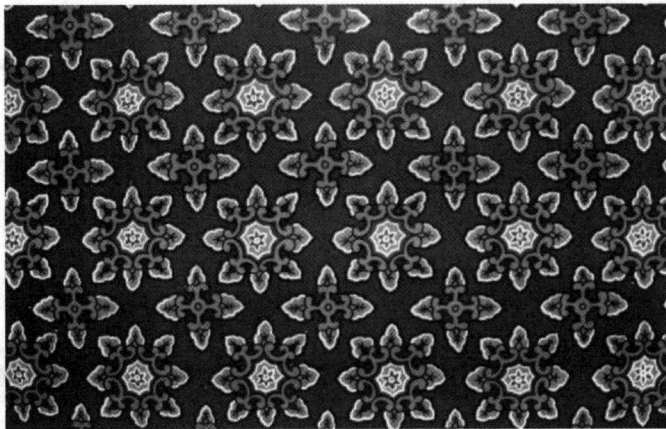

图 1　宝相花纹锦摹绘图

"瑞锦"一词确实屡见于唐代文献,但梳理文献之后便会发现,瑞锦之"瑞",指的是祥瑞,被文献点明的题材主要是盘龙、鸾凤、麒麟、狮子、天马、辟邪、孔雀、仙鹤等祥禽瑞兽,也包含少量有吉祥含义的花卉。当然,这个认识主要得自《历代名画记》卷一〇《窦师纶》条、《唐大诏令集》卷一〇九《禁大花绫锦等敕》、《册府元龟》卷一七〇《帝王部·来远》等。不过,唐代诗文已经足以解说"瑞锦"的装饰主题,如杜甫诗中的"花罗封蛱蝶,瑞锦送麒麟"(《奉和严中丞西城晚眺十韵》,《全唐诗》卷二二七);温庭筠诗中的"天犀压断朱鼹鼠,瑞锦惊飞金凤凰"(《醉歌》,《全唐诗》卷五七六);佚名诗中的"千花开瑞锦,香扑美人车"(《浣纱女》,《全唐诗》卷二七);李峤文中的"跪开缄题,伏视纹彩。烂若朝霞之初起,灿如春花之竞发"(《为武攸暨谢赐锦表》,《全唐文》卷二四六)。显然,瑞锦之"瑞",仅指题材,并不涉及纹样的结构。

若干文物在当年会有不同定名。于此,设计精妙、制作考究的香囊是个佳例(图 2)。因为法门寺地宫里的实物有石刻《衣物账》对证,称之为"香囊"并无疑义。不过,按字义理解,囊形近袋,如此定名又易于招致对造型理解的迷乱。因此,自中唐始,它又被称为"香球",如元稹《香球》诗云:"顺俗唯团转,居中莫动摇。爱君心不恻,犹讶火长烧。"(《全唐诗》卷四一〇)显然,与"香囊"比较,"香球"的命名更能体现器物的造型特点,故在后世应用更多,"香囊"之名反而不彰。

说到唐代诗文对于文物定名的意义,最好的例证是缭绫。1987 年,法门寺地宫发掘,获得了一种"土红色砑光绫",它在平纹地上起斜纹花,每平方厘米内,经丝74根,纬丝28根,厚仅0.05毫米,织成后,曾经碾砑加工,故丝线扁平而薄,几乎将织物的孔隙全部填死,使表面光滑如纸。称之为"砑光绫"固然不错,但它在唐代如何称呼,仍然是个问题。参加发掘整理工作的王亚蓉女士披阅文献,在唐诗里检出两首诗,诗云:"缠处直应心共紧,砑时犹恐汗先融。""四体著人娇欲泣,自家揉损砑缭绫。"(韩偓《余作探使以缭绫手帕子寄贺因而有诗》《半睡》,《全唐诗》卷六八二)由此证实,土红色砑光绫就是在唐后期声誉不让织锦的缭绫。

图2 法门寺小香囊

图3 法门寺金花银结条笼子

三、揭示器物用途

古代一如今日,一器多用的情况往往有之。如盏,可以饮酒,同样也能饮水、饮茶;注子,可以贮酒,同样也能贮水。器物固然常常有其主要的用途,但次要的功能也不该忽略。

比如香囊,通常是随身携带的熏香器具,但唐诗还记录了它的暖手功能,白居易"拂胸轻粉絮,暖手小香囊"(《江南喜逢萧九彻》,《全唐诗》卷四六二)的诗句就把这个功能明确点出。应该特别留意的是,记录香囊也被用于暖手的文献仅此一例。考虑到香囊内置香火和自身的金属材质利于导热,白诗的记录应当可信。打造香囊的作坊目前仅知少府监中尚署,而按《唐六典》卷二二的记载,中尚署进香囊在寒冷的腊日（十二月初八），这样，香囊的暖手用途就被凿实了。

法门寺地宫出土了一只结条金花银笼（图3），由于华美精致，故而备受关注。在两位著名专家的导引下，研究者常说，它用来烘焙茶，或者贮存茶饼。因为出土在佛教寺院，而僧人与茶事的关系历来密切，故结条笼子的这种用法自然于理有据。不过，当年的诗文却早提示，唐人还常用银笼装樱桃，如温庭筠《自有扈至京师已后朱樱之期》："露圆霞赤数千枝，银笼谁家寄所思。"（《全唐诗》卷五八一）至于结条银笼，唐代诗文更说它是提携樱桃第容器，如杜甫《往在》诗云："赤墀樱桃枝，隐映银丝笼。"（《全唐诗》卷二二二）令狐楚的《进金花银樱桃笼等状》说得更明白："伏以首夏清和，含桃香熟。每闻采撷，须有提携。以其鲜红，宜此洁白。"（《全唐文》卷五四二）已知描述结条银笼的唐代文献仅此两则，它们异口同声，都说这种笼子是采摘、提携樱桃的容器。

因此，虽然不能说结条笼子不能被用来烘焙茶或贮存茶饼，但采摘、提携樱桃起码是它当年的主要用途。这全是诗文提供的知识。如果联系到当年的好尚，采摘、提携樱桃的用途还有特殊的文化背景。"唐人好色"，银丝笼上编金丝花，已经华美异常，再内置红樱桃，红樱桃还再配上绿叶，这个色彩效果真可谓华美绝伦了。唐人也确实往往连叶带樱桃，一并装入银笼，故白居易《与沈杨二舍人阁老同食敕赐樱桃》诗云："驱禽养得熟，和叶摘来新。圆转盘倾玉，鲜明笼透银。"（《全唐诗》卷四四二）

四、主要知识来源

从文献的角度讲，对于绝大多数古代工艺美术品类，全面的知识要靠多则记载获得。不过，史料价值还有高低之分，一些诗文具有很高的价值，是基本的史料。

杜甫久享"诗史"之誉，但对于讨论工艺美术，更有史料价值的是白居易诗。在《隋唐五代工艺美术史》的史料简编里，编入诗歌191首，其中，竟有29首为白诗。此外，还编入白文三篇。白居易诗歌里，《缭绫》《红线毯》《百炼镜》（《全唐诗》卷四二七）的工艺美术史料价值最高。它们都出自"不为文而作"，"其辞质而径"，"其事核而实"的《新乐府》，都是今日了解这三个品类的基本文献史料。如果说，缭绫和百炼镜还有较多的其他文献与实物可做补充，那么，讨论红线毯就必须大抵依靠白诗了。诗中说到了红线毯巨大的尺幅、描写了其柔软厚重、提示毯上有花纹,记录了每平方丈用丝的数量、叙述了宣州进毯的具体时间。倘若没有这首白诗,关于红线毯,今人只能猜测了。

唐代的襄阳出产一种著名的漆器,名曰"库路真"。库路真,还有库路贞、库露真的同音的两种异写,由此可知,它是个音译的外来语词。尽管《唐六典》《通典》《元和郡县图志》《新唐书》里的土贡资料都记录过它,但统统语焉不详。所幸,还有皮日休的《消虚器》诗(《全唐诗》卷六〇八)。诗云:"襄阳做髹器,中有库露真。持以遗北房,绐云生有神。每岁走其使,所费如云屯。吾闻古圣王,修德来远人。未闻做巧诈,用欺禽兽君。吾道尚如此,戎心安足云。如何汉宣帝,却得呼韩臣。"虽然皮诗也欠具体,但依然令关于库路真的知识大大拓展。

据皮诗,库路真是种很华丽、靡费很多,而又不大耐用的漆器,被帝王用来馈赠西北少数民族领袖。这应当也为寻找实物提供了线索。1945年,阎文儒先生在甘肃武威发掘到吐谷浑王子慕容曦光墓(738年)和出降吐谷浑的金城县主墓(719年),获得了银平脱的漆碗和金平脱的马鞍。由于墓主人都与西北民族首领密切相关,金银平脱漆器也极华美,还靡费巨大,且不很耐用,这些都与皮诗的描述吻合。因此,可以判断,金银平脱漆器就是当年的库路真。

工艺美术现象通常要靠多则文献获取知识,其中,诗文的发挥的作用往往极大。比如刺绣佛像,其文献史料就大多来自诗文,仅只《全唐文》,就有几十篇。当然,由于它们大多仅只笼统赞美,虽展现了绣造的兴盛,但未做具体描述,因而没有进入《隋唐五代工艺美术史》的史料简编。不过,收入的5则十分重要:或者反映了绣像之风有皇家引领,或者记录了刺绣者的姓氏、姓名,而在中国工艺美术史上,绝大多数能工巧匠的姓名早已湮灭无闻。

之所以说到绣像,是因为它在刺绣史上有重大意义。有唐一代,佛教大盛。佛教讲究供养,于是,绣像就成了善男信女的功德大事(图4)。做功德须精细,越精细才越见诚心,绣像要竭力完美地表现法相的尊严,以至西天乐土的盛况,这就催生出刺绣的新针法。中国以前的针法大抵是辫绣,但只凭短针相接,色彩一定滞涩、形象一定呆板。大约在中唐,创造出平绣法(图5)。它以细密的绒线往复交接,既可使线条光润平滑,又能令色彩浓淡相宜,更适于大面积地表现形象。平绣法的出现引来了中国刺绣的革命性进步,以后的针分翰墨之长,线夺丹青之美,令中国刺绣名扬四海。而其基础的奠定却是在唐,起因就是绣像。

图4　奈良唐绣像　　　　　　　　图5　大英博物馆唐绣

五、唯一文献史料

唐代,烧造白瓷的窑场不少,但远在西南,居然也有白瓷窑,其产品的胎体、釉色、烧结程度被诗圣杜甫详细描述过。诗曰:"大邑烧瓷轻且坚,扣如哀玉锦城传。君家白碗胜霜雪,急送茅斋也可怜。"(《又于韦处乞大邑瓷碗》,《全唐诗》卷二二六)杜甫流寓四川多年,所言必有依据。不过,在大邑,还没有找到唐代的瓷窑遗址,而唐代文献中,谈到大邑白瓷的,也仅知这首诗。

唐五代的长沙窑彩绘瓷虽畅销海内外,但文献绝少。刘言史《与孟郊洛北野泉上煎茶》(《全唐诗》卷四六八)中的"湘瓷泛轻花",虽被认为是在说长沙窑器,但并未明言窑址,而"湘"地的瓷窑还有多处。这样,肯定谈到长沙窑的唐代文献仅存晚唐李群玉的一首五言律诗《石渚》了。诗云:"古岸陶为器,高林尽一焚。焰红湘浦口,烟浊洞庭云。迥野煤飞乱,遥空爆响闻。地形穿凿势,恐到祝融坟。"(《全唐诗》卷五六九)之所以认定李诗歌咏的是长沙窑,因为考古学已经证实,长沙窑的遗址沿湘江分布,自望城区的铜官镇至石渚湖,绵延十里,如今讨论长沙窑的专家也常常以石渚的发现为依据。应当说明的是,李群玉这首幽默诙谐的诗歌,调侃了因烧造瓷器带来的生态危机,包含了破坏地貌、滥伐林木、污染空气、噪音扰民,或许是中国的第一首环保诗了,而其工艺美术研究意义在于:生动描述了当年长沙窑的大规模烧造。

唐代的香囊在今日声名赫赫,不过,为人熟悉的仅是银制品,但是在唐代,最著名的一只香囊却是丝绸制品。它是杨贵妃自缢时佩带的那只,被载入《旧唐书·杨贵妃传》。或许因为当代学人对金属香囊闻见太多,故杨妃香囊也被误判为金属制品。可惜,唐人的说法不同。已知关于它的最早文献是张祜的一首七绝,赋诗之时,去杨妃自缢尚不足百年。诗称:"蹙金妃子小花囊,销耗胸前结旧香。难为君王重解得,一生遗恨系心肠。"(《太真香囊子》,《全唐诗》卷五一一)。诗中的"蹙金",已经说清质地。蹙金是装饰丝绸的一种刺绣做法,即把捻金线盘钉在绣地上以为花纹。晚唐的蹙金绣已经出土于法门寺地宫,而在当年的文献里,"蹙金"也屡见不鲜,仍无一不是在说刺绣。如杜甫的名篇《丽人行》便有句云:"绣罗衣裳照暮春,蹙金孔雀银麒麟。"(《全唐诗》卷二五)。

有心人都会同意,不能把艺术史做成现存实物的历史,因此,对于那些已无实物对证的艺术现象,现存唯一的文献史料就显得更加珍贵。

余 言

这次研讨会名为"李白与丝绸之路",主办者开列的论题虽然也包括唐代文学,但本文以唐代诗文说工艺美术的主题毕竟有些游离。为使本文跑题的成份略减,以下再说说李白故事。

两《唐书》都描述过李白衣宫锦袍,乘舟夜游,"自采石达金陵"的故事,《旧唐书》又记下他"顾瞻笑傲,旁若无人"的神态(《旧唐书》卷一九〇下《文苑传·李白》),这当然是为着传达出这位谪仙人的旷世风采,不过,联系到李白的家世,或许还另有缘由。

无论考古学,抑或诗文等唐代文献,都有同样的指向:对于男士衣锦,汉人、汉地的热情远远不及胡人、胡地。著名的例证出在传为阎立本所绘的《步辇图》(图6),画家绘出13位人物,但衣锦者仅1人,就是那个吐蕃使者禄东赞(图7)。因此,李白的在汉地衣宫锦袍就显得特殊。而在李白身世的讨论中,一个观点是他出生在中亚的碎叶城(今吉尔吉斯斯坦的托克马克市附近的阿克贝西姆遗址),五岁才入迁中国。据此,则李白的家族曾在胡地长期生活。那里的风习也应令李白深受濡染,故其衣锦不仅因为矫矫不群,还在提示其家族的历史。

于是,李白的衣锦夜游或许也可视为他生在碎叶的佐证。

图6　传阎立本《步辇图》　　　　图7　禄东赞(《步
　　　　　　　　　　　　　　　　　　　　辇图》局部)

(作者单位:清华大学美术学院)

唐诗"花门"考

吴华峰

"花门"是一个重要的唐诗边塞意象,唐以后人们一般将"花门"作为回纥民族的代称,在历史和文学表达中流衍为一种约定俗成的"熟语"而被普遍使用。然而对于"花门"由一个历史地理语汇进入到诗歌语境当中,复又由文学意象变为民族称号的过程,却鲜有人追问,甚至还出现了许多人云亦云的错误解读,因而对于唐诗"花门"意象重新审视显得十分必要。

一、史地学概念中的"花门山"与"花门山堡"

追溯唐诗"花门"意象的来历,不能忽视其作为历史地理概念的"花门山"与"花门山堡"。唐宋时期诸传世史料当中,有关"花门山"与"花门山堡"地理位置的记载仅有《元和郡县图志》与《新唐书·地理志》中二则:

> (甘州)东南至上都二千五百里,东南至东都三千三百六十里,东至凉州五百里,西至肃州四百里,南至大雪山二百三十里,东北至花门山一千四百五十里。……管县二:张掖,删丹。①

> 张掖,上。有祁连山、合黎山,北九百里有盐池,西有巩笔驿。删丹,中下。北渡张掖河,西北行出合黎山峡口,傍河东壖屈曲东北行千里,有宁寇军,故同城守捉也,天宝二载为军。军东北有居延海,又北三百里有花门山

---

① (唐)李吉甫著,贺次君点校《元和郡县图志》卷四〇《陇右道下》,北京:中华书局,1983年,1021页。

堡,又东北千里至回鹘衙帐。①

《元和志》记载了花门山的位置,由《新唐志》可知唐人依山建筑戍堡,因山名号为"花门山堡"。但是《元和志》与《新唐志》的记载却互有抵牾。岑仲勉先生曾谓:"按《元和志》四〇谓居延海在张掖县东北一百六十里,由上文推之,固属大误,但谓甘州'东北至花门山一千四百五十里',数固与《新唐志》略符,沈垚氏《元和志补图》绘花门山堡于居延海南,亦属不合。"②严耕望先生也指出,《元和志》谓花门山在甘州东北一千四百五十里,《新唐志》谓花门山堡在居延海北三百里,而居延海在甘州东北一千六七百里,"则《元和志》所记花门山当在居延海南约三百里,与《新志》方位不同"。他认为《新唐志》所载是正确的:"按《新志》此段记程,由南而北,次第分明,且云'又东北千里至回纥牙帐',检视今图(作者按:严氏使用之《民国地图集》),居延海北至西库伦正当为一千三百里,故此记录应极正确,若堡在海南三百里,则北去西库伦当逾一千五百里,非只千里矣,故从《新志》为正。"③

回纥原居于色楞格河流域,天宝三载(744),回纥与葛逻禄共同灭攻突厥悉密颉跌伊施可汗,占领突厥故地。首领骨力裴罗"自立为骨咄禄毗伽阙可汗,遣使言状,上册拜裴罗为怀仁可汗",并"立牙帐于乌德犍山"④,建立起回纥政权,与唐朝政府往来更加频繁。严耕望《唐代交通图考》篇五十《唐通回纥三道》中,"河上军城西北取高阙鸊鹈泉道"与"弱水居延海北出花门堡道"两部分均论及"花门山"与"花门山堡",考证最为翔实。"鸊鹈泉道"即著名的参天可汗道,是唐通回纥的主道,此道自鸊鹈泉始又分为东西二道,西道经达旦泊至回纥牙帐,并在"花门山"之地与"居延花门堡道"相合。兹将严著中相关内容分条引述如下:

----

① (唐)欧阳修《新唐书》卷四〇,北京:中华书局,1975 年,1045 页。按古居延海位置与今不同。陈梦家《汉简缀述》:"通行地图额济纳河(弱水)下游流入索果淖尔,其支流穆林河流入噶顺淖尔,后者注'居延海'。这是错误的。"北京:中华书局,1980 年,221 页。严耕望《唐代交通图考》:"汉代居延县城在今黑城遗址(N41°40′·E101°30′或5′),或其北二三十里之一故城址(K710)约 N42°线上(黑城与瓦窑托来之正中间)。居延泽在其东北,约指今索果湖(Sogo Nur,N42°20′·E101°25′或15′)。或其东南之干涸湖泊区(瓦因托尼东南,E102°·N42°南北广大地区)。考古家称为居延泽者。至于今图所标称居延海之噶顺湖可能为后潴之湖,非故地也。"上海:上海古籍出版社,2007 年,619 页。

② 岑仲勉《突厥集史》,北京:中华书局,1958 年,312 页。

③ 《唐代交通图考》,625 页。

④ 《资治通鉴》卷二一四,北京:中华书局,1956 年,6860 页。

花门山堡,在居延海北三百里,为唐与回纥国界,约在今诺颜博格多山脉(Noyen Bogdo)西端南侧之鄂博图庙(Obotomiao,E101°25′·N43°)地区。……盖河套西北、居延以北之唐回境上,有阿尔泰山脉之余脉自西徂东,为自然国界,今名戈壁阿尔泰山、诺颜博格多山、古尔班察汗山,唐世花门山者殆指此条山脉。居延北出路中之花门山堡乃据山之西南麓为守,去海三百里,不害山脉东段仍有花门之名也。①

花门山堡当在今鄂博图庙地区,其南去索果湖正约三百华里,盖唐人据山脉南口为守御也。②

居延海北之花门堡为唐回国界,亦唐之最北堡戍处。约在戈壁阿尔泰南之诺颜博格多山脉中。③

尽管史料严重匮乏,目前也并未发现出土文物与地面遗址的考古实证,但严耕望先生的结论还是较为合理地澄清了"花门山"与"花门山堡"的地望所在(图1)④。综合《元和郡县图志》《新唐书·地理志》与严氏考证,可以明确:"花门山"乃山脉之名,系唐朝与回纥自然国界。"花门山堡"是位于花门山南麓唐朝境内的一处

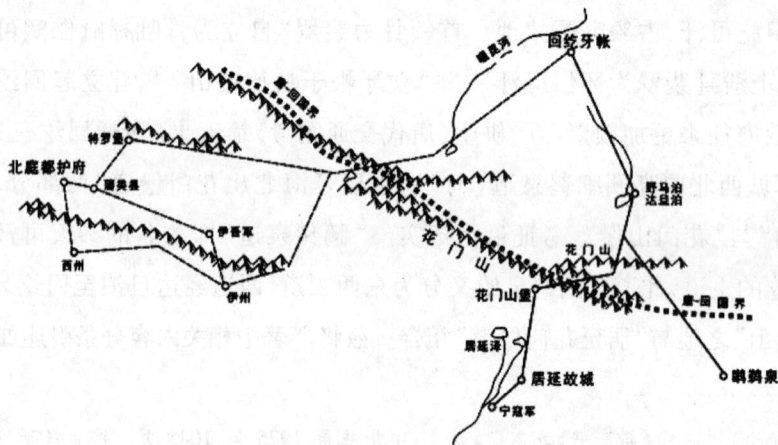

图1 "花门山"与"花门山堡"的示意图

---

① 《唐代交通图考》,625页。
② 《唐代交通图考》,626页。
③ 《唐代交通图考》,631页。
④ 此简图据《唐代交通图考·唐代通回纥三道图》绘制。其中实线为与本文所论相关的"河上军城西北取高阙、鹈鹕泉道"与"弱水居延海北出花门堡道",虚线所指为"北庭都护府东北取特罗堡通回纥道"。

要塞,扼守着"弱水居延海北出花门堡道"的山脉隘口。花门山堡设置时间不详,据《唐会要》载,位于"花门山堡道"上的宁寇军为旧同城守捉,"天宝二年五月五日遂置焉"①,故"花门山堡"大概也在天宝年间设置,或与宁寇军约略同时而稍晚。当回纥逐渐强盛,建牙乌德犍山后,就成为唐代防备回纥南下的边防哨卡。

二、由史入诗:唐诗"花门"意象使用的初始权

　　"花门山"与"花门山堡"本是两个单纯的历史地理概念,在诗歌创作蔚为大观的唐代,它们很快为诗歌创作的意象运用提供了现实借鉴,从而成为著名的唐诗边塞语汇。至少从南宋开始,论者就已经注意这一点。胡仔《苕溪渔隐丛话》后集卷六引严有翼《艺苑雌黄》云:

> 　　杜陵诗多言花门。《喜闻官军临贼》诗"花门腾绝漠,柘羯度临洮"。又云"花门小箭好,此物弃沙场"。又《即事》诗"闻道花门破,和亲事却非"。又《遣愤》诗"闻道花门将,论功未尽归"。又有《留花门》一篇云"花门既须留,原野转萧瑟"。指回鹘为花门,注家不言其义。予以《唐地理志》考之,甘州山丹县北渡张掖河,西北行出合黎山峡口,傍河东壖屈曲东北行千里有宁寇军,军东北有居延海,又西北三百里有花门山堡,又东北千里至回鹘牙帐,故谓回鹘为花门也。②

《艺苑雌黄》之著久佚,这段经胡仔引用而得以保留的文字,指出杜甫诗中喜用"花门"的现象。吴曾《能改斋漫录》"事实门"专辟"花门"一则,除了记载杜甫外,还指出岑参、杨巨源也都在创作中使用过"花门"意象:

> 　　杜子美好言花门。按《唐志》甘州有花门山堡,东北千里至回鹘衔帐,故有《留花门》诗一首。又云"花门剺面请雪耻"。又云"闻道花门将,论功未肯归"。又云"闻道花门破,和亲事却非"。杨巨源亦有《送太和公主和番》诗云:"北路古来难,年光独忍寒。朔风侵鬓起,边月向眉残。芦井寻沙到,花门度碛看。熏风一万里,来处是长安。"亦言花门也。又杜《复愁》诗云:

---

①　(宋)王溥《唐会要》卷七八,北京:中华书局,1955年,1428页。
②　(宋)胡仔《苕溪渔隐丛话后集》卷六,北京:人民文学出版社,1962年,39页。

"花门小箭好,此物弃沙场。"岑参《送封常清西征序》曰:"天宝中匈奴回纥
寇边,逾花门。"①

据以上文献可知,他们都意识到诗歌"花门"意象源自于现实地理概念,但所载
尚不完全。今存唐诗中共计 10 首"花门诗"。杜甫有《哀王孙》《喜闻官军已临
贼寇二十韵》《留花门》《即事》《遣愤》《复愁十二首》6 首,岑参有《与独孤渐道
别长句兼呈严八侍御》《送张献心充副使归河西杂句》《田使君美人舞如莲花北
铤歌》3 首②,杨巨源《送太和公主和蕃》1 首。

另外,《能改斋漫录》中还提及岑参有《送封常清西征序》。该序最早见载于
郭茂倩《乐府诗集》,一名《送封大夫出师西征序》:"天宝中匈奴回纥寇边,逾花
门,略金山,烟尘相连,侵轶海滨。天子于是授钺常清出师征之。及破播仙,奏捷
献凯。参乃作凯歌云。"郭氏按语云:"《唐书·封常清传》曰'开元末达奚背叛,
自黑山北向西趣碎叶,其后常清破贼有功,天宝六年又从高仙芝破小勃律',不言
播仙,疑史之阙文也。"③今人孟楠先生认为"吴曾所处时代,上距唐朝不远,故其
所引诗序当较为可靠"④。实则这篇序文的真实性并不可靠。陈铁民、侯忠义在
《岑参集校注》中说:"封常清破播仙事,史传失载。……(《乐府诗集》)于岑参
《唐凯歌六首》下云:岑参《送封大夫出师西征序》曰:'天宝中匈奴回纥寇边,逾
花门,略金山,烟尘相连,侵轶海滨。天子于是授钺常清,出师征之。'似谓'西
征'与'破播仙'乃同一抵御回纥寇边之事。然西征与破播仙发生的地域,相去
甚远,史书中也没有说天宝时回纥曾入寇安西、北庭。且据史书所载,回纥与大

---

① 吴曾《能改斋漫录》,上海:上海古籍出版社,1979 年,149 页。

② 按,岑参《戏问花门酒家翁》有"老人七十仍沽酒,千壶百瓮花门口",《凉州馆中与诸
判官夜集》有"花门楼前见秋草,岂能贫贱相看老?"均涉及"花门"语汇。廖立《岑嘉州诗笺
注》认为《凉》诗作于天宝九载,诗中"花门"谓"回纥",北京:中华书局,2004 年,790 页。陈铁
民、侯忠义《岑参集校注》认为《戏》诗天宝十载作于武威,"花门"即《凉州馆中与诸判官夜
集》诗中的'花门楼',为凉州客舍之名。"上海:上海古籍出版社,2004 年,116 页。《凉》诗"天
宝十三载赴北庭途径武威时所作。""花门楼"当为凉州客舍之名。173—174 页。刘开扬《岑
参诗集编年笺注》中引柴剑虹《岑参边塞诗系年补订》云"花门山在凉州西五百里,故诗中'花
门口'只是以花门山命名的凉州某一城门名。"又谓"按参后有《凉州馆中与诸判官夜集》诗
曰:'花门楼前见秋草。'此诗题之花门及诗中之花门口当指花门楼下道口,花门疑为凉州西北
城楼,城门向甘州张掖、删丹而开者。"成都:巴蜀书社,1995 年,197 页。从诗句本意来看,"花
门"当为客舍名,本文从陈铁民、侯忠义之说,故二诗不在本文论述范围内。

③ 郭茂倩《乐府诗集》卷二〇,北京:中华书局,1979 年,302—303 页。

④ 孟楠《回纥别称"花门"考》,《西北史地》1993 年第 4 期,41 页。

唐是长期和好的。又序文内容,亦颇多费解之处。如常清乃岑参上司,岑诗皆尊称之为'封大夫'或'封公',未尝直呼其名。另今存岑集各本,《轮台歌》或《走马川行》题下俱无此序。故序文是否出自岑参之手,值得怀疑。"①

廖立先生也认为此文破绽较多,《岑嘉州诗笺注》中谓:"《送……序》按唐人惯例,皆作于送行之始,不作于返回之后。'及破播仙,奏捷献凯,参乃作凯歌云',绝非序中语。序文应止于'出师征之',其下乃叙凯歌之由来,当为郭茂倩所加,并非序文中语。""岑参为封常清部署,序中直白'授钺常清',不合当时礼仪,诗中皆言大夫,并不直呼其名。故此亦非序文原句。""天宝中回纥尽有突厥故地,而序中所言地名多在其境内。……序中所言花门本为回纥牙帐所在,金山又在其领地内,回纥不应自己'寇'自己。"②廖立先生还推测:"南宋时此《序》尚存,惟文已有讹误。盖天宝中回纥未曾寇边,且花门、金山均在回纥境内也。"③

按,玄宗天宝三载回纥首领骨力裴罗建牙乌德犍山以来,一直与唐朝保持友好关系。据《资治通鉴》所载,至安史之乱爆发,天宝年间唐与回纥往来主要事件如下:

(天宝四载正月)回纥怀仁可汗击突厥白眉可汗,杀之,传首京师。突厥毗伽可敦帅众来降。于是北边晏然,烽燧无警矣。回纥斥地愈广,东际室韦,南跨大漠,尽有突厥故地。④

(天宝十二载五月)阿布思为回纥所破,安禄山诱其部落而降之。⑤

(至德元载八月)回纥可汗、吐蕃赞普相继遣使请助国讨贼,宴赐而遣之。⑥

(九月)以邠王守礼之子承采为敦煌王,与仆固怀恩使于回纥以请兵。⑦

(十月)敦煌王承采至回纥牙帐,回纥可汗以女妻之,遣其贵臣与承采及仆固怀恩偕来,见上于彭原。上厚礼其使者而归之,赐回纥女号毗伽公主。⑧

----

① 岑参著,陈铁民、侯忠义校注《岑参集校注》,184 页。
② 岑参著,廖立笺注《岑嘉州诗笺注》,326—327 页。
③ 《岑嘉州诗笺注》,830 页。按廖立"花门本为回纥牙帐所在"、花门在回纥境内之说不确,详上节。
④ 《资治通鉴》卷二一五,6863 页。
⑤ 《资治通鉴》卷二一六,6918 页。
⑥ 《资治通鉴》卷二一八,6992 页。
⑦ 《资治通鉴》卷二一八,6998 页。
⑧ 《资治通鉴》卷二一九,7005 页。

（十一月）尹子奇将五千骑渡河,略北海,欲南取江、淮。回纥可汗遣其臣葛逻支将兵入援,先以两千骑至范阳城下,子奇闻之,遽引兵归。①

以上记载,并未有大规模入侵之举。因此,岑参序文很有可能系后人托名伪作;即使是出自岑参之手,也已经因篡改而面目全非,不能作为研究的立论依据。

上述三位诗人,杨巨源活动年代略晚姑且不论,岑参与杜甫同时而关系密切。那么,究竟是谁最先使用了"花门"意象呢? 通过两人诗歌的创作年代排比,可以解决这个疑问。

杜甫六首诗歌的编年基本已无异议:《哀王孙》与《喜闻官军已临贼寇二十韵》至德二载(757)作,《留花门》作于乾元元年(758)秋,《即事》作于乾元二年秋,《遣愤》永泰二年(766)作,《复愁十二首》大历二年(767)作。岑参《与独孤渐道别长句,兼呈严八侍御》一诗,李嘉言《岑诗系年》认为作于"至德元载即天宝十五载"②,《岑参集校注》《岑嘉州诗笺注》《岑参诗集编年笺注》均系于天宝十五载春。《送张献心充副使归河西杂句》陈著系于乾元二年,廖著认为创作年代不详,"诗中所言似非战乱之年,或在安史乱前也"③,刘开扬认为此诗"必至德二载十月岑参随肃宗还长安后,而作于岁末也"④。《田使君美人舞如莲花北铤歌》,李嘉言、刘开扬均认为作于天宝十载。高文、王刘纯《高适岑参选集》认为系居北庭期间做⑤,即天宝十二载六月至至德二载春末。陈著认为"此诗为往返于西域途中所作"⑥,编年情况略显复杂。

不过就有明确系年的诗作来看,岑参无疑是唐诗"花门"意象使用的开创者。岑参分别在天宝八载至十载、天宝十三载至至德二载,有两次出塞的经历。有论者认为"天宝十载春天,诗人岑参从安西节度使幕府,来到武威盘桓了一段时间,诗人不辞跋涉之苦亲自察看了远在居延海北的花门山堡"⑦。唐代凉州城距花门山堡千里之遥,岑参亲历花门山堡之说并无根据,刘开扬先生即认为"花门山

---

① 《资治通鉴》卷二一九,7006 页。
② 李嘉言《岑诗系年》,《文学遗产增刊》三辑,北京:作家出版社,1956 年,133 页。
③ 《岑嘉州诗笺注》,362 页。
④ 《岑参诗集编年笺注》,403 页。
⑤ 高文、王刘纯选注《高适岑参选集》,上海:上海古籍出版社,1988 年,276 页。
⑥ 《岑参集校注》,124 页。
⑦ 魏明安《从花门山堡说起——读〈岑嘉州诗〉札记之一》,《固原师专学报》1982 年第 2 期,1 页。

乃虚写,非在花门山下作也"①。但耳濡目染的边塞闻见,极有可能激发岑参将"花门山"与"花门山堡"概念作为意象剪裁入诗作。例如其《田使君美人舞如莲花北鋋歌》诗下自注谓"此曲本出北同城"。同城即同城守捉,天宝二载改为宁寇军。宁寇军正位于赴花门山堡的道路上,可见岑诗中使用"花门"意象并非心血来潮,而具有一定的必然性。

廖立先生认为岑参与杜甫交往最早可能在开元二十三年(735):"天宝十一二载间二人交谊之笃显非新知而为故友。……杜甫开元二十二年自吴越还乡,本年于洛阳举进士不第,居仁风里姑母家。……此数年间二人同在洛阳求仕,或以父祖辈相知而有交游也。"②有证可据的两人之间的见面有两次。一次是天宝十一载,杜甫本年为待制集贤院,与岑参、高适、薛据、储光羲同登慈恩寺塔。次年又与岑参兄弟同游美陂,双方均有诗作传世。另一次是在至德二载,岑参自北庭还至凤翔,杜甫时为左拾遗,上《为补遗荐岑参状》推荐岑参为右补阙,两人尝同朝为官数月,亦有诗歌赠答。这些都成为他们之间创作相互影响的契机。

杜甫在诗中不止一次说"岑生多新诗"(《九日寄岑参》)、"斗酒新诗终自疏"(《寄岑嘉州》)、"故人得佳句,独赠白头翁"(《奉答岑参补阙见赠》)。可见对岑参之作的熟悉与推许。日本学者铃木修次认为:"如果说杜甫是现实主义诗人,那么岑参就是浪漫主义诗人。岑参歌咏边塞的诗特别多,因为这类题材,人们每每对它冠以具有风骨的好评价。边塞风光景物在一般人眼中是一片荒凉,但在具有浪漫气质的岑参眼中却是多姿多彩的。杜甫缺乏对边塞的亲身体验,但他从与岑参的交往中,从岑参的诗中,多多少少可以了解到一些关于边塞的东西。"③尤其是至德二载两人之间的往来,岑参刚刚归自北庭并有相关的诗作,杜甫很可能就是受到岑参作品的启发,从而在诗歌中大量使用"花门"这一语汇。

三、文史交织:唐诗"花门"的双重意指

唐诗"花门"意象乃因"花门山"与"花门山堡"而来,随后由岑参的创作引用到诗歌话语体系中,继而为杜甫的创作提供了灵感。唐诗中的"花门"意象,除

---

① 《岑参诗集编年笺注》,199 页。
② 《岑参年谱》,《岑嘉州诗笺注》,875 页。
③ [日]铃木修次著,秦伏男编译《岑参与杜甫》,《杜甫研究学刊》1998 年第 2 期,69 页。

却已经排除在外的"花门楼"之外,其意指可以分为两大系统:第一,乃用"花门山"与"花门山堡"作为历史地理概念的本意;第二,作为回纥民族指代的全新内涵。

岑参诗歌全用"花门山"与"花门山堡"的本意。《田使君美人舞如莲花北铤歌》:"回裾转袖若飞雪,左铤右铤生旋风。琵琶横笛和未匝,花门山头黄云合。忽作出塞入塞声,白草胡沙寒飒飒。"显然系指"花门山",无须赘述。《送张献心充副使归河西杂句》"云中昨夜使星动,西门驿楼出相送。玉瓶素蚁腊酒香,金鞭白马紫游缰。花门南,燕支北,张掖城头云正黑,送君一去天外忆"句中,以"花门"与"燕支"对举,"燕支"又作焉支,山名。《元和郡县图志》:"焉支山,一名删丹山,故以名县。山在县南五十里,东西一百余里,南北二十里。水草茂美,与祁连山同。"①故此诗"花门"亦为花门山。

《与独孤渐道别长句兼呈严八侍御》"军中置酒夜挝鼓,锦筵红烛月未午。花门将军善胡歌,叶河蕃王能汉语。知尔园林压渭滨,夫人堂上泣罗裙"句,陈铁民、侯忠义注云:"据《新唐书·地理志》载,居延海(在今内蒙古额济纳旗北境)'又北三百里有花门山堡'。其地本唐置,天宝时为回纥所据。杜甫《留花门》,以花门称回纥,此以花门借指西域少数民族。"②廖立注释云:"唐人称回纥为花门。杜甫'花门既须留,原野转萧条'。岑诗有《戏问花门酒家翁》。此花门将军当为回纥族人而供职于北庭者。"③两说均有误。如前所述,现存史籍中并未载花门在天宝间"花门山堡"为回纥所据,陈注的依据乃源自岑参《送封大夫出师西征序》这篇真伪莫辨的佚文,廖注所云"唐人称回纥为花门"也没有史实依据。将"花门将军"释为西域少数民族将领或回纥族人也有不确。魏明安认为此句是夸赞"汉族将领能和兄弟民族酋长欢聚一堂,感情融洽"④,所见较为合理。"叶河七十里有叶河守捉"⑤,归北庭节度使管辖。廖注谓"其地天宝年间无藩王","唐时此河上下为石国及昭武九姓各国。天宝十二载封常清征大勃律及命杨和再征石国,大胜而回,故各国有王在北庭也"⑥。"花门将军"与"叶河藩王"、"善

----

① 《元和郡县图志》,1022 页。
② 《岑参集校注》,212 页。
③ 《岑嘉州诗笺注》,350 页。《戏问花门酒家翁》非指"花门",辨已见前。
④ 《从花门山堡说起——读〈岑嘉州诗〉札记之一》,《固原师专学报》1982 年第 2 期,9 页。
⑤ 《新唐书》卷四〇《地理志》,1047 页。
⑥ 《岑嘉州诗笺注》,351 页。

胡歌"与"能汉语"均构成反对,"花门将军"必然是指在"花门山堡"或者"宁寇军"附近驻扎的汉族将领。

在岑参之后,杨巨源《送太和公主和蕃》诗"芦井寻沙到,花门度碛看"句中的"花门"也指山脉①。唐穆宗长庆元年(821),太和公主入嫁回鹘崇德可汗。《旧唐书》载其本事:"长庆二年闰十月。……公主至自回纥,皆云初公主去回纥牙帐,尚可信宿。可汗遣数百骑来,请与公主先从他道去,胡证曰不可,虏使曰,前咸安公主来时,去花门数百里。"②《册府元龟》所述更加详细:"胡证为金吾大将军,穆宗长庆二年送太和公主入蕃,去回鹘牙帐尚可汗信宿,可汗遣数百骑来,请与公主先从他道去,证曰不可。虏使曰:前咸安主来时,去花门数百里即先去,今何独拒我?证曰:我奉天子诏,送公主以授可汗,今未见可汗,岂宜先往?虏使乃止。"③

据严耕望考证,太和公主所取此道"即唐代初年回纥款降时上请太宗所置六十六驿之参天可汗道"④。他还再一次强调:"太和公主出嫁回纥,乃取道鸊鹈泉,非取居延道。……知鸊鹈泉道上果亦有花门地名。然此鸊鹈泉通回纥衙帐道上之花门,绝不可能即是居延海北三百里之花门山堡。唯一可解释者,海北三百里者只是一堡,而花门山则泛指此迤东一带唐回国界之山脉,当时皆名花门山,鸊鹈泉道亦逾越此条山脉之东段,故其道中亦有花门之名也。"⑤

诗歌中以"花门"代指回纥者,全为杜甫诗作。自宋人阐释开始,已经成为古今诸家的共识。《哀王孙》"窃闻天子已传位,圣德北服南单于。花门剺面请雪耻,慎勿出口他人狙"句,王洙注:"时回纥助顺。"⑥《留花门》"花门天骄子,饱肉气勇决。高秋马肥健,挟矢射汉月。……花门既须留,原野转萧瑟"句,赵次公云:"花门,即回纥之别名也。"⑦黄鹤谓:"《唐志》中有花门山堡,又东北千里至回纥卫帐,故以名之。"⑧清人浦起龙注:"此当是乾元元年秋,宁国出塞后,回纥

① 《全唐诗》卷三三三,北京:中华书局,1960年,3740页。
② 《旧唐书》卷一九五《回纥传》,北京:中华书局,1975年,5212页。
③ 《册府元龟(校订本)》卷六五二,南京:凤凰出版社,2006年,7520页。
④ 《唐代交通图考》,617页。
⑤ 《唐代交通图考》,626—627页。
⑥ 《分门集注杜工部诗》卷九,《续修四库全书》第1306册,上海:上海古籍出版社,2002年,380页。
⑦ 林继中《杜诗赵次公先后解辑校》,上海:上海古籍出版社,2012年,254页。
⑧ 黄鹤《补注杜诗》卷三,《文渊阁四库全书》本。

复遣骑入助,仍屯沙苑。公忧其绎骚无几,乃作是诗。"①《喜闻官军已临贼寇二十韵》"花门腾绝漠,拓羯渡临洮。此辈感恩至,羸俘何足操"句,赵次公注曰:"时用朔方、安西、回纥、南蛮、大食之兵。今言花门,回纥是也。"②《遣愤》"闻道花门将,论功未尽归。自从收帝里,谁复总戎机"句,黄鹤注:"诗云'闻道花门将,论功未尽归'。当时永泰元年,子仪与回纥再盟,药葛罗帅众吐蕃,子仪使白光远帅精骑与之俱,杀吐蕃于灵台西原万计,又破之于泾州。于是回纥胡禄督等二百余人入见。前后赠赍缯帛十万匹,府藏空竭,税百官俸以给之。此所以为可愤也。"③《复愁十二首》其七"贞观铜牙弩,开元锦兽张。花门小箭好,此物弃沙场"句,朱鹤龄注:"史:收东京时,郭子仪战不利,回纥于黄埃中发十余矢,贼惊顾曰:'回纥至矣!'遂溃。'花门小箭好',此一证也。安史之乱皆藉回纥兵收复,中国劲弩反失其长技,公所以叹之。"④

《即事》"闻道花门破,和亲事却非。人怜汉公主,生得渡河归"句,黄鹤注云:"诗曰:'人怜汉公主,生得渡河归。'谓宁国公主乾元二年八月丙辰自回纥归。当是其年作。"⑤《旧唐书·回纥传》载:"乾元元年八月,回纥使王子骨啜特勤及宰相帝德等骁将三千人助国讨逆。……乾元二年,回纥骨啜特勤等率众从郭子仪与九节度使于相州城下战,不利。三月壬子,回纥骨啜特勤及宰相帝德等十五人自相州奔于西京。"⑥据此,诗中"花门"仍指回纥,唯严耕望先生认为此处为地名⑦,似有不妥。

岑参诗歌首次以"花门"意象入诗,但是杜甫诗中使用"花门"更加频繁。故白居易《与元九书》中提及杜甫"新安、石壕、潼关吏、芦子关、花门之章,'朱门酒肉臭,路有冻死骨'之句"⑧。专门以"花门之章"代指杜甫诗而不言岑参。特别是杜甫继岑参之后,创造性的以"花门"指代回纥,成为典实。然而如上所述,有唐一代在杜甫之后,竟然没有人再在诗文创作发扬杜甫诗歌的这一用例。直到

---

① 浦起龙《读杜心解》,北京:中华书局,1961 年,51 页。
② 《杜诗赵次公先后解辑校》,228 页。
③ 黄鹤《补注杜诗》卷二四,《文渊阁四库全书》本。
④ 朱鹤龄辑注《杜工部诗集辑注》,保定:河北大学出版社,2009 年,666 页。
⑤ 黄鹤《补注杜诗》卷七,《文渊阁四库全书》本。
⑥ 《旧唐书》卷一九五《回纥传》,5201 页。
⑦ 《唐代交通图考》,626 页。
⑧ 谢思炜校注《白居易文集校注》,北京:中华书局,2011 年,323 页。

宋代,杜甫其人其诗的地位从北宋中期开始揄扬,出现"千家注杜"的盛况,诸家对前代典籍钩沉索隐以寻找杜诗语汇的来历出处。经宋人发明,才明确了杜诗"花门"乃是回纥的代称。

四、杜诗"花门"的接受与影响

杜甫创造性地将"花门"作为回纥的代指,不仅丰富了这一语汇的内涵,也使得"花门"作为"回纥"代指的用法被广为接受,在后世文史两个领域内产生着比它初始历史地理内涵更加广泛深远的影响力。

文学方面。从宋代开始,诗文中就出现学习杜甫"花门"语汇意指的现象。如楼钥《答杜仲高旃书》:"盖花门,即回鹘也。"①魏了翁《李参政生日》:"剺面花门未果驯,夏人兵马薄熙秦。谁将鞭策驱时运,十数年间日日新。"②直接点化《哀王孙》中的句子,将西夏比作回纥。高斯得《劫桑叹》:"昔闻花门乱,倒麦折桑枝。"③影射安史乱后回纥留驻中原,扰乱民生之事。金代元好问所作《恒州刺史马君神道碑》,称"君讳庆祥,字瑞宁,姓马氏,以小字习里吉斯行。出于花门贵种。宣政之季,与种人居临洮之狄道,盖已莫知所从来矣"④。马氏本西域雍古部人,元好问称之"花门贵种",仍乃借用杜甫之意。元代杨维桢亦作《花门引》:"大唐宇宙非金瓯,黄头奚儿蟆作虬。……快哉健鹘随手招,渡河万匹疾如猋。白羽若月筋斠骄,弯弓仰天落胡旄。"⑤所咏亦回纥助唐平安史之乱事。

公元840年,回鹘为黠戛斯攻灭而举部西迁,"诸部溃,其相驱职及庞特勤十五部奔葛逻禄,残部入吐蕃、安西"⑥,逐渐与西域当地土著民族融合,形成今维吾尔族,清代称为回部或"回回"。有清一代,自乾隆间平定西域之后,诗人们都以"花门"代指维吾尔族,成为一种约定俗成的用法。乾隆皇帝本人就有《御制

---

① 《攻媿集》卷六六,《全宋文》第263册,上海:上海辞书出版社、合肥:安徽教育出版社,2006年,345页。

② 《全宋诗》第56册,北京:北京大学出版社,1995年,34952页。

③ 《全宋诗》第61册,38549页。

④ 《元好问全集》,太原:山西古籍出版社,2004年,639页。

⑤ 《杨维桢诗集》,杭州:浙江古籍出版社,2010年,62页。

⑥ 《新唐书》卷二一七《回鹘传》,6130—6131页。

花门行》之作。其他如"花门瓜作饭,屯地马能耕"(《土鲁番》)①、"甘瓜别种碧团圞,错作花门小笠看"(《乌鲁木齐杂诗·物产》其六)②、"酒泉郡与凉州牧,何似花门醉百觞"(《葡萄酒》)③、"榆塞昔曾严鼓,花门今尚业桑麻"(《惠宁城》)④、"浃岁锋车回十城,花门劈面马前迎"(《乙巳子月六日,伊吾旅次被命回京以四五品京堂用,纪恩述怀》)⑤、"红桑酒熟蒲桃暖,万里花门尽晏眠"(《南城凯歌十首》)⑥,例证不胜枚举。

　　史地学方面。也是从清代开始,"花门"正式进入到史志著作当中。祁韵士《皇朝藩部要略》介绍西域回部时,即以"花门"代之:"回部不详其世系。大部二,约哈密回部,曰吐鲁番回部。二部错居西域,以天方为祖国,或城郭处,或逐水草徙,称花门种。相传祖玛哈麻教,以事天为本。"⑦《新疆图志》"吐鲁番回部"中则对维吾尔族的民族演进做了简单的辨析:"吐鲁番本高昌国,宋为甘州回鹘,辽为阿萨兰回鹘,皆回纥之遗种,而非天方西来之回也。……然回部实传衍于派罕,而非尽留种于花门也。"⑧其中"花门"用法也是秉承杜诗而来。

　　杜诗"花门"意指也产生了负面的影响。受杜诗诗史地位的干扰,许多想当然的历史事件随之被杜撰出来,一直延误至今,反过来又影响到人们对"花门"语汇的理解。如《分门集注杜诗》中《哀王孙》诗师曰:"南单于即回纥也。花门乃回纥地名,甫有题花门诗,回纥以花门自号。"⑨结合史地概念"花门"的分析,知唐代并没有出现过回纥自称花门的现象。《分门集注杜诗》中的说法缺乏史源学依据。但是宋人注本的错误认识,却流播甚广。甚至影响到前引廖立、陈铁民等先生对岑参诗歌的注解。

　　这种误解的例证多不胜举。如乾隆《甘州通志》中专辟"留花门山堡"条:

----

① 王曾翼《居易堂诗集》,《续修四库全书》第 1453 册,439 页。
② 纪昀《纪文达公遗集》,《续修四库全书》第 1435 册,647 页。
③ 许乃榖《瑞芍轩诗钞》,《清代诗文集汇编》第 548 册,上海:上海古籍出版社,2010 年,73 页。
④ 景廉《度岭吟》,《清代诗文集汇编》第 692 册,1 页。
⑤ 林则徐《云左山房诗钞》,《续修四库全书》第 1512 册,344 页。
⑥ 方希孟《息园诗存》,《清代诗文集汇编》第 717 册,739 页。
⑦ 《皇朝藩部要略》卷一五,《续修四库全书》第 740 册,457 页。
⑧ 《新疆图志》卷一七,《中国地方志集成·省志辑·新疆》,南京:凤凰出版社、上海:上海书店、成都:巴蜀书社,2010 年,189 页。
⑨ 《分门集注杜工部诗》卷九,380 页。

"《新唐志》宁寇军北三百里有花门山堡,又东北千里至回鹘牙帐。"①乃将杜甫《留花门》诗与"花门山堡"混为一谈。《甘州府志》中延续了此内容,但在其后附有高元振《花门考》的辨析:"以去回鹘帐不远也。曰'留'者,以彼蟠据沙苑之间,恐为中国害耳。乃《镇志》云:'有留花门',联上字误矣。杜诗末云:'花门既须留',其语甚明也。夫志,亦史也,乃事或传疑,而杜第诗耳,乃诗堪传信。前人论工部为诗史,洵不爽哉。"②以杜诗证籍载之误。

《辞海》"花门"条释义为"山名。在居延海北三百里。唐初在该处设立堡垒,以抵御北方外族。天宝时为回纥占领。后因以'花门'为回纥的代称。"并举杜甫《哀王孙》中的诗句为例。释义的依据也是岑参的佚文与宋人杜诗注解,且将历史地理的"花门"与文学"花门"完全混淆了。

今人孟楠先生撰有《回纥别称"花门"考》一文,从文史结合的角度对"花门"作为回纥代称的缘由详加考论。文中称:"花门山堡乃是唐初为抵御北方诸族而设置的,天宝时为回纥所占,故以花门为回纥人之代称。"③又云:"约在天宝年间及其后,回鹘势力逐渐强盛,占据了突厥故地,其南境已达花门山及居延海以北戈壁。因此,'花门'就成了回鹘人的代称而广为流传,乃至于回鹘人亦以'花门'自号,唐代诗人称回鹘为'花门',均见于天宝年间及其后的作品,从侧面也证明了这点,质言之,'花门'一词作为回鹘的代称,只能是在天宝年间以后。"④"再根据诗中描写的花门山的情况,也可推论出至少在天宝八年时,花门山地区已属回鹘领地。"⑤明乎史籍中对"花门"概念的记载,以及由史入诗后"花门"意象的传承流变,这些说法也值得商榷。

----

① 《[乾隆]甘州通志》卷二二,《文渊阁四库全书》本,上海:上海古籍出版社,1987 年。
② 《[乾隆]甘州府志》卷四,《中国地方志丛书》,台北:成文出版社,1976 年,438—439 页。
③ 《回纥别称"花门"考》,41 页。
④ 《回纥别称"花门"考》,42 页。按:《旧唐书·回纥传》载"元和四年蔼德曷里禄没弭施合密毗伽可汗遣使请改为回鹘",林幹先生据《通鉴考异》订为唐贞元四年合骨咄禄可汗请改"回纥"为"回鹘",《突厥与回纥史》,呼和浩特:内蒙古人民出版社,2007 年,155 页。杜诗"花门"专指"回纥"而言,此处两名混用而未加说明似有不妥。胡仔、吴曾亦有此误。
⑤ 《回纥别称"花门"考》,42 页。

结　论

综上所述,本文结合史料中对"花门"的记载,梳理并考察了唐诗"花门"的产生、使用与意义流变,得出结论主要有四:

第一,"花门"首先是一个历史地理学的概念,指唐代的"花门山"和"花门山堡"。"花门山"为唐朝与回纥的边界,"花门山堡"在唐朝境内。它们先于诗歌"花门"意象而存在,并为诗歌意象提供了现实借鉴。进入到诗歌体系中的"花门",反之又促使了作为史地概念"花门"名声的流播与揄扬,其名声与地位因诗而显赫。

第二,岑参诗歌首次将"花门"意象引入诗歌创作,杜甫受之启发,继而在诗作大量使用"花门"语汇。通过对"花门"这一意象的梳理,以小见大地反映出岑参、杜甫这两位著名诗人创作间的相互影响与交流。杜甫诗歌在唐代并没有引起足够的重视,注意其"花门"诗作的人并不多。自宋代始,杜甫其人其诗被奉为学习的典范,他的"花门"诗也随着地位的提高,被特别地关注。

第三,唐宋时期官私历史文献和话语体系当中,从未出现过以"花门"指代回纥的习惯,回纥也从未以"花门"作为自称。是杜甫创造性地在诗歌中以"花门"指代回纥,从中亦可领略到杜诗语言艺术的丰富性。历史上由地名演化为族名的例证不乏其例,如《后汉书》:"鲜卑者,亦东胡之支也,别依鲜卑山,故国号焉。"[①]由于杜诗在后世的巨大影响力,使得"花门"由诗歌意象复又变为对一个民族的指代并定型,成为历史和文学表达中一种约定俗成的概念而被普遍认可。

第四,史地学范畴内的"花门山""花门山堡"与成为艺术真实的"花门"意象未可混为一谈。对于岑参与杜甫诗歌中"花门"的注释,都有许多舛误。尤其是杜甫诗,自宋代以来,各类注解中就出现许多杜撰的"史实"。后世读杜诗者,大都习于旧注中对"花门"的解释,鲜有追问其来历与内涵者,从而造成对"花门"概念的混淆及某些误解的陈陈相因,这都应当引起注意。

（作者单位:新疆师范大学文学院暨西域文史研究中心）

----

① 《后汉书》卷九〇《乌桓鲜卑列传》,北京:中华书局,1965 年,2985 页。

清代西域诗对唐诗的继承与发展

——以《历代西域诗钞》《清代西域诗辑注》为中心

孙文杰

乾隆二十四年（1759），随着平定大小和卓叛乱战争的结束，天山南北又重新回到祖国的怀抱，这是清代历史上的大事，对中国西北边防的稳定、近代中国疆域的最终形成，都有重大的意义与影响。伴随着清政府统一战争的推进，以及收复之后对西域经营与管理的开展，大批的官员、文人西出阳关。政事之余，面对着域外独特的自然、人文、历史等诸方面元素，自然会行之于诗笔，从而留下了大量的清代西域诗。

对清代西域诗编纂有肇首之功的是吴蔼宸《历代西域诗钞》①，共收录 22 位清人的诗歌 904 首。其后的重要成果是星汉《清代西域诗辑注》②，共收录 58 位清人的诗歌 1111 首。去其重复，二书收录 77 位清人的 2015 首诗歌，于清代西域诗的搜集整理功莫大焉。据此，清代西域诗的发展与转型，可窥一斑。

据笔者统计，清代西域诗中涉及唐人、唐诗、唐事的诗作共有 453 题 617 首，占《诗钞》与《辑注》总数 2015 首的 31% 之多，可见其受唐诗影响之深。

一、对唐诗意象的继承与发展

唐代边塞诗在描写西域时，其题材与主题无论是抒情还是描述塞外风光，天山、瀚海、玉门、轮台、孤城、戍楼、羌笛等意象均频繁出现，清代西域诗也同样继承了这一点。据笔者统计，在《诗抄》与《辑注》2015 首诗中，"天山"意象共出现

----

① 　吴蔼宸《历代西域诗钞》，乌鲁木齐：新疆人民出版社，1982 年初版；本文所据系 2001年新版。以下简称《诗钞》。

② 　星汉《清代西域诗辑注》，乌鲁木齐：新疆人民出版社，1996 年。以下简称《辑注》。

134 次,瀚海(大漠、平沙、黄沙、龙堆)119 次,玉门(玉关)80 次,轮台 59 次,三州(伊、西、庭)57 次,祁连 26 次,戍楼 21 次,昆仑 17 次,葡萄(葡桃)16 次,阳关 15 次,关山 14 次,花门 13 次,葱岭 13 次,楼兰 9 次,羌笛(胡笳)9 次,高昌 7 次,孤城 7 次,蒲类(蒲海)7 次,白草 7 次,天马 5 次,交河 4 次,雪山 4 次,沙场 3 次,龙城、胡天、刁斗、河源各 2 次。可见,清代西域诗人们在创作诗歌时,确实是在有意识的向唐诗学习、模仿,进而创作。

　　唐代诗人们在运用这些意象描写西域奇异的风光时,无外乎苍茫孤寂,或者登楼送别,闻笛思乡,进而表达自己或慷慨或悲凉之情,题材内容较为单一。如王维《渭城曲》:"渭城朝雨浥轻尘,客舍青青柳色新。劝君更尽一杯酒,西出阳关无故人。"①清代西域诗受唐诗影响较深,当然也有如此意境,如史善长《出嘉峪关》:

　　　　一出此门去,便与中土殊。明知有还日,得及生也无。狂我多病躯,思亲泪眼枯。当此冻裂肤,上马索人扶。前望雪漫漫,黄沙万里宽。回首望天山,重门寂寞关。凄绝咽无声,谁识此中情。②

此诗作于史善长坐失察罪遣戍新疆出关时,充满了无奈、凄凉与迷茫,流露出对自己个人身世的感慨,以及对现实的些许不满。但这类诗歌仅仅是戴罪入疆的遣戍诗人们的偶一为作,并不是清代西域诗的主题。

　　与唐代西域诗人大多出关为幕僚不同的是,清代的西域诗人们远远突破了单一的幕僚角色。不管是出征将帅,还是幕府任职,乃至流放贬谪之士,在清政府文治武功的历史背景下,他们要么是统一战争的亲历者,要么是经营与管理新疆的参与者。见证人的身份,决定了他们的诗歌即使是写景大多具有慷慨激昂的气势,不见悲凉哀怨之情,如蒋业晋《九日随将军阅库尔喀喇乌孙城》:

　　　　戊己新屯骠骑营,恰逢九日上孤城。重关不断黄云色,大漠长流黑水声。万里登高兼审势,三边从猎剧论兵。时平伏莽都销歇,岂学悲歌塞上行。③

此外,即使同样使用这些诗歌意象,清代西域诗写景时,也往往与唐诗浪漫的笼而统之的重视主观感情抒发的描写不同,而是稍显内敛,以务实为主。进而跳出了唐诗描写西域风光时题材与内容的单一,进一步扩大了诗歌的表现内容。比

---

　　① 《诗钞》,5 页。
　　② 《诗钞》,208 页。
　　③ 《辑注》,57 页。

如同样写沙漠,唐人是"大漠孤烟直,长河落日圆"(王维《使至塞上》)来形容,清人则"无秋无夏无三春,无飞无走并无介与鳞,无草无木亦无水与薪。凝睇何所见?但见沙中细石碥且璘"①;同样写新疆雪大、风大,唐人是"北风卷地白草折,胡天八月即飞雪。忽如一夜春风来,千树万树梨花开"②,清人则"天山雪花大如席,一朵雪铺牛背白。寻常鸡犬见亦惊,避雪不啻雷与霆"③。再比如,同样描写天山景色,唐人、清人也同样不同:

> 天山雪云常不开,千峰万岭雪崔嵬。北风夜卷赤亭口,一夜天山雪更厚。能兼汉月照银山,复逐胡风过铁关。交河城边鸟飞绝,轮台路上马蹄滑。晻霭寒氛万里凝,阑干阴崖千丈冰。将军狐裘卧不暖,都护宝刀冻欲断。正是天山雪下时,送君走马归京师。雪中何以赠君别,惟有青青松树枝。(岑参《天山雪歌送萧治归京》)④

> 地脉至此断,天山已包天。日月何处栖,总挂青松巅。穷冬棱棱朔风裂,雪复包山没山骨。峰形积古谁得窥,上有鸿濛万年雪。天山之石绿如玉,雪与石光皆染绿。半空石堕冰忽开,对面居然落飞瀑。青松冈头鼠陆梁,一一竟欲餐天光。沿林弱雉飞不起,经月饱啖松花香。人行山口雪没踪,山腹久已藏春风。始知灵境迥然异,气候顿与三霄通。我谓长城不须筑,此险天教限沙漠。山南山北尔许长,瀚海黄河兹起伏。他时逐客倘得还,置冢亦象祁连山。控弦纵逊票骑霍,投笔或似扶风班。别家近已忘年载,日出沧溟倘家在。连峰偶一望东南,云气漭漭生腹背。九州我昔历险夷,五岳顶上都标题。南条北条等闲耳,太乙太室输此奇。君不见奇钟塞外天奚取:风力吹人猛飞举;一峰缺处补一云,人欲出山云不许。(洪亮吉《天山歌》)⑤

岑参《天山雪歌送萧治归京》概括的写出天山雪景之壮观。洪亮吉《天山歌》通过对天山的雄壮、飞瀑、禽兽、气候的描述,再过渡到中原的大山,最后写到天山的云与风,把天山的雄伟奇丽刻画地淋漓尽致。通过对比,我们可以发现,唐诗

----

① 李銮宣《瀚海歌》,《诗钞》,145 页。
② 岑参《白雪歌送武判官归京》,《诗钞》,14 页。
③ 洪亮吉《行至头台雪益甚》,《诗钞》,128 页。
④ 《诗钞》,15 页。
⑤ 《诗钞》,121 页。

主要用夸张的比喻、过度的形容、抑扬开合的笔法来写景,体现了唐人个性的张扬。而清诗则用精细的笔触、务实的态度、细致周密的笔法来写景,体现了清人个性的内敛。当然,也进一步地扩大了清代西域诗的题材与内容。

二、对唐诗人的追慕及化用唐句

《诗钞》与《辑注》两书共有 14 首诗谈及 12 位唐代诗人,分别是追慕韩愈:"昌黎不来坡老死,可惜无诗志奇幻。"①"退笔亦羞毛颖鬎,安石榴红珠粒湛。"②"六出纷如,颇有秦岭蓝关之虑。"③追慕岑参:"后来岑著作,歌词尤慷慨。"④追慕卢仝:"卢仝如过此,无计润枯肠。"⑤追慕柳宗元:"昔柳宗元尝言:思报国恩,惟有文章。"⑥追慕刘禹锡:"刘郎倘是修花谱,芍药丛中定误题。""前度刘郎手自栽,夭桃移的过山来。"⑦追慕王昌龄:"诗情谁似龙标尉,好赋流人水调歌。"⑧追慕李白:"赢得番回道旁看,争传李白夜郎还。"⑨追慕李贺:"李囊吟有难除癖,沈带腰无可减围。"⑩追慕孟郊:"懒向众中看攘臂,愿从东野拜低头。"⑪追慕李杜:"倪黄时对晤,李杜日当筵。"⑫追慕王维:"却输摩诘诗中画,且趁闲情寄笔端。"⑬追慕卢纶:"剩有卢纶豪气在,高吹铁苗送残年。"⑭由此可见,清代西域诗人们在创作诗歌时,确实是在有意识地主动学习唐人、模仿唐人。

但最能体现唐诗对清代西域诗影响的,是清代西域诗人在创作过程中对唐诗的大量化用。如施补华《轮台歌》化用岑参"轮台九月风夜吼,一川碎石大如

----

① 李銮宣《明霜歌》,《诗钞》,152 页。
② 陈庭学《寓怀再叠前韵》,《辑注》,99 页。
③ 黄濬《天山快雪》,《辑注》,371 页。
④ 施补华《轮台歌》,《诗钞》,180 页。
⑤ 史善长《一碗泉》,《诗钞》,219 页。
⑥ 纪昀《乌鲁木齐杂诗》,《诗钞》,76 页。
⑦ 纪昀《物产六十七首》其二九、三五,《诗钞》,95 页。
⑧ 纪昀《物产十七首》其九,《诗钞》,99 页。
⑨ 洪亮吉《伊犁纪事四十二首》其四二,《诗钞》,133 页。
⑩ 庄肇奎《出嘉峪关纪行二十首》其七,《辑注》,66 页。
⑪ 陈庭学《秋感》,《辑注》,97 页。
⑫ 毓奇《暮春途中即事有怀却寄明寅斋将军兼示陆友鲁瞻二十八韵》,《辑注》,153 页。
⑬ 雷以諴《过南山口用萨香舲壁间原韵》,《辑注》,401 页。
⑭ 方希孟《塞上杂感》,《辑注》,426 页。

斗,随风满地是乱走"而来的"边风夜吼不可挡,一川碎石挟之舞,误惊群燕翻空翔"句,两书中类似这样的例子还有很多。如左宗棠《吴桐云西来且喜且恼出册索题漫书二绝句》"五年一觉清凉梦,茶伴香初海国天"句,化用齐己《荆渚偶作》"从容一觉清凉梦,归到龙潭扫石枰"而来;谭嗣同《天山》"会当绝顶观初日,五岳中原小眼前"句,是化用杜甫《望岳》"会当凌绝顶,一览众山小"而来;王树枏《闻俄罗斯沿途益兵二首》其一"忧时一见泪,去国若为情"句,是化用杜甫《春望》"感时花溅泪,恨别鸟惊心"而来;曹麟开《温泉夜雨》"依稀共话巴山雨,剪烛西窗忆当年"句,显然是化用李商隐《夜雨寄北》"何当共剪西窗烛,却话巴山夜雨时"而来。

在《诗钞》与《辑注》中,共有 51 首诗化用唐人诗句,其中最突出的是化用王之涣《凉州词》其一"羌笛何须怨杨柳,春风不度玉门关"句,在清代西域诗中,共有 12 首诗歌化用该句,除奎林《闻蛰》"孤客莫悲秋意早,玉关原自阻春风"与其原意稍近之外,不同于王诗的苍凉悲壮、极力渲染戍卒不得还乡怨情的是,其余由于历史背景、作者身份经历的变化,均写得慷慨激昂,积极乐观。分别是:邓廷桢《回疆凯歌十首》其七:"千骑桃花万行柳,春风吹度玉门关。"[①]萧雄《草木》其四:"应同笛里边亭柳,齐唱春风度玉关。"[②]杨昌濬《恭颂左公西行甘棠》:"新栽杨柳三千里,引的春风度玉关。"[③]王树枏《正月元夜日本南州少佐日野强来游西域索赋赠之》:"雪消金满谷,风度玉关春。"[④]阿克敦《途中纪事》:"漫因沙漠思杨柳,已有春风度玉关。"[⑤]国梁《得旨调授乌鲁木齐丞再成二律》其二:"按部书生还较远,春光唯有玉关浓。"[⑥]国梁《郊外》:"春风早度玉关外,始悟旗亭唱者非。"[⑦]舒其绍《巴燕岱城》:"玉关飞渡外,杨柳早春风。"[⑧]常钧《题哈密驿馆》:"高城月落飞羌笛,又见春光度玉关。"[⑨]和瑛《闻城上海螺》:"春风玉门关外满,

---

① 《诗钞》,189 页。
② 《诗钞》,264 页。
③ 《诗钞》,270 页。
④ 《诗钞》,320 页。
⑤ 《辑注》,13 页。
⑥ 《辑注》,23 页。
⑦ 《辑注》,38 页。
⑧ 《辑注》,183 页。
⑨ 《辑注》,212 页。

不须听作战场声。"①在这些诗歌里面,同样面对玉门关,唐、清诗人感情却如此不同,也许萨迎阿《用〈凉州词〉原韵》即能解释这一原因:"桃杏花繁溪柳间,雨余如笑见青山。极边自古无人到,便说春风不度关。"②

综上所述,清代西域诗人追慕唐人、化用唐人诗句,其诗歌创作当然也受唐诗影响较深。但是,由于清代西出阳关的官员、文人们特殊的人生历程,他们的西域诗在继承唐诗的同时,也有发展,其感情远比唐诗更为奔放、乐观、激昂。

三、借用唐人诗韵

清代西域诗的唐诗影响还体现在其借用唐人诗韵来作诗。《诗钞》与《辑注》中和唐韵的诗歌除前述萨迎阿《用〈凉州词〉原韵》外,还选录了 7 题 82 首之多,多以组诗的出现、表现宽泛的内容。据此,也可窥见清代西域诗的唐诗影响。

清代西域诗人中,黄濬是比较特殊的,其西域诗存 165 首,其中多达 130 多首为和韵之作。杜甫是唐代律诗的高手,其五律、七律均是唐诗的巅峰之作,黄濬借用唐韵的诗歌首先集中体现在他对杜甫诗歌次韵上。《辑注》就选录了他唱和杜甫的两首诗作,《重九日追次杜少陵韵》、《庭州杂诗二十首次杜少陵秦州杂诗韵》(选一):

天比中原眼界宽,人于佳节异悲欢。新尝鱼脍殊吴味,醉插茱萸尚楚冠。初雪已催残菊老,暖风留斗敞裘寒。且将都护军门柳,当作龙山羽盖看。(黄濬《重九日追次杜少陵韵》)③

老去悲秋强自宽,兴来今日尽君欢。羞将短发还吹帽,笑倩旁人为正冠。蓝水远从千涧落,玉山高并两峰寒。明年此会知谁健,醉把茱萸子细看。(杜甫《九日蓝田崔氏庄》)

已过蒲类海,还住准夷宫。甲队双城接,滩沙十里空。沟通连巷水,涛吼远天风。列肆辉玑织,都来自粤东。(黄濬《庭州杂诗二十首次杜少陵秦州杂诗韵》选一)④

----

① 《辑注》,221 页。
② 《辑注》,344 页。
③ 《辑注》,379 页。
④ 《辑注》,385 页。

秦州城北寺,胜迹隗嚣宫。苔藓山门古,丹青野殿空。月明垂叶露,云
逐度溪风。清渭无情极,愁时独向东。(杜甫《秦州杂诗》其二)

所谓次韵,也叫步韵,是指用前人韵脚原字及其先后顺序来写诗唱和①。黄濬前
和杜诗与杜甫原诗韵脚完全一致,分别用"宽""欢""冠""寒""看"五字依次为
韵脚。后诗也与杜诗韵脚完全一致,分别用"宫""空""风""东"四字依次为韵。

此外,《辑注》还选录了黄濬《己亥中秋夕红山对月用唐人"此夜一轮满,清
光何处无"之句为韵成十绝》两首限韵诗②。所谓限韵,是限用前诗韵字,但韵字
的先后顺序可以改动③。像黄濬这样大面积追和唐人诗作的行为,固然有呈才
之嫌,但也恰恰反映了清代西域诗的唐诗影响。

竹枝词,本巴蜀一带民众喜闻乐见的民歌,杂咏当地风物和男女爱情,富有
浓郁的生活气息。后中唐著名诗人刘禹锡贬官夔州时,根据民歌创作新词,变民
歌为文人诗体,共创作《竹枝词》两组十一首,写男女爱情与当地风情,也曲折地
流露自己遭贬之后内心的哀怨之情,流传甚广,后人多有效仿。

清代西域诗作者的主体,就是那些因各种原因流放新疆的贬官遣戍之士。
他们抵达西域后,面对域外独特的风情,又由于相同的命运,自然会联想到他们
所追慕的唐人,创作了大量的《竹枝词》,如林则徐的《回疆竹枝词三十首》④、福
庆《异域竹枝词百首》⑤、曹麟开《塞上竹枝词三十首》⑥、祁韵士《西陲竹枝词百
首》⑦,对西域少数民族的历史、文字、制度、历法、宗教、文化、医疗、建筑,以及饮
食起居、婚丧嫁娶、民族关系等方面均有细致描写。

唐代边塞诗在描述西域风土人情、民族关系时,大多统而概之,语焉不详,如
岑参《与独孤渐道别长句兼呈严八侍御》:"中酒朝眠日色高,弹棋夜半灯花落。
冰片高堆金错盘,满堂凛凛五月寒。桂林蒲萄新吐蔓,武城刺蜜未可餐。军中置
酒夜挝鼓,锦筵红烛月未午。花门将军善胡歌,叶河蕃王能汉语。"⑧而清代西域

----

① 详参星汉《清代西域诗研究》,上海:山海古籍出版社,2009 年,27 页。
② 《辑注》,378 页。
③ 详参星汉《清代西域诗研究》,27 页。
④ 《诗钞》,183 页。
⑤ 《辑注》,160 页。
⑥ 《辑注》,85 页。
⑦ 《辑注》,230 页。
⑧ 《诗钞》,17 页。

诗比唐诗更进一步,对此有比较详细的深入反映与描述,如林则徐《回疆竹枝词》其十五:

> 肥豗由来不入筵,割牲须见血毛鲜。稻粱蔬果成抓饭,和入羊脂味总膻。①

前两句写维吾尔族由于宗教信仰,饮食有忌食猪肉与自死动物的习俗,喜食用羊肉、大米、食油、胡罗卜以及葡萄干等水果做成的抓饭。

《回疆竹枝词》其七:

> 把斋须待见星辰,经卷同翻普鲁干。新月如钩才入则,爱伊谛会万人欢。②

伊斯兰教历九月为斋月。把斋,即伊斯兰教众九月白天必须封斋,晚上才能饮食。普鲁干,维吾尔语,即《古兰经》。入则,维吾尔语,即肉孜节,伊斯兰三大节日之一。爱伊谛,维吾尔语,意为传统节日。此诗记载了西域少数民族过节时,万民欢腾、载歌载舞庆祝节日之情景。

这类诗歌在清代西域诗用唐诗韵的诗作中,成就最高,也最为后人所激赏。反映了清代西域诗在描述西北风情、民族关系时,一方面有着明显的唐诗影响,另一方面与唐诗相比,记载更为细致,反映更为深刻,在继承唐诗的同时,也有着明显的发展与转型。

四、借咏唐事来歌颂清帝国的统一

唐朝,是中国历史上最鼎盛的时期之一,而清代官员文人西出阳关时,恰逢清帝国大一统的文治武功逐步开展之时,因此,清代西域诗人们在对唐代诗歌的学习和模仿中,逐渐把知识分子固有的经世致用之心融入诗歌,在诗歌中不仅描写清帝国的统一大事,而且也描写唐史上的相关重大事件,以古鉴今。

《诗钞》与《辑注》中,歌咏唐事的诗歌共有 28 首,其中,曹麟开《哈喇沙尔》纪阿史那社尔擒焉耆王薛婆阿那支、以其地为都督府事③,陈庭学《奉和奎元戎

---

① 《诗钞》,204 页。
② 《诗钞》,203 页。
③ 《辑注》,88 页。

鉴远楼题壁韵二首》(其一)述唐王播少孤贫事①,王大枢《边关览古六十四咏》(选十一)其九、十、十一分咏薛仁贵、裴行俭、张孝嵩平定西域事②,舒敏《秋日寄兴》咏张仲武破回鹘事③,祁韵士《伊犁》述苏定方讨西突厥事④。这些诗歌均对清政府统一新疆充满自豪,并希望收复之后的西域人民能够乐居安康。

在清政府收复新西域的历史上,两定准噶尔是一件大事,奠定了统一的基础,这与贞观年间唐政府征服高昌相似,自然也就成为清代文人歌咏的重点对象:

战绩侯姜说有唐,西州名改旧高昌。而今莫问童谣谶,日月长年照雪霜。⑤

唐时,高昌国始与唐交好,后则反复不定,且劫掠西域入唐使及商人。贞观十四年,唐太宗命侯君集、姜行本为交河道行军正副大总管率军讨伐。当时,高昌人民也不满麹文泰倒行逆施的行为,假托民谣表达对唐军队到来的希望:"高昌兵,如霜雪;唐家兵,如日月。日月照霜雪,几何自殄灭。"⑥诗人歌咏此事,是对清政府平定准噶尔分裂政权、统一西域的礼赞。与之类似的还有毓书的《天山碑》:

巀嶪丰碑纪有唐,当年君集破高昌。刀烧枉自夸寒热,日月旋看化雪霜。

百载封圻空叹麹,千秋文笔却推姜。只今过客徘徊处,古迹依稀认战场。⑦

唐碑,因碑额有:"大唐左屯卫将军姜行本勒石□□文"⑧,亦名"姜行本纪功碑"。库舍图,属巴里坤,是连接天山南北地区的主要通道。在侯君集、姜行本奉命讨伐高昌时,高昌王麹文泰闻之笑曰:"唐去我七千里,碛卤二千里无水草,冬风裂肌,夏风如焚,行贾至者百之一,安能致大兵乎? 使能顿吾城下一再旬,食尽当溃,吾且系而虏之。"⑨诗人在诗中首先论述侯、姜二人平定高昌之事,进一步证明"日月"必照"雪霜",也说明了历代中央政府对西域的管理与经营,以及西域各民族之间的融合是历史的必然,任何企图分裂的行为都也必然会以失败而告终。同时,作者更希望在国家一统、民族关系和谐的现实背景下,中央政权和西北边地人民能和睦共处,维护来之不易的安详生活,共同建设美好边疆。

----

① 《辑注》,102 页。

② 《辑注》,147 页。

③ 《辑注》,171 页。

④ 《辑注》,233 页。

⑤ 和瑛《小歇吐鲁番城》,《辑注》,213 页。

⑥ (后晋)刘昫等撰《旧唐书》卷一九八《高昌传》,北京:中华书局,1975 年,5296 页。

⑦ 《辑注》,389 页。

⑧ (清)王树楠《新疆图志》卷八八"金石志",宣统三年活字本。

⑨ (后晋)刘昫等撰《旧唐书》卷一九八《高昌传》,5295 页。

　　历史事件寓意过于深远,对清代新疆的现实意义也很重大,所以就成了清代西域诗的重点歌咏对象。除上述两首之外,清代西域诗颂咏此事的还有 20 首,分别是:王芑孙《西陬牧唱词六十首》其五、三二①,李銮宣《塞上曲》其二②、《登库舍图岭纵笔作歌》③、《务涂谷》④、《登库舍图岭二首》其二⑤,施补华《送严紫卿榷税巴里坤》⑥、《戏作火州歌赠黄芸轩司马》⑦,史善长《到巴里坤》⑧,王树枏《塞上二首》其二⑨,岳钟琪《天山》⑩,沈青崖《南山松歌》⑪,曹麟开《塞上竹枝词》其一⑫、《轮台秋月》⑬,王大枢《边关览古》⑭,祁韵士《巴里坤》⑮,颜检《由南山口至松树塘》⑯,方希孟《度天山》⑰、《大石头》⑱。

　　与之对应的是,唐代西域诗也有诸多征战怀远之作,如王昌龄《从军行七首》其四:"青海长云暗雪山,孤城遥望玉门关。黄沙百战穿金甲,不破楼兰终不还。"⑲但由于种种条件的限制,在诗歌内容与感情的表达上并未能进一步深入探析⑳。而正如前所揭,清代西域诗在继承唐人诗歌的基础上,在歌颂统一方面,其题材内容显然比唐人更为丰富,歌颂并拥护统一的成分大大增加,爱国热情也是更为高扬。

----

① 《诗钞》,102、105 页。
② 《诗钞》,145 页。
③ 《诗钞》,148 页。
④ 《诗钞》,155 页。
⑤ 《诗钞》,156 页。
⑥ 《诗钞》,160 页。
⑦ 《诗钞》,181 页。
⑧ 《诗钞》,220 页。
⑨ 《诗钞》,318 页。
⑩ 《辑注》,4 页。
⑪ 《辑注》,5 页。
⑫ 《辑注》,85 页。
⑬ 《辑注》,91 页。
⑭ 《辑注》,147 页。
⑮ 《辑注》,232 页。
⑯ 《辑注》,269 页。
⑰ 《辑注》,433 页。
⑱ 《辑注》,440 页。
⑲ 《诗钞》,7 页。
⑳ 详见姚春梅《唐代西域诗研究》,武汉:华中师范大学硕士学位论文,2006 年。

余 论

综上所述,清代西域诗人群体在创作的过程中,他们推崇唐人,学习唐诗、模仿唐诗,在不同程度上都受到了唐诗的影响,这主要体现在他们对唐诗意象的承袭、化用唐人诗句、用唐人诗韵、咏唐人史事等方面。但清代西域诗在继承唐人成果的同时,也体现出了其发展与转型的特点。首先,他们在描写边地风光时,跳出了唐人题材与内容都比较单一、述景笼而统之的局面,而是用丰富的题材、精细的笔触、务实的态度、细致周密的笔法进行创作;其次,在抒写军旅题材的诗歌时,清人内敛的个性虽不似唐人那么奔放浪漫,但在歌颂帝国一统方面大大加强,远比唐人更加昂扬,爱国主义感情更加明显;第三,在情感抒发方面,清代西域诗不似唐诗那样主情,而是重写实,偏重于事实的抒写与探究;第四,在反映边地风情、民族关系时,比唐诗更为深刻与细致,如果说唐诗具有"诗人之诗""才人之诗"的特点,那么清人之诗则体现了"学人之诗"的特征;第五,与唐代仅十数人亲履西域且多为赴幕文士的情形相比,清代西域诗人远远突破了这一角色,身份涉及帝王、使臣、将军、贬官、赴任官员、幕僚以及随从、贫民等。如前所揭,经过清代西域诗人的不懈创作,他们在承袭前人的基础上,又努力地进行发展与转型。最终,清代西域诗成为历代西域诗的扛鼎之作,到达了学者所论"历代西域诗,无论是在数量上还是质量上,都首推清代"的境界①。

(作者单位:新疆师范大学文学院暨西域文史研究中心)

---

① 《辑注·前言》,2 页。

史前"彩陶之路"与中原早期文化的西向拓展

刘学堂

彩陶的出现是人类史前文化发展史上的一大里程碑,是欧亚东西方文明起源中心新石器革命的重要成果。史前彩陶文化的繁盛与这一时期农业文化发展关系密切。20世纪初以来,国际学术界普遍认为西亚的两河流域是世界彩陶的最早发源地[①]。新中国成立以后的考古发现表明,黄河流域是世界彩陶文化的另一个故乡[②]。欧亚东西方史前彩陶文化几乎同时出现,即向周边传播。黄河流域为中心的欧亚东部区,彩陶文化传播的道路四通八达,其中西向的传播开始的时间早,持续的时间长,走出了一条东西向的彩陶之路。彩陶之路与几乎同一时期的青铜之路东西呼应,构成了欧亚大陆东部史前历史发展的两条轴线。史前青铜之路的开辟对中原文明起源与形成产生过深远影响,对此,我们在《史前"青铜之路"与中原文明》一文中做过介绍[③]。史前"彩陶之路"标示的则是中原早期文化的西向拓展的历史进程。与史前时期青铜之路一样,史前彩陶之路的内容也不仅局限于彩陶的传播。目前的考古发现看,随着彩陶文化的西进,至少还包括粟黍类农作物种植技术、早期纺织技术的西传。当然,东西方精神和技术因素相向传播的背后,是欧亚西东方人群的迁徙,关于这一点我们将另文讨论。史前新疆与内地的居民持续不断的密切往来,中原文化对新疆史前文化的深度整合,最终为以中原为中心、多元一体语境下,中华民族西部早期历史的发展,提

---

① 参 A. H. 丹尼、V. M. 马松主编,芮传明译《中亚文明史》第一卷,北京:中国对外翻译出版公司,2002年;杨建华《两河流域史前时代》,长春:吉林大学出版社,1993年;王兴运《古代伊朗文明探源》,北京:商务印书馆,2008年。

② 吴耀利《我国最早的彩陶在世界早期彩陶中的位置》,《史前研究》1988年辑刊,88—99页。

③ 刘学堂、李文瑛《史前"青铜之路"与中原文明》,《新疆师范大学学报》2014年第2期,79—88页。

供了纵深的历史舞台。

一、"彩陶之路"的形成

黄河流域最早的陶器出现在距今约11000年到距今9000年间。距今7300年前,陕西关中的老官台文化遗址,发现有在圜底钵的口沿处抹红彩带的现象,是黄河流域最早的彩陶①。其后,彩陶在黄河中上游迅速发展起来,开始向四周传播。

(一)彩陶初传河西

黄河流域史前居民进入仰韶文化的阶段,彩陶艺术日渐成熟,呈现多头传播的态势。到了庙底沟文化时期,黄河上游的彩陶文化强劲地四向辐射,向东出现在黄河下游的大汶口文化分布区,向北发现在河套地区的阿善文化和东北辽河地区红山文化分布区,向南对长江流域的影响也十分明显②,彩陶文化的西向传播更是其中的主要干道。大体讲来,距今7000年以降,彩陶文化已经进入到六盘山东西两侧;距今5500—5000年,扩展至青海的东部区;距今5000年以降,西进至祁连山北麓的酒泉地区;距今4200—3500年前后,黄河上游甘青地区进入到马家窑文化的后期,彩陶文化西进的步伐加快,占领了河西走廊全境,河西走廊因而变成了彩陶走廊。公元前3千纪末,河西走廊西部马家窑文化的马厂类型开始向四坝文化过渡。这一时期,大规模的彩陶文化人群,越过了河西走廊与哈密盆地之间数百公里的黑戈壁,出现在新疆东部天山的哈密盆地,拉开了"彩陶之路"新疆段的序幕。

(二)哈密盆地彩陶文化的兴衰

哈密盆地史前文化大体上可以分为青铜时代和早期铁器时代前后两个阶段。青铜时代的典型遗存是哈密市天山北路墓地,以这一墓地为代表的文化可

----

① 严文明《甘肃彩陶的源流》,《文物》1978年第10期,62—76页。
② 王仁湘《黄河上游彩陶南传之路探索》(摘要),《中国社会科学院古代文明研究中心通讯》第8期(2004年),27—30页。

以称为林雅文化①。林雅文化的年代在公元前3千纪末到公元前2千纪前半叶，它的下限更晚一些。早期铁器时代的典型遗存是焉不拉克墓地的晚期墓葬，年代上限在公元前1千纪中叶以后，结束的时代一直晚到战国西汉。以这一墓地为代表的文化称为焉不拉克文化②。

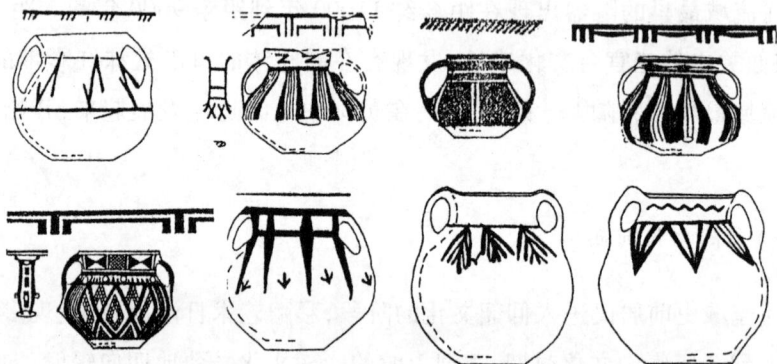

图1　天山北路墓地第一组彩陶

林雅文化的彩陶　天山北路墓地发掘墓葬700余座③。墓葬中出土的陶器多为夹砂红陶，手制。器型主要有双耳罐、单耳罐、桶形罐、腹耳壶、单耳杯、盆等。双耳罐是常见的典型器物。林雅文化的彩陶多为红衣黑彩，个别为黑白相间的双色彩，依器物类型和图案风格，大体可分两组。

第一组，以双耳彩陶罐为代表，是林雅彩陶主流（图1）。这组彩陶的图案以分区的方式绘在器物的口沿下、器物的颈部和腹部。口沿下或颈部的图案基本为几何纹母体组成的带状彩，带状彩是用一种或两种几何母体纹样二方连续绘成；腹部图案同样是几何纹构图，是用相同或不同的几何母体纹样二方或四方连续构图。几何纹样常见的有三角纹、网纹、菱格纹、数线一组的平行线纹等，这些几何纹样，流行于整个彩陶之路。其次有横竖断续的短线、曲直

---

① 以天山北路墓地为代表的考古文化，有学者也称为天山北路文化。因为天山北路在读音上容易与天山北麓混混淆，天山北路墓地最初发现的地点是也称为林雅，所以我们在相关论著中称期为林雅文化。

② 新疆维吾尔自治区文化厅文物处、新疆大学历史系文博干部专修班《新疆哈密焉不拉克墓地》，《考古学报》1989年3期，325—361页。

③ 常喜恩《哈密市雅满苏矿林杨办事处古代墓葬》，《中国考古学年鉴—1988年》，北京：文物出版社，1989年，274—275页；吕恩国、常喜恩、王炳华《新疆青铜时代考古文化浅论》，《苏秉琦与当代中国考古学》，北京：科学出版社，2001年，172—193页。

交叉的十字纹、变形手掌纹、类草叶纹等,这些纹样则具有哈密盆地早期彩陶的地方化特征。

图2 天山北路墓地第二组彩陶

第二组彩陶(图2),以筒形彩陶罐为代表,发现较少。筒形罐是林雅文化中一类特殊的器物,陶罐平底无颈,腹近平略鼓,器腹上沿附加对称的或横或竖的双系耳。筒形陶罐在哈密盆地的出现,被认为与中亚北部草原很早就流行的筒形陶器,以及小河墓地常见的器形相近的草篓对其的影响有关①。筒形陶罐上的图案风格简单雷同,纹样是用长短不同的平行直线、平行曲线,上下排列或左右对称排列构图,这些图案被认为模仿了编织纹。均为通体彩。

焉不拉克文化彩陶 焉不拉克文化分为不同的发展阶段。焉不拉克文化早期彩陶依旧丰富,陶质多夹砂红陶,陶器类型和纹样风格明显继承林雅文化,又有显明的变化(图3)。彩陶器有陶豆、腹耳壶、单耳杯、单耳钵等。不同器型的彩绘图案也不一样。陶豆的纹样绘在豆盘内,图案奇特,是平行线绘成的十字双钩纹;腹耳壶的器身多绘垂帐纹、锯齿纹、竖条带纹,条带纹中间常填绘以小的短曲线;单耳杯的口沿下多绘倒三角纹、锯齿纹,它的腹部绘以成组分区的平行曲线,有的曲线下再加绘"耙"状纹;单耳钵的器身多绘以垂帐纹、竖条纹、横向或竖向的平行曲线纹。

---

① 刘学堂、李文瑛《中国早期青铜文化的起源及其相关问题新探》,《藏学研究》第三辑,成都:四川大学出版社,2007年,1—63页。

　　哈密盆地林雅文化彩陶的源头在河西走廊①。东、西比较起来,分布在河西走廊西段马厂类型晚期和四坝文化的彩陶,多采用直线几何纹样构图,大多通体彩,布局严密,一丝不苟,并略显呆滞和程式化。彩陶图案传入哈密盆地后,那些繁缛的纹样逐渐分解,彩陶图案主体纹样显得更为突出。焉不拉克文化时期,哈密盆地的彩陶纹样几乎完全地方化了,特征明显。到春秋战国时期及以后,哈密盆地彩陶快速衰退,彩陶图案简略,构图越来越草率。汉代前后彩陶在这一地区销声匿迹。

图 3　焉不拉克文化的彩陶

(三)吐鲁番盆地彩陶艺术昙花繁荣

　　河西走廊流布到东天山的彩陶文化,并未在哈密盆地驻足,继而西传,进入到吐鲁番盆地。公元前 2 千纪前后开始,吐鲁番盆地出现了洋海文化,洋海文化

---

　　① 李水城《从考古发现看公元前二千年东西文化的碰撞和交流》,《新疆文物》1999 年第 1 期,53—65 页;水涛《新疆青铜时代诸文化的比较研究》,《国学研究》第一卷,北京:北京大学出版社,1993 年,447—489 页。

的典型遗存,是火焰山南流沙戈壁上洋海墓群中的早期墓葬①。在相对较短的时期内,彩陶文化便在洋海文化中获得了突发式的繁荣。公元前1千纪中叶前段,在吐鲁番盆地,以吐峪沟苏贝希墓群为代表的苏贝希文化②,逐渐取代了洋海文化。苏贝希文化晚至西汉时期,退出了历史舞台。

洋海文化的彩陶 洋海墓群早期墓葬出土的陶器基本为夹砂红陶,手制。器物类型呈现出多样化的趋势。器类以单耳平底罐为主,其次有杯、豆形罐等。单耳罐中有一类口沿上立有阶梯状"品形耳"的小型陶罐,造型奇特,纹样别致,是洋海文化独有的器型。洋海陶器绝大多数施彩,主要器物有双耳或单耳陶罐、杯和豆。纹样大多红衣黑彩,见一例黑、白、黄三色并用的复合彩。图案以直几何纹为母体构图,个别曲线几何纹。母体纹样中最为流行的是三角纹,吐鲁番盆地史前艺术中三角纹无限流行,它不仅存在于彩陶图案,在木器、皮革、纺织等只要勾画图案的地方,都泛滥着三角纹样。吐鲁番史前居民赋予三角纹特殊寓意,存在着三角纹的崇拜情结③。洋海文化多数陶器口沿内侧都要绘一周三角,在绘成组的器腹图案时,首选也是三角纹样。三角的绘法各不相同,仅以线条勾勒出的三角样就有单线三角、双线三角和多线重组三角纹,更多还有实体三角、网状三角,以及菱形格构成的三角等。需要说明的是,洋海文化有一组独特的锯齿形纹样,一时流行,这些锯齿纹样是在拉长的三角纹边缘、在叉开合组的三角形分枝边缘,都加饰密集三角,其用意明显不在于锯齿,因为金属锯条的出现相当晚,这些锯齿纹的用意是要营造出无穷排列的小三角纹样。曲线几何纹呈现的是有飘动感、变形的三角状条带。洋海文化彩陶中,最奇特的是绘在前述"阶梯状品形耳"陶罐上的通体火焰纹,烟雾蒸腾,烈焰缭绕。

器物奇异的造型,再配以神秘的纹样。这类器物日常生活使用起来极不方

① 洋海墓地考古发掘领队吕恩国先生称其为"洋海一期文化",见田卫疆、赵文泉主编《历史上的鄯善》,乌鲁木齐:新疆人民出版社,2007年,19页。为了与苏贝希文化相区别,我们这里直接称其为洋海文化。

② 陈戈《新疆史前时期又一种考古学文化——苏贝希文化试析》,宿白主编《苏秉琦与当代中国考古学》,北京:科学出版社,2001年,153—171页;陈戈《苏贝希文化的源流及与其它文化的关系》,《西域研究》2002年第2期,11—18页。

③ 刘学堂《三角纹符号解译》,《中国文物报》2005年5月6日;刘学堂《新疆史前宗教研究》,北京:民族出版社,2009年,316—321页。

便,它的制造与流行,显然与当时的巫术观念有关。

图 4　洋海文化的彩陶

苏贝希文化的彩陶　苏贝希文化是在洋海文化基础上发展起来的考古学文化[①]。苏贝希文化主要分布在吐鲁番盆地、天山阿拉沟、柴窝堡湖和乌鲁木齐,以及今天昌吉地区天山北麓的绿洲地带。

苏贝希文化的彩陶纹样富于变化。三角纹依然是最为流行的母体纹样。器物口沿的内外侧,一般绘一周倒三角纹,器物的颈部通常绘出带状彩,器物腹部绘有上下或左右平行、或对称排列的独立图案区,小的图案区里或填以不同的几何纹样,或是同一种纹样反复重现。构成图案的母体除常见的直线几何纹样,如三角形纹、菱格形纹、圆涡纹外,这一时期出现并流行起来的圆涡纹,是苏贝希彩陶的标志性图案。突显的圆涡纹样很可能是由早期的弧边三角纹逐渐演化而来:弧边三角,垂向器腹的一角拉长变细、尾部逐渐卷曲,对应排列卷尾三角,构成了圆涡纹。圆涡纹常常是上下两排对称、交错,透视出一种律动中的美感。苏贝希文化晚期,到了战国汉代,彩陶文化在吐鲁番盆地衰退消亡。

---

① 刘学堂《车师考古述略》,《吐鲁番学研究》2000 年第 1 期,18—31 页;刘学堂《新疆早期青铜文化及相关问题初探》,《吐鲁番学研究》2005 年第 2 期,63—73 页。

图 5 苏贝希文化彩陶

（四）天山南麓彩陶图案的异彩纷呈

吐鲁番盆地洋海文化的彩陶因素,通过新疆中部天山的阿拉沟等通道,公元前 2 千纪末到 1 千纪初进入到天山南麓。彩陶文化传到这一地区,很快与北来的游牧文化因素结合起来,形成察吾呼沟文化①。察吾呼沟文化分布的中心区域在天山南麓的焉耆盆地,向西发展,流布到轮台和库车拜城盆地②,演化成另

----

① 关于这一文化的命名,不同的学者曾使用过"察吾呼沟文化"、"察吾呼沟口文化"、"察吾呼文化"等,1999 年出版的《新疆察吾呼》报告将其定名为"察吾呼文化",这一报告是目前最全面、最完整,并对资料进行系统整理的关于这一文化的考古报告,所以这里我们依《新疆察吾呼》将其称为察吾呼文化。

② 张平《从克孜尔遗址和墓葬看龟兹青铜时代文化》,《新疆文物》1999 年第 2 期,59—65 页。

一种图案风格。焉耆盆地的彩陶称为察吾呼组,轮台和库车拜城盆地的彩陶称为克孜尔吐尔组。

察吾呼组彩陶 察吾呼组彩陶,以察吾呼沟墓群早期墓葬为代表。察吾呼组陶器基本为夹砂红陶、手制,器型极有特色。器型最突出的特点是在器物口沿一侧通常修出一流嘴,器类有带流罐、带流杯、釜、盆、勺杯等。察吾呼组陶器的器表常施黄色的陶衣,黄色陶衣上施以红彩。彩陶分通体图案和局部图案。

图 6 察吾呼组彩陶

通体图案主要以棋盘格纹、三角纹、折线纹、网纹为母体纹样构图。许多的通体彩陶,构思奇妙、布局考究,在陶器器表的方尺之间,用简略的几种几何纹样,勾画出颇具意境的画面,是天山史前艺术中的精品,彩陶之路上异香绽放的奇葩。局部彩更是独具特色。有口沿下的周带彩、口沿下块状彩、颈带彩、腹斜带彩、上腹彩、单侧口颈彩等多种图案布局方式。口沿下周带彩,常在器物的口沿下绘一周倒三角纹。口沿下块状彩,是在一件器物很小的局部空间填绘块状几何纹样,构思奇巧,耐人品味。颈带彩施于带流罐、带流杯等器物的颈部,彩带宽窄不一,填以不同的母体纹样,统一风格中寓于无穷的变化。众多的几何纹颈带彩有一例驼纹,驼纹是用类似剪影的手法,平涂一排骆驼,骆驼欲卧正起,画面传神。斜腹带彩,用来专门装饰带流杯、带流罐等带流嘴的器物。察吾呼沟文化流行的带流类器物,因为多出了一个流嘴,整体造型呈不对称状。察吾呼沟人独创的腹部斜带彩,恰好和这种特殊的器体结合起来,在不对称的条件下,别出心裁,纹样和器型互补,达到了意想不到的不对称性的和谐。器物腹部的彩带,一般是由器物的流嘴向下,穿过器腹,斜向器底。斜腹带彩纹,最初出现的时候构图简单,有的只绘出简短的折梯状,有的则在小的条带状内填绘菱格。察吾呼沟文化繁荣期,斜腹带彩成为察吾呼沟文化彩陶独特的代表性纹样,彩带中填绘的母体纹样有菱格纹、三角纹、变形回纹、网纹、棋盘格纹等,替换组合,变化万千。上腹彩是在察吾呼彩陶走向衰落过程中的回光返照,是在器物口沿下至上腹部的较大的空间里填绘不同的图案,有实体三角、菱形纹、上下交错的三角纹,图案显得呆滞刻板。单侧口颈彩的纹样只绘于器物单侧的口沿至颈部,是察吾呼沟文化结束时期的草率之作。

克孜尔吐尔组彩陶 克孜尔吐尔组彩陶图案风格简单一致,器物类型单一。最常见的是绘于器腹上部的实体三角纹,三角纹样大多数行排列,多上、下重叠,有成排的三角下部再装饰密集的短线,或在三角形边缘装饰密集的短线,或在三角纹的下部再绘以折线或平行曲线,也称为水波纹。

图7　克孜尔吐尔组彩陶

察吾呼沟文化彩陶早晚变化明显,分早、中、晚三期。早期流行口沿下块状彩、颈带彩,少量腹部斜带彩,纹样多为同一直线几何纹的二方连续;中期图案发生了很大变化,颈带彩和器腹斜带彩依然流行,呈现规范化,纹样独特风格形成,结构呈复杂多变的态势。除直线几何的二方连续,还出现了四方连续纹样和不同几何纹样的组合图案。这一时期通体彩陶发达,大部分为数种直线几何结合构图,出现了动物和植物纹样。晚期流行口沿下单侧局部彩,纹样只有一或两种几何纹,晚期的后段,只在个别陶器上见数道很草率的竖条带,成为彩陶的孑遗。到了汉代,彩陶在这一地区消失得无影无踪。

(五)"彩陶之路"的尾声

吐鲁番盆地洋海文化和苏贝希文化的彩陶因素,沿天山北坡的绿色通道,公元前一千纪前半叶,向西进入到伊犁河谷区。彩陶文化在伊犁河谷区更多地融合了北来的游牧文化因素,演变成穷科克上层文化。穷科克上层文化,在伊犁河流域持续存在了一千年左右,可以分为早期与晚期两个阶段。早期阶段大约从公元前 1 千纪初到公元前 1 千纪中叶,晚期阶段公元前 1 千纪中叶,到西汉前后。

穷科克上层文化早期彩陶 穷科克上层文化早期遗存,以伊犁河支流喀什河上游尼勒克县穷科克墓地为典型遗存①。这一墓地出土的陶器基本为夹砂红陶,器型以圜底的无耳和单耳器为主,常见器类是罐、钵、杯等。彩陶图案大多简单,图案结构变化不大,给人以迟滞呆板的感觉。有局部彩,也有通体彩,直线几何构图。局部彩主要绘于钵类器物或单耳杯类器物的口沿下,以连续的叶脉纹为主,其次是连续的折线三角、交错的平行线三角等。通体彩主要绘于陶罐器身,一般分器物颈部和腹部两区构图,两区图案的结构基本一样,大多为交错排列的三角纹样,三角有棋盘格三角、平行线三角和折线三角等。

"彩陶之路"的终结 到了汉代前后,彩陶文化在伊犁河谷草草收场,走向终结。东来的彩陶文化因素,春秋战国前后沿着伊犁河谷西向的传播,是彩陶之路的最后一站。彩陶文化进入巴尔喀什湖以东的西天山和谢米列契地区,也称为

----

① 刘学堂、阮秋荣等《尼勒克县穷科克一号墓地考古发掘报告》,《新疆文物》2002 年第 3—4 期,13—53 页。

七河地区。七河地区是彩陶之路的末端,东来的彩陶文化历经数千年,流布于此早已是强弩之末。人们只在很少器物的肩腹位置,有简单草率勾勒出的竖线。苏联学者很长时期内并不知道七河地区彩陶的渊流,认为它们是当地塞克—乌孙居民的创造,是塞克—乌孙文化的主要构成因素。实际上,七河地区的彩陶表示的是黄河流域中原彩陶文化西向拓展的外界边缘。

图8　穷科克上层文化早期彩陶

(六)楚斯特文化彩陶的渊流

中亚费尔干纳盆地的楚斯特文化中也包含有彩陶因素,这一文化的年代在公元前2千纪末期到第1千纪初期。国外学者传统观点是:楚斯特文化彩陶继承了南方西亚绿洲区纳马兹加文化彩陶因素;彩陶文化由西向东发展,影响到了东方,形成了西东向的"彩陶之路"。

纳马兹加文化的彩陶　纳马兹加文化分布于今苏联土库曼加盟共和国南部科佩特山北麓迤东至穆尔加布河下游,由当地的安诺文化发展而来。纳马兹加文化的年代,大体从公元前5千纪到公元前2千纪末,依地层可分为纳马兹加文化Ⅰ—Ⅵ期。纳马兹加Ⅰ期文化遗存中,开始流行彩陶,纹饰有单色和多色两类。早期单色彩陶占多数,常见在红或浅黄绿的底色上绘有深棕色图案。纹样主要是三角纹、菱形纹、方格纹等几何纹①。纳马兹加Ⅱ、Ⅲ期文化遗存的年代在公元前 5 千纪中叶到公元前 3 千纪前半,彩陶中出现了双色几何形纹饰和长角山羊图案。在下一个阶段的发展过程中,东部区域出现装饰精细和高雅的吉奥克修尔风格,西部区域用双色装饰再次被单色取代。纳马兹加Ⅳ—Ⅵ期文化遗址,年代在公元前 3 千纪至 2 千纪中叶前后。陶器彩绘趋于简化,之前双彩演变成单彩以至无彩,代之以划纹或素面,人物和动物陶塑也变得非常简略,晚期更是出现大量的灰陶器。

楚斯特彩陶的源流　比较起来,楚斯特文化的彩陶与南方的纳马兹加文化彩陶,存在着较大的时空间隔、图案风格上有截然区别。楚斯特文化彩陶兴起之时,正是纳马兹加文化彩陶进入收尾的时期,很难在它们之间寻找到如东方彩陶之路那样,时空和文化风格上连绵相续的发展传播轨迹。楚斯特文化彩陶无论是器物还是纹样风格,都更接近天山的彩陶系统,费尔干纳盆地与东西地域相近,楚斯特文化与天山青铜时代的考古文化重合,前后衔接相续。器物类型与彩绘图案的风格相同近似,比如两者器物都以钵、单耳杯、单耳罐、双耳罐等器类为主,施以红彩,纹样都流行网格纹、菱形纹、菱形棋盘格纹、三角纹等。所以,更有可能的是,费尔干纳盆地楚斯特文化彩陶的偶然再现,是受到东方彩陶文化影响的结果,而非相反。

(七)彩陶之路的南线问题

近来,有学者认为居于帕米尔山结的克什米尔谷地的布尔扎霍遗址,与青藏高原石器时代的文化之间存在密切关系。据此提出东方的"彩陶之路",进入新疆地段后,分成了南北两道:由河西走廊过天山止于巴尔喀什湖东岸的道路是北道;起于青藏高原过昆仑山至克什米尔的为南道。这两条线路大体与汉代开辟的丝绸之路南北通道吻合。

布尔扎霍姆遗址的陶器　布尔扎霍姆遗址位于克什米尔山谷,属于新石器时代晚期,年代在公元前 3 千纪后。布尔扎霍的居民畜养绵羊、山羊,种植小麦

---

① M. E. 马松、B. M. 马松《中亚金石并用时代及青铜时代的考古文化》,《考古》1960 年第 3 期,55—64 页。

和大麦。遗址出土的陶器陶胎厚实,质地较粗,有灰陶、细泥陶,陶色呈浅红色。用泥条盘筑的方法做出球状罐、盆、大口罐、深腹碗等。一些器物带有圈足,底座上往往带有席垫纹①。1972 年,穆加尔和哈利姆依据布尔扎霍姆的这些陶器,提出这一遗址表现的文化特征与中国黄河流域文化有某些相似性②。迪克希特还提出这种相似是中原龙山文化西传的结果,传播线路可能是将吉尔吉特河流与新疆联系起来的一系列山口③。国外学者提出的这些观点,更多属于大胆的推测,还缺乏考古学的实证。中国学者霍巍教授认为布尔扎霍姆一期乙段遗存和西藏的卡若文化有些文化因素十分接近,第一次提出布尔扎霍姆与西藏史前文化间存在关系④。后来,韩建业将布尔扎霍姆遗址和西藏的卡若文化进行更为具体地比较,认为两者均以泥条筑成法制作粗灰或褐色的陶器,器类常见的是小口高领的罐壶类或者平底盆钵类,口沿外常有贴边,领身部附加有泥箍,多带有假圈足。两者都流行形态近似的双孔或单孔的石刀,还有磨成的长体石斧、锛、凿等。人们都住在用木柱撑顶的半地穴式房子里。韩建业认为,这些文化特征在帕米尔山地没有更早的来源,布尔布霍姆遗址突然出现,只能用相互间存在关联关系进行解释。进而他提出,布尔扎霍姆陶器在克什米尔河谷的出现,是青藏高原石器时代的卡若文化传统沿着喜马拉雅山南缘,长距离西向渗透的结果⑤。

昆仑山北麓早期陶器 克什米尔布尔扎霍姆和西藏的卡若文化分布区之间,隔着上千公里的塔里木盆地南缘、昆仑山的北麓东西一线。多少年来,考古工作在这一区域内并没有发现过任何彩陶的踪迹。昆仑山前河流尾闾伸向沙漠的区域,采集和发掘到一些属于青铜时代的铜器和陶器,铜器和陶器都表现出浓郁的欧亚北部草原地带压印刻划纹系统风格。尼雅河和于阗河岸,曾偶尔地采集到 2 件属于甘青东部齐家文化晚期或属于卡约文化时期,典型器物双大耳陶罐。塔里木河流域发现的这 2 件器物制作草率,形体很小。虽然是偶见的 2

---

① 《中亚文明史》第一卷,100—103 页。

② Mughal,M. R. ,Halim,M. A. The Pottery(J)*Pakistan Archaeology*,1972(8),pp. 33 – 110.

③ Dikshit,k. N. ,The Neokithic Cuktural Frontiers of Kashmir(J)*Man and Environment*,1982(6),p.30。

④ 霍巍《喜马拉雅山南麓与澜沧江流域的新石器时代农业村落——兼论克什米尔布鲁扎霍姆遗址与我国西南地区新石器时代农业文化的联系》,《农业考古》1990 年第 2 期,101—107 页。

⑤ 韩建业《"彩陶之路"与早期中西文化交流》,《考古与文物》2013 年第 1 期,28—37 页。

件陶器,但可以说明公元前 2 千纪中叶前后,甘青地区传统文化中的一些因素,通过青藏高原影响波及塔里木河流域。但是,其时代要比布尔扎霍姆遗址晚上一、二千年之久。公元前一千纪前半叶开始,昆仑山的北麓区域分布有扎滚鲁克文化人群。扎滚鲁克文化的主体成分,来源于天山地区含彩陶的史前文化,尤其受到天山南麓一线察吾呼沟文化的影响更为明显。不过,天山地区流通的彩陶文化,并没有通过察吾呼沟人群作用到昆仑山南麓。扎滚鲁克文化中未见彩陶,相反,发现有较多灰陶系的折肩深腹盆或钵,器物风格看,明显属于楚斯特文化传统。所以,目前还找不到"彩陶之路"南线存在的确定线索。

(八)史前"彩陶之路"

彩陶是中原黄河流域最具地区文化特质的传统因素。它由黄河上游过河西走廊进入新疆天山地区,沿着天山山脉这座沟通东西文化的大陆桥缓慢西进,一路撒下彩陶文化的种子,在天山山间盆地河谷区域,再度开花结果,终点在巴尔喀什湖东岸一线的七河地带。"彩陶之路"前后历时有 5000 多年,沿途不同的彩陶文化是中原黄河文明一波又一波向外不断扩张的历史缩影。新疆史前彩陶由东方传入,所以它没有初级形式,一开始就显示出了复杂、成熟和规范的特点。新疆彩陶出现的时代东早西晚,自东向西不同地区彩陶发展、流行的时期也不一致,总体看来,公元前 3 千纪末,它初现于东天山的哈密盆地,战国前后,新疆彩陶整体走向衰落,纹样日渐草率。西汉以后彩陶在新疆基本绝迹,至此,"彩陶之路"结束了它的历史使命。

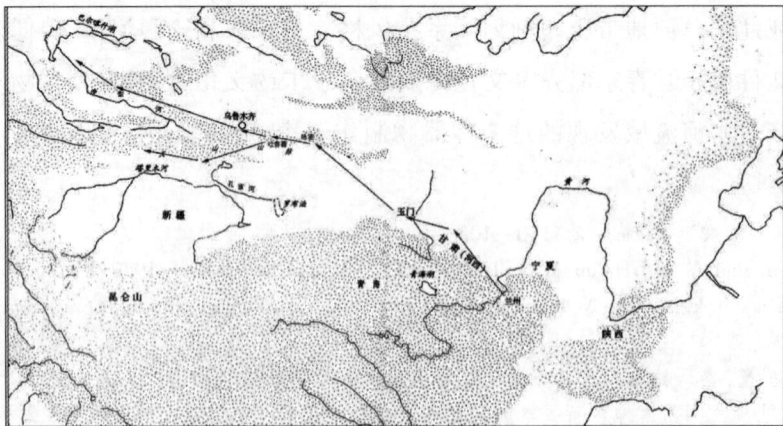

图 9 彩陶之路示意图

二、粟黍类作物的东西向传播

粮食作物的起源传播,是考古研究的一个重心。新疆地区不少史前墓葬里,随葬的粮食遗存得以保存,不仅数量多,保存的完好程度也世所罕见,受到学术界的极大关注。新疆史前小麦的发现、东传及其意义,我们在《史前"青铜之路"与中原文明》一文中有过专门的论述。这里我们介绍粟黍类作物在彩陶之路沿线的发现和传播途径,它是彩陶之路研究的一个重要内容。

(一)黄河流域粟黍作物传至河西

粟也称为稷,黍也称糜子。粟黍属于禾植物,是人类最早种植的旱作粮食作物,它适应在干旱和半干旱地区生长,是整个欧亚大陆主要的植物性食物的核心组成部分。

中国华北粟黍的驯化　粟黍两类农作物几乎同时被中国北方新石器时代原始居民驯化栽培。河北武安市磁山村的磁山遗址是一处新石器时代居民的大型聚落,发掘的 468 个灰坑中,有 88 个是贮藏粟黍类粮食的窖穴,残存粮食的深度一般在 1—2 米,最厚 5 米①。专家核算这些粮食作物的原重量有 5 万多公斤。碳十四测定,这些贮存粮食的窖穴,年代距今已经有 1 万年到 8 千年的历史。近年来科技考古成果表明,东亚地区最早的黍出自 1 万年前内蒙古新石器时代初期的遗址②,有的学者还指出中国北方陶器与粟类植物的驯化可能是同时出现③,年代也不会晚于距今 1 万年。

粟黍作物传播到甘青地区　粟黍在华北最初驯化培育后,即沿彩陶之路西进。或者说制作彩陶居民,也是粟黍作物的种植者和传播者。至少距今 8000 年后,甘肃天水市秦安县大地湾遗址,属于大地湾一期文化的一个灰坑(H398)中发现有黍类遗迹。距今 7000 年以后,甘肃渭河中上游一带,被考古学家称为师

① 河北省文物管理处等《河北武安磁山遗址》,《考古学报》1981 年第 3 期,303—338页;邯郸市文物保管所等《河北磁山新石器遗址试掘》,《考古》1977 年第 6 期,361—372 页。

② 李春香《小河墓地古代生物遗骸的分子遗传学研究》,2010 年吉林大学博士论文,70 页。

③ 陈雪香、吴文婉《多学科交叉研究古代植物遗存——农业起源与传播暨中国植物考古学新进展国际学术研讨会会议综述》,《中国农史》2013 年第 6 期,133—136、72 页。

赵村一期的古代居民,已经修筑贮藏粟谷类粮食的窑穴。距今 6500 年以后,黄河中上游仰韶文化半坡类型居民的经济生产中,粟类已经是大田种植的农作物①。此后,粟黍类作物在黄河源头逐渐普及,考古学家们不断在一些陶罐和陶钵内发现有朽化的粟黍类遗迹。约在距今 5500 年以后,甘青黄河上源区域,进入到马家窑文化马家窑类型和半山类型时期,农业经济快速发展,大田中种植的基本为粟黍。甘肃省临夏林家遗址发掘的房址、窑穴和出土的陶容器里,普遍见有粟黍的朽化遗迹。比如灰坑 H9 就是一个贮粮食的窑穴,窑穴内有大量的粟,有已经碳化的穗、谷粒,还有粟杆。还见有用粟的细枝将穗头捆成小把整齐地堆入窑穴,显然是祭祀用的。据推算窑穴内放的粟有 2 立方米②。到了公元前 2 千多年前的马家窑马厂类型时期,甘青西北黄土塬地,到处种植粟黍。青海柳湾马厂类型墓葬中随葬的粗陶瓮中,普遍发现装着粟粒。其中 M134 内一件大陶瓮中所盛的粟,按陶瓮的容积核算可达 66.9 公斤。兰州市青岗岔遗址一房址里放有一件彩陶罐,罐的底部见有黍粒和黍秸③。再其后的齐家文化,粟类农作物更是随处可见。甘肃永靖大何庄遗址,无论房址还是墓葬内,都普遍见有粟类朽迹,陶罐中常见碳化的粟粒,窑穴中普遍贮藏粟黍类粮食作物。青海民和县官厅盆地喇家遗址,是近年来发掘的著名齐家文化遗址,考古学家通过浮选发现遗址里的植物性食物主要是粟和黍,粟多黍少,其次是苜蓿。一些贮藏粮食的窑穴里,都发现有炭化的粟粒。2002 年,因大地震坍塌掩埋了 4000 多年,编号为 F20 的房子里发现一陶碗,陶碗下盖着的是保存完好的面条,引发了关于面条起源的热烈讨论。这碗面条最长约 50 cm,直径约 0.3 cm。鉴定结果表明,面条是以粟粉为材料制成,并添加一定量的黍,加工方法类似现在的饸饹的制法④。河西西部四坝文化居民,农业种植粟类为主,玉门的火烧沟墓地出土的一件陶罐里,贮藏有粟粒。民乐东灰山遗址随处可以采集到粟黍类炭化和籽粒⑤。

----

① 苏秉琦主编《中国通史·远古时代》,上海:上海人民出版社,1994 年,111 页。

② 谢端琚《甘青地区史前考古》,北京:文物出版社,2002 年,72 页。

③ 谢端琚《甘青地区史前考古》,98 页。

④ 叶茂林、吕厚远等《喇家遗址四千年前的面条及其意义》,《中国文物报》2005 年 12 月 23 日;叶茂林《青海喇家遗址面条发现和揭取的总结与思考》,《中国文物报》2006 年 10 月 27 日。

⑤ 李璠等《甘肃省民乐县东灰山新石器遗址古农业遗存新发现》,《农业考古》1989 年第 1 期,56—69、73 页。

（二）新疆史前粟黍类农作物的发现和来源

新疆天山地区史前考古遗存中，广泛发现粟黍类粮食作物。新疆史前粟黍类农作物的来源问题，倍受学术界关注。

新疆天山粟黍类作物的发现

1979 年发掘孔雀河古墓沟墓地时①，就发现有粟类作物，年代在公元前3800 年前后②。公元前 1 千纪下半叶的和硕新塔拉遗址，见有粟类遗迹③。1978 年发掘的哈密五堡墓地，发现用粟米粉烤成的食饼。食饼出土较多，长约 20 厘米，厚约 3—4 厘米。由于粉碎不好，饼内小米颗粒清晰可见④。中原地区早在 5 千年前，就有了粟面制成的饼食出现，新疆发现用粟面制作的饼食类食品，无疑是由中原传入。

图 10　小河墓葬随葬的黍

1992 年发掘的五堡墓地 M152 号墓葬中出土有粟粒，经观察，谷穗较短，谷粒与现代普遍栽培的谷子相似⑤。五堡墓地的年代约在距今 3000 年前后。公元前 1千年前后到公元前五世纪，或者更晚一些遗址和墓地，大多都见有粟类作物。比如且末县扎滚鲁克墓地、吐鲁番苏贝希墓地和洋海墓群、和静县察吾呼沟墓群、哈密南艾斯克霞尔墓地和艾斯克霞尔南墓地，都发现有粟类作物遗存⑥。扎滚鲁克居民会用粟粉制成小的圆饼，烤食，还制成圆柱状的点心。察吾呼沟墓群在

---

① 王仁湘《面条的年龄——兼说史前时代的面食》，《中国文化遗产》2006 年第 1 期，75—79 页。

② 王炳华《孔雀河古墓沟发掘及其初步研究》，《新疆社会科学研究》1983 年第 1 期，117—127 页。

③ 新疆文物考古所等《和硕县新塔拉和曲惠遗址调查》，《考古与文物》1989 年第 2 期，16—19 页。

④ 王炳华《新疆农业考古概述》，《农业考古》1983 年第 1 期，102—117 页。

⑤ 于喜凤《新疆哈密五堡 152 号古墓出土农作物分析》，《农业考古》1993 年第 3 期，185—187 页。

⑥ 于建军《新疆史前考古中发现的粟类作物》，《西域研究》2012 年第 3 期，71—75 页。

相当多的陶罐里发现有粟类残迹。艾斯克霞尔墓地也发现有用粟粉制成的长方形面饼。艾斯克霞尔南墓地还发现有经粗加工后脱壳的粟粒,见有少量的谷穗和植株①。并且,在这些墓地常常是麦类作物与粟类作物共存发现。最值得注意的是罗布泊的小河墓地,这里小麦和黍类作物发现数量得多,保存完好。小河墓地随葬的草篓里,既有麦类也有黍类作物。一些死者身上撒有麦粒和黍粒。只是目前在这一墓地尚未见有粟粒。小河文化年代的上限在公元前 3 千纪末,所以,小河墓地是目前新疆地区最早的黍类标本的发现地。

新疆粟黍类作物的来源 黍类作物在整个欧亚大陆都有广泛的发现。欧洲和近东粟黍类栽培作物出现的时代也很早。希腊的 Agrissa-Maghilla 遗址,曾发现有距今 7000—8000 年前的炭化黍粒。近东地区有距今五六千年前黍类遗存的发现。美索不达米亚的 Jemdet Nasar(伊拉克—叙利亚)发现有 5000 年前的黍粒②。对于黍类作物的起源,目前国际学术界尚有争论。一种观点认为黍粟作物在中国驯化,约在六千年前传播到欧洲;一种观点认为,黍类作物首先在西方驯化,仰韶时代之前传入中国。第三种观点认为东亚和东欧都是粟黍类作物的起源中心③。新疆地处两大农业起源中心之间的中轴点,因此,仅从粟黍类作物的形态出发,长时期内人们很难判断这里出土的黍粟类作物,来源于东亚还是欧洲。

近年来,由于上述的考古发现与研究,人们对新疆粟黍类作物的来源有了倾向性一致的观点。黄河流域为中心的东亚,粟黍类作物在中国北方出现的时代最早,年代超过距今 1 万年。此后,粟黍沿黄河向西传播的线路基本清楚。不过此前对包括新疆在内,整个中国西北地区考古中发现的粟黍类标本,均未做植物的遗传学分析。粟黍作物随着彩陶之路的西传,只是合理的推测。近年来小河墓地黍粒遗传学研究的结果表明,这里的黍在遗传特征上与华北的黍完全相同,有着较近的遗传关系,拥有共同的祖系④。自此,彩陶之路上粟黍类作物随之西传的观点,有了科学的依据。另外,中原地区早期考古遗址中,黍发现的比较多,后来粟类作物才逐渐居于优势,到了晚后阶段,几乎不见黍的遗存。这和新疆目

---

① 于建军《新疆史前考古中发现的粟类作物》,《西域研究》2012 年第 3 期,72 页。
② 游修龄《黍粟的起源及传播问题》,《中国农史》1993 年第 3 期,3—4 页。
③ 游修龄《黍粟的起源及传播问题》,《中国农史》1993 年第 3 期,3—4 页。
④ 李春香《小河墓地古代生物遗骸的分子遗传学研究》,70 页;李文瑛《科技考古在小河文化研究中的应用》,《中国文物报》2013 年 11 月 8 日。

前粟黍发现的情况,有异曲之合。最早在小河墓地发现大量黍类作物,后来在整个新疆,黍被粟取代。这可能与黍的产量没有粟高,且粟类作物更耐干旱,适合干旱区恶劣的自然环境有关。

语言学的证据 有学者从语言学角度,也找到能证明粟黍类作物西传的一些线索。游修龄注意到国外学者提出语言学的这一观点:"黍粟在梵语(Sanskrit)中称'Cinaka',即'中国'之意,印地语(Hindi)称'Chena'或'Cheen',孟加拉语(Bengali)称'Cheena',古吉拉特语(Guiaratd)称'Chino',都只是语种上的拼音不同。更确切地说,Cinaka,Chena,Chino等都是'秦'的谐音"[1]。比较语言的现象表明,远古时期粟黍类不分,它由中原传播到西域后,对当地文化产生了深远影响。

粟黍粮食最早在中国北方驯化培育,然后四向传播。西向传播的途径则与"彩陶之路"形影相随。

三、新疆早期服饰文化的起源

因极度干燥的埋藏环境,东疆天山盆地、罗布泊沙漠一些地区,保存了大量青铜时代的服饰,成为研究新疆早期纺织服饰文化起源的重要材料。

青铜时代早期 青铜时代早期,东疆哈密绿洲居民的服饰考古资料相当缺乏。不过,从天山北路墓地出土彩陶罐上的人物形象看,当时居民的服装中,似有宽大的袍(或斗篷)、束腰齐膝长衣,插双羽的帽子。其中男子的"束腰齐膝长衣",与国外收藏的甘肃辛店文化彩陶盆和彩陶罐上所绘"放牧者"所着服饰极似[2]。天山北路墓地出土的首饰和服装饰件很多,显示其流行程度。首饰和服装饰件的材质以青铜为主,其器物种类、器型与甘肃河西地区的四坝文化、甘青地区的齐家文化也很接近[3]。天山北路墓地与河西走廊早期文化关系密切,其主要来自东部甘青地区,有限的服饰资料也显示出了这种联系。

① 游修龄《黍粟的起源及传播问题》,《中国农史》1993年第3期,4页。
② 黄能馥、陈娟娟《中华历代服饰艺术》,北京:中国旅游出版社,1999年,11—12页。
③ 刘学堂、李文瑛《新疆史前考古研究的新进展》,《新疆大学学报》2012年第1期,4页。

女性　　　　　　　　　　　　　　　　男性

图 11　天山北路墓地彩陶中的人物形象

青铜时代晚期　公元前 2 千纪末开始,天山地区史前历史进入青铜时代晚期。这一时期,东部天山的吐鲁番盆地、哈密绿洲的毛纺织技术、皮毛皮革加工技术,相对于青铜时代早期发生了明显的变化,服饰文化得到极大发展,相同趋势日渐明显。

吐鲁番洋海居民服装类型有开襟长衣、阶梯形裤裆长裤,以及毛皮大衣、皮靴。哈密五堡居民服装类型有套头长衣、开襟长衣、"胫衣"、短裙,也常见毛皮大衣、皮靴。开襟长衣、毛皮大衣、皮靴,东西两地基本相同。特别是开襟长衣,从整体样式到预先织制的衣片、衣片的拼缝,两地几乎完全一致。不同的是洋海居民的开襟长衣多采用缂织技法局部或通体显花,五堡长衣多为素织。五堡同时还流行套头长衣,洋海却未有发现。洋海阶梯形裤裆长裤与五堡的"胫衣"形制上差别较大。五堡墓地所代表的青铜时代晚期遗存与早期的天山北路墓地遗存在直接的渊源关系,五堡的套头长衣(加腰带),或许可以追溯到天山北路彩陶人物的"束腰齐膝长衣"。开襟长衣,是这一时期哈密五堡与吐鲁番洋海两地共有的上衣样式,如果从衣片织制上将其与五堡的套头长衣比较,会发现两者几乎没有太大的区别,只是前襟的衣片缝合与不缝合而已。从这一点看,洋海的开襟长衣与五堡的两类长衣可能存在关联,它们很可能来源于时代更早的哈密天山北路遗存,是东天山地区甚至东部甘青地区居民传统服制的延续。

公元前 1 千年前后,出现在洋海人群中的阶梯形裤裆长裤,不见于五堡墓地。这类长裤预先织制的裤腿衣片呈凹形,即从织物的一端中部开始一分为二织成两幅。这种方法,在洋海和五堡出土的那种后背整幅、前襟分幅的开襟长衣的布料织制中也有应用,纺织技术细节上的一致性,反映了两地在毛纺织技术上存在着密切的联系。五堡的"胫衣"、短裙,都不见于同时期的吐鲁番盆地。在中原地区,商周时期服装流行"衣裳制",遮蔽下体的外衣为裙(即裳),裙内或有"胫衣"。五堡的"胫衣"、短裙,很明显表现出内地服饰文化的影响。

衣饰是文化的重要载体。从目前发现的一些初步线索看,青铜时代西域服饰起源过程,东来因素影响日渐明显。新疆早期服饰文化的东来因素,显然和"彩陶之路"的西向伸延相关。

四、史前"彩陶之路"发现的意义

黄河流域最早出现的东方农耕聚落人群,欧亚东方谱系种群集团,从新石器时代初期开始西向迁徙。公元前3千纪末,这些掌握着彩陶烧制和陶器图画艺术,携带着粟黍为主的农业技术及其他文化因素,穿着东方式服装的人群,抵达东天山一带,并沿着天山北麓继续西进,终点是巴尔喀什湖西岸。这条东西向的文化传播之路,就是史前彩陶之路。史前彩陶之路的发现与研究,具有重要意义,可以概括为以下的三个方面。

第一,彩陶之路上的东方人群,与随着青铜之路进入新疆西源北来的欧亚西方谱系人群,在不同地区时代不同的聚合分散,共同构成了新疆青铜时代居民多元共存的种群基础。东西方人群均掌握着先进的农业技术,他们几乎同步进入新疆,共同终结了数万年以来新疆地区原始采集狩猎经济,短时期内跨越式地步入了生产经济时代。

第二,彩陶之路拓展至天山,开始了黄河流域文化持续不断地对这里史前文化的整合,其影响甚至远及阿尔泰和昆仑山系。这一整合,为历史时期的丝绸之路奠定了基础。汉代张骞出使西域和此后丝绸之路的开通,公元前59年西汉政府设西域都护,新疆统一到祖国版图,以及此后中央政府对西域行之有效的管理,这些有文字记录以来的历史初期,一系列重大事件不会偶然发生。历史的功绩不能简单地归在张骞、郑吉、汉武帝等少数历史人物的智慧和雄才大略名下,虽然他们在这一过程中起到过关键作用。某种意义上讲,丝绸之路只是史前的彩陶之路和青铜之路在历史时期的延伸。

第三,漫长的史前时期,新疆与内地的居民持续不断的密切往来,远古中原文化对新疆文化进行的深度整合,经历了数千年之久的史前文化积淀。这最终为以中原为中心、多元一体语境下,中华民族西部历史的纵深发展,奠定了坚实的基础。

(作者单位:新疆师范大学历史学院暨黄文弼中心)

考古学视野下的唐代吐蕃与中亚文明*

霍 巍

引 言

　　唐代吐蕃作为内陆亚洲中古时期一个强盛的王国,在世界史上具有重要的历史地位。从地理位置上看,吐蕃处于与东亚、南亚和中亚相毗邻接壤的亚洲腹地,堪称"文明的十字路口"。吐蕃王国与东方汉地唐王朝、南方古印度(时为古天竺)之间的关系,已经为人们所熟知,然而,对于吐蕃与其西部、北部——亦即传统意义上的"中亚"之间的联系,虽然霍夫曼①、石泰安②、杜齐③、森安孝夫④、张云⑤、杨铭⑥、王小甫⑦等海内外学者对此均有过详略不同的论述,但在考古实物方面,由于西藏考古工作的相对滞后,较之文献史料而言能够提供的确凿证据则明显不足。

　　吐蕃王朝雄踞青藏高原,却并非是一个自我封闭的世界,在其最为强盛的时期,不仅一度成为扼控西域及陆上"丝绸之路"最为强势的力量,其本身的发展

　　* 基金项目:2011 年度国家社会科学基金重大招标项目"文物考古所见西藏与中原关系资料的整理与研究"(项目号 11&20121)系列成果之一。

　　① ［奥地利］霍夫曼著、李有义译《西藏的宗教》,北京:中国社会科学院民族研究所,1965 年。

　　② ［法］石泰安著、耿升译《西藏的文明》,拉萨:西藏社会科学院西藏学汉文文献编辑室编印,1985 年。

　　③ ［意］G.杜齐著、向红茄译《西藏考古》,拉萨:西藏人民出版社,1987 年;图齐著、耿升译《西藏的宗教》,天津:天津古籍出版社,1989 年。

　　④ ［日］森安孝夫撰,钟美珠、俊谋译《中亚史中的西藏——吐蕃在世界史上所占据地位之分析》,《西藏研究》1987 年第 4 期,110—120、108 页。

　　⑤ 张云《上古西藏与波斯文明》,北京:中国藏学出版社,2005 年。

　　⑥ 杨铭《唐代吐蕃与西域诸族关系研究》,哈尔滨:黑龙江教育出版社,2005 年。

　　⑦ 王小甫《唐吐蕃大食政治关系史》,北京:北京大学出版社,1992 年。

壮大也促使其融入"丝绸之路贸易圈"之中,与东亚、南亚和中亚曾经发生过密切的联系。可以试想,如果缺少了"高原丝绸之路"这个环节,那么对于我们今天重新认识"欧亚丝绸之路"这个概念,将会是极不完整的重大缺失;进而论之,如果缺少了对中亚与吐蕃文明的考察,以吐蕃为中心的"高原丝绸之路"也同样难以成立。日本学者森安孝夫曾经有过这样一段论述,来阐述吐蕃与中亚以及丝绸之路的关系:

> 从地理学上来讲,要把西藏看作是南亚、东亚的一部分,倒不如把它与中亚联系起来更为合适……因其与佛教的关系,人们总是将视线投向印度与中国。确实,吐蕃时代(7世纪至9世纪中期)以后,西藏的历史是无法与佛教分开的,西藏的文学、美术、音乐甚至于天文、历史、医学、药物学等也都与佛教有密切关系。但是在所谓吐蕃灿烂文化之花盛开的时代,摩尼教、基督教以及伊斯兰教在西藏也都得到了传播。这就充分表明了西藏与中亚乃至西亚存在着交往。对于这些宗教传播的结果,无论如何不应加以忽视,只有认真研究其历史背景,才能在世界史上给西藏以应有的地位。……无庸置疑的是,西藏自古以来就是连接欧亚国际贸易(一般称为丝绸之路贸易)路线的一部分。反之,这从其周围诸国流入西藏的物资、人员以及伴随而来的高度文化和宗教的传播也可以得到证实。[1]

这里需要指出的是,如果从总体上来考察吐蕃王朝(也有人称其为吐蕃帝国)的文化体系,来自中华汉唐文明和印度文明两大体系对于吐蕃的影响,要远胜于中亚。尤其是汉唐文明对于吐蕃的影响不仅源远流长,而且与其他文明体系相比较,更具有血缘上、地缘上、文化上的紧密联系,甚至可以说是构建吐蕃文明的重要基石[2]。但森安孝夫主要是从丝绸之路上的多种宗教传播这个角度来论述吐蕃与中亚关系的,有其特定的"语境"。如其所言,除了主要从东亚唐王朝和南亚印度、尼婆罗等地传入吐蕃的佛教文化之外,流行于中亚地区的其他宗教如摩尼教、基督教、伊斯兰教,还有伊朗波斯最为流行的袄教(拜火教)等,都曾有可能传入吐蕃,对吐蕃的宗教和文化产生过深远影响。我国学者张云在其《上古西藏与波斯文明》一书当中,也曾经用大量篇幅分析论证西藏苯教与

----

① [日]森安孝夫撰,钟美珠、俊谋译《中亚史中的西藏——吐蕃在世界史上所占据地位之分析》,《西藏研究》1987年第4期,110—111页。

② 对此笔者有专文论述,在此不赘述。

波斯祆教之间的关系,认为这两者之间具有共同的宗教圣地、共同的二元论宇宙观、相类的创世纪传说、近似的代修行和丧葬习俗,从而论述了上古西藏与古代波斯的联系①。

回顾以往的研究,一个十分突出的问题在于,虽然众多学者都曾力图从文献、考古等多方面来搜集和发现相关的研究线索,但能够举出的可靠的实物证据却并不多。本文无意重新讨论前述学者已经论述较多的吐蕃与中亚关系所涉及的大量文献史料,而将主要列举若干考古实物证据,从一个新的视角来观察唐代吐蕃与中亚文明之间的关系。需要附带说明的是,本文所论的"中亚"的地理范围主要依据威廉·巴托尔德所著《中亚历史地图》,即兴都库什山以北、咸海以东、巴尔喀什湖以南、我国新疆吐鲁番以西的这片区域②。

一、前吐蕃时期中亚文明的影响

本文所说的"前吐蕃时期",是指公元 7 世纪吐蕃王朝建立之前的西藏古史时期,也有称其为"史前时期""上古时期""前佛教时期"者③。这个时期考古材料可以提供的线索十分有限,但仍可观察到西藏与中亚地区从史前时代开始可能发生的联系。重要的考古材料可以列举出以下各项:

1. 与克什米尔地区新石器时代文化的交互影响

20 世纪 40 年代,在克什米尔地区发现了布鲁扎霍姆遗址(Burzahom,也译为布尔扎洪遗址),并在 20 世纪 70 年代进行了数次考古发掘。由于该处遗址具有与西藏昌都卡若新石器时代遗址相似的若干文化因素,如半月形石刀、穿孔石器、长条形石锛石凿、半地穴式房屋等,包括笔者在内的不少中国学者都认为这个遗址反映出黄河流域和青藏高原东麓的新石器时代文化可能影响到了克什米

---

① 张云《上古西藏与波斯文明》,189—213 页。
② 威廉·巴托尔德著、罗致平译《中亚突厥史十二讲》,北京:中国社会科学出版社,1984 年,321 页附图。
③ 霍巍、王煜、吕红亮《考古发现与西藏文明史》第一卷"史前时代",北京:科学出版社,2015 年,1—4 页。

尔地区①。但巴基斯坦与印度的考古学者对此却有不同的看法,他们认为布鲁扎霍姆遗址的文化传统在巴基斯坦南部的梅尔伽赫文化中有着深厚的传统,梅尔伽赫文化不仅是布鲁扎霍姆文化的源头,而且还影响着中亚地区的南土库曼斯坦乃至伊朗北部的早期新石器时代文化②。不过笔者认为,由于梅尔伽赫文化的整体面貌明显与布鲁扎霍姆文化有别③,所以这一问题的讨论可能还会继续下去。笔者仍然坚持认为,早在新石器时代可能通过雅鲁藏布江流域,青藏高原与中亚、南亚地区的人群之间可能已经建立起长程的交流与贸易关系,近年来关于西藏史前玉器的西渐、大麦作物的东传西藏高原等若干线索也证明了这一点④,布鲁扎霍姆文化不过是其中的一个典型例证而已。

2. 蚀花料珠——"gzi"

著名考古学家童恩正先生曾经指出:"在西藏的古代遗物中,发现最广且至今仍受人珍视的是料珠,藏语称之为'gzi'。有的是农民从耕土中探得,有的来自古墓,伴随出土的有铜或铁的箭镞。料珠有两种形式,一种为椭圆形珠,有黑、白、棕色的条纹,夹以白色圆斑,圆斑又称为'眼',数目从一至十二不等。另一种为圆形珠,上有虎皮斑纹或莲花纹图案。关于这种料珠的时代和来源,目前尚难以肯定,但其中无疑应有公元七世纪以前的遗物。西藏的传说都认为料珠来自伊朗,这种可能是确实存在的。"⑤

这种被后来藏人称为"天珠"的蚀花料珠,实际上经正式考古出土者并不多见。四川大学青年学者吕红亮注意到,在西藏山南隆子县石棺墓中,曾出土一件

---

① 有关论述可参见徐朝龙《喜马拉雅山南麓所见的中国北方新石器时代文化因素——浅谈克什米尔地区的新石器时代遗址布鲁扎霍姆(Burzahom)》,《农业考古》1988 年第 2 期,137—144 页;霍巍《喜马拉雅山南麓与澜沧江流域的新石器时代农业村落——兼论克什米尔布鲁扎霍姆遗址与我国西南地区新石器时代农业文化的联系》,《农业考古》1990 年第 2 期,101—107 页。

② 转引自汤惠生《再论卡若、曲贡等西藏史前遗址的相关问题》,四川大学中国藏学研究所编《藏学学刊》第 10 辑,北京:中国藏学出版社,2014 年,25 页。

③ J. G. 谢菲尔、B. K. 撒帕尔《巴基斯坦与印度的前印度河文化及早期印度河文化》,A. H. 丹尼、V. M. 马松主编,芮传明翻译《中亚文明史》第一卷,北京:中国对外翻译出版公司,2002 年,177—206 页。

④ 霍巍、王煜、吕红亮《考古发现与西藏文明史》第一卷"史前时代",北京:科学出版社,2015 年,239—264 页。

⑤ 童恩正《西藏考古综述》,《文物》1985 年第 9 期,第 15 页。

黑白两色相连的珠子,其形制呈圆筒形,中穿一孔,应归入到"蚀花石珠"一类来看待。同时他还注意到,意大利藏学家杜齐曾在西藏发现过几枚同样的珠子,上面的蚀花为平行线纹。奥地利学者贝内斯基·沃克也曾在西藏东北部的居住遗址中发现过和箭镞一道出土的石珠,这类石珠也能就是蚀花珠①。此外,近年来中国社科院考古研究所在西藏西部札达县的曲踏墓地发掘中也曾发现过类似的珠饰②,只是资料尚未正式公布。

关于这类珠饰的来源,童恩正先生认为其源自于伊朗。而在藏族著名史诗《格萨尔王》传说当中,格萨尔王在大败"大食国"之后,掠夺了大量的珍宝,其中便有"gzi"这类珠宝在内③。在西藏古史中,"大食"即可专指 8 世纪以后兴起的阿拉伯帝国,也可泛指吐蕃以西的广大地域④,所以,这类蚀花珠饰的来源应与中亚、西亚地区的联系可能十分密切。至今藏族民众仍然对这类珠饰十分喜爱,称为"天珠",其中就包含有与外域文明相互交往古老的历史记忆在内,只是后来越来越多的揉合进宗教神秘色彩,反而冲淡了它原本具有的意义。

3. 猕猴装饰

在拉萨曲贡新石器时代遗址发掘中,曾发现过一件陶制的猴面装饰⑤,这让人联想到早年意大利学者 G. 杜齐在其《西藏考古》一书中曾经刊布的一尊青铜制作的猕猴像,这尊小像从照片上观察为坐姿,双腿卷曲,两臂上举⑥,它的来源和年代都不甚清楚。杜齐指出:"在极为广阔的区域,甚至在遥远的米努辛斯克都发现了猕猴像这一主题。在那里,猴子并不是以野生状态出现的。因此人们在西藏发现这一主题是绝不会感到惊讶的。因为传说认为,藏族人是猕猴与女

----

① 吕红亮《中国境内出土的蚀花石珠述论》,霍巍、王挺之主编《长江上游早期文明的探索》,成都:巴蜀书社,2002 年,154 页。

② 此系发掘者仝涛博士提供线索,考古材料尚未正式公布。

③ 转引自吕红亮《中国境内出土的蚀花石珠述论》,霍巍、王挺之主编《长江上游早期文明的探索》,154 页。

④ 参见王小甫《唐、吐蕃、大食政治关系史》,12 页。

⑤ 中国社会科学院考古研究所西藏队《拉萨曲贡》,北京:中国大百科全书出版社,1999 年,图版 63:6。

⑥ [意]G. 杜齐著、向红笳译《西藏考古》,图 17、18。

妖结合的产物。佛教思想认为在这种结合中可以见到观音菩萨的幻象。"①虽然曲贡遗址的年代要远远早于后期佛教传入西藏的年代，但这种以猕猴图像作为信仰对象的情况却具有悠久的历史和深远的影响力。杜齐指出其在米努辛斯克地区也有这一主题出现，两者的关系值得进一步探讨。因为在我国西南少数民族地区的神话传说体系中，这种以猕猴作为早期人类创世者的原始宗教信仰也曾经较为流行②，所以，藏族地区及我国西南地区这种猕猴信仰与米努辛斯克地区古代文明当中的相似因素，或许与两地间文化的传播影响有关，只是具体的交往细节还很不清楚。

4. 带柄镜

在拉萨曲贡石丘墓当中，曾出土过一面铁柄青铜镜（编号为 M203:2），这是迄今为止西藏高原首次通过考古发掘发现的青铜镜。这面带柄铜镜镜面呈圆板形，镜背中央略凸起，边缘呈三角形，镜背纹饰中央为勾连涡云与鸟纹，上缘有二鸟相向而立，镜背边缘为连续的八组勾连涡云纹。镜柄为铁质空心圆柱形，柄端有一扁环与柄体连接。经观察，这面青铜镜的铸造分为两步，先期铸好铁柄，然后将镜身与铁柄再次铸合在一起③。

这面铜镜由于其形制独特，引起学术界广泛的关注，一些学者敏锐意识到它与中国传统的无柄具钮形铜镜系统不同，而与中亚、西亚或南亚的带柄镜系统有相似之处，对于它的来源、装饰艺术风格、传播途径等问题发表了不同的意见④。迄今为止在西藏拉萨河谷一带至少曾经出土过三面彼此类似的带柄铜镜，西藏

----

① ［意］G. 杜齐著、向红茄译《西藏考古》，9—10 页。
② 石硕《藏族族源与藏东古文明》，成都：四川人民出版社，44—53 页。
③ 中国社会科学院考古研究所西藏队《拉萨曲贡》，第 208 页，图 145、彩版 4；西藏自治区博物馆《宝藏——中国西藏历史文物》，北京：朝华出版社，2000 年。
④ 霍巍《西藏曲贡村石室墓出土的带柄铜镜及其相关问题初探》，《考古》1994 年第 7 期，650—661 页；赵慧民《西藏曲贡出土的铁柄铜镜的有关问题》，《考古》1994 年第 7 期，642—649 页；霍巍《再论西藏带柄铜镜的有关问题》，《考古》1997 年第 11 期，61—68 页；霍巍《从新出考古材料论我国西南的带柄铜镜问题》，《四川文物》2002 年第 2 期，3—8 页；吕红亮《西藏带柄镜补论》，四川大学中国藏学研究所编《藏学学刊》第五辑，成都：四川大学出版社，2009 年，33—45 页；仝涛《三枚藏式带柄镜的装饰风格来源问题》，四川大学中国藏学研究所编《藏学学刊》第六辑，成都：四川大学出版社，2010 年，137—148 页。

一些佛教寺院也收藏有这类遗物,其具体数量与分布状况还有待进一步调查①。关于此类铜镜的来源,笔者认为由于在我国新疆、苏联阿尔泰地区曾经发现过多例带柄铜镜②,故应当考虑其与中亚青铜时代文化之间的联系③。王小甫先生也认为:"考虑到上古时期欧亚大陆各地区间陆路交通远胜于海路交通的情况,不能排除曲贡村石室墓出土的铁柄铜镜有可能是直接来自葱岭以西的文化交流品。"④吕红亮也注意到,在与西藏西部相邻近的拉达克地区,也曾经出土过与曲贡石室墓相类似的早期带柄铜镜⑤。这为连通从中亚到西藏高原的传播路线,无疑提供了重要的中间环节。

5. "斯基泰风格"的动物纹饰

西藏西部地区的岩画当中,出现了一些十分显著的"欧亚草原因素",其主要的艺术特征是:首先,在图案中出现了猫科动物逐鹿的场面,鹿均作"回首"奔驰状,鹿角宛如飘带,有多个分叉,前后肢均饰以旋涡纹,尾部短而上翘。在这类纹饰中,捕食的猫科动物的口部或蹄爪都非常靠近被追逐的草食动物的尾部,而草食动物则在惊慌失措中向后回首张望。其次,动物的头部出现了大而分叉的双角,这些角的形象常常用双线勾勒,飘动于身后。再次,这些动物的身躯上出现了横置的"S"形纹样或者繁缛的旋涡纹样。典型的例子如阿里地区日土县境内发现的"日姆栋岩画",动物均具有鹿形大角、身饰横置"S"形纹饰或双涡纹等特点⑥,令人联想到欧亚草原青铜时代晚期和铁器时代早期所谓"斯基泰——西伯

---

① 前引吕红亮《西藏带柄镜补论》,《藏学学刊》第五辑,34 页。

② [俄]A. A. 提什金、H. H. 谢列金著,陕西省考古研究院译《金属镜:阿尔泰古代和中世纪的资料》,北京:文物出版社,2012 年,26—31 页。

③ 前引霍巍《西藏曲贡村石室墓出土的带柄铜镜及其相关问题初探》。

④ 王小甫《唐吐蕃大食政治关系史》,12 页。

⑤ 据吕红亮描述:"1909 年弗兰克在印藏界调查期间,曾在拉达克列城附近发现一处墓葬,Francke 认为墓葬出土物中的一件青铜残片为一件铜镜的残片,并且认为当时的拉达克仍然可以见到此类器物。参见 A. H. Francke, *Antiquities of Indian Tibet*, Calcutta, Superintendent Government Printing, India, 1914. p. 73. 'Some other round Pieces of bronze may have served as mirrors, such are still found in Ladakh'. 而该书图版 Palte. XXIX-a 中处于正上方的一件很像带柄铜镜,但由于照片过于模糊,较难确认。"见作者《公元前第一千纪跨西喜马拉雅的文化互动:西藏西部早期金属时代考古学研究》,四川大学博士学位论文,2007 年。

⑥ 西藏自治区文管会文物普查队《西藏日土县古代岩画调查简报》,《文物》1987 年第 2 期,44—50 页。

利亚动物纹"。有学者已经注意到,西藏西部岩画中的"动物形风格"与欧亚草原文化中的"斯基泰风格"极其相似,提出可将其归入到欧亚草原岩画传统,并与其周边的"中亚岩画丛""阿尔泰岩画丛"相互衔接,可视为"欧亚草原岩画圈"中的"高地亚洲类型"①。虽然岩画由于断代较为困难,因而对其年代的判定往往具有较大的延展幅度,但不少学者仍然认为在中亚古代文明当中,岩画、石丘墓和大石遗迹这几类考古遗存的特性较为明显,可以视为欧亚草原文化具有代表性的特征来看待,而西藏北部和中部出现的这些因素,无疑应属于这种草原文化的一部分②。

6. 黄金面具

近年来,各国考古学家分别在喜马拉雅地区的中段、西段的墓葬中分别发掘出土5件黄金面具,其中,在西藏札达县曲踏墓地出土2件、噶尔县故如甲木墓地出土1件、尼泊尔穆斯塘地区萨木宗墓地出土1件、印度北方邦马拉里墓地出土1件。这5件黄金面具的年代大多集中在公元1—2世纪前后,只有尼泊尔萨木宗墓葬出土者年代较晚,为公元4—5世纪。它们具有的共同特征在于:均为利用黄金薄片采用捶揲法制成,面具大多固定在纺织物上,其上多用色彩勾画出五官和胡须线条,装饰在死者面部。

与之具有可比性的考古资料在欧亚大陆北非、西亚、中亚等广阔的范围内均有发现,而其中最为接近的则是中亚地区出土的黄金面具。如吉尔吉斯斯坦萨石(Shamsy)墓地(公元4—5世纪)、扎拉克杰拜(Dzallak Dzebe)墓地(公元3—5世纪)、新疆昭苏波马墓地(公元1—5世纪)中出土的黄金面具均系黄金捶揲而成,上面有五官凸起,双眼镂空,镶有宝石,无论从制作方式还是从形态上观察,都与喜马拉雅地区出土的这几件黄金面具十分接近。仝涛认为这表明西藏西部很可能是通过新疆的丝绸之路建立起与中亚和欧亚草原文化之间的互动与交流③。从墓葬中伴出的箱式木棺、陶器、木器等随葬器物观察,的确与新疆南疆地区汉晋时代墓葬出土的同类物品具有相似的特点,所以这个结论是可以成

---

① 吕红亮《西喜马拉雅岩画欧亚草原因素再检讨》,《考古》2010年第10期,76—85页。
② 童恩正《西藏考古综述》,《文物》1985年第9期,15页。
③ 仝涛、李林辉《欧亚视野内的喜马拉雅黄金面具》,《考古》2015年第2期,92—102页。

立的。

从上述考古材料中可以认识到,早在吐蕃王朝成立之前,西藏高原各古部族就已经与中亚和欧亚草原地带有着文化上的交流往来,其中尤其是西藏西部和北部地区因其在地理位置上与中亚地区更为接近,所以受到中亚文明影响的痕迹在考古学遗存上显得更为突出。前人多论证西藏苯教的起源与西藏西部、北部地区古老的"象雄文明"之间可能有着密切的联系,而苯教实质上又与伊朗波斯萨珊王朝流行的袄教相似,这个现象与西藏西部考古发现的这些具有中亚文明影响的因素相互吻合,两者之间应当具有相同的文化背景。

二、吐蕃王国时代与中亚的联系

公元 6 世纪末至 7 世纪前期,松赞干布在统一青藏高原各部族之后建立起吐蕃王国,其后的历代吐蕃赞普均强力拓展和扩张其势力范围,在 8 世纪至 9 世纪前期形成欧亚内陆最为强大的地方性政权之一。此期间,从考古材料上反映出吐蕃王国与中亚的文化联系进一步得到加强。

1.吐蕃金银器

吐蕃金银器同时受到来自汉地唐朝和中亚、西亚文化的影响,其中具有粟特、波斯萨珊风格的金银器为数不少,出现了高足杯、多曲长盘、"来通"(角杯)、"胡瓶"(带流壶)等多种受中亚文化影响的器形以及联珠纹、胡人形象、异兽纹等多种与中亚文化相关的装饰题材,笔者曾经对此作过较为系统的研究论述①。本文仅举其中最具典型意义的一例加以论述,这就是现存于拉萨大昭寺内的一件吐蕃银壶。从造型上看,这件银壶通高约 70—80 厘米,壶身最大径约为 40 厘米,上端开圆口,口缘饰八曲,其下饰一空心立体羊首,首后侧竖两耳,首前端上下唇间衔圆形管形小流,羊首下接上敛下侈的喇叭状细颈,颈上端饰弦纹、四瓣毯纹各一匝,颈下部接球形瓶身,壶身下部有焊接之流管一,系后世所加。壶身遍体银质,纹饰部分有鎏金痕迹,口外壁饰山岳状花瓣一匝,颈身相接处饰联珠纹、叶纹、四瓣毯纹和弦纹组成的纹带一匝,纹带之下为三组大型垂饰,垂饰外绕

---

① 霍巍《吐蕃系统金银器研究》,《考古学报》2009 年第 1 期,89—128 页,图版壹~陆。

卷云,中心作宝珠纹,垂饰下接由竖叶、联珠、垂叶组成的纹带一匝。以上各种形象、纹饰皆以捶鍱技法做出,原来还鎏饰金色。

这种首部做成动物头部形态的金银器皿,具有明显的波斯萨珊朝和粟特金银器的特点,这是我们判定其母型源流的重要依据。早年英国人黎吉生(Richardson)就指出这件银壶"体现出中亚一带萨珊波斯的影响"①;瑞士学者冯·施罗德(Ulrich von Schroeder)也主张这件银壶是在中亚塔吉克斯坦制作的,并明确认为其制作年代应为公元 8 世纪②。我国著名考古学家宿白先生进一步分析认为:"多曲圆形口缘和其下作立体禽兽首状的细颈壶,为七至十世纪波斯和粟特地区流行的器物,颈上饰羊首的带柄细颈壶曾见于新疆吐鲁番回鹘时期的壁画中。西亚传统文饰中的四瓣球文,尤为萨珊金银器所喜用。人物形象、服饰更具中亚、西亚一带特色。因可估计此银壶约是七至九世纪阿姆河流域南迄呼罗珊以西地区所制作。其传入拉萨,或经今新疆、青海区域;或由克什米尔、阿里一线。"③也有学者认为这件银壶是汉地唐王朝和中亚粟特系统金银器风格糅合而成的产物。如瑞士藏学家阿米·海勒博士曾对这件吐蕃银壶从制作工艺、纹饰特点等方面做过分析,认为:"这件银瓶是粟特式和中国汉地图案的变异类型,与粟特冶金工艺的关系更为密切。"④笔者较为倾向于阿米·海勒博士的意见,它的原型和制作工艺均受到粟特银器的影响,但装饰风格却已经具有吐蕃本土的特征,是一件中外文化交流的产物,也是吐蕃接受中亚文化影响的代表性器物之一。

关于这件银壶的来历,历史上曾有各种不同的传说。五世达赖认为它是松赞干布自己使用的酒坛,并称其为"马头银圣壶"(dngul dam rta mgo ma),系宗喀巴大师作为"伏藏"发现后供奉给大昭寺的。藏文史书《国王遗教》记载说:松赞干布曾秘藏了十个银壶,其中三个为骆驼首,七个为鸭首,均为吐蕃悉

---

① Richardson, Hugh E. : *Some Monuments of the Yarlung dynasty*, in P. Pal ed. *The Poth to Void*, Mumbai, 1996, pp. 26 - 45.

② Ulrich von Schroeder: *Buddhist Sculptures in Tibet*, 2001, P. 792。

③ 宿白《西藏发现的两件有关古代中外文化交流的重要文物》,《传统文化与现代化》1994 年第 6 期,406 页。

④ [瑞士]阿米·海勒(Amy Heller)撰、杨清凡译《拉萨大昭寺藏银瓶——吐蕃帝国(7世纪至 9 世纪)银器及服饰考察》,四川大学中国藏学研究所编《藏学学刊》第三辑,成都:四川大学出版社,2007 年,208 页。

补野时期流传下来的圣物,用于盛大节日或庆典时装盛青稞酒的酒器。20世纪西藏东部的一位佛教高僧司都大喇嘛则认为这件银壶应是发现在拉萨附近的扎叶尔巴寺(Brag yer pa),这座古寺曾是莲花生大师的修行之处,后来才被移供到大昭寺内。其实,这件银壶真实的来历,如前文所论,应是吐蕃时代欧亚文明交流的见证,它的造型和纹饰风格都可能来源于与吐蕃相邻的中亚地区。

2. 吐蕃丝绸

吐蕃人自身始终未能学会制作丝绸。但是,吐蕃从贵族至平民对来自汉地和西域各地的丝绸均十分喜爱,从不同的渠道和途径获得大量丝绸制品。这当中,直接来自中亚,或者虽然制作于内地、但在图案纹饰上却深受中亚文明影响的丝绸残件时有发现。最为集中的发现是自1982～1985年间,青海省文物考古研究所在都兰县热水乡共发掘吐蕃大墓封堆1处、中小型墓葬20余座,品种包括锦、绫、罗、缂丝、平纹类织物等,"几乎包括了目前已知的唐代所有的丝织品种"①。有关这批丝织物的具体数量与来源,在许新国先生的另一篇文章中有所涉及:"据我们统计,这批丝绸中,共有残片350余件,不重复图案的品种达130余种。其中112种为中原汉地织造,占品种总数的86%,18种为西方中亚、西亚所织造,占品种总数的14%。西方织锦中有独具浓厚异域风格的粟特锦,数量最多;一件织有中古波斯人使用的钵罗婆文字锦,是目前所发现世界上仅有的一件确证无疑的8世纪波斯文字锦。"②吐蕃人使用的织物当中,有不少具有明显的西方文化因素,如喜用联珠纹、对马纹、对兽纹、含绶鸟等图案作为纹饰。许新国认为,都兰吐蕃墓当中存在着直接来源于西方的织锦,其中最具代表性的即为"含绶鸟纹织锦"③,倾向于将都兰吐蕃墓中出

----

① 许新国《都兰出土大批唐代丝绸见证丝绸之路"青海路"》,《文物天地》2004年第10期,14—19页。

② 许新国《中国青海省都兰县吐蕃墓葬的发现、发掘与研究》,原载北京大学文博学院、大阪经济法科大学编《7～8世纪东亚地区历史与考古国际学术讨论会论文集》,北京:科学出版社,2001年;26—31页;收入作者著《西陲之地与东西方文明》,北京:北京燕山出版社,2006年,132—141页。

③ 许新国提出的这一观点主要见于其论文《都兰吐蕃墓出土含绶鸟织锦研究》,《中国藏学》1996年第1期,3—26页。以下凡引自此文资料不再注出。

土的这类含绶鸟纹织锦的来源比定在中亚地区,认为其属于粟特人所织造的锦类可能性是最大的。

此外,都兰吐蕃墓中还出土有一件织有外国文字的织锦(标本号为 DRXM1PM2:S161)。这件织锦缝合成套状,属于纬锦的裁边,红地、显藏青、灰绿、黄花,中部为一行连续桃形图案,在红地之上织有两行外国文字。经北京大学考古文博学院林梅村先生转请德国哥廷根大学中亚文字专家马坎基教授鉴定确认,认为这是波斯萨珊朝所使用的婆罗钵文字。第一行文字意为"王中之王";第二行文字意为"伟大的、光荣的",而其另一半现已流散于海外,上面写有波斯王的名字,织锦的年代约在公元 7 世纪。许新国认为其"是目前所发现世界上仅有的一件确证无疑的 8 世纪波斯文字锦"①。

综上可见,吐蕃本土及其属地发现的丝绸遗存表明,吐蕃人曾积极参与到"欧亚丝绸之路",通过不同的手段获得当时几乎与黄金等价的丝绸和织锦,与中亚文明发生过直接的联系,其中尤其以粟特、波斯萨珊的丝绸成品在质地、图案上深受吐蕃人的喜爱,唐代汉地销往吐蕃的丝绸也往往模仿了中亚式样,所以呈现出较为浓厚的中亚文化色彩。

3. 吐蕃棺板画

与青藏高原吐蕃考古的新进展几乎同步,近年来在我国西北及北方地区也连续出土了一系列入华粟特人的墓葬,它们分别是:宁夏固原南郊隋唐墓②、甘肃天水石马坪墓③、山西太原隋虞弘墓④、西安坑底寨北周安伽墓⑤、井上村北周史君墓等⑥。这批粟特人的墓葬当中,大多保存有较为完好的石棺椁、石屏风、石床等石质葬具,在部分石板上雕刻有内容丰富的画像,从而引起学术界强烈的

----

① 许新国《中国青海省都兰县吐蕃墓葬的发现、发掘与研究》,《7~8 世纪东亚地区历史与考古国际学术讨论会论文集》,29 页。

② 罗丰《固原南郊隋唐墓地》,北京:文物出版社,1996 年。

③ 天水市博物馆《天水市发现隋唐屏风石棺床墓》,《考古》1992 年第 1 期,46—54 页。

④ 山西省考古研究所等《太原隋代虞弘墓清理简报》,《文物》2001 年第 1 期,27—52 页。

⑤ 陕西省考古研究所《西安北郊北周安伽墓发掘简报》,《考古与文物》2000 年第 6 期,28—35 页;《西安发现的北周安伽墓》,《文物》2001 年第 1 期,4—26 页。

⑥ 西安市文物考古研究所《西安北周凉州萨保史君墓发掘简报》,《文物》2005 年第 3 期,4—33 页。

关注。无独有偶,在吐蕃考古发现的墓葬资料中,也有一批彩绘在木棺板或木质随葬器物上的图像①,两者之间具有诸多相同的特点。

上述入华粟特人的石椁浮雕与吐蕃棺板画除了材质的不同之外(前者使用石材,后者使用木材),都是由数块石板或木板组成,主要作用一方面可作为葬具上的装饰图案,但更重要的目的是要彰显死者在生前与死后所能享受到的若干殊荣优待。从画面的表现形式而论,粟特人石棺浮雕主要画面有骑射狩猎、商队出行、帐外乐舞宴饮、帐中主人宴饮、丧葬仪式等,虽然各个画面具有各自的独立性,同时彼此之间又有着紧密的联系,实际上都围绕着一个中心展开:即祈求死者亡灵顺利升入天国,并在天国享受到与生前同样的荣华富贵生活。青海出土的吐蕃棺板画的情况与之极为相似,在表现形式上也是由骑射狩猎、驼队出行、帐外宴饮乐舞、帐中主人宴饮和丧葬仪式等不同画面组成,笔者认为虽然其画面是取材于日常生活的若干场景,但其中心意义同样是反映出吐蕃具有浓厚苯教色彩的丧葬礼仪②。尽管两者在画面中出现的人物服饰、器皿、牲畜种类、舞蹈以及乐器等还有不尽相同之处,具有各自的民族与地域特点,但在图像中所反映出的某些共同的文化传统却是一致的,而这些传统在欧亚草原民族中流行甚广,上述石椁浮雕和木棺板画上的材题究其源头许多应当是来自中亚与西域文明。

4. 吐蕃马具

骑马术的兴起和马具的起源与发展在东西方文化交流的过程中具有重要的意义,吐蕃作为骑马民族之一在其对外扩张的过程中,以其特殊的地理位置有可能同时接受来自东方与西方两个方面文明的影响,其中,吐蕃马具与中亚马具的相似性很高。在伊朗萨珊王朝的艺术品上,可以观察到公元5—6世纪伊朗高原

---

① 有关这批青海吐蕃墓葬的情况,可参见:许新国《郭里木乡吐蕃墓葬棺板画研究》,《中国藏学》2005年第1期,56—69页;《中国国家地理》2006年第3辑《青海专辑·下辑》收录的一组文章介绍了青海吐蕃棺板画,即:程起骏《棺板彩画:吐谷浑人的社会图景》、罗世平《棺板彩画:吐蕃人的生活画卷》、林梅村《棺板彩画:苏毗人的风俗图卷》,参见该刊84—98页;林梅村《青藏高原考古新发现与吐蕃权臣噶尔家族》,作者著《松漠之间:考古新发现所见中外文化交流》,北京:三联书店,2007年,188—195页;罗世平《天堂喜宴——青海海西州郭里木吐蕃棺板画笺证》,《文物》2006年第7期,68—82页;北京大学考古文博学院、青海省文物考古研究所编著《都兰吐蕃墓》,北京:科学出版社,2005年。

② 霍巍《青海出土吐蕃木棺板画的初步观察与研究》,《西藏研究》2007年第2期,49—61页。

马具的形态,如在美国大都会博物馆收藏的一件萨珊王朝银盘上,有帝王狩猎的场面,其坐骑上可见到辔头和呈横向的攀胸、鞦带,皮带上面缀饰有杏叶一类的饰件。大都会博物馆内收藏的另一件出土于巴基斯坦的萨珊王朝艺术品上,也铸出骑马武士的形象,他所乘骑的马装饰的马具可以清晰地看到辔头上额带、鼻带、颊带、咽带等四条皮带,鞍、鞯之下有一条横向的攀胸和一条绕于马尻尾后的鞦带,在马尾束有一结,辔头、和攀胸、鞦带上也都缀饰着杏叶一类的饰片,整个马具的装饰手法与吐蕃马具十分相似。此外,我们甚至还可以注意到,这些中亚艺术品上武士们所佩戴的箭囊的式样,与吐蕃武士所佩之物也十分接近。两者之间的关系值得重视。中亚马具上的这种装饰手法,很可能同时也传入到唐王朝,有意见认为唐代马具中金属制作的蹀躞和杏叶的出现,也许便是来自萨珊王朝马具的影响①。吐蕃马具无论从其革带的装配式样,还是革带上所缀饰的蹀躞来看,都与中亚马具十分相似,两者之间应当存在着一定的关系,或有可能系自中亚直接传来,也有可能是通过唐代马具中转传播而来,但无论何者,都带有中亚骑马文化的风格特点。

5. 中亚造型艺术

除上述几个主要门类的考古遗存之外,在吐蕃时期的造型艺术中,还遗留下来大量受到中亚文化影响的痕迹。例如,具有波斯萨珊风格的联珠对鸟纹饰,在西藏发现的佛寺壁画、石窟寺壁画、木雕作品中大量存在。西藏山南琼结藏王墓地第六号陵前现存的石狮一对,石狮的造型含有波斯雕塑风格②。吐蕃时期发现的碑刻与摩崖石刻上常常可以见到太阳与弯月组合而成的一组图案,这种组合图案在中亚波斯萨珊王朝是作为王族的徽记而存在,吐蕃很可能是随着波斯宗教祆教(俗称为"拜火教")的影响,而将这类徽记也作为吐蕃王朝的皇家标识使用于王朝陵墓和碑铭之上。此外,吐蕃贵族的服饰多以带有三角形大翻领的长袍这种式样为主,在衣领、袖口、胸襟等部位用具有联珠纹、团窠纹等纹饰的织物加以装饰。这种衣饰特点在近年来发现的吐蕃棺板画、摩崖造像以及佛寺中的塑像中都可以找到大量证据,已经有学者提出吐蕃王臣们的衣着习惯大概源

---

① 孙机《唐代的马具与马饰》,《文物》1981 年第 10 期,84—85 页。
② 霍巍《西藏古代墓葬制度史》,成都:四川人民出版社,1995 年,154—156 页。

于大食①,而笔者则认为最有可能是受到中亚服饰文化的影响②。意大利学者杜齐在对后藏地区艾旺寺的调查中发现,其中有按照于阗风格装饰的佛殿,也注意到佛像的衣饰特点很可能来自中亚,他认为"这些影响如果不是通过中亚艺术家没人能自己来实施的,那么至少是由一组追随中亚艺术传统的艺术家们精心实施的"③。

6.丧葬习俗

吐蕃时期的丧葬习俗当中,也可以发现来自中亚影响的因素。其中,最为引人注目的是西藏流行至今的"天葬"习俗。关于"天葬"风俗的来源,学术界存在着本土起源说、印度传入说等多种观点。笔者经过研究比较,提出应当考虑此种葬俗与中亚波斯宗教祆教(拜火教)丧葬习俗之间的关系,认为西藏"天葬"习俗的起源即便不是直接传自波斯,也可能是来源于中亚④,这个观点后来也被较多的学者所接受和认同⑤。

此外,在西藏古代墓葬中还存在着一种"环锯头骨"的现象,如西藏昂仁县布马村编号为 M1 的一座墓葬中,发现的一些遗迹现象引人注目。此墓在墓坑内及墓坑外均埋葬有人骨,其中墓坑内共葬有 5 人:墓室西侧头向位置上葬有 3 人,2 人居中埋葬,为一对老年男女,推测系一对夫妻,也是墓主,两人均采取屈肢葬式。另在墓内西南角上,用陶罐装盛有一具人头骨,头骨下方枕有一件装饰品,头骨的颅骨上端留有两道"环锯头骨"的痕迹,第一道锯痕锯在额骨以上,锯去了颅顶(俗称"天灵盖");第二道锯痕锯在眶上孔以上,环锯去额骨一周,锯下的这条额骨宽约 2 厘米,盛放于陶罐内,但锯下的颅顶骨未在陶罐内发现。墓坑之外还葬有 2 人,出土有颅骨、下颌骨、颈椎骨、肢骨、肋骨等,但位置零乱,且与

----

① 根敦群培著、法尊大师译《白史》,兰州:西北民族学院研究所印刷(内部资料),1981年,45 页。

② 霍巍《西藏西部佛教石窟壁画中供养人像服饰的初步研究》,《四川大学考古专业创建四十周年暨冯汉骥教授百年诞辰纪念文集》,成都:四川大学出版社,2001 年,411—412 页。

③ [意]G·杜齐著、熊文彬等译《江孜及其寺院》,中国藏学研究中心历史所编印,2004年,123 页。

④ 霍巍《西藏天葬风俗起源辨析》,《民族研究》1990 年第 5 期,39—46 页。

⑤ 王小甫《唐吐蕃大食政治关系史》,26 页;张云《上古西藏与波斯文明》,73—76、121—123 页。

牛、羊等动物骨骼混杂①。这种环锯头骨的习俗曾经在中亚叶尼塞河流域早期
铁器时代的塔加尔文化(Tagar Culture,公元前7世纪初至公元前2世纪)、继塔
加尔文化之后的塔斯提克文化(Tashtyk Culture,公元前1世纪至公元5世纪)早
期有过发现②,由此可知昂仁布马墓地的丧葬习俗或有可能受到中亚一带草原
文化的影响。

如上所论,吐蕃时期与中亚文明之间交流互动是从多方面展开的,除了前文
中曾经提到的对有关中亚多种宗教可能对吐蕃产生的影响之外,还有关于象雄
语言、吐蕃马球、大食医学、钢制武器(包括锁子甲和长剑)等诸多方面曾引起学
术界的广泛关注,认为其可能与中亚文化的影响有关③,只是目前还没有找到确
凿的考古实物加以进一步的证实。本文所列举出的考古材料虽然并不十分丰
富,但如果我们将吐蕃考古与文物中所见与中亚关系喻之为隐藏于海面之下的
一座庞大的冰山,那么至少也算是揭开了冰山一角,从而能够补充文献史料之
不足,从更为广阔的研究视野来重新观察、思考吐蕃与中亚、乃甚整个欧亚丝绸
之路的关系。

还需要特别说明的是,吐蕃势力的多次进入中亚,也应在中亚地区遗留下考
古遗存,但这方面的资料笔者掌握不多,所以在本文中未能论及。但是,近年来
一些新的发现也提供了重要的线索。例如,在喜马拉雅山西部今巴基斯坦所控
制的巴尔蒂斯坦地区(Baltistan,即历史上的大小勃律),发现有吐蕃时期大型藏
文碑刻的残段,内容与吐蕃佛教的"兴佛祈愿"活动有关,是吐蕃时期佛教势力
向中亚扩张有力的证据④。众所周知,大小勃律是吐蕃通向印度、中亚的重要通
道,在吐蕃强盛时期曾被吐蕃王朝所控。类似的考古材料相信今后随着中亚地
区考古工作的进展,还会有更多的发现。

----

① 西藏自治区文管会文物普查队《西藏昂仁古墓群的调查与试掘》,四川大学博物馆、
西藏自治区文物管理委员会编《南方民族考古》第四辑·西藏考古专辑,成都:四川科学技术
出版社,1992年,137—178页。
② 《中国大百科全书·考古学卷》,北京:中国大百科全书出版社,1986年,510—511页。
③ 有关这些问题的研究综述,可参:张云《上古西藏与波斯文明》,292—327;杨铭《唐代
吐蕃与西域诸族关系研究》,80—81页。
④ 陈庆英、马丽华、穆罕默德·尤素夫·侯赛因阿巴迪《巴基斯坦斯卡杜县发现的吐蕃
王朝时期的藏文碑刻》,《中国藏学》2010年第4期,96—102页。

三、吐蕃与中亚关系的几点新思考

从文物考古材料所揭示的情况来看,这些从中亚传入的文化因素覆盖影响面很大,几乎涉及吐蕃社会从宗教思想到物质生活的各个层面,其背后隐藏着广阔的历史背景,值得我们做深入的探讨。通过上文的分析论述,笔者认为,在这些物质表象的背后,透露出若干重要的信息,在前人研究的基础上,还可以提出几点新的认识:

其一,吐蕃与中亚地区的文化交流,可以上溯到吐蕃王国建立以前的史前时期,至少在考古学发展阶段的新石器时代、青铜时代和早期铁器时代,生活在青藏高原的古部族就已经和包括中亚在内的周边地区发生了联系,表明青藏高原并非是后来被许多人想象成的一个封闭的世界。吐蕃王朝建立之后,这些传统的联系不仅没有被中断,反而随着吐蕃王国势力向着四面的不断扩张得到了更为广泛的发展。在吐蕃王国最为强盛的时代,曾一度将其势力向中亚扩张,与唐和大食争夺中亚。据日本学者森安孝夫研究,从公元 7 世纪中叶以后,吐蕃曾经有过数次向中亚的入侵,在公元 8 世纪后半期至 9 世纪前半期的一个时期内,中亚甚至成为"吐蕃与回鹘的时代"。他还进一步从宗教传播的角度推测:"苯教的教义、传说和习俗可以发现除印度因素外,同时还存在着浓厚的伊朗因素,据说这是苯教在西藏西部进行的自我同化的结果。倘若如此,那么支持苯教的西藏西部与伊朗世界的交流,至少应上溯到吐蕃王国成立以前(6 世纪以前)。"[①]这个深远而广阔的历史背景,将有助于我们理解和认识吐蕃文物考古所见的中亚文明因素出现的原因。

其二,吐蕃在中亚的进出,对中古时期欧亚大陆的政治格局、经济贸易、族际关系与国际关系等方面产生过重要的影响,尤其是对传统的"陆地丝绸之路"而言,吐蕃的掌控与介入显然起着重要的作用,森安孝夫曾经对此做出过高度的评价:

这个时代吐蕃对中亚的统治,由于无论是从东北部的河西到罗布地方,也无论是西北的帕米尔地方均受到吐蕃的控制,极为安定,因此西藏人似乎

---

① [日]森安孝夫撰,钟美珠、俊谋译《中亚史中的西藏——吐蕃在世界史上所占据地位之分析》,《西藏研究》1987 年第 4 期,118 页。

也相当积极地推行了移民及屯田的政策。藏语作为公用语为河西的汉人、伊朗系的于阗人、蒙古系的吐谷浑人等民族所使用,此影响甚至一直延续到吐蕃王朝崩溃后的 10 世纪。西藏的文字不仅应用于藏语,而且在汉语、于阗语、回鹘语的书写中也被使用。另外还整顿了被称为"飞鸟使"的驿传制度,在辽阔的领域上,从中央布下了监视之网。中央的耳目可以伸张到各个角落,使旅行者感到安全,从而吸引了东南西北各地的商人,文化交流愈形活跃。①

十分显然,任何文化交流都是双向互动的。本文虽然主要讨论了吐蕃考古文物中所见的中亚因素,而实际上吐蕃也对中亚产生过影响,吐蕃的物产也曾经传入到中亚,以吐蕃为中或者通过吐蕃人为中介的过境贸易也曾十分活跃,这些交流的物产"除西方人喜欢的麝香以外,来自吐蕃控制地区的,还有绵羊、布匹等"②。《世界境域志》中也记载:"巴达赫尚(Badakhshan)是一个很令人喜爱的国家和商人常去之地。其地有银、金、石榴石、青金石诸矿。其麝香是从吐蕃输入的。"③其实,青藏高原输往周边国家和地区的物产十分丰富,在《隋书》当中也早有记载:"女国,在葱岭之南,其国代以女为王。……气候多寒,以射猎为业。出鍮石、朱砂、麝香、牦牛、骏马、蜀马。尤多盐,恒将盐向天竺兴贩,其利数倍。亦数与天竺及党项战争。"④可以设想,当吐蕃人参与介入到欧亚大陆丝绸之路贸易之后,对这条丝路商业贸易的兴旺繁荣起到了重要的促进作用。

其三,在吐蕃与中亚之间,可能存在着多条交通路线,对此学术界已经多有讨论⑤,笔者不拟赘述。所要补充的是,从目前的考古资料来看,应当尤其注意西藏西部阿里地区在其中的重要地位和作用。这个地区位于喜马拉雅山的北麓,以喜马拉雅山的西段为中心,北邻新疆,西与拉达克、克什米尔相毗邻,从地理上看正好处在与南亚、东亚和中亚的交接地带。阿里境内有藏民族信仰的"神

---

① [日]森安孝夫撰,钟美珠、俊谋译《中亚史中的西藏——吐蕃在世界史上所占据地位之分析》,《西藏研究》1987 年第 4 期,115 页。

② 杨铭《唐代吐蕃与西域诸族关系研究》,81 页。

③ 佚名著、王治来译注《世界境域志》,上海:上海古籍出版社,2010 年,104 页。

④ 《隋书》卷八三《西域·女国》,北京:中华书局,1973 年,1850—1851 页。

⑤ 关于吐蕃进出中亚的具体路线,可能随着时代的不同而不断变化,其中主要的交通路线有西北路线,即从新疆进入中亚;也有西线,即从拉达克、克什米尔、大小勃律进入巴基斯坦,再由此进入中亚。有关情况可参见王小甫《唐吐蕃大食政治关系史》,20—68、165—195 页。

山"冈底斯山和"圣湖"玛旁雍错,象泉河、狮泉河、马泉河、孔雀河等多条河流纵贯其间,最后汇入印度次大陆。自古以来,这里就是多种古老文明的交汇之处,在汉藏史籍中通常将这一区域的核心地带称之为"羊同"或"象雄",在西藏早期历史文化进程中具有重要的地位。近年来西藏西部考古取得了一系列新的发现,相关研究也有新的进展①。若干现象表明,最迟在公元一千纪前后,这个区域内已形成了一个区域性的古老的文明中心,这个中心具有较为复杂的社会结构,来自各地的人群汇聚于中心之内,不仅带来和保持着自身的传统文化特点,而且也逐渐开始形成区域性的若干共同性的文明标志,以积石冢、石丘墓、石室墓、黄金面具、箱式木棺、青铜器、丝绸和茶叶等物品为代表的远程贸易等各项因素的出现,显示出跨区域文化之间的交流与互动。那么,如果从文献与考古资料相互整合的结果来看,历史上与这个文明中心最相符合的古代族群或地方政权,就只能非"象雄"(羊同)莫属。以往的研究者多已注意到西藏苯教的发源地在藏文文献中多比定为象雄;而苯教在形成过程中又与波斯的祆教(拜火教)有着密切的渊源关系,这些都暗示着象雄文明与中亚文明之间有着直接的关联性,要最终揭示出唐代吐蕃与中亚关系的真实面貌,从考古学的角度来看,这是一个最富有希望去开展研究工作并取得突破性进展的地区。

其四,宗教被认为是文明交流最好的"晴雨表"。吐蕃与中亚文明的交流在宗教领域颇为引人瞩目。森安孝夫曾经特别提示我们关注下述重要的境外宗教考古遗存所提示的线索:(1)吐蕃赞普赤松德赞时期摩尼教有可能通过粟特人传入,现存于拉达克阿契寺(Alchi)壁画(11—12世纪)中可能存在着摩尼教的要素,而阿契寺壁画与西藏西部同时期的佛教壁画之间,又有着密切的关系,这个线索值得加以进一步的追踪。(2)在吉尔吉特和拉达克发现的岩画、小件金属制品和敦煌出土藏文写卷中,残存着各种形式的十字架,可能与景教(基督教)的流行有关。尤其是在拉达克丹采发现的岩画除十字架外,还同时发现伴出的粟特语、库车语、藏语的铭文,其中粟特语的铭文可释为:"210年,我从内地来到此地。(神的)仆人撒马尔罕人 Nošfarn 作为使者要到西藏可汗那里去。"森安孝夫据此认为:"所以看来9世纪前半叶,粟特人的景教徒确实是通过西北路线来到吐蕃宫廷的(至少是试图要到吐蕃那里去)。"此外,在达列尔以南,吉拉斯

① 霍巍《西藏西部早期文明的考古学探索》,《西藏研究》2005年第1期,43—50页。

南部的托尔地方崖壁上发现 200 余处粟特语铭文,时代约为公元 5—6 世纪,内容大多为祆教徒书写,这可以证明粟特人往来于西藏西北边境附近地带①。目前,这些考古线索主要发现在与西藏相邻的境外地区,而在我国西藏境内尚未发现,这也应当是中国考古学者未来开展工作的重要方向。

2015 年 9 月 12 日初稿于四川大学江安花园

2015 年 10 月 15 日宣读于吉尔吉斯

2016 年 2 月 5 日修改于四川大学江安花园

(作者单位:四川大学中国藏学研究所)

----

① [日]森安孝夫撰,钟美珠、俊谋译《中亚史中的西藏——吐蕃在世界史上所占据地位之分析》,《西藏研究》1987 年第 4 期,117 页。

中国学界对吉尔吉斯阿克·贝希姆（碎叶）遗址考古发现的了解与研究

张建林

　　吉尔吉斯斯坦托克马克市附近的阿克·贝希姆遗址（Ак-Бешим）是丝绸之路上的一处极为重要的城址。19世纪末以来，俄国、苏联学者就开始了持续不断的考古调查与发掘，一直延续至1998年。相继发掘出东城、西城的宫殿区、佛寺、景教教堂、祆教及摩尼教墓葬等重要遗迹，出土大量重要文物，引起国际学术界的广泛关注，被认为是中亚考古的重要发现之一。但这一重要遗址长时期没有引起中国学术界的关注，中国学者对遗址的考古资料知之甚少。2011年笔者初次踏查这处向往已久的废墟，即被遗址的巨大规模和丰富遗迹所震撼。此后便留意收集阿克·贝希姆遗址的相关资料，特别是中国学界对这处遗址考古发现的研究。2015年有幸受邀参加新疆师范大学文学院与吉尔吉斯国立民族大学孔子学院等单位举办的"李白与丝绸之路国际学术研讨会"，在会上简单介绍了中国学界对阿克·贝希姆遗址的了解与相关研究概况。会议结束后，再次考察阿克·贝希姆、布拉纳等遗址，对于遗址的考古发现又有新的了解。故不揣简陋，将会议讲稿略作增补，整理成文，介绍给中国同仁。

一、阿克·贝希姆遗址考古发现概况

　　阿克·贝希姆遗址位于吉尔吉斯斯坦首都比什凯克东60公里的楚河盆地东部，东北距托克马克市约8公里。南有吉尔吉斯阿拉套山，北有热特库尔山和肯德克塔斯山，周围开阔平坦，北邻楚河大运河。这一代古代遗址较多，除了阿克·贝希姆遗址，还有布纳拉城址、克拉斯纳亚—列契卡城址等（图1）。阿克·贝希姆遗址的发现、考察开始于19世纪末，1893年，圣彼得堡大学的巴托尔德

(V. V. Bartold)考察中亚,在他所编写的调查报告中,根据文献和阿克·贝希姆遗址的规模推测该遗址是喀喇汗王朝和西辽的都城巴拉沙衮,他的这个观点被以后的多数学者所接受。1939 年至 1940 年,苏联考古学家伯恩施塔姆(A. N. Bernstam)持续在阿克·贝希姆遗址发掘,发掘的地点有 5 处。此后的 1953 年至 1998 年,苏联考古学家科兹拉索夫(L. R. Kyzlasov)、兹亚布林(L. P. Zjyblin)、谢苗诺夫(G. L. Semenov)等陆续在遗址展开发掘,正式发掘的地点共计 8 处。

数十年的考古发掘,基本上勾勒出阿克·贝希姆城址的整体布局,部分重要建筑遗址的结构与功能也基本明了。

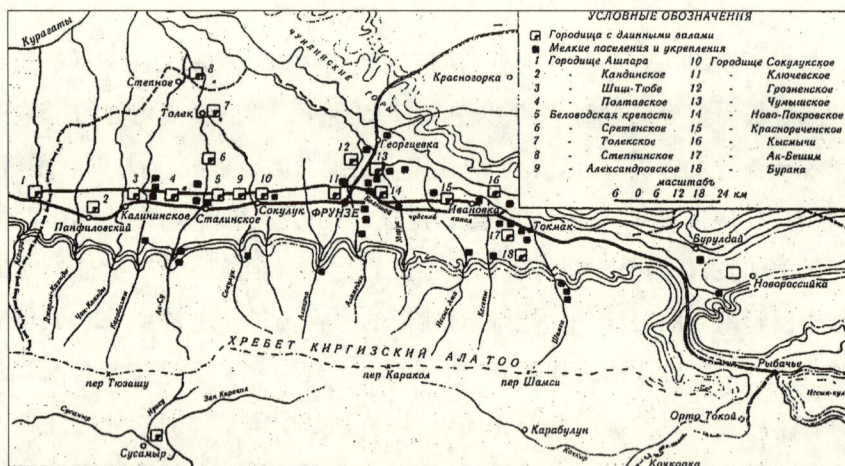

图 1　楚河流域古代城址分布图

城址总体由西城、东城及城外遗址构成,东西两城紧密相连(图 2)。西城平面大体呈长方形,四边城墙均可见于地表,北墙长约 600 米,中段内缩,东段有门;东墙长约 500 米;西墙长约 400 米,中间有两处外凸;南墙迂回曲折,长约 700 米。西城面积约 35 万平方米,经过考古发掘的地点有 3 处:宫城遗址(Ⅶ号发掘点)、第二景教堂遗址(Ⅷ号发掘点)、中心探方(Ⅱ号发掘点)。其中宫城遗址较为完整,位于西城内的西南角,由 14 间房屋环绕成长方形,中间是方形院落。谢苗若夫将1996—1998 年发掘的宫城遗迹地层分为四期:第一期属于 7—8 世纪,第二、三期属于 8—10 世纪,第四期属于 10—11 世纪(图 3)。第二景教堂位于西城内的西南角,由 4 组建筑构成(谢苗诺夫编号为 A. B. C. D),从出土的葡萄酒作坊、圣徒墓、壁画残块等遗物分析,发掘者推测为景教堂遗址(图 4)。中心探方发掘的遗迹由于发掘报告较为简略,不是十分清楚,但堆积地层的最下层被发掘者判定为粟特文化层(5—6 世纪)。如果推测无误,西城最早在 5—6 世纪即开始有人居住。

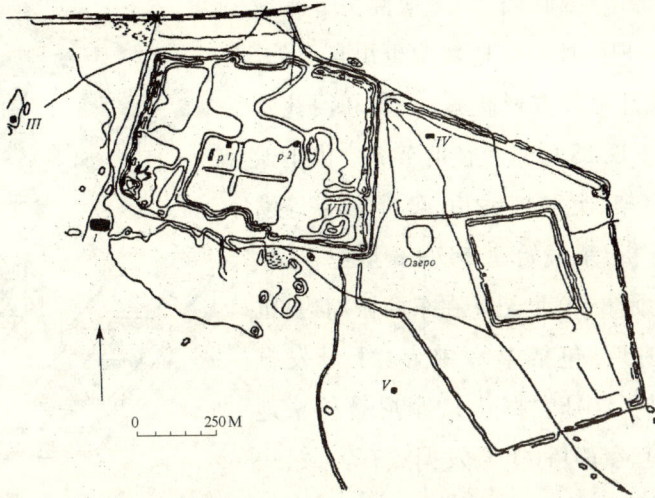

图 2　阿克·贝希姆遗址全图

　　东城平面呈折角的五边形,城墙环绕,西侧借用西城的东墙与之紧密相连,面积约 60 公顷。周围的城墙上共发现 7 处城门,其中西墙的两座城门即西城东墙的城门。发掘的主要遗址有两处,一处是南部的长方形土台建筑遗址(努尔兰称之为"伯恩施塔姆遗迹"),一处是北部的第一景教堂遗址(Ⅳ号发掘点)。其中长方形土台建筑遗址中发现有佛堂建筑遗址和僧房建筑遗址,出土有唐代的

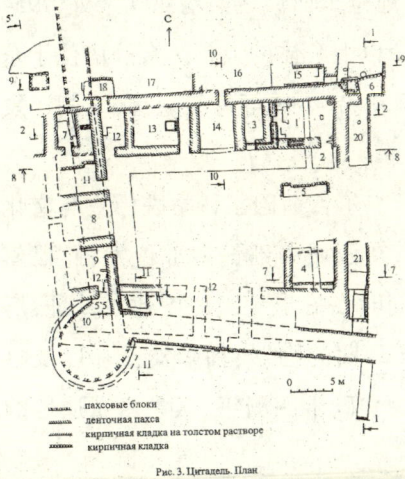 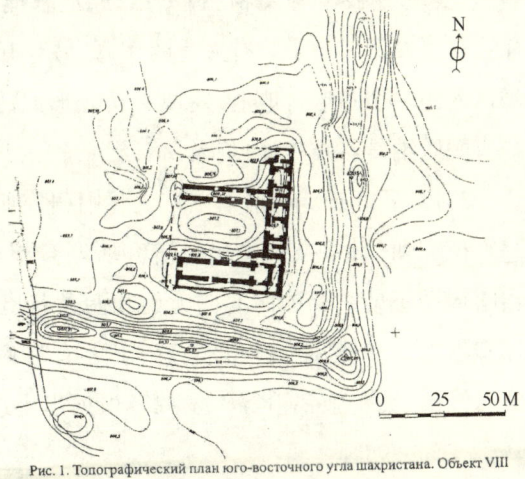

图 3　西城址西南角的宫殿遗址　　　　图 4　西城址东南角的景教堂遗址

莲花纹瓦当、刻有粟特文和梵文的瓦、石刻造像碑残块、石刻莲座、壁画残块、泥塑佛头等等遗物。1982 年发现的杜怀宝造像碑也出自此处。第一景教堂遗址由长方形院落、圣堂和浸礼堂构成，院落中发现 18 座景教徒的墓葬。出土遗物有青铜十字架、突骑施钱币、乾元重宝等遗物。从地层分析，东城始建于 7—8 世纪，文化层最为丰富的是 8—9 世纪。在东西城周边，也分布有重要遗址，包括第一佛寺（Ⅰ号发掘点）、第二佛寺（Ⅵ号发掘点）、摩尼教徒墓地（Ⅲ号发掘点）、寂静塔（Ⅴ号发掘点）等。第一佛寺位于西城西南约 100 米的土岗上，坐西朝东，由门楼、庭院和佛殿构成，东西 76 米、南北

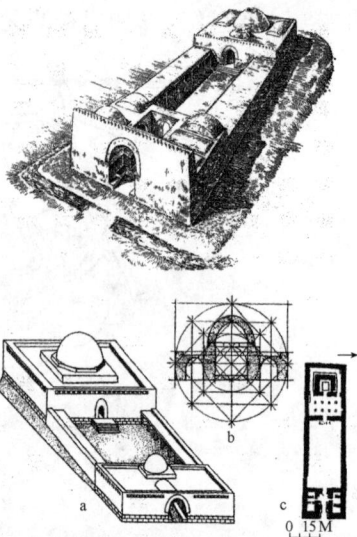

图 5　第一佛寺遗址平面及复原图

22 米。佛殿平面长方形，可分为前殿、中堂、回廊，中堂平面方形，周环回廊，中堂入口两侧分别保存有释迦牟尼与倚坐弥勒塑像的残躯。佛寺遗址出土有塑像残块、壁画残块、铜造像残块、佛像铜牌饰等（图 5）。第二佛寺位于第一佛寺东约 250 米的土岗上，门向西北，平面方形，由内外两重礼拜道和中心佛堂构成，中心佛堂 10.5×10 米，遗址中出土有彩塑佛像和菩萨像残块、壁画残块、开元通宝铜钱、突骑施钱币等文物（图 6）。摩尼教徒墓地位于西城之西约 400 米处，1954年在这里发掘出 9 个装有人骨的陶罐，另有 10 个以上个体的人骨。寂静塔位于东城西南的一个圆形台地上，发现有长方形泥砖墙基、异型砖等建筑遗迹，北侧还发现有陶质纳骨器残片，内装人骨①。

　　2012 至 2013 年，日本东京文化财研究所与吉尔吉斯国家科学院历史与文化遗产研究所、日本奈良文化财研究所联合组队，在西城中部偏南部位发掘，揭露出喀喇汗王朝时期的南北向大街和两条巷道，同时发掘出 4 组房屋建筑基址，房屋多由主室和侧室构成（图 7）。出土有喀喇汗时期的陶器、釉陶器残片以及喀喇汗钱币、突骑施钱币等。发掘者根据出土遗物和碳十四测年，认为西城遗址的

---

　　① 阿克·贝希姆遗址考古概况主要参考努尔兰·肯加哈买提《碎叶考古与唐代中西文化交流》，2007 年北京大学博士学位论文；Государственный Эрмитаж（Росия）Институт Истории НАН Кыргызстана Суяб Ак-Бешим Санкт-Петербург 2002。

废弃时间应当不晚于 11 世纪早期①。

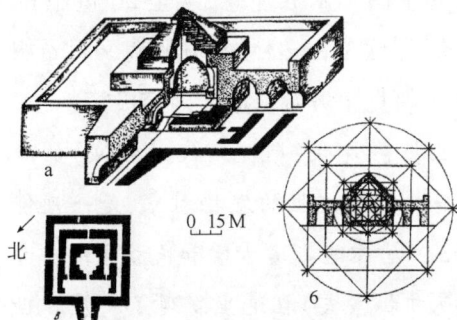

图 6　第二佛寺遗址平面及复原图

图 7　2012—2013 年西城中部发掘的遗址

二、中国学界对阿克·贝希姆遗址及碎叶城的了解与研究

20 世纪 30 年代以来,中国历史学家如陈寅恪、郭沫若、饶宗颐等即不断有考证李白出生地的论述,多为历史、地理文献的考证。或有提及碎叶城地望或为中亚吉尔吉斯,但并未未注意到阿克·贝希姆遗址考古发现的资料②。郭沫若曾断言碎叶有二:"考碎叶在唐代有两处,其一即中亚碎叶,又其一为焉耆碎叶"③,这一观点代表了当时我国史学界的普遍看法。如在范文澜《中国通史》第三册所附"唐朝及四邻方位略图"中即在焉耆旁注记碎叶镇又在热海西注记碎叶城④。更有学者主张哈密碎叶、拨换碎叶说⑤。这些都是在不了解考古资料的情况下,仅靠对历史文献的解读和考证做出的推断。至 20 世纪 90 年代,王小甫提出安

---

① 安倍雅史《2011—2013 年吉尔吉斯共和国阿克·贝希姆(碎叶)遗址考古收获及遗址废弃原因初探》,日本东京文化财研究所资料,2014 年。

② 陈寅恪《李太白氏族之疑问》,《清华学报》10 卷 1 期(1935 年),153—155 页;郭沫若《李白与杜甫》"李白出生于中亚碎叶"节,北京:人民文学出版社,1971 年,3—24 页;饶宗颐《李白出生地——碎叶》,作者著《选堂集林·史林新编》,香港:中华书局,1982 年,187 页:"诗人李白,出生于中亚吉尔吉斯斯坦(Kyrgyzstan)碎叶(Suy-ab),已为人所公认的事实。"

③ 郭沫若《李白与杜甫》,3 页。

④ 范文澜《中国通史》第三册第二章第六节"述唐朝与四方诸国的各种关系",北京:人民教育出版社,1978 年,346—347 页之间的插图。

⑤ 钟兴麒《唐代安西碎叶镇位置与史事辨析》,《中国边疆史地研究》2000 年第 1 期,10—23 页。

西四镇中碎叶与焉耆相互交替说①,被较多学者接受。

阿克·贝希姆遗址的考古发现真正引起中国学术界注意,晚至 20 世纪 60 年代以后。中国考古学家首先是从中文版的《苏联考古学》中得知阿克·贝希姆遗址的考古发现,但并未引起重视。此书关于阿克·贝希姆遗址内容极简:

> 在萨雷哥东南 25 公里处,有一座巴拉萨贡城(阿克—彼兴古城)的废墟,它是 12 世纪西辽统治下的中亚首府。最初这里的发掘对象,是一座佛教小庙和一座 12 世纪古庙的废墟;1953 年吉尔吉斯考古学和民族学综合考察队的一个分队(分队领导人为 Л. P. 克兹拉索夫)在这里发现了一座 8 世纪的佛寺,该寺可能在 9 世纪时被游牧人所毁。寺内的大量泥塑像皆已被毁;其中有数尊大像坐像,高达 4 米。寺内墙上布满了壁画,但都已脱落,只发现于地面上垃圾层中。寺的面积很大,长约 80 米,宽 22 米。②

书中认为这处遗址是西辽首府"巴拉萨贡(即八剌沙衮)城",但同时又提到遗址中发现有 8 世纪的佛寺。书中没有介绍英国突厥学家克劳森关于碎叶城的推测。由于该书系内部资料,并未公开出版,故而一直没有引起中国学术界的重视。

从目前所能查阅到的资料来看,最先注意到阿克·贝希姆遗址考古资料的中国学者是北京大学的张广达。1979 年,张广达发表《碎叶城今地考》,首先对汉籍和穆斯林地理文献进行梳理,结合苏联学者在楚河流域的考古资料,做出如下推测:"从苏联近几十年发表的考古资料中查找,合乎上述条件的中古城镇废墟仅有两座。一为托克马克西南 8—10 公里(阿克·贝希姆村西一公里)、克拉斯诺列契(中古萨里克城)东南 24 公里处的阿克·贝希姆废城,又一为托克马克以南约 15—16 公里处的布拉纳废城。两城废墟东西相距 6—7 公里,其中必有一废墟为碎叶城故址。"进而肯定了俄国考古学家和英国学者克劳森的推测——阿克·贝希姆遗址即为碎叶城。文中还推测城址中的第一佛寺很可能就是武周时期所建的大云寺,依据是佛寺遗址中出土有大型泥塑佛像残部,一为结跏趺坐的释迦牟尼,一为垂足倚坐的弥勒。张广达认为,武则天自比弥勒下世,令两京、诸州建大云寺,弥勒造像始兴,唐王朝收复碎叶正在此时。故此处有弥勒造像的

----

① 王小甫《论安西四镇焉耆与碎叶的交替》,《北京大学学报》1991 年第 6 期,95—104 页;《唐初安西四镇的弃置》,《历史研究》1991 年第 4 期,117—128 页。

② A. Л. 蒙盖特著、中国科学院考古研究所资料室译《苏联考古学》,北京,1963 年,内部资料,281 页。

寺院遗址应为大云寺故址。文中附图 4 幅，其中有"阿克·贝希姆废城平面图"
"阿克·贝希姆废城的第一座佛寺复原图""阿克·贝希姆废城的第一座佛寺正
殿复原图"，首次向中国学界展示了这个重要遗址的考古发现。关于阿克·贝希
姆遗址为碎叶城的进一步研究，他仍期待考古发现能够提供更多的证据①。张
广达文章发表后，引起历史学界重视，有学者认为"唐代碎叶城的地理位置已经
考定，人们不必再为一个常识问题而徒费笔墨了"②。

　　1980 年，北京大学宿白在历史系考古专业开设"考古发现与中西文化交流"
课程，以他多年对唐代城址研究的经验，认为碎叶城址的平面布局中有唐代城址
的特征："王方翼所建的城，即是在粟特人城镇的基础上修建的。城内设十字街，
这是中亚以前所未见的，我们知道，隋唐中原州城的一般规划是这样。一面三门
的情况清楚。但这个新规划的城市在中亚出现，必然引起粟特人的注视。"宿白
也认为城址中的一座佛寺遗址（从插图可知系指第一佛寺），即为武则天载初元
年（689 年）所建的大云寺，并将这座寺院遗址后殿左右的残存佛像与武周时期
开凿的龙门石窟双洞做了比较："后殿中间左右各置一高 4 米的佛像，左侧出了
一个垂足佛座知道是弥勒，右侧则当是释迦坐像。这样布局和洛阳龙门石窟武
则天时期开凿的双洞很接近。……我们认为碎叶这个佛寺遗址即是大云寺。"③
进一步肯定了张广达关于第一佛寺为大云寺的说法。

　　1992 年，陕西学者路远翻译的《古代中亚艺术》出版，尽管这是一部专门介
绍中亚艺术史的普及性读物，但同时也对出土有古代艺术品的遗址作了概略介
绍，阿克·贝希姆遗址即为其一。书中附有这个遗址的插图 4 幅，对遗址出土的

----

① 张广达《碎叶城今地考》，《北京大学学报》1979 年第 5 期，70—82 页。"对于这个问
题的彻底解决，我们希望于考古发掘工作。考古发掘的成果往往能够根本改变个别地区历史
地理研究的面貌。"（82 页）
② 同上页注释 1。
③ 宿白《考古发现与中西文化交流》，北京：文物出版社，2012 年，74—77 页。其中论及
碎叶城的"隋唐五代时期"部分是 1980 年的讲义手稿。"城址位于吉尔吉斯共和国首府伏龙
芝与托克马克之间，在托克马克西南 8 公里，已大体确定它即是著名的碎叶城。……城内有十
字街。在十字街北侧的发掘知道这里的文化层大致可分为四层。最下是 5—6 世纪遗迹。最
上层是 9—10 世纪遗迹。中间两层包含物最丰富，可以考虑绝对年代的器物有 7 世纪开元通
宝和东罗马于 611—641 年和 641—668 年铸造的货币 7—8 世纪的突骑施钱和 8 世纪的乾元
通宝、大历通宝。"后作者著《隋唐城址类型初探》有进一步阐述，载《纪念北京大学考古专业三
十周年论文集》，北京：文物出版社，1990 年，279—285 页。

泥塑佛像残块和有佛像的鎏金铜牌均有较为详细的介绍。遗憾的是此书原作者亦未介绍关于该遗址推测为碎叶城的观点①。

　　1982 年，当地水利干部在遗址罗城伯恩施塔姆佛寺遗址偶然发现一件汉文残碑，残存的文字表明是安西都护、安西副都护、碎叶镇压十姓使杜怀宝造像碑。资料的发表迟至 1996 年。资料甫一发表，首先被日本学者所注意，很快就有论文发表②，于志勇及时将这一新的发现及研究成果介绍给国内③。此文引起中国学者周伟洲的关注，他根据残存字迹及前后文内容，补足全文："安西副都护、碎叶镇压十姓使、上柱国杜怀宝，上为天子□□□，下为□□□考妣，见□□使□法界□众生，普愿平安，获其暝福，敬造一佛二菩萨"（图 8、9）。考证杜怀宝任安西副都护、碎叶镇压十姓使是与王方翼互调之时，即调露元年末至二年初。论文得出四点结论：1、此碑证明遗址为碎叶城无疑；2、"碎叶镇压十姓使"为短期设置，后定为"碎叶镇守使"；3、碎叶曾为安西都护府治所的结论难以成立；4、碎叶在武周时期传入内地佛教，立造像碑以祈福、祈冥福的习俗亦随之西传④。

图 8　杜怀宝残碑照片

图 9　杜怀宝残碑拓本

　　1997 年春，当地居民（一说为 20 世纪 80 年代一摄影爱好者所发现）又在城

----

① Б. Я. 斯塔维斯基著、路远译《古代中亚艺术》，西安：陕西旅游出版社，1992 年，120—125 页。

② 内藤みどり《アクベシム発見の杜懐宝碑について》，《中央アジア北部の仏教遺迹の研究》，奈良：シルクロード学研究センター编辑发行，1997 年，151—158 页。

③ 于志勇编译《吉尔吉斯斯坦发现杜怀宝碑铭》，《新疆文物》1998 年第 2 期，102—108 页。朱玉麒《1999 年李白研究情况综述》中曾对此做过简述，见《中国李白研究 2000 年集》，合肥：安徽文艺出版社，2000 年，479 页。

④ 周伟洲《吉尔吉斯斯坦阿克别希姆遗址出土唐杜怀宝造像题名考》，荣新江主编《唐研究》第六卷，北京：北京大学出版社，2000 年，383—394 页。

址子城南侧发现汉文残碑一件,残存文字6行,每行7至11字不等(图10、11)。俄国汉学家鲁伯·列斯尼乾克首先解读,推断残碑为唐朝将军裴行俭平息西突厥阿史那都支、李遮匐之乱后,在碎叶城所立纪功碑。周伟洲随后发表文章,对鲁伯录文重新隶定,录文为“布微无滜涯□□……前庭与后庭伊蕞尔之……物以成劳乃西顾而受钺……逐别蹛林而远望阴山……途天之旧物览地之仙图……□边俄指期于　皇……”。亦认为该残碑应为裴行俭纪功碑,并讨论了裴行俭平息西突厥叛乱的历史背景①。周伟洲两篇文章的发表,在中国学术界引起一定程度的关注②。

图10　裴行俭纪功碑照片

图11　裴行俭纪功碑拓本

2004年,北京大学林梅村教授指导他的博士生努尔兰·肯加哈买提系统梳

① 周伟洲《吉尔吉斯斯坦阿克别希姆遗址出土残碑考》,作者著《边疆民族历史与文物考论》,哈尔滨:黑龙江教育出版社,2000年,307—313页。

② 王茜《中国民族史研究的热点问题——中国民族史学会第九次学术研讨会综述》,《中央民族大学学报》2003年第1期,93页。周伟洲又结合两文发表《吉尔吉斯斯坦阿克别希姆遗址出土两件汉文碑铭考释》,载《法国汉学》第12辑,北京:中华书局,2007年,31—42页。

理该遗址的考古资料,于 2007 年完成《碎叶考古与唐代中西文化交流》的博士论文。论文中大量使用俄文考古报告的资料和俄文、英文、中文、日文研究文章,首次以中文全面介绍了遗址概况、发现史、重要遗迹和重要出土文物,并附有阿克·贝希姆遗址各类遗迹和遗物的线图、照片百余幅。作者对城址遗迹与遗物的概况、遗址分期、唐代碎叶城设置、碎叶城的宗教遗迹都做了较为深入的研究,"概括起来为八个发现"①。其主要观点有:1、王方翼所筑碎叶城应为衙署,是位于西城(努尔兰称之为"子城")东南的东城(努尔兰称之为"罗城")内南端的长方形遗址(努尔兰称之为"伯恩施塔姆遗迹");2、用考古资料证明第一佛寺为武周时期所建大云寺;3、根据第二佛寺平面结构,分析寺院形制源自吐蕃;4、碎叶城并非毁于战火,一直沿用至 12 世纪末、13 世纪初;5、西城北发现的火祆教墓室——纳吾斯(Naus)可能为中国北朝至隋粟特人火祆教徒石椁的来源。尽管有些观点尚值得商榷,

其后,努尔兰又发表《碎叶出土唐代碑铭及其相关问题》,再次讨论阿克·贝希姆遗址发现的两块碑刻,其内容与他的博士论文相关章节基本一致。文中认为"裴行俭纪功碑"可能是某个汉文墓志的残块,并对碑铭中提到的地名详加考证②。

在此期间,国内部分学者已注意到碎叶城的考古发现,关于碎叶或中亚的著述中或有引用③。但很多学者仍未注意到,讨论碎叶问题时未涉及阿克·贝希姆的考古资料。

从目前对遗址考古发现的分析,有几个中国学界最为关心的问题尚值得探讨。首先是王方翼所筑碎叶城究竟是整个城址中的哪一部分。宿白虽然在文中没有明确指出,但可以看出他认为是在西城内显示有十字街的部分。这一部分在近年的发掘中仅揭露了上层的喀喇汗王朝时期遗存,其下的遗迹并没有揭露出来,是否有十字街? 是否有唐代建筑遗存? 都不明了。努尔兰则分析是东城

----

① 努尔兰·肯加哈买提《碎叶考古与唐代中西文化交流》,北京大学 2007 年博士学位论文,180 页。

② 努尔兰·肯加哈买提《碎叶出土唐代碑铭及其相关问题》,《史学集刊》2007 年第 6 期,76—84 页。

③ 饶宗颐《李白出生地——碎叶》,作者著《选堂集林·史林新编》,香港:中华书局,2012 年新版,195—220 页;韩香《隋唐长安与中亚文明》,北京:中国社会科学出版社,2006 年,7 页。

南部的"伯恩施塔姆遗迹"，依据是这里出土有唐代砖瓦和石刻。但这处遗址规模较小，较为方正，体现不出"方翼筑碎叶城，面三门，纡还多趣以诡出入，五旬毕。西域胡纵观，莫测其方略"的形制描述①，故而还不能确认。第二个问题就是大云寺。张广达、宿白、努尔兰都认为第一佛寺遗址即大云寺，理由是出土的两尊塑像残躯一尊是结跏趺坐的释迦牟尼，一尊是倚坐的弥勒。而这两种造像的组合见于龙门石窟等中原石窟寺，又是武周时期以后流行的造像形式。只有努尔兰注意到这处佛寺的平面布局与整体结构完全是中亚建筑形制，对于这种情况，他仅仅是将之简单解释为"设法迎合接纳地传统的思想体系与意识形态"。既然"伯恩施塔姆遗迹"中的佛寺建筑采用了唐代中原建筑的形式，大云寺为何一定要采用中亚风格的建筑？故此说还难以让人信服。第三个问题是中国学者讨论较多的"杜怀宝造像碑"和"裴行俭纪功碑"残碑。前者的性质、年代均无无异议，参考列契卡出土的另一件典型的唐代造像碑可以确定其完整形制（图12）；后者因残存碑文字数不多，其中没有能够确指立碑人和立碑事由的内容，难以定论。第四个问题是努尔兰所提出的，即第二佛寺为模仿吐蕃佛寺建造。努尔兰认为第二佛寺平面结构为十字折角形，"完全有可能是按照吐蕃佛教信仰修建的"②。吐蕃时期7世纪所建造的佛堂如大昭寺、小昭寺等均非十字折角形，到了8世纪后半叶修建的桑耶寺才开始出现十字折角形结构③，远晚于第二佛寺建造的年代（据苏联学者兹亚布林研究，第二佛寺建造于6至7世纪，8世纪初佛寺已成废墟），此说并不成立。

阿克·贝希姆遗址是中亚的中古遗址中与中国历史有直接关系的重要遗址，也是文献记载有过唐王朝军队及工匠建造的城堡遗址，理应引起中国学术界的关注。但总的来说，中国学术界对阿克·贝希姆遗址的考古发现了解较少，相关研究开展的也较晚，关注的学者只有寥寥数位，而且多为历史学家和历史地理学家，研究的范围也很有限。迄今为止，中国考古学家尚未对该遗址作系统考察，更没有介入或参加过对遗址的发掘。已经发表的考古资料和研究论著多为

----

① 《新唐书》卷一一一《王方翼传》，北京：中华书局，1975 年，4235 页。《旧唐书》卷一八五上《王方翼传》亦有"又筑碎叶镇城。立四面十二门，皆屈曲作隐伏出没之状，五旬而毕。西域诸胡竞来观之，因献方物"的记载，北京：中华书局，1975 年，4802—4803 页。

② 努尔兰·肯加哈买提《碎叶考古与唐代中西文化交流》，183 页。

③ 宿白《藏传佛教寺院考古》，北京：文物出版社，1996 年，58—67 页。

俄文,国内很难见到,也没有翻译成中文。这些都直接影响到我国学术界特别是考古学界对遗址综合研究的进展。

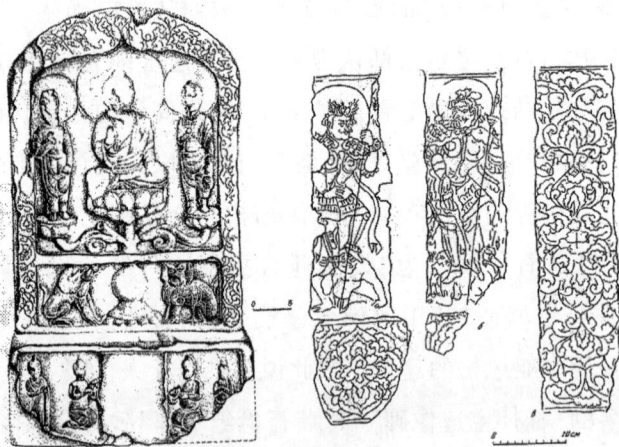

图 12 列契卡城址出土造像碑

阿克·贝希姆遗址的调查与发掘虽近百年,但发掘部分不足总面积的十分之一,且分散城址内外各处;城址内的格局尚不完全清楚,尤其是不同时期的城市规模和结构也不清楚;一些重要遗迹如城门址、城内道路网络、集市、作坊、民居、城外的砖瓦窑等还都没有发现,城外有没有唐朝官员、军人、工匠的墓葬也不清楚。阿克·贝希姆遗址附近尚有列契卡、布纳拉等重要城址也缺乏全面调查与发掘。

如果中国考古学家有机会介入阿克·贝希姆遗址的调查、发掘,借鉴我国近年大遗址考古,特别是城址、帝陵遗址的思路与方法(大面积调查、全面钻探、局部发掘、精确测绘,尽可能多的获取信息)所积累的经验,完全有可能进一步推进阿克·贝希姆遗址以及楚河流域其他城址的考古调查与研究。

(作者单位:陕西省考古研究院)

唐碎叶与安西四镇百年研究述论

尚永亮

在唐代西域历史、地理、军事研究中,碎叶与安西四镇占有重要地位;又因碎叶与唐代大诗人李白之家世有关,故一直引人关注。但考察相关记载和研究,恰恰是碎叶所存在的问题最多,最复杂。诸如名碎叶者为一处,还是数处? 安西四镇之一的碎叶镇究在何地? 在初盛唐的 100 余年中,安西四镇之弃置共有几次? 各在什么时间? 其中是先有碎叶还是先有焉耆? 此二镇之交替各在何时? 这些问题,史籍记载既欠明确,亦多牴牾,故自唐代以来,就存在疑问和争论,而到了近百年来,争论更趋激烈,并呈多样化的趋势。本文联系考古发现及相关研究,综合争论各家的主要观点予以陈述,并适当断以己意,以期获得对此一复杂问题较为清晰的了解。

一、文献记载之矛盾与古代学者的不同理解

较早纪录碎叶其地并为人广泛认可的材料,是《大唐西域记》中的一段话:"(跋禄迦)国西北行三百余里,度石碛,到凌山……山行四百余里至大清池。……清池西北行五百余里,至素叶水城。城周六七里,诸国商胡杂居也。"①这里的"素叶",即碎叶。贞观初年,玄奘不仅亲至其地,还详细记载了其城规模及"商胡杂居"的概况。此后,唐人杜环于天宝十载(751)随高仙芝西征,于怛逻斯城兵败被俘,在其后来所作《经行记》中记载:"碎叶国,从安西西北千余里,有勃达岭,岭南是大唐北界,岭北是突骑施南界。西南至葱岭二千余里。其水岭南流者,尽

---

① (唐)玄奘、辩机原著,季羡林等校注《大唐西域记校注》卷一,北京:中华书局,1985年,67—71页。

过中国,而归东海;岭北流者,尽经胡境,而入北海。……勃达岭北行千余里,至碎叶川。其川东头有热海,兹地寒而不冻,故曰热海。又有碎叶城。天宝七年,北庭节度使王正见薄伐,城壁摧毁,邑居零落。昔交河公主所居止之处,建大云寺,犹存。……其川西头有城,名曰怛逻斯,石国大镇,即天宝十年高仙芝军败之地。"①这段文字,一方面记录了从安西到碎叶的路线、里程,一方面交代了碎叶东临热海(即今伊塞克湖)、西接怛逻斯(Talas,当为今哈萨克斯坦塔拉兹城,古称江布尔)的地理位置,故历来为人所重。稍晚于杜环,中唐德宗贞元间宰相贾耽曾详细记述自安西至碎叶的路线,以及碎叶东距热海、西至怛逻斯的里程,正可与杜环所记相印证②。鉴于碎叶这样一个位居中亚、临近热海的地理位置,研究者习称之为"热海碎叶",或"中亚碎叶"。

翻检两《唐书》《唐会要》《通典》《元和郡县图志》《资治通鉴》《策府元龟》等重要文献,其中提及碎叶者,多指此热海碎叶。然而,《新唐书》卷四三下《地理》七"焉耆都护府"条却有这样一段话:"贞观十八年(644)灭焉耆置有碎叶城,调露元年(679),都护王方翼筑,四面十二门,为屈曲隐出伏没之状。"③对这段话首句的断句有两种处理方式,一是将"置"属下,即"贞观十八年灭焉耆,置有碎叶城";一将"置"属上,即"贞观十八年灭焉耆置。有碎叶城。"若按前者理解,则碎叶城当为贞观十八年灭焉耆后所置,其地理位置在焉耆一带;若按后者理解,则所置者当为"贞观十八年灭焉耆"后设立的"焉耆都护府",下面的"有碎叶城"为另起的文字。然而,无论是哪种理解,新《书》作者将碎叶城置于焉耆都护府下,都会给人造成碎叶在焉耆的印象。否则,为什么要在讲焉耆都护府的时候阑入碎叶一事呢?

大概正是出于此种理解,后代不少学者便将碎叶与焉耆连在了一起,甚至直接将二者等同起来,认为碎叶即焉耆都护府的治所。如南宋末年胡三省注《通鉴》之"留王方翼于安西,使筑碎叶城"句下即谓:"碎叶城,焉耆都督府治所也。"④胡氏之后,此类说法所在多有,如清人顾祖禹《读史方舆纪要》在碎叶城条

---

① 李德辉《晋唐两宋行记辑校》,沈阳:辽海出版社,2009 年,128 页。
② 参《新唐书》卷四三《地理》七下,北京:中华书局,1975 年,1149—1150 页。
③ 《新唐书》卷四三《地理》七下,1134 页。
④ 《资治通鉴》卷二○二"高宗调露元年"条,北京:中华书局,1956 年,6392 页。

下说:"(贞观)十八年唐灭焉耆,寻置焉耆都督府,治碎叶城。"①祁韵士《西陲总统事略》亦谓:"《唐书》载焉耆都督府有碎叶城。"但他又说:"出安西葱岭嬴二千里,度雪海,春夏常雨雪。北行嬴千里,得碎叶川,其西有碎叶城。是碎叶城唐时为焉耆都督府。"②从而将数千里外的热海碎叶与焉耆都督府混在了一起。与此同时,官修的《(嘉庆)大清一统志》在梳理相关史料后更明确提出:"然则唐有两碎叶,四镇之碎叶,即在焉耆国界欤?"③这样一来,一方面将作为四镇之一的碎叶放在了焉耆境内,另一方面将热海碎叶排除在了四镇之外。尽管作者在此用的是疑问的不确定的口吻,但"唐有两碎叶"却已成为其基本结论。

二、20 世纪前 80 年围绕碎叶展开的论争及考古发现

虽然如上所述,历史上一直存在着将碎叶与焉耆相关联,或将之视为焉耆治所的观点,但持怀疑和否定意见者仍然不少。早在《通鉴》注中,胡三省即在《唐纪》永徽六年(655)元礼臣至碎叶城下指出:"自弓月城过思浑川,渡伊丽河至碎叶界,又西行千里至碎叶城。"又在王方翼与三姓咽面、车薄战于热海下注云:"碎叶城东有热海,地寒不冻。"④由此可知,胡氏并非不知碎叶地在热海之西,只是碍于《新唐书·地理志》那段话,而将之与焉耆都护府扯在了一起。又如乾隆年间奉敕编纂的《钦定皇舆西域图志》亦谓:"至王方翼筑碎叶,应即素叶水城,《唐书·地理志》载入焉耆都督府下者,因当时方翼为安西都护,焉耆都督府亦隶安西,故误及之耳。"⑤至 20 世纪以后,认为唐代只有一个碎叶,而其地就在热海西侧亦即今吉尔吉斯斯坦之托克马克附近的观点,更占据主流地位。

早在 1903 年,法人沙畹在《西突厥史资料》中即考定碎叶其地在今吉尔吉斯之托克马克(Tokmak)或其附近,此一观点又在其所著《中国之旅行家》中加以表述。此后,日本松田寿男之《古代天山の历史地理学研究·碎叶と焉耆》、伊濑

----

① 顾祖禹撰,贺次君、施和金点校《读史方舆纪要》卷六五,北京:中华书局,2005 年,3061 页。

② 祁韵士《西陲总统事略》卷一二《唐西突厥释地》,北京:中国书店,2008 年,8 页。

③ 穆彰阿《(嘉庆)大清一统志》卷五二三,《四部丛刊续编》景旧钞本,10 叶正。

④ 《资治通鉴》卷二〇〇"永徽六年"条、卷二〇三"永淳元年"条,6295、6409 页。

⑤ 褚廷璋等《钦定皇舆西域图志》卷一三《疆域》六,乾隆四十七年武英殿聚珍本,13叶正。

仙太郎《西域经营史の研究》、冯承均《西域地名》、岑仲勉《突厥集史》等,亦均从其说。而至 60 年代至 80 年代的二十年间,随着中苏关系的恶化,边疆领土的归属问题引起人们更多的关注,遂涌现出一批相关文章,既从历史角度,亦从政治角度论述早在唐代,碎叶其地即在唐代政府的统辖范围,用以驳斥中国历史疆域"从来没有到过巴尔喀什湖"的论调①。其他如周伟洲《略论碎叶城的地理位置及其作为安西四镇之一的历史事实》、吴震《唐代碎叶镇城析疑》诸文②,则从辨误析疑的角度,较具学理性地指出:碎叶在唐代只有一个,其地不在焉耆,而在今楚河南岸的楚伊斯阔业附近或托克马克附近。

在这一时期政治性鲜明的一批文章中,有两篇说理翔实,论证有力,值得注意。一是殷孟伦于 1974 年发表的《试论唐代碎叶城的地理位置》③。该文在爬梳历史文献的基础上,一方面细辨焉耆碎叶的致误之由,一方面指出王方翼所筑碎叶城只能在中亚,因为此事发生在裴行俭平息阿史那都支一役的调露元年,王氏筑城不在地当要冲的碎叶,反而要到远隔一千七百里的后方并和战役全无关联的焉耆,岂非咄咄怪事?其最后结论是:碎叶在中亚,焉耆无碎叶。另一篇是张广达 1979 年发表的《碎叶城今地考》④。与殷文有所不同,张文更重视对新资料和考古发现的利用。一方面,作者"遍检可资印证的唐代西域地理文献和资料",找不到碎叶位于焉耆的任何线索。虽然《新唐书·地理志》焉耆都督府条出现了碎叶的字样,但同一卷内征引贾耽《皇华四达记》所记焉耆至安西的路程,以及同书卷四〇所记西州至焉耆路程均未提到碎叶,更未见在碎叶旁有焉耆的记载,这就使四镇都督府焉耆条的记载在同一卷中失去了着落,因而碎叶其地只能位于热海之西;另一方面,作者通过汉籍和穆斯林地理文献、考古学资料的比勘,认为位于托克马克西南 8—10 公里、克拉斯诺列契(中古萨里克城)东南 24 公里处的阿克·贝希姆废城,即热海碎叶城的故址。该遗址的中央废墟由东西两部分组成,其东半部文化层较薄,当为较晚期之遗存;其西半部建立在丘冈之上,北临楚河峭岸,主城城垣长 2200 米,整体呈不规则的四边形,与史书所载

---

① 参见卫江《碎叶是中国唐代西部重镇——驳苏修所谓中国西部边境"从来没有到过巴尔喀什湖"的谬论》,《文物》1975 年第 8 期,7—12 页。
② 二文载《新疆历史论文集》,乌鲁木齐:新疆人民出版社,1977 年,135—150、151—175 页。
③ 殷孟伦《试论唐代碎叶城的地理位置》,《文史哲》1974 年第 4 期,93—102 页。
④ 张广达《碎叶今地考》,《北京大学学报》1979 年第 5 期,70—82 页。

王方翼所筑"屈曲隐伏出没之状"的碎叶城恰相吻合。杜环《经行记》所记"交河公主所居止之处",当位于遗址西南隅城墙拐角处;自此向南100米处的一座佛寺遗址,当即杜环所记之大云寺。

从上引张文可知,其主要观点虽并不新颖,但因借鉴了考古资料,而又能据以分析整合,与存世文献相印证,故所得结论颇为翔实可信,以致对后出不少论著产生较大之影响。同时,由此也自然引出与碎叶相关的考古发现及新出土文献之重要性。

如果作一追溯,早在19世纪后期,围绕碎叶川地区的实地考察即已开始。1893—1894年,俄国学者瓦·符·巴托尔德考察楚河流域,已注意到阿克·贝希姆废墟,并推断其为黑汗王朝与西辽王朝的都城八剌沙衮。1938—1939年,伯恩施塔姆率队考察此城,肯定了巴托尔德的推断。到了1953—1954年,科兹拉索夫率领吉尔吉斯考古学民族学综合考察队的"楚河流域考古调查分队",对阿克·贝希姆遗址进行了较大规模的发掘,并于1958年前后发表多份发掘报告,其中有东西两城的布局、各面城墙的长度、相距250米的两座佛寺等;同时,依其所测定的几个分属5—10世纪的文化层分析认为:这座废城未存留到11至12世纪,不可能是黑汗王朝和西辽王朝的都城,因而否定了巴托尔德和伯恩施塔姆的结论。1961年,英国学者克劳森依据科兹拉索夫的发掘报告,明确认为"阿克·贝希姆就是碎叶"。与此同时,法国学者韩百诗也发表了类似的看法[1],从而为碎叶古城的准确定位提供了必要的支撑。

到了80、90年代,托克马克西南八公里的阿克·贝希姆古城遗址相继发现了两块镌刻有汉文的残碑,第一块发现于1982年,是一块红花岗岩质的石刻造像,文刻于造像基座,残留11行,每行4—6字,其中有"□西副都□碎叶镇压十姓使上柱国杜怀□"等字样[2]。据俄罗斯汉学家苏普陆年科、鲁博—列斯尼乾克、日本学者林俊雄、加藤九祚、内藤みとり及我国学者周伟洲等撰文解读,这里的"杜怀□"即唐代曾任安西都护、安西副都护、碎叶镇压十姓使的杜怀宝。第二块发现于1997年,残存汉字6行,每行7至11字,共约54字。中外学者研究

---

① 参见上引张广达《碎叶今地考》一文的相关考述。

② 参见内藤みとり撰、于志勇译《吉尔吉斯斯坦发现杜怀宝碑铭》,《新疆文物》1998年第2期,102—108页。

后提出三种意见:一为裴行俭纪功碑,二为汉文墓志,三为室内雕刻①。虽然所得结论不尽一致,但这些碑文特别是第一碑的发现,解决了仅据传统文献不易解决的一些疑难问题,为碎叶古城的准确认定及其与唐代文化之关联提供了有力的旁证。

与境外的发掘相比,国内也出土了一批新的文献资料。如上世纪70、80年代吐鲁番出土的《唐西州高昌县上安西都护府牒稿为录上讯问曹禄山诉李绍谨两造辩词事》等文书,即对咸亨元年(670)至咸亨二年安西都护府之位置以及罢弃四镇提供了若干细节②。而在此之前,1968年4月,在吐鲁番阿斯塔那100号墓中,还发现有唐人氾德达的墓志一方,告身两件。其一为永淳元年(682)之"告飞骑尉氾德达",另一为延载元年(694)之"告轻车都尉氾德达"。前者残损严重,后者内容基本完整,中有"准垂拱二年(686)十一月三日敕,金牙军拔于阗、[安西]、[疏](此三字缺)勒、碎叶等四镇"的话,将之与唐人员半千《蜀州青城令达奚思敬碑》所说"(垂拱)二年,授高陵县主薄……被奏充金牙道行军司兵,……君设策请拔碎叶、疏勒、于阗、安西四镇,皆如所计"的话对比,其时限相合。吴震《从吐鲁番出土"氾德达告身"谈唐碎叶镇城》一文联系唐代历史事件,认为氾德达曾于调露元年以"募人"的身份随裴行俭到碎叶,并因拔四镇和破都历岭有功而两度受勋;同时论证了王方翼所筑碎叶城不在焉耆境内,只能在热海以西的碎叶川之南,而延载元年氾德达告身中唐代四镇之一的碎叶镇城就在那里③。吴氏此文较早地对出土文献做出阐释,应是有价值的,但其对碑文"拔"的理解显然有误(详后),而认为氾德达首次受勋是参与了调露元年夺碎叶之役,也缺少力证。此后王文才撰文指出:"授勋距取碎叶上隔四年,与平度支没有必然关系。""谓随行俭西征,似出附会。"④王文此一观点,值得重视。至于其对氾德达告身中关于酬勋七转的解释,也与吴文有较大差别。

----

① 参见努尔兰·肯加哈买提《碎叶出土唐代碑铭及其相关问题》,《史学集刊》2007年第6期,76—84页。
② 见《吐鲁番出土文书》第6册,北京:文物出版社,1985年。
③ 吴震《从吐鲁番出土"氾德达告身"谈唐碎叶镇城》,《文物》1975年第8期,13—17页。
④ 王文才《唐初复置四镇问题》,《四川师院学报》1980年第2期,28—31页。

三、世纪之交三十余年的"两碎叶"和"四碎叶"之争

步入 20 世纪后二十年及新世纪前十余年,关于碎叶的论争更趋多元化。依其观点归类,大致呈现出以下三种情形:

其一,多数学者仍坚持热海碎叶说,并依据不同文献对此一问题做出了新的阐释。诸如邹逸麟、赵永复的《唐代的碎叶城》,薛宗正的《唐碎叶建置诠索》,李瑾的《唐代碎叶镇城历史地理问题研究引论》等①,均较具代表性;他如王文才、郭锋、王小甫、盛刚、陈国灿等人之文虽重在论述安西四镇的变化(后述),但亦涉及碎叶的位置。其中除李瑾文认为唐代碎叶城之具体位置并非今之托克马克,而在今伊塞克湖之西、楚河西岸、托克马克西四十华里处之外,其他学者对托克马克为碎叶遗址说均未提出异议。

其二,认为唐有两碎叶,即热海碎叶与焉耆碎叶,而焉耆碎叶乃是唐所设四镇之一碎叶镇的所在地。当代学者中较早提出两碎叶并存的是郭沫若,在 20 世纪 70 年代初所著《李白与杜甫》中,郭氏指出:"考碎叶在唐代有两处,其一即中亚碎叶,又其一为焉耆碎叶。"并在此基础上推断:"焉耆碎叶,其城为王方翼所筑。"②此后不久,范文澜在所著《中国通史》第三册附有《唐朝及邻国方位略图》③,其中在焉耆旁注记了碎叶镇,在热海以西、碎叶水以北注记了碎叶城,从而以图表的方式坐实了唐有两碎叶之事。到了 80 年代中期,胡大浚撰《王昌龄西出碎叶辨》一文④,虽旨在考察王昌龄之行迹,但其中大部分篇幅则在论述碎叶其地,并上承郭氏观点,明确认为:《新唐书·地理志》将碎叶置于焉耆都督府下,并无错误;唐安西四镇中的碎叶镇,始终是焉耆碎叶,与中亚碎叶(按:即热海碎叶)无涉。至于唐史记述的裴行俭讨都支、王方翼筑碎叶,均发生在焉耆境内;而此一碎叶的具体位置,则当在"焉耆王都以西一百里"。

承接上述观点,李志敏于 2009 年发表《唐安西都护"两四镇不同"问题述

① 邹逸麟、赵永复的《唐代的碎叶城》,《复旦学报》1980 年第 S1 期,95—103 页;薛宗正《唐碎叶建置诠索》,《新疆社会科学》1984 年第 4 期,73—91 页;李瑾《唐代碎叶镇城历史地理问题研究引论》,《重庆师院学报》1986 年第 1 期,37—49 页。
② 郭沫若《李白与杜甫》,北京:人民文学出版社,1971 年,3 页。
③ 范文澜《中国通史》第三册,北京:人民出版社,1978 年第 2 版,346—347 页。
④ 胡大浚《王昌龄西出碎叶辨》,《西北师大学报》1987 年第 4 期,33—37 页。

要》一文①,更全面阐述安西四镇之一的碎叶镇"与热海碎叶无关"。综括其文要旨,约为三端:一是从相关史料和政令辨析碎叶镇位于天山南道的焉耆境内;二是从碎叶本指"有水地方"之语义及"焉耆之国城居四水之中"的地理环境,论述碎叶镇实即开都河北岸与焉耆新城相距40余里的老城;三是通过对《新唐书·裴行俭传》相关文字的解读,认为裴行俭擒阿史那都支的具体地点即在焉耆,王方翼所筑"碎叶镇城"亦为焉耆之碎叶。至于后来与王方翼再次互调职务而任安西都护的杜怀宝所镇守之碎叶镇,自然也是焉耆国的这个碎叶城。由此得出结论:"两四镇不同实在是指安西都护驻于天山东南道焉耆国的军镇,在焉耆国碎叶城与其国另一城池焉耆城之间迁移之所致这样的事实。"

其三,在原有的热海碎叶和焉耆碎叶之外,个别论者又提出拨换碎叶和哈密碎叶的观点,从而形成了所谓的"四碎叶"说。

关于拨换碎叶,其所依据者仅为《新唐书·地理》七下"安西"条这样一段话:"自拨换碎叶西南渡浑河,百八十里有济浊馆,故和平铺也;又经故达干城,百二十里至谒者馆,又六十里至据史德城,龟兹境也。"②这里所说"拨换、碎叶",显系二地,而误被连文;又因无其他史料支撑,且与安西四镇之一的碎叶全然无关,故并未引起学者的过多关注,亦乏专门探讨之文。

哈密碎叶是钟兴麒的新见。早在20世纪80年代中期,钟氏即撰文认为:"作为四镇之一的碎叶,既不是巴湖碎叶(按:即热海碎叶),也不是拨换碎叶,亦不在焉耆周围,而在今新疆哈密附近。"③到了2000年,钟氏又撰《唐代安西碎叶镇位置与史事辨析》,依据《新唐书·地理》七下所说"东米国在安国西北二千里,东至碎叶国五千里,西南至石国千五百里,南至拔汗那国千五百里"这段话④,推断其中所记碎叶国位于伊州(今哈密市)境内。又据清雍正《甘肃通志》"碎叶城,在肃州西北,今沙州卫西北",以及清道光《哈密志》所载姚雨春《咏合罗川》诗下小注"哈密有碎叶城,即古西突厥地,有野蚕栖于水草"的话,认定永徽六年元礼臣所到的碎叶、调露元年设置的碎叶镇、王方翼所筑碎叶城,以及碎

----

① 李志敏《唐安西都护"两四镇不同"问题述要》,《中国历史地理论丛》2009年第3期,92—107页。

② 《新唐书》卷四三下,北京:中华书局,1975年,1150页。

③ 钟兴麒《唐代安西四镇之一的碎叶位置新探——兼谈诗人李白的出生地》,《新疆大学学报》1986年第3期,33—41页。

④ 《新唐书》卷四三下,1155页。

叶镇守使韩思忠、周以悌的驻地和活动区域等均在哈密。至于郭元振奏置瀚海军、天山军,也不在巴湖碎叶,而应在哈密①。

综观以上三种情形可知,关于碎叶的讨论一方面反映了学者们思维的活跃和多元,类似 20 世纪 60、70 年代那种多从政治角度立论的现象已不多见;但另一方面,持新说者也存在若干粗疏化、片面化的弊端。归结起来,大致有以下几个带有共性的问题:

首先,无视出土文献等新见史料,仍囿于传统史料自说自话。前面说过,早在上世纪初、中叶,关于碎叶城遗址的考古、发掘工作已经开始,其间获得了不少重要的发现,而至 1982 年所发现的那块留有"碎叶镇压十姓使杜怀宝"字样的残碑,尤其具有标志性意义,它为我们判断唐代碎叶的所在地、其与四镇的关系提供了强有力的佐证。这些实物的存在,向此后的研究者提出一个基本要求:如果欲从事与碎叶、四镇等相关问题的探究,无论持肯定意见还是否定意见,都不能无视这些物证的存在。然而,遗憾的是,主张"哈密碎叶"和"焉耆碎叶"的论者均舍此绕行,似乎那些考古发现未曾有过;甚至有的文章已涉及杜怀宝镇守碎叶之事,却无视此前二十余年在热海碎叶遗址已出土之碑文,仍认为杜氏所镇守者乃焉耆碎叶②,这就不能不使其论证在根节处显得薄弱,其学术视野也因此而显得狭窄。

其次,缺乏对当时军事态势的深入了解以及唐王朝西域战略的宏观体察。以唐初西域战略布局言,其设四镇的主要目的乃在于应对二蕃亦即吐蕃和西突厥的进犯,故所设军镇皆地当要冲,并形成各具功能、遥相呼应的格局。王小甫《唐初安西四镇的弃置》有一段分析较为中肯:"焉耆与碎叶的交替实际上与唐朝经营西域的战略及西域形势的发展变化有关。简单说来,唐朝是从消灭并取代西突厥对葱岭以东绿洲诸国的控制开始其对西域经营的,所以最初设置四镇是散布镇抚而非集中防御。后来,由于吐蕃进入西域与西突厥余部连兵,隔断二蕃成为唐朝的主要战略目标,置镇碎叶才成为必要。碎叶、疏勒、于阗三镇一字排开,扼守着整个五俟斤路。安西都护府所在的龟兹总其后,依靠焉耆以东的西

① 钟兴麒《唐代安西碎叶镇位置与史事辨析》,《中国边疆史地研究》2000 年第 1 期,10—23 页。
② 如前引李志敏《唐安西都护"两四镇不同"问题述要》。

州地区为基地,同吐蕃和西突厥余部的联盟展开激烈的争战。"①然而,新说持有者较少这样一种视野,他们多是局促在一个狭小的范围就事论事,见木不见林,从而使得所论与当时的军事形势及唐王朝的战略部署相脱节。因为一个显而易见的事实是,他们既难以解释唐王朝在地处西州之东、远离前线、已属后方的所谓"哈密碎叶"设镇的原因,也难以解释四镇中的两镇即焉耆镇与"焉耆碎叶镇"何以仅隔四十里,在这样近距离的两座城池间屡次进行军镇的交替究竟有什么必要。

最后,是对史料的辨析解读和综合利用问题。在唐宋文献中,有关碎叶记载的文字所在多有,有先出者,有后出者,有相互支撑者,也有彼此矛盾者。这就需要对这些材料之来源、先后、信实度予以细致深入的辨析,而后方能去伪存真,使之发生应有之功用。然而,衡诸持新说者,于此多有欠缺,往往在使用史料时不加辨析,甚或忽略大量对己不利之文献记载,仅择取一二孤证或后出文献展开论证,结果使其立论在起始处就很不坚固。以"哈密碎叶说"为例,其所用基本证据有二,一为上引《新唐书·地理志》中那段并非专论碎叶的载记,二为清人所修一二志书及其所引后人诗注。且不说以事隔千年后的清人说法来证唐代史事,已欠缺说服力,即以所引本属间接性史料的新《志》记载而论,也因其本身存在明显错误,而难以取信②;同时,作者未详考"东米国"的地理方位,并综合考察其距"安国""石国""拔汗那国"的准确距离,便径直将之定位于楚河中下游仅距热海碎叶四十里的地带,由此断言"处于东米国之东的碎叶国,就位于伊州(今哈密市)境内"。这样一种推论,恐怕就很有些随意性了。

与此相类,"焉耆碎叶说"也存在疏于史料解读的问题。即以论者普遍重视的调露元年裴行俭擒获阿史那都支、王方翼筑城一事论,个别持新说者在征引文献时,仅据《通鉴》及胡注中的一段话为据,在未加任何辨析的情况下即下结论说:"从中可以清楚看到,这个仗是在安西境内打的,距西州不会太远,数日可至。

---

① 王小甫《唐初安西四镇的弃置》,《历史研究》1991 年第 4 期,127 页。
② 考《新唐书》卷四三下《地理》七下,有两段涉及西域诸国间距离的文字,一为"石国东至拔汗那国百里,西南至东米国五百里"(1155 页);一为"东米国……西南至石国千五百里,南至拔汗那国千五百里"(1155 页)。前者谓东米国在石国、拔汗那国之西南,其间距离分别为 500、600 里,后者则谓东米国在石国、拔汗那国之东北和北部,其间距离均为 1500 里。二者不仅方位相反,里程也悬殊。由此可见,《新志》在史料之择取和辨析上不无粗疏错漏,实不足取信。

这个碎叶城,当然不会是远在葱岭以西的中亚碎叶。"①也有论者相继引用了《新唐书·裴行俭传》和《通鉴》的记载,并作出一定分析,但却轻易地将一直活跃在天山北路、碎叶川一带的十姓可汗阿史那都支等部移至天山南路的焉耆②,又将上引文献中"数日倍道而进"连读,给人造成裴氏从出发到抵达目的地仅"数日"的印象,并由此作结说:"西州(今吐鲁番)与焉耆相距为七百里上下,而'数日倍道而进,去都支帐十余里',正与此里数相合。须知西州距热海则在三千里上下,这绝不是大队人马'数日倍道'可以到达的距离。"③那么,事实果真如此吗?核诸史籍,有两点不同:一是自西州至碎叶的距离约为2500—2700里④,而非论者所说的三千里;二是在涉及"数日"一段文字时,《旧唐书·裴行俭传》作"行俭假为畋游,教试部伍,数日,遂倍道而进";《新唐书·裴行俭传》作"子弟愿从者万人,乃阴勒部伍,数日,倍道而进";《资治通鉴》卷二〇二"高宗调露元年"条作"行俭阳为畋猎,校勒部伍,数日,遂倍道西进";在这三则材料中,两处均在"数日"与"倍道而进"之间着一"遂"字。由此可知,"数日"指的是"教试部伍"的时间,而非"倍道而进"的时间。进一步看,这几则材料均当受到初、盛唐时人张说所撰《赠太尉裴公神道碑》的影响,该碑如此叙述裴行俭西征都支事:"一言召募,万骑云集。公乃解严以反谍,托猎以训旅,误之多方,间其无备。裹粮十日,执都支于帐前;破竹一呼,钳遮阃于麾下。华戎相应,立碑碎叶。"⑤绎其文意,"裹粮十日"才是"倍道而进"所费时间,其实际用时也可能不止十日(因骈体字数限制,"十日"乃为概指)。若此理解不误,则裴氏率"万骑"自西州"倍道而

① 胡大浚《王昌龄西出碎叶辨》,《西北师大学报》1987年第4期,34页。

② 按:据《新唐书·地理志》七下:"(碎叶)城北有碎叶水,水北四十里有羯丹山,十姓可汗每立君长于此。"(1149—1150页)可知阿史那都支等部一直占据热海碎叶一带,而与天山南路之焉耆无涉。

③ 李志敏《唐安西都护"两四镇不同"问题述要》,《中国历史地理论丛》2009年第3期,100页。

④ 据李吉甫撰、贺次君点校《元和郡县图志》卷四〇"庭州"条载:庭州"东至西州五百里……西至碎叶二千二百二十里",北京:中华书局,1983年,1033页;二者相加,为二千七百二十里。而据《旧唐书》卷四〇《地理》三,庭州"南至西州界四百五十里"(北京:中华书局,1975年,1646页);又据《新唐书》卷四〇《地理》四"北庭大都护府"条所载庭州至碎叶各段里程之相加(1047页),约为一千九百里;两者合计约为二千四百余里。

⑤ 张说《赠太尉裴公神道碑》,《全唐文》卷二二八,北京:中华书局,1983年,2305页。

进",以十余日抵达两千余里外的热海碎叶并非难事①。而论者不察,并有意无意地省去了相关文献中的"遂"字,从而导致对此一重要事件的明显误读。

四、安西四镇的兴废、交替及其他

与碎叶地理位置之探究相关,安西四镇的设置与废弃、四镇中先有碎叶还是先有焉耆等一系列问题,从一开始就纳入了研究者的视野,并形成旷日持久的争论。综括各家说法,关于安西四镇的置、弃,大致有三置三弃、四置四弃、五置五弃、六置六弃等几种观点。现择其要者,简列于下:

三置三弃。主此说者,以前引李瑾《唐代碎叶镇城历史地理问题研究引论》、王小甫《唐初安西四镇的弃置》等文较具代表性,但其所说置与弃的具体时间不同。李文认为:贞观二十二年第一次设立四镇,永徽元年罢去;第二次复四镇约在显庆三年(658),罢于咸亨元年;第三次复置在长寿二年(693),至开元七年(719)以焉耆代碎叶。王文则指出四镇首置于显庆三年前后,其三次弃置时间分别为:第一次,咸亨元年罢弃,上元二年(675)复置;第二次,仪凤三年(678)吐蕃攻陷四镇,调露元年复置;第三次,垂拱二年废弃,长寿元年收复。

四置四弃说由吴宗国明确提出。吴氏《唐高宗和武则天时期安西四镇的废置问题》一文认为:贞观二十二年始设安西四镇,永徽二年罢弃;显庆三年复置,咸亨元年第二次罢弃;调露元年再置,垂拱二年第三次罢弃;长寿元年第四次复置,直至最后罢弃②。吴文之外,前引周伟洲《略论碎叶城的地理位置及其作为唐安西四镇之一的历史事实》和邹逸麟、赵永复《唐代的碎叶城》二文对四镇弃置也有涉及,但在次数表述上却欠明晰。周文明谓四镇之弃置有三次,但实际列示的却是四次:首置于贞观二十二年,弃于高宗永徽年间;复置于显庆三年(按:

---

① 唐人骑行速度,可参岑参《初过陇山途中呈宇文判官》:"一驿过一驿,驿骑如星流。平明发咸阳,暮及陇山头。"《使交河郡》:"奉使按胡俗,平明发轮台;暮投交河城,火山赤崔嵬。"据《元和郡县图志》卷二、卷四〇:陇州"东至上都四百六十五里"(44页);西州(交河)"北自金婆岭至北庭都护府(轮台)五百里"(1031页)。这就是说,唐代驿骑日行速度可高达四五百里。又据沈括著、胡道静校证《梦溪笔谈校证》卷一一:"(驿传之急脚递)日行四百里,唯军兴则用之。熙宁中又有金字牌急脚递,如古之羽檄也……日行五百余里。"上海:上海古籍出版社,1987年,416页。如果排除岑诗略有夸张的成分,其所言速度还是可作参考的。

② 吴宗国《唐高宗和武则天时期安西四镇的废置问题》,丝绸之路考察队编著《丝路访古》,兰州:甘肃人民出版社,1982年,164—177页。

此后缺少一次废弃）；又置于调露元年，至垂拱二年放弃；长寿二年再次收复四镇，至开元七年又移四镇中的碎叶还于焉耆。与周文观点相近，邹文是在论碎叶与焉耆之交替时，间接展示了四镇的弃置时间：贞观二十二年，有碎叶而无焉耆；显庆三年，有焉耆而无碎叶；调露元年，有碎叶无焉耆；开元七年，有焉耆而无碎叶。

五置五弃是李必忠《安西四镇考辨》一文的观点①：始置时间，最早只能在贞观二十二年闰十二月，迟则可能到贞观二十三年春；废弃则在永徽二年十一月。第二次复置，当不晚于龙朔元年，亦即公元658—661之间；废弃于咸亨元年。第三次复置，当在上元中；废弃在仪凤三年。第四次复置应在永隆二年或稍后，废弃于垂拱中。第五次置于长寿元年，废弃时间不得早于贞元七年。

六置六弃说见于薛宗正《唐碎叶建置诠索》一文②，其具体时间为：第一次，调露元年—垂拱二年；第二次，垂拱二年—天授元年；第三次，天授二年—长寿二年—圣历二年；第四次，圣历二年—久视元年—景龙二年；第五次，景龙三年—景云二年；第六次，开元二年—开元七年。

以上诸家说法之所以会出现如此大的差异，固然与唐宋部分文献对相关史实记载的缺失错乱有关——实际上，早在唐代，一些史家已对初唐时期四镇之交替产生了疑问，如《唐会要》载德宗时人苏冕在提到长寿元年复四镇时，即以充满迷惑的语气说："咸亨元年四月罢四镇，是龟兹、于阗、焉耆、疏勒；至长寿二年十一月复四镇敕，是龟兹、于阗、疏勒、碎叶。两四镇不同，未知何故？"③但更重要的，则缘于作者对相关史料的不同解读。概而言之，其问题大致集中在如下几端：

（一）初设四镇的时间

关于四镇之初置，主要有两说：一为贞观二十二年，一为显庆三年。持前说者的主要依据为《旧唐书》卷一九八《西戎传》中的一段话："太宗既破龟兹，移置

---

① 李必忠《安西四镇考辨》，中国唐史研究会编《唐史研究会论文集》，西安：陕西人民出版社，1983年，386—403页。

② 参前引薛宗正《唐碎叶建置诠索》。按：薛氏于后来发表的《唐四镇都督府的建置》（《中国边疆史地研究》1992年第3期，88—96页），又认为安西四镇的初置时间为显庆三年，却未对其此前观点作出系统修正。

③ 王溥《唐会要》卷七三，北京：中华书局，1955年，1326页。

安西都护府于其国城,以郭孝恪为都护,兼统于阗、疏勒、碎叶,谓之四镇。高宗嗣位,不欲广地劳人,复命有司弃龟兹等四镇,移安西依旧于西州。"他们据此认为:四镇设在贞观年间是没有疑问的,正是由于贞观二十二年已设四镇,高宗嗣位后才有"复命有司弃龟兹等四镇"之说。后世之所以有四镇立在显庆三年的误解,乃是编撰《龟兹传》的欧阳修等叙事不清所致①。持后说者不同意此种说法,认为《旧唐书》这条史料不可靠,因为据吐鲁番出土《唐永徽五年令狐氏墓志》记述西、伊、庭三州诸军事兼安西都护、西州刺史柴哲威于贞观二十三年九月的署衔,表明安西都护府仍在西州,而不是龟兹②。更重要的是,《旧唐书》这段记载与同书《郭孝恪传》的记载有矛盾。因为就在这次征讨龟兹的战役中,郭孝恪"中流矢而死",岂能于战后再任都护,并"兼统于阗、疏勒、碎叶"诸镇? 据王小甫考察,《旧唐书·西戎传》中这段话,与《唐会要》《新唐书·吐蕃传上》《册府元龟》卷九六四外臣部封册二、《新唐书·龟兹传》等的相关记述,均出于同一史源,即载于《文苑英华》卷七六九的崔融《拔四镇议》。比较崔《议》原文,可以发现后来诸书的记载多有改窜或失实处,因此,《旧唐书》这段说法不可凭信,尤其不可作为原始史料引用③。

（二）初置四镇中先有焉耆还是碎叶

这一问题与上述初置四镇时间有一定关系,也就是说,如果承认《旧唐书·西戎传》那段记载属实,则碎叶当在初置四镇之中;倘若推翻了那段话的真实性,则《唐会要》卷七三所记:"咸亨元年四月,罢四镇是龟兹、于阗、焉耆、疏勒。"便成了见于文献最早的四镇名称,初置之四镇也就只能有焉耆而无碎叶。

当然,也有人从当时西域的军事形势出发,考察贞观末年碎叶有无置镇的可能。如岑仲勉较早对《旧唐书·西戎传》的记载做出辨析:"碎叶列四镇是高宗时事,此处当作焉耆,唐是时势力未达碎叶也。"④对此一观点,否定者或举阿史那贺鲁已降唐的史实质问:"根据上引史料,怎么说贞观二十二年平龟兹后始置

① 见前引邹逸麟、赵永复《唐代的碎叶城》。
② 前引李瑾《唐代碎叶镇城历史地理问题研究引论》。
③ 前引王小甫《唐初安西四镇的弃置》。
④ 岑仲勉《西突厥史料补阙及考证》,北京:中华书局,1958年,29页。

四镇之时,唐之势力未达西突厥所处的碎叶呢?"①或引《旧唐书·吐蕃传》贞观中"阿史那杜尔开西域,置四镇"的记载,以及崔融《拔四镇议》中唐太宗"复修孝武旧迹,并南山至葱岭为府镇"的说法,认为早在唐立国之初,西突厥已臣服了唐朝②。而由此一时期西域诸国如康国、东曹、西曹、何国、安国、石国等均遣使来唐,进献文物,也说明唐贞观年间西突厥游牧的伊犁河、楚河、塔拉斯河一带是完全臣服了唐朝的③。至于焉耆列入四镇,则是《新唐书·西域传》上所载开元七年"十姓可汗请居碎叶,安西节度使汤嘉惠表以焉耆备四镇"时之事,而在此之前,四镇中只有碎叶而无焉耆④。赞成岑说者则认为:阿史那贺鲁虽降唐,但为时短暂,纯属羁縻性质;降唐期间,碎叶城仍为乙毗射可汗所据;虽然永徽元年以后贺鲁确已夺取了碎叶,然其时已叛唐。由此可证,碎叶一开始即备四镇之说不能成立⑤。如果从唐朝开始经营西域的意图看,其主要目标在于消灭并取代西突厥对葱岭以东绿洲诸国的控制,故初设之四镇只能有焉耆而不会有草原地区的碎叶;到了后来,由于吐蕃与西突厥余部联兵,遂使得隔断二蕃成为唐朝在西域的主要战略,这时置镇碎叶才成为必要⑥。

（三）调露元年是否收复四镇

据两《唐书》《通鉴》及相关史籍,从咸亨元年放弃四镇,直到武则天长寿元年,唐才重新恢复了四镇建置;但《唐会要》却载苏冕就两四镇名称不同提出怀疑,谓长寿二年复四镇敕中碎叶已为四镇之一。对此,岑仲勉《西突厥史料补阙及考证》及此后一批论文提出调露元年复四镇说,认为裴行俭平都支,唐一度复四镇,并以碎叶取代焉耆;以后垂拱再弃,长寿再置。这样既解释了苏冕的疑问,也可补史籍之疏漏,即诸史漏载了调露—垂拱间四镇曾一复一弃这一史实。然而,前引李必忠《安西四镇考辨》、郭锋《唐代前期唐、蕃在西域的争夺与唐安西

① 吴震《唐碎叶镇城析疑》,《新疆历史论文集》,164 页。
② 邹逸麟、赵永复《唐代的碎叶城》,《复旦学报》1980 年第 S1 期,98 页。
③ 盛刚《唐朝"碎叶军镇"的设置年代考析》,《池州师专学报》2007 年第 4 期,59—60、63 页。
④ 李瑾《唐代碎叶镇城历史地理问题研究引论》,《重庆师院学报》1986 年第 1 期,50 页。
⑤ 薛宗正《唐碎叶建置诠索》,《新疆社会科学》1984 年第 4 期,75—76 页。
⑥ 王小甫《论安西四镇焉耆与碎叶的交替》,《北京大学学报》1991 年第 6 期,95—104 页。

四镇的弃置》诸文不同意此一观点①。李文认为:调露元年虽有裴行俭擒都支、王方翼筑碎叶的记载,但在同年十月就发生了东突厥的反叛,而刚为吐蕃攻陷不久的四镇,也未见有收复的记载,故不能说明此时碎叶已名列四镇,更不能说明四镇的恢复。四镇的复置,应在永隆二年或稍后一点的时间,而碎叶也在这次复置中成了安西四镇之一。郭文进一步指出:此一时期吐蕃仍控制着天山以南四镇所在的塔里木盆地绿洲地区,裴之平叛仅限于天山以北,其选择的行军路线是西州—弓月—碎叶,而非吴震《唐碎叶镇城析疑》所说从西州至焉耆、龟兹再到碎叶的路线,因而此次行动的结果虽然收复了碎叶,却不能说收复了安西四镇;至于两《唐书》等主要史籍对这一历史时期内四镇弃置的记载应是可信的,中间并无漏载。与李、郭二文观点不同,王小甫一方面确认了仪凤年间吐蕃在西域的强势活动,以及仪凤三年吐蕃陷四镇事,但另一方面注意到《通典》中关于吐蕃论钦陵于万岁通天二年对高宗时事的一段追述:"和事未曾毕,已为好功名人崔知辩从五俟斤路乘我间隙,疮痍我众,驱掠牛羊,盖以万计。"并据此认为调露元年是西州都督崔知辩先收复了四镇,同年七月裴行俭到西州时,才得以召来四镇诸胡酋长;至裴捉到都支后,唐朝才能在其牙帐附近的碎叶置镇②。

(四)垂拱中之"拔"四镇及其失载原因

查诸正史,并无垂拱中弃四镇的相关记载,但在前述吐鲁番出土《氾达德告身》中却存有"准垂拱二年十一月三日敕,金牙军拔于阗、[安西]、[疏]勒、碎叶等四镇"的文字,而此段文字又与员半千《蜀州青城县令达奚思敬神道碑》对达奚思敬在垂拱二年充金牙道行军司马时"设策请拔碎叶、疏勒、于阗、安西四镇,皆如所计"的记载相合,故论者多据此认为垂拱二年确有一次主动放弃四镇的行动。不过,对这两条材料中的"拔",论者又有不同意见。如殷孟伦、薛宗正、郭锋等即认为:这里的"拔"是指夺取、恢复四镇,或一次未成功的攻取行动③。而王文才更坚决地认为:将本是献策谋取四镇的"拔"解为撤离,实出臆想;因为

---

① 郭锋《唐代前期唐、蕃在西域的争夺与唐安西四镇的弃置》,《敦煌学辑刊》1985 年第 1 期,130—142 页。

② 王小甫《唐初安西四镇的弃置》,《历史研究》1991 年第 4 期,1222—123 页。

③ 参前引殷孟伦《试论唐代碎叶城的地理位置》、薛宗正《唐碎叶建置诠索》、郭锋《唐代前期唐、蕃在西域的争夺与唐安西四镇的弃置》的论述。

"拔四镇"，当然是指"得城为拔"。如果是撤军弃城，何功可论①! 殷、薛、郭、王此种解释，貌似有理，但涉及具体语境，便出了问题。盖唐人用语，"拔"有拔取与拔弃二义，而垂拱二年敕文讲的就是拔军弃镇。这不仅从《千唐志斋藏石》所载《忠武将军疏勒人裴沙钵罗墓志》"属藩落携贰，安西不宁，都护李君与公再谋奏拔四镇，公乃按以戎律，导以泉井，百战无死败之忧，全军得生还之路"的文意可以看出，而且可以从垂拱四年陈子昂《谏雅州讨生羌书》所谓"国家近者废安北，拔单于，弃龟兹，放疏勒，天下翕然谓之盛德者，盖以陛下务在养人，不在广地也"的论述得到明证。也就是说，这里的"废""拔""弃""放"，语义略同，均指放弃。联系到当时形势，高宗去世，武则天临朝称制，先发生徐敬业叛乱，接着程务挺、王方翼等名将相继被杀，刘仁轨、裴行俭等宿将也先后死亡，北方东突厥再起，吐蕃乘机入疆，攻破焉者，大兵压境，在这种情况下，垂拱二年的"拔四镇"，理应视为对安西四镇的一次主动放弃。

既然垂拱二年有一次放弃四镇的行动，何以诸史不载？御史崔融《拔四镇议》也对此闭口不谈，而把弃四镇事说成只有一次，并推到高宗身上呢？吴宗国分析认为：这不是一时疏忽，而是在有意为尊者讳。既然武则天把长寿元年克复四镇看作自己的一项重大业绩，并在对侍臣谈话时有意不提六年前自己治下丢掉四镇之事，那么，作为臣子的崔融当然也就不能像五年前的陈子昂那样把弃四镇作为一项功德来颂扬，而只有将弃四镇之事隐瞒起来；为了将此事隐去，就必须同时把调露元年复置四镇之事一并隐去，因为只有这样才能把咸亨元年失四镇和长寿元年复四镇之间的茬口连接起来，即把长寿元年所复之四镇说成是高宗咸亨元年丢失的②。衡诸当日时事与君臣心理，吴氏此说不无道理。至于《旧唐书》中开元前史实，则多据韦述所修《国史》编成，而《国史》的武则天部分即据崔融参加编撰的国史和则天实录修成，明乎此，《旧唐书》中关于安西四镇的记载出现阙载或错乱，便不难理解了。

(五)安西四镇最后失陷的时间

前举诸说多以《新唐书·西域传上》所载开元七年"十姓可汗请居碎叶，安

---

① 王文才《唐初复置四镇问题》，《四川师院学报》1980 年第 2 期，30 页。
② 吴宗国《唐高宗和武则天时期安西四镇的废置问题》，《丝路访古》，173 页。

西节度使汤嘉惠表以焉耆备四镇"为据,来确定安西四镇的最后废弃。实际上,这是不准确的。因为这条史料只是交代了焉耆与碎叶的交替,而与四镇之废弃无关。同时,也有不少学者以安史乱起为标志,认为斯时唐征各路兵入靖国难,吐蕃乘隙东进,以至乾元之后,"凤翔之西,邠州之北,尽蕃戎之境"(《旧唐书·吐蕃传上》),故四镇已不复为唐所有。对此,李必忠提出不同意见,并据《旧唐书》《唐会要》等文献所载唐肃宗上元中"李元忠守北庭、郭昕守安西府二镇,与沙陀、回鹘相依,吐蕃久攻之不下",贞元六、七年"北庭节度使杨袭古举麾下二千余人奔西州""将复北庭",结果兵败身亡之事,认为安西四镇的最后放弃,不得早于贞元七年①。然细核史实,这里所载只是唐军残余占据的原安西、北庭的个别地区,而不得谓之四镇;即就安西、北庭之治所而言,其失陷也当在此之前。如《新唐书·地理四》于陇右道及安西都护府条下即载:"贞元三年陷安西、北廷,陇右州县尽矣。""贞元三年,吐蕃攻沙陀、回纥,北庭、安西无援,遂陷。"如此看来,四镇之陷落,还要更早一些,只是史无明文罢了。

除以上几个主要问题外,在近年的讨论中,论者还涉及唐安西四镇中"镇"的变化、唐四镇都督府的建置、唐代安西建置级别的变化和反复、唐代四镇节度使与四镇经略大使的关系等②,并将视线向后推移,考察了怛逻斯之战与唐朝的西域政策、天威健儿赴碎叶等问题③,虽均不无参考价值,但相较于本文所论主旨言,已属于外围了,故略而不赘。

五、对相关文献、史实的再梳理与再认定

综上所述可知,在上世纪初至今的百余年间,碎叶及与之相关的安西四镇问题已成为史地学界颇为关注的一大热点,借助考古发现和传世文献,中外学者们展开了广泛的考察和论争,其结果,使得对碎叶所在地、碎叶与四镇的关系以及

---

① 李必忠《安西四镇考辨》,《唐史研究会论文集》,400—402 页。
② 陈国灿《唐安西四镇中"镇"的变化》,《西域研究》2008 年第 4 期,16—22 页;薛宗正《唐四镇都督府的建置》,参前引;薛宗正《唐代安西建置级别的变化、反复与安西四镇的弃废》,《中国边疆史地研究》1993 年第 4 期,44—53 页;苏北海《唐代四镇、伊西节度使考》,《西北史地》1996 年第 2 期,1—17 页。
③ 李方《怛逻斯之战与唐朝西域政策》,《中国边疆史地研究》2006 年第 1 期,56—65 页;毕波《怛逻斯之战和天威健儿赴碎叶》,《历史研究》2007 年第 2 期,15—31 页。

安西四镇的建置、废弃等问题，获得了一个较前更为深入的了解。诸如唐代的碎叶城在今吉尔吉斯斯坦之托克马克附近、作为安西四镇之一的碎叶镇当为热海碎叶诸点，已基本得到确认；所谓的"两碎叶""四碎叶"说也因欠缺足够的事实根据，而被多数论者所否定。至于安西四镇之初置，究竟是贞观二十二年，还是显庆三年？初置四镇之一是焉耆还是碎叶？安西四镇究竟是三置三弃、四置四弃，还是五置五弃、六置六弃？仅据现在的讨论结果还难下定论，还有待新材料的发现和研究的继续深入。但依据文献记载，将能够认定的、大致可认定的与有争议的弃置年代分别加以排比论列，似可使相关问题有一个更清晰的展示，也可供我们在现有条件下作出较科学的判断。

（一）可以认定的弃置年代

咸亨元年，罢四镇。《旧唐书·高宗本纪》："（咸亨元年）四月，吐蕃寇陷白州等一十八州，又与于阗合众，袭龟兹拨换城，陷之。罢安西四镇。"《唐会要》卷七三："吐蕃陷我安西，罢四镇。"《通鉴》卷二〇一咸亨元年条："夏四月，吐蕃陷西域十八州……罢龟兹、于阗、焉耆、疏勒四镇。"

调露元年，复四镇。前引两《唐书》《通鉴》及张说所作裴、王二《神道碑》均载该年裴行俭擒都支后"立碑碎叶"而还，其副手王方翼"大城碎叶"事；《册府元龟》卷九六七《外臣部·继袭二》更明谓是年"以碎叶、龟兹、于阗、疏勒为四镇"。

垂拱二年，罢四镇。此事正史无载，但据前引吐鲁番出土《氾达德告身》、员半千《蜀州青城县令达奚思敬神道碑》、《千唐志斋藏石》之《忠武将军疏勒人裴沙钵罗墓志》中有关垂拱二年"拔"四镇的敕文和相关载记，以及陈子昂《谏雅州讨生羌书》所谓"国家近者废安北，拔单于，弃龟兹，放疏勒"的说法，则该年弃四镇当无疑议。

长寿元年，复四镇。《旧唐书·王孝杰传》载孝杰该年"与左武卫大将军阿史那忠节率众以讨吐蕃，乃克龟兹、于阗、疏勒、碎叶四镇而还"；同书《吐蕃传上》，《新唐书》之《则天顺圣武皇后本纪》《王孝杰传》《西域》上，及《通鉴》卷二〇五长寿元年条均记其事。稍不同者，《唐会要》卷七三载苏冕谓"两四镇不同"时提到的是"长寿二年十一月复四镇敕"，在时间上晚了一年。合理的解释应该是：收复四镇在长寿元年十月①，而朝廷的复镇敕文则已到了次年年末。

（二）大致可以认定的弃置年代

显庆三年，置四镇。诸史无该年置镇的明确记载，但据《旧唐书·高宗本纪》上载：显庆三年二月，"复于龟兹国置安西都护府"。同书《地理》三"安西都护府"条亦谓："显庆二年十一月，苏定方平贺鲁，分其地置濛池、昆陵二都护府。分其种落，列置州县。于是，西尽波斯国，皆隶安西都护府。仍移都护府理所于高昌故地。三年五月，移安西府于龟兹国，旧安西复为西州。"《唐会要》卷九七所载略同。据此可知，是年已将安西都护府移至龟兹，获得了对天山南路的有效控制；又因贺鲁已平，唐于天山北路之濛池（在碎叶以西，约当今哈萨克斯坦南部楚河以西及吉尔吉斯北部一带）、昆陵（在碎叶以东，约当今新疆准噶尔盆地南部伊犁河流域）新设二都护府，以致"西尽波斯"皆隶安西，故四镇设于此时，当在情理之中。

仪凤三年，罢四镇。《旧唐书·吐蕃传上》："仪凤三年……时吐蕃尽收羊同、党项及诸羌之地，东与凉、松、茂、巂等州相接，南至婆罗门，西又攻陷龟兹、疏勒等四镇，北抵突厥，地方万余里，自汉、魏已来，西戎之盛，未之有也。"《新唐书·西域上》："仪凤时，吐蕃攻焉耆以西，四镇皆没。"以上两条材料，一谓仪凤三年，一谓仪凤时，在表述上略有差异，故稍难定夺。但以旧《书》所描述的吐蕃盛况看，四镇陷于仪凤三年更近情实。

（三）有争议的弃置年代

贞观二十二年，是否初置四镇之时？这是一个非常重要且极具争议的问题，有必要稍予辨析。

首先，前文提到，反对该年设镇者的依据之一，便是《旧唐书·西戎传》等文献中"太宗既破龟兹，移置安西都护府于其国城，以郭孝恪为都护"数语与郭氏在收复龟兹战役中已死之事相矛盾，故认为其记载不可信。不过，细核各种史料，郭氏之死，乃在唐军已克龟兹、其身留守龟兹城四十余日或更长时间之后才

----

① 据《资治通鉴》卷二〇五载："（长寿元年）十月丙戌，大破吐蕃，复取四镇。置安西都护府于龟兹，发兵戍之。"6487—6488 页。

发生①。而在这样一个不算太短的时段内，朝廷若有任命，是有颁布之余暇的。即使下达后郭氏已死，也不妨碍史家对其事的记述，故二者间看似矛盾而实无。

其次，持异议者认为：《旧唐书·西戎传》所记太宗破龟兹、设四镇之史源与崔融《拔四镇议》有关，这是对的，但将崔《议》视为此后诸书的唯一史源，恐怕有些低估了当时史家所能看到的史料；而且即就崔《议》而论，其中一方面指出"太宗方事外讨，复修孝武旧迹，并南山至于葱岭为府镇，烟火相望焉"，一方面述及高宗"复命有司拔四镇"②。前者暗示了设四镇之事，后者明言将此已设之四镇拔除。倘若太宗时无设镇之事，则高宗何来拔镇之举？如果说，《旧唐书·西戎传》这段话"不可凭信，尤其不可作为原始史料引用"③，那么，被论者视为可靠史料的武后时人崔融的话总可相信了吧！如果说，上引见载于《文苑英华》中的崔文容或有误，那么，《新唐书·吐蕃传》上所引崔文为："太宗……并南山抵葱岭，剖裂府镇，烟火相望，吐蕃不敢内侮。高宗时，有司无状，弃四镇不能有。"两相对照，二者在文字上虽小有差别，但在涉及高宗"弃四镇"时，所表述的事实则是完全一致的。与此相印证的，还有《旧唐书·吐蕃传》所谓贞观中"阿史那杜尔开西域，置四镇"的记载④，以及分载于两《唐书·王孝杰传》中武后于长寿元年克复四镇后所说的一段话："昔贞观中具绫得此蕃城，其后西陲不守，并陷吐蕃。今既尽复于旧，边境自然无事。""贞观中，西境在四镇，其后不善守，弃之吐蕃。今故土尽复，孝杰功也。"⑤这两段大致相同的文字都指向了一个事实，即贞观中"得此蕃城""西境在四镇"。

再次，有论者依据吐鲁番出土文献如《唐永徽五年令狐氏墓志》《唐永徽元年二月安西都护府承敕下来河县符》等，认为永徽元年前后安西都护府不在龟

---

① 据《新唐书·阿史那社尔传》、《西域》上及《通鉴》卷一九九"贞观二十二年"条，唐军攻克龟兹城后，阿史那社尔留郭孝恪守卫，亲自率军追龟兹王至大拨换城，攻打四十日方大获全胜。而在城破之际，龟兹相那利"夜逸"，并联络"西突厥并国人万余"，返回头来袭击留守龟兹的郭孝恪，孝恪力战死之。这说明郭孝恪之死至少已在唐军攻占龟兹四十多天后。如果算上那利向西突厥借兵和组织余部的时间，则郭氏之死似还要更后一些。
② 崔融《拔四镇议》，《文苑英华》卷七六九，北京：中华书局，1966年，4048页。
③ 王小甫《唐初安西四镇的弃置》，《历史研究》1991年第4期，121页。
④ 《旧唐书》卷一九六《吐蕃传》上，5236页。
⑤ 分别见《旧唐书》卷九三《王孝杰传》、《新唐书》卷一一一《王孝杰传》。

兹,而当在西州①。细加考核,其说不无一定道理。但据此并不足以否定"太宗既破龟兹,移置安西都护府于其国城"的记载,而只能说明唐于贞观二十二年移府于龟兹后不久,即因新平定之龟兹内乱而失去了对该地的控制,遂不得已将新设之安西都护府迁回西州,先于永徽元年"秋八月壬午,诏复以布失毕为龟兹王,遣归国,抚其众"②,继于次年十一月丁丑明令:"以高昌故地置安西都护府。"③倘若此前无移府于龟兹之举,安西都护府仍在西州,自然也就不会有此诏告了。因而,我们认为:太宗贞观二十二年确有将安西都护府移至龟兹并设四镇之事,《旧唐书·西戎传》等史书中的相关记载是准确的,不宜轻易否定。唯该传将碎叶作为四镇之一,似属误笔,盖因据太宗时西域军事形势言,"唐是时势力未达碎叶也"④。

有争议的另一个问题是,既然四镇初置于贞观二十二年,而显庆三年又有一次置四镇的行动,那么,在这十年间必有一次对四镇的放弃,才可以使得前后接续,形成链条。于是,有学者将此次弃四镇的时间定在了高宗永徽二年。其所以定在此年,即因前引《旧唐书·高宗本纪上》于永徽二年十一月条下载有"丁丑,以高昌故地置安西都护府"之事。这就是说,该年又将安西都护府由龟兹东移至高昌故地亦即西州,说明原四镇已被放弃。联系到上引《旧唐书·西戎传》所谓"高宗嗣位,不欲广地劳人,复命有司弃龟兹等四镇,移安西依旧于西州"的话,二者在时间和事件上正相吻合,因而,将四镇之弃放在其初置四年后、高宗继位第二年的永徽二年(尽管其实际放弃似应早于此时),应是大致不差的。

有争议的第三个问题是,在前列咸亨元年罢四镇与仪凤三年罢四镇之间,也缺少一次复置四镇的年份。据李必忠考证,此次复置,当在上元年间,并以咸亨四年"十二月丙午,弓月、疏勒二国王入朝请降"为转机⑤。查《旧唐书·高宗本纪》下、《通鉴》卷二〇二《唐纪》十八,在上元二年正月都载有"以于阗国为毗沙

----

① 参见柳洪亮《唐天山县南平乡令狐氏墓志考释》,《文物》1984 年第 5 期,78—79 页;张广达《唐灭高昌国后的西州形势》,作者著《西域史地丛稿初编》,上海:上海古籍出版社,1995 年,145—146 页。

② 《资治通鉴》卷一九九"永徽元年"条,6271 页。

③ 《旧唐书》卷四《高宗本纪》上,69 页。

④ 岑仲勉《西突厥史料补阙及考证》,北京:中华书局,1958 年,29 页。并参见前文关于唐前期军事形势的相关论述。

⑤ 参前引李必忠《安西四镇考辨》。又,森安孝夫《吐蕃の中央すジカ进出》(《金泽大学文学部论集》,1984 年)认为复置时间在上元三年;王小甫《唐初安西四镇的弃置》认为在上元二年。

都督府,分其境内为十州"以及吐蕃遣使请和而"上不许"事;至于疏勒、焉耆设置都督府的时间,《旧唐书·地理志》三均作"上元中"。由此可以推知,至迟在上元二年,四镇已复置。

以上,我们从三个层面对四镇之弃置时间作了一个梳理和辨析。将其作一综合,似可得出以下几次置、弃四镇的大致年份:

第一次:置于贞观二十二年(648),弃于永徽二年(651)或稍前;第二次,置于显庆三年(658),弃于咸亨元年(670);第三次,置于上元二年(675)前后,弃于仪凤三年(678);第四次,置于调露元年(679),弃于垂拱二年(686);第五次,置于长寿元年(692),弃于安史乱起之后。

同时,在这五置五弃过程中,碎叶与焉耆的交替约为两次:自始置之贞观二十二年至咸亨元年,四镇中当无碎叶而有焉耆;至调露元年,以碎叶代焉耆遂成事实;此后经长寿元年之复置,直到开元七年,碎叶一直名列四镇。需要注意的是,在此期间,碎叶曾一度为乌质勒攻陷[1],只是到了开元七年,因安西节度使汤嘉惠"表以焉耆备四镇"(《新唐书·西域上》),碎叶才退出四镇名录。

碎叶退出四镇后,即成为十姓可汗所居之地。至开元二十七年、天宝七载,唐军均有攻夺碎叶之战事,其城遂渐毁于兵燹。杜环于天宝十载随军至此,曾目睹其"城壁摧毁,邑居零落"之状,城中剩下的,只有当年交河公主所居之处及建于武后时期的大云寺了。时至成吉思汗西征的 13 世纪初期,耶律楚材西游此地,谓其"城已圮,唐碎叶镇城故墟也"[2],言辞间不无感慨和苍凉。然而,昔日王方翼所筑的那座雄伟城池虽已不可复见,但随着碎叶遗址的考古发现和百年来的深入研究,人们不仅重新确认了此城的准确位置,而且通过它,益发了解了那个已经逝去的辉煌时代。就此而言,碎叶及与之相关的安西四镇,无疑显示出其深藏于历史深处的永恒价值。

(作者单位:武汉大学文学院)

----

① 《旧唐书》卷一九四下《突厥传》下载:"(乌质勒)尝屯聚碎叶西北界,后渐攻陷碎叶,徙其牙帐居之。东北与突厥为邻,西南与诸胡相接,东南至西、庭州。"(5190 页)据内藤みとり《西突厥史の研究》、王小甫《唐、吐蕃、大食政治关系史》等考订,乌质勒攻陷碎叶当在长安三年(703)。

② 耶律楚材《西游录》,俞浩《西域考古录》卷一○引,道光海月堂杂著本,11 叶正。今整理本(向达校注,北京:中华书局,2000 年)无此句。

条支与碎叶

薛天纬

李白先世的流窜地,在原始文献中有"条支""碎叶"两种说法。前者见于李阳冰《草堂集序》:"中叶非罪,谪居条支。"①后者见于范传正《唐左拾遗翰林学士李公新墓碑序》:"隋末多难,一房被窜于碎叶。"②这两种说法的内涵实质是否一致,是一个可以进一步讨论的问题。

先说碎叶。《新唐书·西域传》载,贞观二十一年(647),朝廷命阿史那社尔为昆丘道行军大总管,率安西都护郭孝恪等讨平龟兹,"徙安西都护于其都,统于阗、碎叶、疏勒,号'四镇'"③。这应该是"安西四镇"之始设,碎叶是安西都护属下的"安西四镇"之一。碎叶的地理位置,《新唐书·地理志》"北庭大都护府"下载:"渡伊丽河,一名帝帝河,至碎叶界。又西行千里至碎叶城,水皆北流入碛及入夷播海。"④据《中国历史地图集》,伊丽河,即伊犁河;夷播海,即巴尔喀什湖。玄奘《大唐西域记》称碎叶城为"素叶水城",记载更为翔实:"(跋禄迦)国(即今阿克苏)西北行三百余里,度石碛,至凌山(位于伊犁、温宿之间的冰达坂)。……山行四百余里,至大清池(或名热海,又谓咸海。今译伊塞克湖),周千余里,东西广,南北狭。……清池西北行五百余里,至素叶水城。城周六七里,诸国商胡杂居也。土宜糜、麦、蒲萄,林树稀疏,气序风寒,人衣毡褐。素叶已西数十孤城,城皆立长,虽不相禀命,然皆役属突厥。"⑤今人张广达有《碎叶城今地考》⑥,考得唐

---

① 李阳冰《草堂集序》,王琦注《李太白全集》卷三一,北京:中华书局,1977 年,1443 页。
② 范传正《唐左拾遗翰林学士李公新墓碑序》,《李太白全集》卷三一,1462 页。
③ 《新唐书》卷二二一上,北京:中华书局,1975 年,6232 页。
④ 《新唐书》卷四〇,1047 页。
⑤ 玄奘、辩机原著,季羡林等校注《大唐西域记校注》卷一,北京:中华书局,1985 年,67—72 页。
⑥ 张广达《碎叶今地考》,《北京大学学报》1979 年第 5 期,70—82 页。

代的碎叶城故址即(今吉尔吉斯斯坦境内)托克马克以南8—10公里的阿克·贝希姆废城。1982年,当地发现一佛像基座,题铭部分有"安西副都护碎叶镇压十姓使上柱国杜怀宝"字样。周伟洲有《吉尔吉斯斯坦阿克别希姆遗址出土唐杜怀宝造像题铭考》一文①,推定"杜怀宝造像(基座)时间应在调露元年末二年初直至垂拱二年(679—686)之间。同时认为这一发现"乃阿克别希姆古城就是唐代碎叶城的铁证"。

再说条支。条支早在《史记·大宛传》中就有记载:"条枝在安息西数千里,临西海。暑湿,耕田,田稻。有大鸟,卵如瓮。人众甚多,往往有小君长,而安息役属之,以为外国。国善眩。安息长老传闻条枝有弱水、西王母,而未尝见。"②《汉书·西域传》基本照搬了上引《史记》的内容,曰:"条支,国临西海,暑湿,田稻。有大鸟,卵如瓮。人众甚多,往往有小君长,安息役属之,以为外国。善眩。安息长老传闻条支有弱水、西王母,亦未尝见也。自条支乘水西行,可百余日,近日所入云。"③《史记》、《汉书》的记载,除了肯定条支在遥远的西方外,没有给出条支比较确切的地理位置。其对后世的影响,一是条支有大鸟,卵如瓮;一是条支再西行就是"日所入"处。

两《唐书》记唐初之事,有两段关于西突厥可汗贡"条支巨卵"的记载,即《旧唐书·突厥传》:"统叶护可汗……武德三年,遣使贡条支巨卵。"④《新唐书·突厥传》:"射匮亦连年系贡条支巨卵、师子革等,帝厚申抚结,约与并力讨东突厥。"⑤统叶护可汗系射匮可汗之弟,他们先后都曾向朝廷进贡"条支巨卵"。《旧唐书·突厥传》记西突厥的土宇,曰"东至金山,西至海,自玉门已西诸国皆役属之"⑥,所指即辽阔的西域,"条支"也在其中。

唐太宗之后,条支成为一个都督府的名称。《新唐书·地理志》在"羁縻州"之"陇右道"下载"条支都督府,以诃达罗支国伏宝瑟颠城置","隶安西都护府"⑦。

----

① 周伟洲《吉尔吉斯斯坦阿克别希姆遗址出土唐杜怀宝造像题名考》,荣新江主编《唐研究》第六卷,北京:北京大学出版社,2000年,383—394页。

② 《史记》卷一二三,北京:中华书局,1982年第2版,3163—3164页。

③ 《汉书》卷九六上,北京:中华书局,1962年,3888页。

④ 《旧唐书》卷一九四下,北京:中华书局,1975年,5181页。

⑤ 《新唐书》卷二一五下,6057页。

⑥ 《旧唐书》卷一九四下,5181页。

⑦ 《新唐书》卷四三下,1136—1137页。

关于都督府的性质,《新唐书·地理志》曰:"唐兴,初未暇于四夷,自太宗平突厥,西北诸蕃及蛮夷稍稍内属,即其部落列置州县,其大者为都督府、刺史,皆得世袭。"①据《中国历史地图集》的标示,条支都督府位于今阿富汗之加兹尼,在喀布尔西南约二百公里处,《新唐书·地理志》所谓"伏宝瑟颠城"在地图集上标为"鹤悉那城"②。《新唐书·西域传》又载谢䫻国:"谢䫻……本曰漕矩吒,或曰漕矩,显庆时谓诃达罗支,武后改今号。……其王居鹤悉那城。"③综合以上资料可知,唐太宗时设置"条支都督府",其地本名漕矩吒,或曰漕矩,高宗显庆时称诃达罗支国,武后时称谢䫻,其王居鹤悉那城。玄奘西行曾到此地,《大唐西域记》卷一二"漕矩吒国"记:"漕矩吒国周七千余里。国大都城号鹤悉那,城周三十余里。"④

以上是就唐王朝的版图而言。至于唐人语汇中的"条支",并不确指这个"条支都督府"或漕矩吒国,而是指极远的西方边地,甚至承袭了汉代的观念:一是将"条支"视为日落之所。如褚遂良《唐太宗文皇帝哀册文》有"东旌若木,西斾条支"之语⑤,若木代表日出处,条支代表日入处。韦皋《破吐蕃露布》曰:"条支若木,咸顺旨令。"⑥也是将"条支"与"若木"对举。二是言"条支"而及"条支巨卵",如卫萘《瓮赋》:"条支之鸟卵犹类,国人之茧形可拟。"⑦于竞《琅琊忠懿王德政碑》:"宛土龙媒,宁独称于往史;条支雀卵,谅可继以前闻。"⑧

关于"条支巨卵",玄奘在《进西域记表》中也说到了:"玄奘幸属天地贞观,华夷静谧……飘身迈迹,求遐自迩。辗转膜拜之乡,流离重译之外。条支巨雀,方验前闻;罽宾孤鸾,还稽曩实。"⑨那么,玄奘是在什么地方看到"条支巨雀"的呢?《大唐西域记》卷一二"波谜罗川"载:"东西千余里,南北百余里,狭隘之处不逾十里,据两雪山间,故寒风凄劲,春夏飞雪,昼夜飘风。地咸卤,多砾石,播植不滋,草木稀少,遂至空荒,绝无人止。波谜罗川中有大龙池,东西三百余里,南

---

① 《新唐书》卷四三下,1119 页。
② 谭其骧主编《中国历史地图集》第五册"隋唐五代十国时期·陇右道西部",北京:中国地图出版社,1982 年,63—64 页。
③ 《新唐书》卷二二一下,6253 页。
④ 《大唐西域记校注》卷一二,954 页。
⑤ 褚遂良《唐太宗文皇帝哀册文》,《全唐文》卷一四九,北京:中华书局,1983 年,1515 页。
⑥ 韦皋《破吐蕃露布》,《全唐文》卷四五三,4628 页。
⑦ 卫萘《瓮赋》,《全唐文》卷四〇四,4138 页。
⑧ 于竞《琅琊忠懿王德政碑》,《全唐文》卷八四一,8847 页。
⑨ 《大唐西域记校注》附录,1053 页。

北五十余里,据大葱岭内,当赡部洲中,其地最高也。水乃澄清皎镜,莫测其深,色带青黑,味甚甘美。潜居则鲛、螭、鱼、龙、鼋、鼍、龟、鳖,浮游乃鸳鸯、鸿雁、鴛、鹅、鹔、鸧。诸鸟大卵,遗殻荒野,或草泽间,或沙渚上。"①慧立、彦悰《大慈恩寺三藏法师传》也有类似记载,并且直接使用了"条支巨卵"的说法:"至波谜罗川。川东西千余里,南北百余里,在两雪山间,又当葱岭之中,风雪飘飞,春夏不止。以其地寒烈,卉木稀少,稼穑不滋,境域萧条,无复人迹。中有大池,东西三百里,南北五十余里,处赡部洲中,地势高隆,瞻之溔溔,自所不能极。水族之类,千品万种,喧声交聒,若百工之肆焉。复有诸鸟,形高丈余,鸟卵如瓮,旧称条支巨殻,或当此也。"②波谜罗川,即帕米尔;殻,即鸟卵或卵壳。可见慧立、彦悰乃至玄奘都把波谜罗川、即帕米尔当成了条支。其实,在玄奘心目中并无"条支"的确定区域概念,他不过是把西域边远之地称作"条支"罢了。

唐代诗人写到"条支",均泛指西域边地。如贯休《入塞曲》:"单于烽火动,都护去天涯。别赐黄金甲,亲临白玉墀。塞垣须静谧,师旅审安危。定远条支宠,如今胜古时。"③诗句是以"条支"代指班超所建功的西域。刘言史《代胡僧留别》:"此地缘疏语未通,归时老病去无穷。定知不彻南天竺,死在条支阴碛中。"④条支也是代指西域。至于李白,其《战城南》有句:"洗兵条支海上波,放马天山雪中草。"⑤将"条支"与"天山"对举,也是泛指广大的西域地区。

因此,可以得出如下结论:关于李白先世流窜之地,李阳冰《草堂集序》"中叶非罪,谪居条支"与范传正《唐左拾遗翰林学士李公新墓碑序》"隋末多难,一房被窜于碎叶"的说法,并不矛盾。条支是一个泛指西域的大概念,碎叶则是西域的一个具体地名。随着碎叶城地理位置的确定,李白先世流窜之地也就明确了。

(作者单位:新疆师范大学文学院)

---

① 《大唐西域记校注》卷一二,981—982 页。
② 慧立、彦悰著,孙毓棠、谢方点校《大慈恩寺三藏法师传》卷五,北京:中华书局,2000年,117 页。
③ 贯休《入塞曲》,《全唐诗》卷八三○,北京:中华书局,1960 年,9362 页。
④ 刘言史《代胡僧留别》,《全唐诗》卷四六八,5331 页。
⑤ 李白《战城南》,《李太白全集》卷三,177 页。

唐代的碎叶与庭州

刘子凡

碎叶是唐朝在西突厥腹地设立的军镇,庭州则是天山北麓最为重要的军政机构,碎叶与庭州共同承担起了镇抚天山南北诸游牧部落的职责。虽然碎叶大多数时间都是安西四镇之一,但碎叶与庭州之间有着十分密切的军政关系。碎叶与庭州的这种关系,也正体现出唐朝经营西域的基本战略格局。本文即拟以碎叶的兴废为线索,研究碎叶与庭州的关系,进而对相关西域史事进行梳理。

一、波斯道行军后的碎叶与庭州

早在贞观十四年(640)平定高昌国之后,唐朝就在天山以北的可汗浮图城之地设立了庭州。而碎叶位于西突厥腹地,直到唐高宗调露元年(679)波斯道行军之后,唐朝才在碎叶设镇。此次行军的背景则是唐朝与吐蕃对西突厥的争夺。大致在仪凤二年(677)吐蕃联合西突厥寇安西,但随后吐蕃内部出现了严重的政治问题,放松了对唐朝控制地域的侵逼,至垂拱年间(685—688),吐蕃都再无大规模入寇安西四镇之举。西突厥也失去了吐蕃的强力支持,唐朝亦趁机加强了对西突厥部落的镇抚。调露元年波斯军使裴行俭在碎叶附近擒拿西突厥首领阿史那都支及李遮匐,并在碎叶城刻石立碑。《唐故夏州都督太原王公神道碑》云:

> 裴吏部立名波斯,实取遮匐。伟公为波斯军副使兼安西都护,以都护杜怀宝为庭州刺史。大城碎叶,街郭回互,夷夏纵观,莫究端倪。无何,诏公为庭州刺史,以波斯使领金山都护,前使杜怀宝更统安西,镇守碎叶。[1]

----

[1] 张说《唐故夏州都督太原王公神道碑》,《张燕公集》卷一五,北京:中华书局,1985年,160页。

太原王公即王方翼。《新唐书·王方翼传》亦载：

> 裴行俭讨遮匐，奏为副，兼检校安西都护，徙故都护杜怀宝为庭州刺史。方翼筑碎叶城，面三门，纡还多趣以诡出入，五旬毕。西域胡纵观，莫测其方略，悉献珍货。未几，徙方翼庭州刺史，而怀宝自金山都护更镇安西，遂失蕃戎之和。①

《旧唐书·王方翼传》所载略同②。根据以上史料，在裴行俭俘阿史那都支旋师后，波斯军副使王方翼以"兼检校安西都护"的身份留在碎叶，并修筑了碎叶城。值得注意的是，王方翼在碎叶镇守了不长的时间之后，调任庭州，以波斯军使领金山都护、兼庭州刺史。而原先的金山都护、庭州刺史杜怀宝则调往碎叶镇守。

可见，在调露元年波斯道行军后至永淳元年（682）西突厥再乱之前，唐朝实际上有效控制了碎叶，并在碎叶驻军镇守。《册府元龟》卷九六七《外臣部·继袭第二》载：

> 调露元年，以碎叶、龟兹、于阗、疏勒为四镇。③

可知，在调露元年以后，碎叶代替焉耆成为四镇之一④。有学者认为四镇中的碎叶镇在焉耆，而不在西域碎叶城⑤。但从上文讨论的调露元年裴行俭立碑碎叶及王方翼筑碎叶城并镇守的史实看，碎叶镇应在碎叶城无疑⑥。1982 年加藤久祚于吉尔吉斯斯坦阿克贝希姆遗址发现了《唐杜怀宝造像碑》，从而证实碎叶城即今阿克贝希姆遗址⑦。其地正位于伊丽水以西的西突厥腹心地带，亦是西突

---

① 《新唐书》卷一一一，北京：中华书局，1975 年，4135 页。

② 《旧唐书》卷一八五上，北京：中华书局，1975 年，4802 页。

③ 王钦若等编、周勋初等校订《册府元龟》卷九六七，南京：凤凰出版社，2006 年，11200 页。

④ 参见岑仲勉《西突厥史料补阙及考证》，北京：中华书局，1958 年，57—60 页。

⑤ 见李志敏《唐安西都护"两四镇不同"问题述要——碎叶镇城地望考实》，《中国历史地理论丛》2009 年第 3 期，92—107 页。

⑥ 参看吴震《从吐鲁番出土"氾德达告身"谈唐碎叶镇城》，《文物》1975 年第 8 期，13—18 页；吴震《唐碎叶镇城析疑》，《新疆历史论文集》，乌鲁木齐：新疆人民出版社，1977 年，203—226 页。

⑦ 参见张广达《碎叶城今地考》，《北京大学学报》1979 年第 5 期，收入作者《文书、典籍与西域史地》，桂林：广西师范大学出版社，2008 年，1—22 页；内藤みどり《アクベシム発现の杜怀宝碑について》，《中央アジア北部の仏教遗迹の研究》，奈良：シルクロード博记念国际交流财团，1997 年，151—158 页；周伟洲《吉尔吉斯斯坦阿克别希姆遗址出土唐杜怀宝造像题铭考》，荣新江主编《唐研究》第 6 卷，北京：北京大学出版社，2000 年，383—394 页。

厥五咄陆与五俟斤部落的分界之地。西突厥统叶护可汗建牙之千泉、乙毗沙钵罗叶护可汗之南庭、阿史那贺鲁建牙之千泉、阿史那都支建牙之地,皆是碎叶①。碎叶镇的设立,是唐朝第一次在伊丽水以西驻军镇守,对西突厥核心地点碎叶的控制,也使唐朝有能力同时镇抚西突厥五咄陆和五弩失毕部落。《唐杜怀宝造像碑》的题记有:

1　安西副都

2　护、碎叶镇压

3　十姓使、上柱国

4　杜怀宝,上为

5　天子□□□下

6　为□□□考妣

7　见□□使□

8　法界□众生,普

9　愿平安,获其

10　暝福,敬造一佛

11　二菩萨

可知,杜怀宝在接任王方翼镇守碎叶后,是带"碎叶镇压十姓使"的头衔②,这清楚地反映出唐朝驻守碎叶镇抚十姓的战略意图。前文所引《唐故夏州都督太原王公神道碑》及新、旧《唐书·王方翼传》皆载王方翼是以"兼安西都护"的身份留守碎叶,后杜怀宝又代其"更统安西"。薛宗正据此认为此时安西都护府的治所似一度从龟兹迁至碎叶,并进一步指出自调露元年至垂拱年间,形成了安西都护府治碎叶兼管四镇,金山都护府治庭州兼管伊、西、庭三州的局面③。但是,《唐杜怀宝造像碑》明确记载杜怀宝镇碎叶时的职衔是"安西副都护",而非安西都护。周伟洲指出,《唐杜怀宝造像碑》证明至少在杜怀宝镇守碎叶之时,安西

---

① 详见吴震《从吐鲁番出土"氾德达告身"谈唐碎叶镇城》,14 页;内藤みどり《西突厥史の研究》,东京:早稻田大学出版部,1988 年,2—10 页。

② 前引内藤みどり《アクベシム発现の杜怀宝碑について》认为杜怀宝任"镇压十姓使"是在永淳元年阿史那车簿叛乱时。前引周伟洲《吉尔吉斯斯坦阿克别希姆遗址出土唐杜怀宝造像题铭考》则指出"镇压"并非专指阿史那车簿而言,而是泛指西突厥十姓部落,则杜怀宝与王方翼对调之后的使职就是"碎叶镇压十姓使"。

③ 薛宗正《安西与北庭》,哈尔滨:黑龙江教育出版社,1998 年,137 页。

都护并不驻守碎叶,而王方翼以检校安西都护驻守碎叶是特殊情况,由此来看,安西都护府似未曾迁治碎叶①。

值得注意的是,王方翼最初是以"波斯军副使"领安西都护镇守碎叶,在他与杜怀宝调换职位后,王方翼是以"波斯使"领金山都护、庭州刺史。"波斯使"应当是指波斯军使。裴行俭以册送波斯王为名的行军即是波斯道行军,调露元年裴行俭回到长安后,波斯道行军应当已经结束,然而王方翼却仍带有波斯军副使的头衔,调任庭州后,更升任波斯军使。这种现象的出现,很可能说明裴行俭波斯道行军的一部分兵士,在完成擒拿阿史那都支的任务后,并没有如以往的行军那样"兵散于府,将还于朝",而是在王方翼的统领下继续在碎叶及庭州镇守。由此也可以理解《军团牒》中"送波斯王"的西州前庭府卫士,在裴行俭到达长安后的第二年仍然没有返回西州,他们极有可能是跟从王方翼继续在碎叶镇守。这实际上就有了从行军到镇军转变的意味②。同时,这也代表着金山都护府的治所庭州与安西一样,成为唐朝派兵镇守的战略重点,从《军团牒》中西州府兵"庭州镇""安西镇"也可以看出这一点。

实际上,从上引史料中所记载的王方翼与杜怀宝职衔的变化,还可以看出一些高宗调露至永淳年间安西、碎叶、庭州行政建制上的关系。根据上引史料,在波斯道行军之前,杜怀宝为安西都护;波斯道行军时,波斯军副使王方翼兼检校安西都护,杜怀宝则迁任金山都护、庭州刺史;波斯道行军结束、碎叶筑城后不久,王方翼调任金山都护、庭州刺史,杜怀宝则任"安西副都护、碎叶镇压十姓使"。又据《旧唐书·高宗本纪》等史料,永淳元年阿史那车簿叛乱之时,王方翼是以安西副都护的身份与车簿大战于弓月城及热海③。但也有史书载其为安西

---

① 详见周伟洲《吉尔吉斯斯坦阿克别希姆遗址出土唐杜怀宝造像题铭考》,390—391页。

② 关于高宗年间唐代从行军到镇军的军事制度的演变,学者们已经进行了大量的研究,仪凤三年刘仁轨所任之"洮河道行军镇守大使"就是具有典型意义的事例。相关研究见滨口重国《府兵制より新兵制へ》,《史学杂志》第41编第11、12号,1930年;菊池英夫《节度使制确立以前における「军」制度の展开》,《东洋学报》第44卷第2期,1961年,54—88页;孙继民《唐代行军制度研究》,台北:文津出版社,1995年;孟宪实《唐前期军镇研究》,北京大学2001年博士论文。

③ 《旧唐书》卷五《高宗本纪》,109页;《新唐书》卷三《高宗本纪》,77页;《册府元龟》卷九八六《外臣部·征讨第五》,11414页。

都护①。至此,我们能大致理清诸书记载之二人职衔如下:

王方翼:肃州刺史　安西都护　金山都护　安西副都护(或安西都护)　夏州都督

杜怀宝:安西都护　金山都护　安西副都护

从这一根据现有史料的排序看出,杜怀宝从庭州改镇碎叶时,职衔从金山都护变为了安西副都护。周伟洲已经注意到了这一点,他认为杜怀宝在安西都护迁金山都护是平级调动,而自金山都护再迁安西副都护则似降级,但没有给出降级的原因②。但是我们注意到,出现这种"降级"情况的并非杜怀宝一人,王方翼原是金山都护、庭州刺史,在永淳元年讨击阿史那车簿时职位可能也变成了安西副都护。另外,《唐袁公瑜墓志》中有:

> 寻出君为代州长史,又除西州长史……俄转庭州刺史。无何,迁安西副
> 都护……永隆岁,遂流君子振州。③

袁公瑜至少在麟德元年已在西州都督府长史任上,之后他又转庭州刺史,再迁安西副都护,永隆年间(680—681)流振州。考虑到调露元年以后杜怀宝、王方翼先后任庭州刺史的情况,袁公瑜自庭州刺史转安西副都护,应是在调露元年以前。甚至很可能杜怀宝就是在调露元年接袁公瑜任庭州刺史。则袁公瑜任庭州刺史的时间最早为麟德元年、最晚为调露元年,那么他应是以金山都护兼庭州刺史的。这样我们就可以看到,在前后两三年时间内,杜怀宝和袁公瑜先后以金山都护兼庭州刺史转安西副都护,而且王方翼很可能也是如此。这样他们三人官职迁转的对应关系为:

王方翼:肃州刺史　安西都护　　金山都护　　安西副都护(或安西都护)

杜怀宝:安西都护　金山都护　　安西副都护

袁公瑜:金山都护　安西副都护

----

① 《资治通鉴》卷二〇三,北京:中华书局,1979 年,6409 页;《册府元龟》卷三六六《将帅部·机略第六》,4146 页;《册府元龟》卷三九六《将帅部·勇敢第三》,4472 页;《册府元龟》卷四一四《将帅部·赴援》,4697 页;《唐会要》卷九四《西突厥》,上海:上海古籍出版社,2006 年,2009 页。

② 详见周伟洲《吉尔吉斯斯坦阿克别希姆遗址出土唐杜怀宝造像题铭考》,386—388 页。

③ 周绍良主编《唐代墓志汇编》,上海:上海古籍出版社,1992 年,975—976 页。

从出土文书看,袁公瑜任庭州刺史的时间至少在仪凤元年以前①。则袁公瑜自庭州刺史转安西副都护的时间,很可能就在调露元年杜怀宝任金山都护、庭州刺史之时或稍早。也就是说,至少在调露元年或稍早,就已有袁公瑜金山都护迁安西副都护之事例。内藤みどり已经注意到了这种现象,但她认为王方翼、杜怀宝、袁公瑜三人都是"降级"②。但这种降职的事情同时发生三位官员身上似乎太过巧合,尤其是杜怀宝代王方翼镇碎叶的这次,《唐故夏州都督太原王公神道碑》载:"朝廷始以镇不宁蕃,故授公(王方翼)代宝。又以求不失镇,复命宝代公。"③可以看出,唐朝显然是对新设镇的碎叶给予了极大的重视,王方翼和杜怀宝之间的调任,都是以控制碎叶为核心展开的。从当时的局势来说,镇抚西突厥是稳定西域的关键,此时碎叶的战略重要性甚至要高过庭州。所以于理来说,杜怀宝替王方翼镇碎叶,实际上是承担了更重要的任务,不像是因某事而降级。那么从王方翼、杜怀宝、袁公瑜三人的事例看,金山都护很可能是与安西副都护同级,他们之间的迁转是平级调动。我们还可以再看一个例子,苏颋撰《右仆射太子少师唐璿(休璟)神道碑》中有:

> 转安西副都护、检校庭州刺史。④

《旧唐书·唐休璟传》载其垂拱中迁安西副都护⑤。则垂拱年间(685—688)金山都护府或已不存在。但此时与王方翼、杜怀宝互相调任之事相距不远。我们看到,唐休璟是以安西副都护检校庭州刺史,说明其时庭州的级别是安西副都护一级。通过以上讨论我们大致可以认为,调露至永淳年间的金山都护兼庭州刺史或与安西副都护同级。

但如果这样的话,那么前文列举的王方翼、杜怀宝自安西都护迁金山都护岂不就是降级了? 一种可能的解释是王方翼和杜怀宝最初都只是任安西副都护,而史书错将他们记为安西都护。因为如果考虑到《袁公瑜墓志》中所载袁公瑜任官的话,可能就在杜怀宝自"安西都护"任庭州刺史的同时,袁公瑜自庭州刺史

----

① 李方先生指出,仪凤二年、三年的文书中不见有袁公瑜的签署,则袁公瑜至少在仪凤元年已经不再担任西州都督府长史,见李方《唐西州官吏编年考证》,北京:中国人民大学出版社,2010 年,31—32 页。

② 前引内藤みどり《アクベシム发现の杜怀宝碑について》。

③ 《文苑英华》卷九一三,北京:中华书局,1966 年,4804 页。

④ 《文苑英华》卷八八四,4658 页。

⑤ 《旧唐书》卷九三,2978 页。

任安西副都护。从这样一种对应关系来看,杜怀宝最初就是任安西副都护的可能性也有的。

另外,如果金山都护与安西副都护同级的话,说明此时安西都护府的等级高于金山都护府。由此看,安西都护府此时或许已晋升大都护府,因为如果金山都护府是下都护府、安西都护府是大都护府的话,金山都护与安西大都护府的副大都护可能同是从三品[1]。且永昌元年(689)安息道行军已见有"安西大都护阎知古"[2]。又新、旧《唐书》均载王雄诞之子王果垂拱初曾任安西大都护[3]。可知,至少在垂拱初,安西已为大都护府[4]。联系到永淳元年前金山都护府罢废,安西都护府领庭州,安西都护府总领西域羁縻府州的可能性来看(见后文),安西都护府很有可能在调露、永隆年间就已晋升大都护府。

无论如何,根据前文的讨论我们大致可以推断,金山都护府在调露元年以后可能是与安西副都护同级。那么至少在杜怀宝以安西副都护、镇压十姓使镇碎叶时期,庭州与碎叶应当是具有相同的行政级别。明白了这一点,我们就可以看清当时西域的大致形势:安西都护(或大都护)坐镇龟兹总领西域事务;驻碎叶的安西副都护及治庭州的金山都护,则共同承担起对天山南北各部落的镇抚职能。黄惠贤曾指出,大致在调露元年碎叶立镇以后,金山都护统天山、伊丽水以北,辖五咄陆部落,而安西都护(主要是碎叶镇)则统天山、伊丽水以南,辖五弩失毕部落;亦即昆陵属金山、濛池归安西之碎叶之势[5]。然而如前文所述,《唐杜怀宝造像碑》已经明确记载,杜怀宝为"碎叶镇压十姓使"。也就是说,碎叶镇至少在名义上是完全负责对西突厥五咄陆、五弩失毕部落的镇抚,金山都护府和碎

---

① 据《唐六典》卷三〇,大都护府大都护为从二品,副大都护一人从三品,副都护二人,正四品上;上都护府都护为正三品,北京:中华书局,1992 年,754 页。但《唐六典》未载下都护府都护之品级。按《唐会要》卷二五《文武百官朝谒班序》中"三品班"下有"下都护、下都督",可知下都护在三品班。既然上都护为正三品,下都护或即为从三品,561 页。

② 《新唐书》卷二一六上《吐蕃传》上载:"永昌元年,诏文昌右相韦待价为安息道大总管,安西副大都护阎温古副之,以讨吐蕃",6078 页。《资治通鉴》卷二〇四载:"丙子,待价除名,流绣州,斩副大总管安西大都护阎温古",6459 页。

③ 《旧唐书》卷五六《王雄诞传》,2272 页;《新唐书》卷九二《王雄诞传》,3803 页。

④ 薛宗正先生认为,安西都护府"再次"晋升为大都护府在垂拱二年,见作者著《安西与北庭》,149 页。

⑤ 黄惠贤《从西州高昌县征镇名籍看垂拱年间西域政局之变化》,《敦煌吐鲁番文书初探》,武汉:武汉大学出版社,1983 年,422—424 页。

叶镇之间,并没有分工镇抚西突厥的明确的职能划分。金山都护府可能更多的是负责对庭州附近处月、哥逻禄等部落的镇抚。同时从王方翼救援弓月城的行动看,金山都护府向西可以辅助安西都护府对西突厥的羁縻;从龙朔二、三年安抚哥逻禄及垂拱元年金山道行军来看,金山都护府同样也可以向东接应燕然(单于)都护府对漠北回纥等部的统御。另外,从金山都护、庭州刺史和安西副都护(都护)之间频繁迁转的事例来看,这一时期庭州已逐渐开始与安西都护府有了密切的行政关系。

二、唐朝碎叶的失落与碎叶隶北庭

长安二年,武周改庭州为北庭都护府,同时设立烛龙军。然而,东突厥西进与突骑施崛起的威胁依然存在。学者们已经注意到,作为四镇之一的碎叶曾经一度隶属于北庭[①]。这无疑是唐朝经营西域方略一次重要调整。然而,关于碎叶镇的失陷、隶北庭、撤镇的经过,仍有很多细节问题需要探讨。

我们先来看碎叶镇的失陷,《旧唐书·突厥传》载:

> (乌质勒)尝屯聚碎叶西北界,后渐攻陷碎叶,徙其牙帐居之。东北与突厥为邻,西南与诸胡相接,东南至西、庭州。斛瑟罗以部众削弱,自则天时入朝,不敢还蕃,其地并为乌质勒所并。[②]

突骑施乌质勒在崛起过程中,曾经攻陷碎叶,并逐步确立了其在西突厥部落中的统领地位。至于乌质勒攻陷碎叶的时间,史书中载有长安三年突骑施乌质勒与西突厥诸部相攻、安西道绝之事,其时唐休璟在朝中谋划指挥处置得当,他也因

----

① 松田寿男《碎叶と焉耆安西四镇の异同に关して》,《东洋史论丛:市村博士古稀记念》,东京:富山房,1933 年;收入作者著《古代天山の历史地理学研究》,东京:早稻田大学出版部,1970 年;今据陈俊谋译《古代天山历史地理学研究》,北京:中央民族学院出版社,1997年,423—471 页。王小甫《论安西四镇焉耆与碎叶的交替》,原载《北京大学学报》1991 年第 6期,95—104 页;收入作者著《唐、吐蕃、大食政治关系史》,改题为《金山道行军与碎叶隶北庭》,北京:北京大学出版社,1992 年,253—258 页。刘安志《敦煌所出张君义文书与唐中宗景龙年间西域政局之变化》,《魏晋南北朝隋唐史资料》第 21 辑,2004 年;收入作者著《敦煌吐鲁番文书与唐代西域史研究》,北京:商务印书馆,2011 年,116—150 页。

② 《旧唐书》卷一九四下,5190 页。

此得迁夏官尚书、同凤阁鸾台三品①。内藤みどり、王小甫皆据此认为,乌质勒攻陷碎叶正是在长安三年,而武周送往西域的阿史那斛瑟罗也在此时归朝②。此说大致不误。那么在长安三年,武周即已失去了碎叶。如前文所述,碎叶作为四镇之一,是唐朝控制西突厥部落的一处重要基地。从吉尔吉斯斯坦出土《唐杜怀宝造像碑》的题记看,调露年间杜怀宝就是以"安西副都护、碎叶镇压十姓使"的身份镇碎叶。碎叶的失守,实际上上标志着武周失去了对西突厥核心地带的控制,对西突厥的镇抚能力也大大减弱了。这对于武周来说无疑是极为不利的,谙练边事的唐休璟在长安三年入相,恐怕也是朝廷针对严峻的边疆形势做出的反应。长安四年正月丙午,武周又以阿史那斛瑟罗之子阿史那怀道为十姓可汗③。但因为乌质勒占领碎叶,阿史那怀道最终也没能达成镇抚西突厥的任务。

神龙元年(705)正月,皇太子发动政变,武后退位。是月丙午,中宗即位。二月甲寅,中宗宣布复国号为唐。武周的时代就此结束,唐朝实现了中兴,但复活的唐帝国仍然要面对突骑施和东突厥的问题。大致在神龙二年或稍早,郭元振自凉州都督、陇右诸军州大使赴任安西大都护、四镇经略使④。陇右诸军州大使的建制可能也就此罢废⑤。神龙二年,突骑施乌质勒款塞⑥。是年十一月,郭元振亲自赴乌质勒牙帐,与其在帐外大雪中商议军事,乌质勒因年老不胜苦寒,会罢即暴卒,张说所撰《兵部尚书代国公赠少保郭公行状》言:"时人语之曰:'郭元振诡杀乌质勒'"⑦。乌质勒之子娑葛继立为可汗。娑葛放弃了攻杀郭元振的想

----

① 《旧唐书》卷九三《唐休璟传》,2979 页;《新唐书》卷一一一《唐休璟传》,4150—4151 页;《资治通鉴》卷二〇七,6562—6563 页。

② 内藤みどり《西突厥史の研究》,324—329 页;王小甫《唐、吐蕃、大食政治关系史》,127—129 页。

③ 《资治通鉴》卷二〇七,6569 页。

④ 张说《兵部尚书代国公赠少保郭公行状》,《文苑英华》卷九七二,北京:中华书局,1966 年,5111—5113 页。

⑤ 参见刘安志《唐初的陇右诸军州大使与西北边防》,《吐鲁番学研究》2008 年第 1 期,99—115 页。

⑥ 据《资治通鉴》卷二〇八"神龙二年闰正月"载:"甲戌,以突骑施酋长乌质勒为怀德郡王。"6598 页。此或即突骑施款和之标志。

⑦ 张说《兵部尚书代国公赠少保郭公行状》,《文苑英华》卷九七二,5113 页。参见《旧唐书》卷九七《郭元振传》,3044—3045 页;《新唐书》卷一二二《郭元振传》,4362—4363 页;《资治通鉴》卷二〇八,6608 页。关于乌质勒卒之时间,见《唐会要》卷九四《沙陀突厥》,2011 页。

法,选择继续与唐朝通好,是年十二月,中宗下诏封娑葛为金河郡王①。郭元振也随即被任命为金山道行军大总管②。突骑施的款和无疑与东突厥默啜的不断西侵有关,而郭元振所任之金山道行军大总管也是针对东突厥而来③。突骑施能够与唐朝联合对抗东突厥西进,对唐朝来说无疑是极大的利好。但好景不长,唐朝对突骑施娑葛外交政策的波动,导致了突骑施进攻安西四镇的事件。

大致在景龙二年,东突厥大举西侵④。西突厥内部也并不稳定,突骑施娑葛与阙啜阿史那忠节相互侵掠。安西大都护郭元振请追阿史那忠节入朝,并将其部落安置于瓜、沙等州。此阿史那忠节,据乾陵石人题记,其全称似为"吐火罗叶护咄伽十姓大首领盐泊都督阿史那忠节",可知其为盐泊都督,而盐泊都督府又置于胡禄屋部落(今喀喇乌苏河一带),可知其为胡禄屋部落之阙啜。《旧唐书》卷九七《郭元振传》载:

> 阙啜行至播仙城,与经略使右威卫将军周以悌相遇,以悌谓之曰:"……今宰相有宗楚客、纪处讷并专权用事,何不厚赆二公,请留不行。仍发安西兵并引吐蕃以击娑葛,求阿史那献为可汗以招十姓,使郭虔瓘往拔汗那征甲马以助军用。既得报雠,又得存其部落。如此,与入朝受制于人,岂复同也!"阙啜然其言,便勒兵攻陷于阗坎城,获金宝及生口,遣人间道纳赂于宗、纪。⑤

阿史那忠节并没有按原计划入朝,而是贿赂宰臣宗楚客、纪处讷,求引吐蕃击突骑施。郭元振得到消息后,上疏反对。宗楚客等人则选择支持阿史那忠节,派遣御史中丞冯嘉宾安抚阿史那忠节,又委派御史吕守素处置四镇,以牛师奖为安西副都护进讨娑葛。安西大都护郭元振的军政权力实际上是被剥夺了。不料娑葛先发制人,十一月庚申,娑葛自立为可汗,向安西、拨换、焉耆、疏勒方向各发兵五千。阿史那忠节在计舒河口会见冯嘉宾,被娑葛游兵生擒。吕守素、牛师奖也相

----

① 称"金和郡王"者,见《旧唐书》卷一九四下《突厥下》,5190页;《新唐书》卷二一五下《突厥传下》,6066页。亦有称"怀德王"或"怀德郡王"者,见《资治通鉴》卷二〇八,6608页;《册府元龟》卷九六四《外臣部·册封二》,11171页。

② 《旧唐书》卷九七《郭元振传》,3045页。

③ 王小甫《唐、吐蕃、大食政治关系史》,255—257页。

④ 《资治通鉴》卷二九〇"中宗景龙二年三月"载:"时默啜悉众西击突骑施,仁愿请乘虚夺取漠南地,于河北筑三受降城,首尾相应,以绝其南寇之路。"6620—6621页。可知在景龙二年三月前,默啜曾大举西征。

⑤ 《旧唐书》卷九七《郭元振传》,3045页。

继战死①。根据日本天理大学图书馆藏敦煌《唐景龙三年张君义文书》所载②,来自沙州的白丁张君义以傔人的身份,参与了景龙三年五、六月间救援安西和焉耆的战阵,可知唐朝在景龙三年五、六月间曾组织了救援安西的战役③。又《资治通鉴》卷二〇九"中宗景龙三年二月"条《考异》引《景龙文馆记》云:

> 时碎叶镇守使、中郎周以悌率镇兵数百人大破之,夺其所侵忠节及于阗部众数万口。奏到,上大悦,拜以悌左屯卫将军,仍以元振四镇经略使授之;敕书薄责元振。宗议发劲卒令以悌同郭虔瓘比讨,仍邀吐蕃及西域诸部计会同击娑葛。右台御史解琬议称不可,后竟与之和。④

不仅是周以悌代郭元振为四镇经略使,又以阿史那献为十姓可汗,置军焉耆,准备征讨娑葛⑤。最终,唐朝仍然是与娑葛约和。景龙三年七月丙辰,娑葛遣使请降⑥。七月庚辰,唐朝册娑葛为归化可汗,赐名守忠⑦。突骑施攻击四镇事件才告一段落。

值得注意的是,上引《景龙文馆记》中记周以悌是以碎叶镇守使的身份大破娑葛,此时碎叶已被突骑施占据,如何来理解这里的碎叶镇守使呢?刘安志认为,《景龙文馆记》中所记周以悌所率之镇兵,为碎叶镇兵,其击破娑葛当在天山以北;在西突厥的纷争中,周以悌支持盐泊都督阿史那忠节,且张君义公验文书中出现了"盐泊都督府"之印,证明胡禄屋部参与了战斗,故他认为在碎叶被乌质勒攻陷后,碎叶镇守使周以悌及镇兵便移驻盐泊都督府境内⑧。此说恐难成

---

① 以上史事见《资治通鉴》卷二〇九,6625—6629 页。

② 唐耕耦、陆宏基编《敦煌社会经济文献真迹释录》第 4 辑,北京:全国图书馆文献缩微复制中心,1990 年,273—277 页。

③ 参见大庭修《敦煌发现の张君义について》,《天理图书馆报ビブリア》20,1961 年,收入作者著《唐告身と日本古代の位阶制》,伊势市:学校法人皇学馆出版部,2003 年,229—249 页;朱雷《跋敦煌所出〈唐景云二年张君义勋告〉——兼论"勋告"制度渊源,《中国古代史论丛》1982 年第 3 辑,福州:福建人民出版社,1982 年,331—349 页,收入作者著《敦煌吐鲁番文书论丛》,225—243 页;内藤みどり《"张君义文书"と唐・突骑施娑葛の关系》,载《小田义久博士还历记念东洋史论集》,京都:龙谷大学东洋史学研究会,1995 年,181—209 页。

④ 《资治通鉴》卷二〇九,6632 页。

⑤ 《旧唐书》卷九七《郭元振传》,3048 页;《新唐书》卷一二二《郭元振传》,4365 页;《资治通鉴》卷二〇八,6629 页。

⑥ 《旧唐书》卷七,147 页;《新唐书》卷四,111 页;《资治通鉴》卷二〇九,6636 页。

⑦ 《资治通鉴》卷二〇九,6636 页。《旧唐书》卷七载此事在七月二日十八日壬午,148 页。

⑧ 刘安志《敦煌所出张君义文书与唐中宗景龙年间西域政局之变化》,141—142 页。

立。上引《旧唐书·郭元振传》明确记载，阿史那忠节在入朝路上，于播仙城遇"经略使"周以悌，并回军袭破于阗坎城。刘安志认为，此时周以悌尚未替代郭元振为四镇经略使，且其"右威卫将军"的官称也有问题①。然而似乎并不能据此完全否定这条史料的真实性。尤其是其中出现了播仙城与坎城两个明确的地点，阿史那忠节袭破坎城之事，亦是言之凿凿，恐非臆造。据 S.367《沙州伊州地志残卷》载，播仙镇即故汉且末国、隋且末郡，上元三年置镇②。至于坎城，《新唐书·地理志》载"于阗东三百里有坎城镇"③，根据和田地区出土文书来看，坎城也是于阗东面的一处重要城镇。可见，阿史那忠节或是出于躲避东突厥的目的，南下自丝路南道入朝，在播仙镇城遇到周以悌，之后再调回头向西袭击于阗坎城强取钱财。随后便发生了娑葛侵扰安西的事件。如果如刘安志所言，周以悌驻扎在盐泊都督府的话，两人为何要跑到千里之外的播仙镇"相遇"？且《景龙文馆记》中明确记载周以悌夺回了娑葛"所侵忠节及于阗部众数万口"，也可以说明阿史那忠节确实曾剽掠于阗。内藤みどり便认为，阿史那忠节与冯嘉宾会面之计舒河口，就在于阗④。此说颇值得重视。我们注意到，周以悌是以区区数百镇兵"大破"娑葛的，在没有增援的情况下，很难想象数百镇兵可以大破娑葛的主力部队。故而此次袭击忠节的娑葛军必不甚多。如果娑葛擒阿史那忠节是发生在天山以北的话，很难想象数量不多的娑葛军居然可以轻而易举地在胡禄屋部将其阙啜擒拿。但如果理解为阿史那忠节是在于阗被娑葛的游骑兵捉得，周以悌是击败了娑葛的游兵，就显得更为合理了。另外，于阗又正在吐蕃入四镇的门户，阿史那忠节滞留于阗以引吐蕃北上，也是有可能的。如果我们进一步推想的话，娑葛发安西、拨换、焉耆、疏勒四路兵马，就是为了擒杀阿史那忠节、冯嘉宾、吕守素等人⑤。其中专门有拨换一路人马。按拨换城处在自北道通往南道于阗的咽喉之处，《新唐书·地理志》中便载有自于阗北上经神山到达拨换城的

① 刘安志《敦煌所出张君义文书与唐中宗景龙年间西域政局之变化》，127—130 页。
② 唐耕耦、陆宏基编《敦煌社会经济文献真迹释录》第 1 辑，北京：书目文献出版社，1986年，39 页。
③ 《新唐书》卷四三下，1150 页。
④ 内藤みどり《西突厥史の研究》，348—349 页。
⑤ 宗楚客委派之冯嘉宾、吕守素、牛师奖尽皆战殁，唯有郭元振在疏勒竟然未与娑葛军接战。

道路①。拨换城属安西,娑葛在安西外又另出五千骑出拨换,很可能就是往于阗方向剽掠,擒忠节的娑葛军可能就是这路部队。种种迹象表明,阿史那忠节被娑葛军擒拿以及周以悌破娑葛军,似都发生在于阗附近。那么关于碎叶镇守使周以悌驻扎天山以北盐泊都督府的推论,恐怕就不能成立了。至于周以悌是否是以碎叶镇守使身份临时驻扎在播仙城,目前还难有确切结论。

景龙四年(710),即突骑施娑葛请和的次年,唐朝曾筹划了一次对东突厥默啜的征讨。《唐大诏令集》卷一三○《命吕休璟等北伐制》中有:

> 右领军卫将军、兼检校北庭都护、碎叶镇守使、安抚十姓吕休璟……为金山道行军大总管,北庭副都护郭虔瓘、安处哲等……并可为副大总管,领瀚海、北庭、碎叶等汉兵及骁勇健儿五万骑,金山道前军大使、特进、贺腊毗伽钦化可汗突骑施守忠,领诸蕃部落兵健儿二十五万骑,相知计会,遂便赴金山道。②

唐朝终于还是得以与突骑施共抗东突厥。此事后来未见记载,恐并未真的出兵进讨。值得注意的是,吕休璟此时的头衔是"检校北庭都护、碎叶镇守使、安抚十姓",也就是说此时的碎叶镇守使是由北庭都护兼领。王小甫据此认为,至少在景龙四年以后碎叶便开始隶属于北庭都护府③。然而这种提法未必准确。因为如前文所述,长安三年突骑施乌质勒应已攻陷碎叶④。唐朝自那时起便失去了对碎叶的控制,此后即使有碎叶镇守使的头衔在,恐怕也并不真的驻扎碎叶。吕休璟本身是北庭都护,自应驻北庭,由其来兼领碎叶镇守使,本身就说明驻扎碎叶的镇守使可能已不存在。这与调露年间杜怀宝以"安西副都护、碎叶镇压十姓使"身份驻碎叶⑤,已经截然不同了。所以在作为实体的碎叶镇可能已经不存在的情况下,北庭都护吕休璟带碎叶镇守使的衔,也只能是名义上的节制碎叶。也就是说,景龙四年的碎叶隶北庭,只是有名无实。但需要指明的是,虽然碎叶镇已经名存实亡,北庭都护兼碎叶镇守使还是具有战略上的意义。因为碎叶镇本身就是与对西突厥十姓的镇抚相联系。此前碎叶镇为安西四镇之一,那么安西

---

① 《新唐书》卷四三下,1150 页。
② 《唐大诏令集》卷一三○,北京:商务印书馆,1959 年,705 页。
③ 王小甫《唐、吐蕃、大食政治关系史》,257—258 页。
④ 参见内藤みどり《西突厥史の研究》,324—329 页;王小甫《唐、吐蕃、大食政治关系史》,127—129 页。
⑤ 内藤みどり《アクベシム発现の杜怀宝碑について》,151 页。

大都护府实际上就是通过碎叶镇来承担镇抚西突厥的任务。而在景龙四年北庭都护吕休璟兼"碎叶镇守使、安抚十姓",就表明安西大都护府镇抚西突厥的职能,此时已经转交给了北庭都护府。这样,自西突厥碎叶至天山以北诸蕃都统归北庭节制。这种战略调整无疑是为了以北庭为核心、联合突骑施抵御东突厥西侵。

即便如此,碎叶镇可能仍然被看作四镇之一。《新唐书》卷二二一上《焉耆传》载:

> 开元七年,龙懒突死,焉吐拂延立。于是十姓可汗请居碎叶,安西节度使汤嘉惠表以焉耆备四镇。①

则大致在开元七年,唐朝才正式以焉耆替代碎叶,与龟兹、疏勒、于阗并为四镇。这或许能提示我们,景龙四年吕休璟以北庭都护兼碎叶镇守使,可能只是临时的处置措施。到开元七年,连名义上的碎叶镇都已不存了。

总之,在长安三年突骑施乌质勒占领碎叶后,唐朝就失去了对碎叶的控制。从景龙二、三年间突骑施进攻安西的战况看,碎叶镇守使可能已不驻碎叶,镇守使周以悌一度在南道的播仙城、坎城一带活动。景龙四年北庭都护吕休璟所带之碎叶镇守使职衔,也只是名义上的。但这却标志着北庭暂时承担起镇抚西突厥的任务。

（作者单位:北京大学历史学系）

---

① 《新唐书》卷二二一上,6230 页。

古代丝绸之路哈萨克斯坦境内的历史名城

——怛逻斯的演变

纳比坚·穆罕穆德汗

　　古代丝绸之路是从中国西安至意大利罗马的贸易和文化交流之路。在今天哈萨克斯坦境内的塔拉斯市曾经是古代丝绸之路沿途的重要城镇之一。塔拉斯市在古代汉籍中被称为呾罗斯或怛逻斯城。笔者曾经在纪念塔拉斯市建城两千周年之际发表的《塔拉斯城年代考》一文中研探过该城的始建年代①，故本文拟就怛逻斯城的历史演变及其在东西文化交流中所起的作用作一概述。

　　据汉文史料记载，怛逻斯城的奠基者为匈奴郅支单于。公元前 50 年，匈奴政权内部发生分裂和内讧，"五单于争立"②，郅支单于帐廷被呼韩邪单于占领，陷入困境。此时位于在塔拉斯河下游的康居王，欲借助郅支单于势力对付乌孙之侵扰，特意派人劝谏他西迁，郅支单于遂率众移居其东边，并与郅支单于建立和亲关系。但是郅支单于有他自己的目的，他希望成为中亚地区的最高统治者。于是郅支单于"发民作城，日作五百人，二岁乃已"。因此该城在汉籍里被称作"郅支城"。这是关于怛逻斯城最早的文字记载。据此可以肯定地说，郅支单于是公元前 40 年左右建成的。有些考古学家根据旧城的一些遗迹认为，当时被俘虏的罗马士兵也被用于兴建郅支城的工程。

　　康居王与郅支单于建立和亲关系，并"甚尊敬郅支，欲倚其威以协诸国"，但是郅支单于却"自以大国，威名尊重，又乘胜骄，不为康居王礼，怒杀康居王女及贵人、人民数百，或支解投都赖水中"③。这里所说的"都赖水"是当地突厥语群

---

① 纳比坚·穆罕穆德汗《塔拉斯城年代考》，《阿里—法拉比哈萨克国立大学学报·历史丛刊》2002 年第 3 期，40—42 页。

② 《汉书》卷九四下《匈奴》下，北京：中华书局，1962 年，3814 页。

③ 《汉书》卷七〇《陈汤传》，3009 页。

体根据河水性质而定的河名的音译,其意为滔滔大河①。由此可知,郅支城是筑在塔拉斯河边的,郅支单于以此城为中心出征四方,确立了在中亚的统治地位。

郅支单于控制中亚,不利于汉朝在中亚的利益。对此,汉朝将领陈汤和甘延寿在交谈中有所表述:"西域本属于匈奴,今郅支单于威名远闻,侵陵乌孙、大宛,常为康居画计,欲降服之。如得此二国,北击伊利,西取安息,南排月氏、山离乌弋,数年之间,城郭诸国危矣。且其人剽悍,好战伐,数取胜,久畜之,必为西域患。"②正因为如此,汉朝就派遣陈汤和甘延击灭了郅支单于。

我们根据汉文史料记载,郅支单于所建成的是较大规模的宫廷和城堡。其中,城堡是权力中心,并在宫廷屋顶上树立旗帜("立五采幡织")以显示其标志,并用几百骑士守城。郅支单于长住在宫廷当中,行使权力。汉朝将领的探察报告曰:"望见单于城上立五采幡织,数百人披甲乘城,又数百余骑兵往来驰城下,步兵百余人夹门鱼鳞阵,讲习用兵。"③由此可知单于城的规模较大而宏伟。上述汉文所记载的关于单于城的布局和结构似可这样表述:主城由两层宫廷建筑和外围城堡构成,外围则由两道防护围墙组成,即外围的木城和内围的土城。据《汉书》记载,当汉兵攻击时,单于在楼上指挥,而他的诸阏氏夫人数十人皆在外围城"以弓射外人","汉兵四面推卤楯,并入土城中。单于男女百余人走入大内。汉兵纵火,吏士争入,单于被创死"④。由此可知,内墙里面的空间比较大。但是,即便如此,整个城堡还是被汉兵彻底摧毁,郅支单于及其家族全部被斩首,政权灭亡。

自此之后,公元4世纪塔拉斯河流域受到鲜卑族和柔然族的侵扰,5世纪受到嚈哒的统治。当时嚈哒的统治区域为"从焉耆的西北到巴尔喀什湖,楚河与塔拉斯河流域,以及锡尔河到咸海"⑤。

公元6世纪中叶建立的突厥汗国及其分裂后的西突厥汗国统治了塔拉斯河流域。据史料记载,在突厥汗国时代邪罗斯川(塔拉斯河)流域出现了相当繁荣的被汉文记载称为怛逻斯城的城市。此城是否就是原郅支城的恢复或其在旁边

---

① 前引纳比坚·穆罕穆德汗《塔拉斯城年代考》。

② 《汉书》卷七〇《陈汤传》,3010页。

③ 《汉书》卷七〇《陈汤传》,3013页。

④ 《汉书》卷七〇《陈汤传》,3014页。

⑤ 苏北海《西域历史地理》,乌鲁木齐:新疆大学出版社,1988年,287页。

兴建的新城？没有明文记载。但从汉代丝绸之路畅通的情况来看，郅支单于城被毁后不久，很可能当地康居人又开始建城，经过几个世纪的续建，到了唐代已发展成为丝绸之路在中亚地区的名城了。对此中外史家都有相当具体的记述.，著名的玄奘在其《大唐西域记》中有较详细的叙述："素叶城西行四百里，至千泉……千泉西行百四五十里，至呾逻私城。城周八九里，诸国商胡杂居也。土宜气序，大同素叶。"①

公元 6 世纪末，拜占庭历史学家记载中对此有特别详细的描述。568 年，拜占庭国王向西突厥汗国派遣以扎玛尔克为首的使团，该使团曾叙述他们所见所闻：

> 在经过数日的旅行之后，扎玛尔克及其同伴们到达了粟特人地区。突厥人在他们下马之后便向他们出示要出售的铁，我认为这是一种使人知道其国盛产铁的表达方式，因为他们承认制铁业并非是一种安闲的技术。其他那些负责驱邪的突厥人夺下了许多行李，把它们堆成大堆，然后便敲锣打鼓地转动，同时又捧着香炉举行迎神仪式。在一种狂热的舞蹈中，他们指手画脚并祈求恶神……就在他们进入火堆中的同时，仍然推着扎玛尔克尾随他们行动，同样也要实行火净。在举行了这种仪式之后，所有人都来到一座叫埃克塔克山（即今塔拉斯—阿拉套山——笔者按）的山中去拜谒可汗。

> 在那里的金山的一座山洞中，他们找到了室点密可汗的牙帐。刚一进洞，扎玛尔克就受邀与室点密交谈。他发现可汗住在一座幕帐下，坐在备有能套上车拉走的装有轮子的黄金王座上。他按照胡人的方式向这一胡酋大参拜并将礼物交给负责受礼的人。扎玛尔克发表了一席彬彬有礼的讲话，室点密同样也非常礼貌地回答了他。在以后的数日内，便在幕帐中举行大型宴会。这些营帐装饰以五彩缤纷的丝绸帷幔，那里也有饮料，但并不像在我们之中一样是葡萄汁，但他们喝一种胡族饮料以取代葡萄汁（这里指奶子酒，即发酵的马奶，而不是远东所特有的烧酒）。最后休息的时间到了，每个人都各自从他的幕帐中退了出去。

> 次日，他们又聚会在另一个同样也装饰以带有各种图案的帷幔的营帐

---

① 玄奘、辩机原著，季羡林等校注《大唐西域记校注》卷一，北京：中华书局，1985 年，76—77 页。

中,室点密坐在一个大型的黄金王座中,罐子和喝水的杯子同样也是黄金的。他们整整一天都在喝酒并进行愉快的交谈。翌日,他们又集聚在另一个营帐中,那里的木桩子都以金片包裹。那里还有一个由四只孔雀承负的王座,全部是用大块黄金制成的。在面对营帐的地方有整整一排小车,车上装满了大件白银制品、餐具、各种动物的雕像,所有这一切都以一种比我们的艺术毫不逊色的工艺制作而成。请看一下突厥人把豪华生活提高到何种程度了!①

这些记载反映的都是历史的事实。

曾经在塔拉斯城进行考古发掘的斯尼伽娃认为:"总而言之,在位于七河地区的塔拉斯城的历史发展过程中,根据中世纪文化层的发掘研究,从塔拉斯城出土的陶器来看,古代康居和乌孙物质文化传统的影响尤为明显,同时也反映出中世纪中亚粟特、石国、大宛和双河流域文化的特征。"②著名考古学家拜法科夫认为,近年来在塔拉斯市外城四方形城址中发掘出的陶器资料(图1),几乎都是11至12世纪的文物。而据11至12世纪阿拉伯旅行家马克迪斯(Макдиси)的记述,塔拉斯城郊区有近二百个村庄,城内有贸易市场、工匠房区和客栈区。城池有四个大门,其中市场中心有作星期五礼拜的大清真寺③。拜法科夫进而认为,塔拉斯城浴室的特点与讹打剌、巴拉沙滚(碎叶城)的浴室不同,它是以十字形建造的。这使人连想起中世纪近东地区的浴室。这样的浴室在中亚始建于公元8世纪④。

目前,塔拉斯城的考古发掘工作仍然在继续,但尚未挖掘到怛逻斯城的文化层。现在塔拉斯市的部分市区叠压在怛逻斯城址之上。在不久的将来,可能会发现怛逻斯旧城的文物。

中外历史学家一致认为,现在的塔拉斯市即古怛逻斯城的延续。尽管城名

---

① Aly Mazaheri. *La Route de La soie*. Paris 1983。中译本:阿里·马扎海里著、耿升译《丝绸之路:中国—波斯文化交流史》,北京:中华书局,1993年,435—436页。

② Сенигова Т. Н. ,Средне-вековый Тараз. -Алма-Ата:Нака,1972,С. 110.

③ Байпаков К. М. Средневековые горада Казахстана на Великом Шелковом тути. -Алматы: Ғ ылым 1998,С. 89.

④ Средневековые горада Казахстана на Великом Шелковом тути. С. 87。

在汉文记载中好几种音译和转写①,但都是怛逻斯城不同历史时期的异名。在此顺便把对塔拉斯-Talas 名称意义的误解作一更正。苏北海先生在其《西域历史地理》一书中写道:"塔拉斯河为古代草原民族和农业民族交界地带,斗争异常激烈,所以塔拉斯一名的突厥文原义就是互相争夺,这里的古代历史正是这样展开的。"②当然,在古代塔拉斯河流域发生过许多战役,其中以唐朝和阿拉伯军队鏖战中高仙芝兵败之地最为出名。"Talas"一词在现代哈萨克语中有争夺的意思,但它不能作为河流的名称,因为"Talas-争夺"是政治词汇。中亚地区以及中国新疆的许多河流名称都以 es、as 结尾,例如 Manas-玛纳斯河、Ertis-额尔齐斯河、Tekes-特克斯河、Kunes-巩乃斯河、Talas-塔拉斯河、Ares-阿尔斯河等等。有人认为 es 也是表示河水的意思,所以河名以它结尾。吉尔吉斯境内也有叫做 Talas 的城市和村庄。

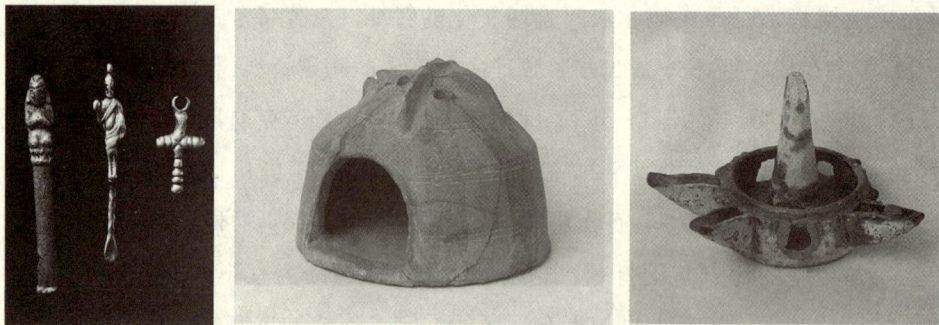

图 1　塔拉斯城的考古发掘品　左起:菩萨、陶瓮、陶灯

哈萨克斯坦境内的塔拉斯—怛逻斯城的名称变过多次。古代汉文献中的怛逻斯即是古突厥 Talas 的音译,而 Taraz 之名是南哈萨克斯坦地区伊斯兰化时期由阿拉伯人命名的。到了 19 世纪初,该城被称作 Aulie-Ata(奥列阿塔)。20 世纪 40 年代,被命名为江布尔市(以哈萨克著名诗人江布尔的名字命名)。哈萨克斯坦独立后,恢复它的原名,称为 Taraz 即怛逻斯城,现为哈萨斯坦共和国江布尔州的首府。当今的塔拉斯市正以全新的姿态在新的丝绸之路上大放异彩。

塔拉斯城是哈萨克斯坦境内唯一经历两千余年发展过程的城市。钟兴麒先

---

① 冯承均《西域地名》,北京:中华书局,1980 年,92 页;钟兴麒《西域地名考录》,北京:国家图书馆出版社,2008 年,213 页。

② 苏北海《西域历史地理》,285 页。

生"15世纪初,怛逻斯(塔剌思)已经放弃"的观点并不符合历史事实①,对于究竟谁放弃了怛罗斯,并没有加以说明。恰恰相反,哈萨克人在15世纪中叶离塔拉斯城不远的霍兹巴斯建立哈萨克汗国,塔拉斯城因此得到进一步的发展。

根据以上资料似可得出这样的结论:中世纪怛逻斯城已成为较大规模的且市场繁荣的中亚中心城市之一;突厥汗国物质文化和工艺制品质量达到令西方人惊讶的程度;中世纪唐朝社会经济的高速发展和丝绸贸易额量的增长,必然对中亚地区乃至突厥汗国物质文化的发展产生积极影响,突出表现在"营帐装饰以五彩缤纷的丝绸帷幔"之上;位于中亚的怛逻斯城也随之成为东西文明的交融纽带和桥梁。各种文化的融合也塑造了哈萨克的民族性格,哈萨克族的宽宏大量、大度包容、开放性的民族性格是在辽阔的地理环境中吸取各大城市文化的基础上逐渐形成的,怛逻斯就是其中之一。

(作者单位:哈萨克斯坦阿里—法拉比国立大学东方学系)

---

① 钟兴麒《西域地名考录》,213页。

粟特商人贩马图考释

张庆捷

近年来,在北朝墓葬壁画中,发现几幅与马匹贸易有关的图像,反复观察,判定是胡商贩马的内容,简称为"胡商贩马图",更确切说,可称之为"粟特商人贩马图"。该题材在北朝唐五代流传较久,或出现于墓葬壁画,或见于传世作品。追寻其原因,颇为复杂,趣味横生。本文即以出土墓葬壁画"胡商贩马图"为起点,探讨胡商贩马的社会背景、原因、途径等相关内容,同时,也探讨丝绸之路的贸易范围与规模。

较早反映北朝胡人贩马的考古资料见于太原北齐娄睿墓壁画,在该墓墓道壁画上层,有一部分为胡商贩运图,一队胡商带着载满货物的驼队来中原贸易,驼队之后,紧跟着一群裸马,无缰无鞍,身量高大,膘肥体健,神骏异常,顾盼之间,活力四射(图1)。可惜西壁壁画仅有胡商驼队,驼队后面的马群惨遭破坏。但是在东壁壁画中,这一部分没有被破坏,完整保留下来①。阅读该墓简报时,

图1 娄睿墓墓道壁画"胡商贩马图"

----

① 山西省考古研究所、太原市文物考古研究所《北齐东安王娄睿墓》,北京:文物出版社,2006年,30页,又见图八、图二五、图版二五。

曾被墓道东壁上层壁画中胡商驼队及其后面马群吸引,感到与贸易有关。由于这是初见资料,心有所动,认识不深,未能下笔。现在回头再琢磨,可以认定,这个奔驰的马群就是胡商长途贩运来的良马,或奔或嘶,与娄睿墓壁画出行图所见骏马相比,称得上是相映生辉。

无独有偶,我们于 2013 年发掘忻州九原岗北朝壁画墓时,再次在墓道壁画中发现有胡人贩马的内容,如西壁第二层壁画前段,内容主要为"马匹贸易图"。由墓道口看,先是绘制着一些土丘树木,其间有些动物。其后在两山峦之间,有三组十个人物,第一组为中间是一匹马,马前后各站一男子,似在交谈(图 2)。第二组为四人围绕一马交谈,其中一观马者为粟特人形象,马后是一个肩挎小包女扮男装的年轻女子(图 3)。第三组也是四男子环绕一马站立,前面的牵马者为粟特人(图 4)。此三组题材相同,虽然与娄睿墓壁画贩马图马群奔驰的情景不同,然而仔细考虑,几人一组,或多或少,马为中心,人是陪衬,似在评头论足,挑选马匹。特别是每组几乎都有粟特人,有的粟特人还牵着马,整体权衡,似表现小规模马匹贸易的情景,因此可称之为"胡人贩马图"①。在贩马图后,是几组骑马狩猎的壁画,表现了前后题材的内在关系。

图 2　九原岗北朝壁画墓西壁第一幅"胡商贩马图"

----

① 山西省考古研究所、忻州市文物管理处《山西忻州市九原岗北朝壁画墓》,《考古》2015 年第 7 期,51—74 页。

图 3 九原岗北朝壁画墓西壁第二幅"胡商贩马图"

图 4 九原岗北朝壁画墓西壁第三幅"胡商贩马图"

在该墓东壁第二层,也有相同题材的壁画,东壁长与高与墓道西侧相同,长15.5—27 米,高 0—1.5 米。根据画面内容,大致分为胡商贩马和骑马狩猎两类题材。由墓道口看,先是绘制着一些起伏低矮的土丘,其间有虎熊等动物。其后在山峦之间的一处平地,有三组人物。第一组为一人站立,手牵一马,马后立着二人,正在挥手交谈(图 5)。第二组为一男子牵马,另有一男子立在马内侧(图 6)。第三组是一男子牵马,马内侧立着两位男子,其中一人肩挎胡床(图 7)。这三组题材与前面三组题材相同,人马组合,马是重点,粟特人突出,显然也是表现马匹贸易的情景。贩马图后面便是长卷形式展开的狩猎图,这些贩马图与狩猎图摆在一起,暗示了两者的供求关系。似乎说明,在漫山遍野的狩猎者骑乘中,应该有不少来自西域的胡马。与娄睿墓壁画所见贩马图相比,一个驱赶马群在中原贩卖,一个是携带单匹良马出售,数量有别,殊途同归,都是为赢得高额利润。

图 5　九原岗北朝壁画墓东壁第一幅"胡商贩马图"

图 6　九原岗北朝壁画墓东壁第二幅"胡商贩马图"

图 7　九原岗北朝壁画墓东壁第三幅"胡商贩马图"

胡商贩马的图像,在唐代墓葬壁画也存在,如 1990 年,在西安昭陵之侧发掘了唐太宗妃子韦贵妃的陵墓,其中在墓道两侧都有一幅"胡人牵马图",位于韦贵妃墓第一天井,东西两壁各一幅,西壁高 150 厘米,宽 145 厘米(图 8),东壁高140 厘米,宽 150 厘米(图 9)。各以一匹骏马为中心,侧面有两个男性胡人,卷发阔口,高鼻深目,身体伟岸,体格健壮,衣着靴帽皆不相同。一幅是两人共牵一马,一幅是两人正在为马套辔勒。根据画面,有人称之为"备马图",也有人称之为"献马图"。如果探究原意或背景,表现的应该是献马甚至驯服后的情形。献马的实质是为得到赏钱,是变相的马匹买卖。此画面提醒我们,直至唐代,胡人献马之事依旧不断。

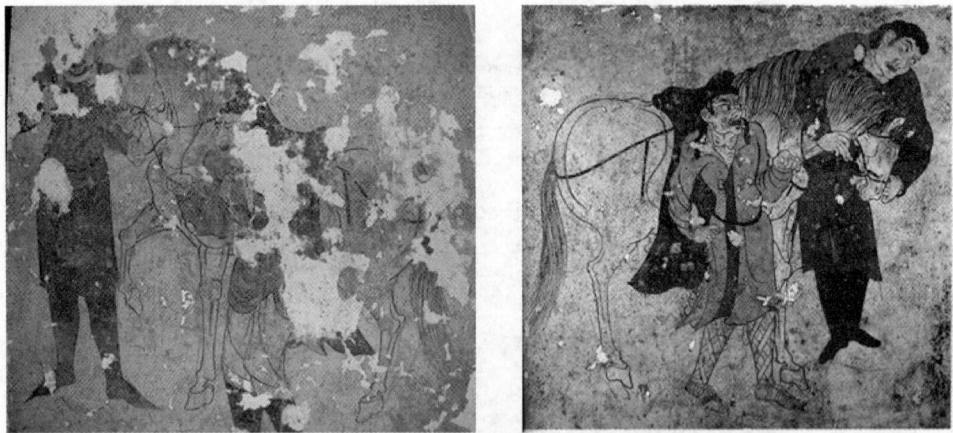

图 8、9 唐代韦贵妃墓壁画"献马图"

"胡商贩马图"是特定历史条件下的社会现象,北朝、唐代墓葬壁画中反复出现这个题材,与古代中国国情有直接关系。具体分析,原因有三:一是骑兵诞生后,马匹成为历代重要军备,中国的地理环境和农业生产方式决定了马匹生产能力有限,远远不能满足军事需要;二是西域马身高体健、品种优良,深受中国各级统治者青睐;三是需要与被需要必然导致两地产生供求关系,西域商人源源不断、年复一年将马匹贩卖给中国,甚至深入京城,出现胡商贩马的社会现象。与胡商贩卖丝绸一样,该现象被独具慧眼的画家看在眼里,记在心上,绘在壁画中。关于这几个原因,我们将在下文探讨。

早在前秦,马匹就成为商品,因此贩马在中国源远流长。贩运马匹的目的,主要是为军事,其次是为代步。在曲沃晋侯墓陪葬坑、洛阳天子九驾、三门峡虢国墓陪葬坑等大型西周春秋战国墓葬旁边,都有车马坑。车与马为一体,反映出此时的军马主要是驾驶兵车冲锋陷阵。战国以后,军马职能发生变化,从驾战车变为供单人骑乘。需要指出,驾战车之马与骑兵之马有区别,战车之马,是几匹马和几个人为一个单位;而骑兵之马,是一匹马和一个人为一个单位,因此单匹马的优劣,可在很大程度上决定骑兵的胜负生死。在这种情况下,追求良马就成为必然趋势。从战国赵国的"胡服骑射"变革开始,骑兵的作用得到重视,逐渐发展为独立军种,《史记》《汉书》《后汉书》记载,大规模的骑兵决战,见于汉朝对匈奴的战争。汉匈战争,多次采用远距离奔袭,双方投入大量的骑兵。由汉匈战争起,快速打击成为重要军事手段,骑兵和马匹的作用更为凸显。

中国古文献中,也不乏马匹贸易的记载,如《后汉书·吴汉传》载:"吴汉字子颜,南阳宛人也。家贫,给事县为亭长。王莽末,以宾客犯法,乃亡命至渔阳。资用乏,以贩马自业。往来燕蓟间,所至皆交结豪杰。"①《三国志·蜀书·先主传》记载:"中山大商张世平、苏双等赀累千金,贩马周旋于涿郡,见而异之,乃多与之金财。先主(刘备)由是得用合徒众。"②秦汉以来,骑兵完全成熟,战争不断。急需军马,马已被抬升到"行天莫如龙,行地莫如马。马者,甲兵之本,国之大用"③的地位。《新唐书》记载:"马者,国之武备,天去其备,国将危亡。"④马匹一旦成为军事装备,需求量自然激增,尤其古代战争频繁,马匹消耗很快,供不应求的情况经常出现。

秦汉时期,特别是汉武帝即位后,随着张骞"凿空"西域,统治者对西域宝马发生浓厚兴趣。《汉书·西域传》记载:"(大宛国)多善马,马汗血,言其先天马子也。"⑤《史记·乐书》裴骃集解引应劭语:"大宛旧有天马种,蹋石汗血,汗从前肩膊出如血,号一日千里。"⑥此外尚有乌孙马、龟兹马、于阗马、结骨马等,汉武帝还专门写了一首"天马"诗:

----

① 《后汉书》卷一八,北京:中华书局,1965 年,675 页。
② 《三国志》卷三二,北京:中华书局,1982 年第 2 版,872 页。
③ 《后汉书》卷二四《马援传》,840 页。
④ 《新唐书》卷三六,北京:中华书局,1975 年,952 页。
⑤ 《汉书》卷九六上,北京:中华书局,1962 年,3894 页。
⑥ 《史记》卷二四《乐书》,北京:中华书局,1982 年第 2 版,1179 页。

天马来兮从西极,终万里兮归有德。承灵感兮降外国,涉流沙兮四夷服。[1]

为了得到宝马,汉王朝甚至不惜派兵远征,大动干戈。《汉书·西域传》记载:"宛王蝉封与汉约,岁献天马二匹。"[2]事实上,汉代以来直至北魏,宝马成了中国统治者最重视的贡品。一旦西域国家进贡宝马,就要书之史册。1969年出土于甘肃省武威雷台东汉墓的马踏飞燕,就是两汉酷爱天马的产物和证据。

市场需求是商品的催生剂,随着丝绸之路的拓展,西域马匹也成为商品,被粟特人贩入中国。"胡人贩马图",就是运用艺术形式和绘画语言,记载了粟特人贩马的历史片段。早在许昌汉魏画像砖上,已经出现粟特人贩马的内容,该画像石为长方形,长119厘米,宽39厘米,厚18厘米。浅浮雕,画面前刻一匹昂首奋蹄的天马,中间刻一粟特人,尖鼻锐帽,作伸手赶马状,其后刻一鸿雁随飞[3]。

北魏建立,统治核心是鲜卑拓跋部,乃是来自草原的马背民族,依靠骑兵争夺天下,因此对于马匹质量更为重视。北魏军马来源主要有三:一是自己繁育军马。北魏有几个大型牧场,专供军队使用。如河西牧场、漠南牧场和河阳牧场,养马数百万匹。除官营牧场外,北魏的私营畜牧业也是相当发达,如娄提"雄杰有识度,家僮千数,牛马以谷量"[4],尔朱荣家"牛羊驼马,色别为群,谷量而已"[5]。孝明帝时,"(元渊)为恒州刺史,在州多所受纳,政以贿成。私家有马千匹者,必取百匹,以此为恒"[6]。由此可见,北魏通过各种手段,储备了大量的马匹。

二是对周围诸族的掠夺,特别重视掠夺马匹,如天兴二年"二月丁亥朔,诸军同会,破高车杂种三十余部,获七万余口,马三十余万匹,牛羊百四十余万"[7]。神麚二年(429),太武帝远征柔然,"柔然种类前后降魏者三十余万落,获戎马百

---

① 《史记》卷二四《乐书》,1178页。

② 《汉书》卷九六上,3895页。

③ 张淑霞《许昌汉魏画像砖、石的特点及艺术价值》,《华夏考古》1998年第3期,88页。

④ 《北史》卷五四《娄昭传》,北京:中华书局,1974年,1954页。

⑤ 《魏书》卷七四《尔朱荣传》,北京:中华书局,1974年,1644页。

⑥ 《北史》卷一六《元深传》,616页。

⑦ 《魏书》卷二《太祖纪》,34页。

余万匹，畜产、车庐，弥漫山泽，亡虑数百万”①。

三是贸易。为得到好马，发挥快速打击的作用，北魏太武帝复通西域后，也将视线投向西域，广进良马。《魏书·西域传·洛那国》：“洛那国，故大宛国也，……去代万四千四百五十里。太和三年，遣使献汗血马，自此每使朝贡。”②《魏书·西域传·吐呼罗国》：“有好马、驼、骡，其王曾遣使朝贡。”③《魏书·高车传》：“弥俄突既立，复遣朝贡，又奉表献金方一、银方一、金杖二、马七匹、驼十头。……又遣使送龙马五匹、金银貂皮及诸方物。”④

北魏迁都洛阳之后，除西域外，北魏开拓了更广泛的良马货源。史书载：“终宣武世至于正光，牦牛、蜀马及西南之珍，无岁不至。”⑤契丹族“岁贡名马”，契丹诸部“各以其名马文皮献天府”⑥。

北朝的马匹贸易有两种主要形式，一是“交市”，献文帝时，契丹诸部“各以其名马献天府，遂求为常，皆得交市于和龙、密云之间，贡献不绝”⑦。二是私人贩卖，或派人去境外购买，或胡商深入内地，带马贩卖。如河间王元深为得到好马，不计成本，派人远赴西域，“琛在秦州，多无政绩。遣使向西域求名马，远至波斯国，得千里马，号曰‘追风赤骥’”⑧。在这种情况下，马匹也成了中西贸易的奢侈商品和重要商品。这个例子，也是文献中关于贩马距离最远的典型记载。

唐代，中国为保证军备，不断从西域引进优良马种，然后在诸地繁殖。张说《大唐开元十三年陇右监牧颂德碑》记载：

> 后魏以胡马入洛。蹴蹋千里，军阵之容虽壮，和銮之仪亦阙。大唐接周、隋乱离之后，承天下征战之弊，鸠括残烬，仅得牝牡三千，从赤岸泽徙之陇右，始命太仆张万岁葺其政焉。而奕代载德，纂修其绪，肇自贞观，成于麟德。四十年间，马至七十万六千疋，置八使以董之，设四十八监以掌之。跨陇西、金

---

① 《资治通鉴》卷一二一《宋纪》三，北京：中华书局，1956年，3811页。
② 《魏书》卷一〇二《西域传·洛那国》，2270页。
③ 《魏书》卷一〇二《西域传·吐呼罗国》，2277页。
④ 《魏书》卷一〇三《高车传》，2311页。
⑤ 《北史》卷九六《吐谷浑传》，3185页。
⑥ 《北史》卷九四《契丹传》，3127页。
⑦ 同上注。
⑧ （北魏）杨衒之撰、周祖谟校释《洛阳伽蓝记》卷四，上海：上海书店出版社，2000年，164页。

城、平凉、天水四郡之地,幅员千里,犹为隘狭,更析八监,布于河曲丰旷之野,乃能容之。于斯之时,天下以一缣易一马,秦汉之盛,未始闻也。①

将马场设置于陇右,其原因之一,就是接近西域,便于引进良种。《唐会要》"诸蕃马印"记载了各种马的特点。如"康国马","是大宛马种,形容极大。武德中,康国献四千匹。今时官马,犹是其种";"突厥马","技艺绝伦,筋骨合度,其能致远,田猎之用无比"②。谢弗所著《唐代的外来文明》(《撒马尔罕的金桃》)一书中,指出西域诸国都向中原输送马匹,名曰上贡,实为交换或贸易,"康国、安国、拔汗那国、吐火罗国、石国、史国、曹国、米国甚至骨咄国都曾向唐朝贡马"③。

唐代人对"胡马"情有独钟,贞观二十一年(647)八月,瀚海"骨利干遣使朝贡,献良马百匹,其中十匹尤骏,唐太宗奇之,各为制名,号曰'十骥'"④。唐玄宗时,还从突厥引进蒙古马,《新唐书·兵志》载:"开元初,国马益耗,太常少卿姜晦乃请以空名告身,市马于六胡州,率三十匹雠一游击将军。……其后突厥款塞,玄宗厚抚之,岁许朔方军西受降城为互市,以金帛市马,于河东、朔方、陇石牧之。既杂胡种,马乃益壮。"⑤通过以上记述,不难看出,唐代军马中,多有西域血统。

唐太宗李世民最喜爱的坐骑有飒露紫、拳毛𬴂、白蹄乌、特勒骠、青骓和什伐赤,简称为"昭陵六骏"。六骏的产地、名称来历,葛承雍做过考证,他认为:"唐太宗昭陵的六骏大概皆来自突厥或突厥汗国控制下的西域诸国,北魏以后'胡马'通过不同途径进入中原地区,成为各朝统治集团中军事将领追求的坐骑。""拳毛𬴂"应源于"权于麾"国,体形特征是头部硕大,高鼻梁,母羊式的脖颈,身材不高,蹄大快程,属于蒙古骏马种系。"什伐赤"是突厥高级官号"设"或"设发"命名的坐骑,体质结构是明显的突厥草原马型,头大个矮,耐力极强。"白蹄乌"应是冠以"少汗"的坐骑,是汉语"白蹄"真正的原意。"特勒骠"的"特勒"是

----

① 张说《大唐开元十三年陇右监牧颂德碑》,《全唐文》卷二二六,中华书局,1983 年,2282 页。

② 王溥《唐会要》卷七二,北京:中华书局,1990 年,1306 页。

③ 谢弗著、吴玉贵译《唐代的外来文明》第三章《家畜·马》,北京:中国社会科学出版社,1995 年,145 页。

④ 王溥《唐会要》卷七二,1302 页。

⑤ 《新唐书》卷五〇,1338 页。

突厥常见的一个官衔,形象健壮,长腿小腹,是典型的锡尔河流域的大宛马,这种马就是汉代著名的"汗血马"。"飒露紫"还原为"沙钵略",含义就是"勇健者的紫色骏马",其外观神立,高大魁伟,头小臀肥,腿骨劲挺,属于古代里海地区附近的"亚利安"马种。"青骓"来源于突厥文,指来自西方大秦的骏马,马背上有着明显的阿拉伯马的"双脊"特点,即马的脊椎两侧之上有两条肉脊,人骑在马背上感觉比较舒服①。

唐代上至皇帝,下到各级官僚,都喜爱骏马,不远万里来献马的胡人络绎不绝,《历代名画记》载:

> 玄宗好大马,御厩至四十万,遂有沛艾大马,命王毛仲为监牧,使燕公张说作《驷牧颂》。天下一统,西域大宛,岁有来献,诏于北地置群牧,筋骨步行,久而方全,调习之能,逸异并至。骨力追风,毛彩照地,不可名状,号木槽马。圣人舒身安神,如据床榻,是知异于古马也。时主好艺,韩君间生,遂命悉图其骏,则有玉花骢、照夜白等。时岐、薛、宁、申王厩中皆有善马,干并图之,遂为古今独步。②

皇帝的癖好感染到艺术家,涌现出一批诗人和画家,都以西域天马为题材,做了许多作品。唐诗中,有许多描写西域宝马的内容,如杜甫的《房兵曹胡马》:

> 胡马大宛名,锋棱瘦骨成。竹批双耳峻,风入四蹄轻。
>
> 所向无空阔,真堪托死生。骁腾有如此,万里可横行。③

还有李贺的《马诗》:

> 龙脊贴连钱,银蹄白踏烟。无人织锦韂,谁为铸金鞭。(其一)
>
> 汗血到王家,随鸾撼玉珂。少君骑海上,人见是青骡。(其二二)④

唐代诗仙李白,也酷爱西域天马,曾作一首《天马歌》:

> 天马来出月支窟,背为虎文龙翼骨。嘶青云,振绿发,兰筋权奇走灭没。
>
> 腾昆仑,历西极,四足无一蹶。鸡鸣刷燕晡秣越,神行电迈蹑慌惚。
>
> 天马呼,飞龙趋,目明长庚臆双凫。尾如流星首渴乌,口喷红光汗沟朱。

① 葛承雍《唐昭陵六骏与突厥葬俗研究》,《中华文史论丛》第 60 辑(1999 年),182—204 页。

② 张彦远《历代名画记》卷九,北京:京华出版社,2000 年,76 页。

③ 杜甫《房兵曹胡马》,《全唐诗》卷二二四,北京:中华书局,1959 年,2393—2394 页。

④ 李贺《马诗二十三首》,《全唐诗》卷三九一,4404—4405 页。

曾陪时龙蹑天衢,羁金络月照皇都。逸气棱棱凌九区,白璧如山谁敢沽。

回头笑紫燕,但觉尔辈愚。天马奔,恋君轩,骇跃惊矫浮云翻。

万里足踟蹰,遥瞻阊阖门。不逢寒风子,谁采逸景孙。

白云在青天,丘陵远崔嵬。盐车上峻坂,倒行逆施畏日晚。

伯乐翦拂中道遗,少尽其力老弃之。愿逢田子方,恻然为我悲。

虽有玉山禾,不能疗苦饥。严霜五月凋桂枝,伏枥衔冤摧两眉。

请君赎献穆天子,犹堪弄影舞瑶池。①

画家如曹霸、韩幹、韦偃等,均以画马著称。曹霸画过唐玄宗的御马玉花骢,可惜该图早已失传,但是杜甫写过一首诗赞颂该画。他在《丹青引赠曹将军霸》一诗中写道:

……先帝御马玉花骢,画工如山貌不同。

是日牵来赤墀下,迥立阊阖生长风。

诏谓将军拂绢素,意匠惨澹经营中。

斯须九重真龙出,一洗万古凡马空。……②

意思是说,画此马的画家很多,唯有曹霸的画表现出该马的英姿和龙马精神。

杜甫又在《韦讽录事宅观曹将军画马图》诗中赞赏曹霸的《九马图》中的御马"照夜白":

国初已来画鞍马,神妙独数江都王。

将军得名三十载,人间又见真乘黄。

曾貌先帝照夜白,龙池十日飞霹雳。

内府殷红玛瑙盘,婕妤传诏才人索。

盘赐将军拜舞归,轻纨细绮相追飞。

贵戚权门得笔迹,始觉屏障生光辉。

昔日太宗拳毛䯄,近时郭家师子花。

今之新图有二马,复令识者久叹嗟。

此皆骑战一敌万,缟素漠漠开风沙。

其余七匹亦殊绝,迥若寒空动烟雪。

霜蹄蹴踏长楸间,马官厮养森成列。

---

① 李白《天马歌》,《全唐诗》卷一六二,1683—1684 页。

② 杜甫《丹青引赠曹将军霸》,《全唐诗》卷二二〇,2322 页。

可怜九马争神骏,顾视清高气深稳。

借问苦心爱者谁,后有韦讽前支遁。

忆昔巡幸新丰宫,翠华拂天来向东。

腾骧磊落三万匹,皆与此图筋骨同。

自从献宝朝河宗,无复射蛟江水中。

君不见金粟堆前松柏里,龙媒去尽鸟呼风。①

"玉花骢"和"照夜白"俱是唐玄宗最喜爱的坐骑,曾随他转战南北,按《历代名画记》载:此马为西域大宛贡马。由诗中可见,对于进贡的宝马,不仅皇帝喜爱,画家诗人也很喜爱。

韩幹是曹霸的门生,宫廷画师,也画过许多御马,真迹至今存世,如《玉花骢图》、《照夜白图》(图 10)、《牧马图》(图 11)、《圉人呈马图》(图 12)、《胡人呈马图》(图 13)等。如下图,所绘骏马,就形体推测,则来自遥远西域。

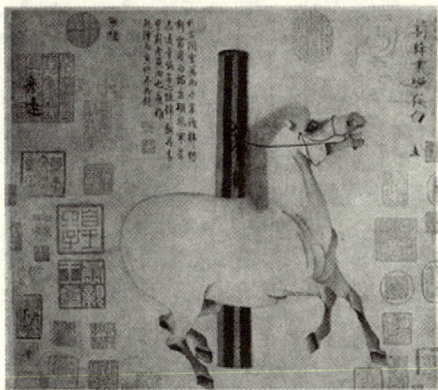

图 10　韩幹《照夜白图》　　　图 11　韩幹《牧马图》

图 12　韩幹《圉人呈马图》　　图 13　韩幹《胡人呈马图》

---

① 杜甫《韦讽录事宅观曹将军画马图》,《全唐诗》卷二二〇,2321—2322 页。

唐代还有个画马高手韦偃,曾画《百马图》(图14),虽未明言那里的品种,但对照唐代其他画马图,从膘肥体壮,四腿细而有力诸体型特点看,当是西域良马。

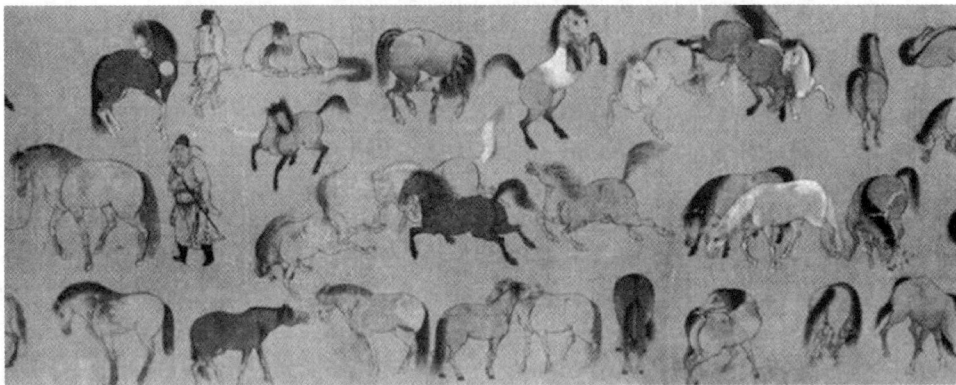

图14 韦偃《百马图》

五代画坛名家赵岩的《调马图》(图15),画面描绘一马夫牵一匹裸马,风尘仆仆,似来自远方。马夫头戴胡帽,高鼻深目、满腮胡须,当是一个粟特人。所牵之马,白黑相配,挺颈昂首,劲健强壮。全图人物和骏马神态,栩栩如生,跃然绢上。该图名曰《调马图》,但是看画面内容,骏马有辔头而无鞍鞯,似非马夫坐骑,应当是贩马或者献马,名称如改成《贩马图》或者《献马图》当更恰当。

图15 赵岩《调马图》

在吐鲁番文书中,还有《唐贞观二十三年西州高昌县范欢进买马契》和《唐开元二十一年(733)石染典买马契》,反映民间小规模马匹贸易的情景。如《唐开元二十一年石染典买马契》记载:

马壹疋骝敦六岁

开元廿一年正月五日,西州百姓石染典,交用大练拾捌

疋,今于西州市,买康思礼边上件马。其马

及练,即日各相交相分付了。如后有人寒

盗识认者,一仰主保知当,不关买人之事。恐

人无信,故立私契。两共和可,画指为记。

练主

马主别将康思礼,年卅四。

保人兴胡罗世那,年卅。

保人兴胡安达汉,年卅五

保人西州百姓石早寒,年五十。①

正史也记载有私人贸易马匹,如《旧唐书·西戎传》记载,党项人"以部落繁富,时远近商贾,赍缯货进贸羊马"②。另外专有大规模马匹贸易的描述,如唐代著名诗人白居易《阴山道(疾贪虏也)》一诗中写道:

阴山道,阴山道,纥逻敦肥水泉好。

每至戎人送马时,道旁千里无纤草。

草尽泉枯马病羸,飞龙但印骨与皮。

五十匹缣易一匹,缣去马来无了日。

养无所用去非宜,每岁死伤十六七。

缣丝不足女工苦,疏织短截充匹数。

藕丝蛛网三丈余,回纥诉称无用处。

咸安公主号可敦,远为可汗频奏论。

元和二年下新敕,内出金帛酬马直。

仍诏江淮马价缣,从此不令疏短织。

合罗将军呼万岁,捧授金银与缣彩。

谁知黠虏启贪心,明年马多来一倍。

缣渐好,马渐多。阴山虏,奈尔何。③

① 唐长孺主编《吐鲁番出土文书》肆,北京:文物出版社,1996 年,279 页。
② 《旧唐书》卷一九八《西戎传·党项》,5293 页。
③ 白居易《阴山道(疾贪虏也)》,《全唐诗》卷四二七,4705 页。

诗中描述了回纥以马匹交易丝绸的情况,此贸易规模很大,虽然没有直接写出马匹贸易数量,然由诗中描述的"每至戎人送马时,道旁千里无纤草"的情况可见,马群经过之处,道旁丛草一扫而光,间接表明马匹成千上万,数量很大,而且是常规性的,至少每年一次。《旧唐书》载:"回纥恃功,自乾元之后,屡遣使以马和市缯帛,仍岁来市,以马一匹易绢四十匹,动至数万马。"①《新唐书·食货志》载:"时回纥有助收西京功,代宗厚遇之,与中国婚姻,岁送马十万匹,酬以缣帛百余万匹。"②《资治通鉴》也记载此事,随后又记载:"有司以回纥赤心马多,请市千匹。郭子仪以为如此逆其意太甚,自请输一岁俸为国市之。上不许。十一月,戊子,命市六千匹。"③这些诗歌和记载,反映出唐王朝每年都会大量采购引进骏马。

概括全文,可归纳如下:

一、西域良马是丝绸之路的大宗商品,战争时期,甚至是中国最需求的主要商品。之所以如此,是当时社会的需求。中国古代战争频繁,需要大量军马,本土军马有限,不得不引进西域良马作为中国军马的补充。西域良马进入中原的渠道很多,除贡品外,主要是贸易。贸易方式之一,就是以物易物,互通有无,即以良马换取丝绸。丝路进来的商品有很多种类,马匹算不上体量最大的,也算不上价值最昂贵的,但它是史载数量最大的。中国输出最多的商品是丝绸,而输入最多的应该就是马匹,马匹的数量远远超过其他商品。引进马的品种较多,有大宛马、突厥马、回纥马等。价格低至一匹缣,贵至白居易《阴山道(疾贪虏也)》诗中所言"五十匹缣易一匹"。相差50倍,价格视唐政府马匹储备情况和需求量决定,一般来讲,大多数马匹的价格在10—30匹缣之间。

二、西域诸国出产良马,许多人牧马为业,自然善于养马驯马,前文诸图所见胡商贩马图就是证明。此外,《晋书·石勒传》记载:"欢家邻于马牧,与牧率魏郡汲桑往来,勒以能相马自托于桑。"④石勒是来自昭武九姓中的石国,善于相马不足为奇。敦煌290窟中心塔柱西面龛下方有幅北周《胡人驯马图》(图16),驯马人身着胡服,短发,手举马鞭,正在驯服一匹红色烈马,这个驯马的胡人就是粟

---

① 《旧唐书》卷一九五《回纥传》,5207页。
② 《新唐书》卷五一《食货志》一,1348页。
③ 《资治通鉴》卷二二四"大历八年"条,7224页。
④ 《晋书》卷一〇四,北京:中华书局,1974年,2708页。

特人。在太原隋代虞弘墓石椁底座右壁中,也有粟特人驯马图像(图17)①。我们在唐代韩幹数幅骏马图中,均可见到驯马者乃粟特人形象。凭借驯马特长,许多粟特人成为中国马场的官员,为中国繁育了品种优良的军马。如唐《史铁棒墓志》载:"显庆三年,授司驭寺右十七监。趣马名官,驾人司职。荆珍抵鹊,牛鼎烹鸡。阙里思于执鞭,蒙邑安于园吏。遂乃触理宣用,随事效能。牧养妙尽其方,服习不违其性。害群斯去,逸足无遗。"②类似例子举不胜举。

图16 敦煌290窟胡人驯马图

图17 虞弘墓石椁驯马图

三、粟特人贩马图以艺术的形式记录下丝路贸易的重要内容,证实了丝路马匹贸易的存在,尤其是,这种艺术形式延绵不绝,从汉魏直至宋元明清,陆陆续续,或多或寡,都有该题材的图画,真是画史上罕见之现象。以图画形式记述了中国历史上的这件大事。巧合也罢,必然也罢,都需感谢那些关心社会、目光敏锐的历代画家。另一方面,此事提醒我们,研究古代社会,历代画家作品也是值得重视和发掘的珍贵资料。

(作者单位:山西省考古研究所)

----

① 张庆捷《胡商胡腾舞与入华中亚人》,太原:北岳文艺出版社,2010年,108页。
② 罗丰《固原南郊隋唐墓地》,北京:文物出版社,1996年,84页。

唐西州的马匹贸易

——以吐鲁番出土文书为中心

孟宪实

丝绸之路是文化之路、传道之路,更是经济之路。大宗货物的交易是丝绸之路的日常剧目,丝绸、珍宝之外,还有马匹。吐鲁番出土文书中,有关马匹贸易的资料,对于我们了解研究丝绸之路的具体面貌,提供了很大帮助。这些资料中,有马匹贸易的直接买卖文书,有地方政府的相关文件,也涉及朝廷的相关制度规定。通过这些历史资料,我们加深了对于唐朝各级政府和沿路人民如何利用丝绸之路的体会,对于丝绸之路的功能也增加了一个新的认识视角。

一、蕃马

马是古代运输不可或缺的畜力,对于军队和战争,马匹是一种战略物资。战马多寡,往往被看作是战力强弱的重要体现。所以《新唐书》始创的《兵志》,专设一节记录马政问题。从中我们不难理解,唐朝军事力量的发展与衰落,战马都是一个重要环节。马对于军事实力,不仅体现在战马上,交通运输体系的运转,马也是最重要的力量,如果从战争的视角观察,运输系统不仅关涉军队、军事物资的运送,尤其是远距离、源源不断地战力投放,其实是战时后勤保障的核心构建。古人对于马的认识,有"凡大祀戎事,军国所须,皆取足焉"之论①。正因为如此,马政才是古代国家重要机构,多方面的重要功能,不仅在当时政治中,即使在后世的研究中,也不得不给予极大的重视。

在唐朝的《厩牧令》中,马以外的其他畜力被称作"杂畜",如"诸杂畜印",以

---

① 《册府元龟》卷六二一《卿监部·监牧》小序,南京:凤凰出版社,2006年,7194页。

区别马印。马甚至使用特殊量词,这就是专属的"匹"字。《启颜录》记录一个叫作常青奴的卫士养马,称"灰马一头",被果毅杖二十。他的问题就是匹、头量词使用不当①。

马的分类,首先是所属分类。马属于人的动产,所以财产是马的根本属性。在这方面,无非是官马与私马两种。根据唐朝的《厩牧令》,马帐的基本内容是马的主要特征书写,这就是牝牡、毛色、齿岁和印记。印记是人为产生,但在定义马的所属关系上,意义不可替代。

对此,《厩牧令》有着十分详细的规定。其中,复原清本,第17、18、19三条,都是关于马的打印规定,一整套,详细而严整。其中,最常见的官马要打"官"字印,驿马打"驿"字印,传马打"传"字印等。除了印字,打印的具体位置也有清楚的规定。十六卫、各个折冲府的官马,也有官府之印。如果马匹来自互市,要有互市印。

私人养马,是政府鼓励的。与官马一样,私人马匹也要有印记,《厩牧令》称作"私记"。那么这些私记是如何做出的呢? 第50条有规定:

> 诸有私马五十匹以上,欲申牒造印者听,不得与官印同,并印项。在余处有印者,没官。蕃马不在此例。如当官印处有瘢痕者,亦括没。其官羊,任为私计,不得截耳。其私牧,皆令当处州县检校。②

即,私人有马五十匹以上,可以向政府申请造印,只要不与官印同,印于马颈,如果印位有误,就会被官方没收。那么五十匹以下是不得申请造印的,只能自己做出某种记号。

牧监属于国家机构,这是官马的重要来源之一。官马、私马之外就是蕃马。蕃马既可以成为私马的来源,也可以成为官马的来源。《厩牧令》对于私马有印位要求,但对蕃马没有印位要求,所以也不存在蕃马印位有误而没收的规定。为什么会如此? 因为蕃马出产于蕃地,即中国周边草原地区,各地都有自己的马印传统和习惯做法,无法按照中国的规矩去要求蕃马。

蕃马成为官马,可以通过进贡的途径。《唐会要》记载康国马:"康国马,康居国也,是大宛马种,形容极大。武德中,康国献四千匹,今时官马,犹是其

---

① 董志翘笺注《启颜录笺注》,北京:中华书局,2014年,56—57页。
② 《天一阁藏明抄本天圣令校证》,北京:中华书局,2006年,520页。

种。"①此外,互市也是蕃马成为官马或者私马的一条途径。对此,《厩牧令》19、20 条也有提及:"其互市马,官市者,以互市印印右膊;私市者,印左膊。"而互市印归互市监管辖:"互市印在互市监。其须分道遣使送印者,听每印同一样,准道数造之。"②

根据《唐六典》,互市监的执掌如下:

> 凡互市所得马、驼、驴、牛等,各别其色,具齿岁、肤第,以言于所隶州、府,州、府为申闻。太仆差官吏相与受领,印记。上马送京师,余量其众寡,并遣使送之,任其在路放牧焉。每马十匹,牛十头,驼、骡、驴六头,羊七十口,各给一牧人。(若非理丧失,其部使及递人,改酬其直。)其营州管内蕃马出货,选其少壮者,官为市之。③

总之,官马、私马和蕃马,是唐朝马匹的主要分类,官马私马是指马的隶属性质,蕃马则指马的外来属性,而在唐朝时空之下,就马的隶属关系而言,则只有官马与私马两种④。

蕃马,因为产地而定义,不因属性而定义。《唐会要》有专条"诸蕃马印",详细记载各种蕃马及其印记,我们从而得之唐朝正式记录的蕃马有四十二种之多⑤。然而,除了史籍所载,我们知道有关蕃马的制度规定和一些史事之外,我们对于蕃马的具体贸易并不十分了解。有赖吐鲁番出土文书,对于蕃马的贸易,

---

① 《唐会要》卷七二,1547 页。不过,此处所谓"官马",不该是泛指所有官马。

② 《天一阁藏明抄本天圣令校证》,517 页。有关马印问题,罗丰先生《规矩或率意而为?——唐帝国的马印》研究甚详,荣新江主编《唐研究》第十六卷,北京:北京大学出版社,2010 年,117—150 页。

③ 《唐六典》卷二二《诸互市监》,北京:中华书局,1992 年,580 页。

④ 从唐《厩牧令》中,我们还看到另外一种具体马匹的定性,即"蜀马"。这种表示方式,如同蕃马,是一种产地属性的表达。清本《厩牧令》唐 33 条,关于驿马设置的规定,在特殊的环境下,要使用蜀马。其文为:"其有山坡峻险之处,不堪乘大马者,听兼置蜀马。"注曰:"其江东、江西并江南有暑湿不宜大马及岭南无大马处,亦准此。"(《天一阁藏明抄本天圣令校证》,403 页)把其他马称作大马,已经显现出蜀马的特征就是小,能够适应这些山区以及暑湿等地理环境。此外,根据《厩牧令》唐令复原第 2 条,给蜀马喂食干草的量,仅及其他的马的八分(《天一阁藏明抄本天圣令校证》,515 页)。但是,这里提及的蜀马,其实都是官马,属于官马中的特殊分子。可想而知,私马中也一定会有人拥有蜀马。这种用产地定义马的方式,与蕃马之中再分突厥马、回纥马相似,是更加细分的方法。但是,与官马、私马的区分显然不在同一逻辑之中,可在制度规定中,又不能不特别提及这种马,因为特殊地理条件下确实需要这种蜀马。

⑤ 《唐会要》卷七二《诸蕃马印》,上海:上海古籍出版社,1991 年,1546—1549 页。

我们掌握了更多的资料，从而得知马匹贸易，可以看作丝绸之路上的一项重要内容。

二、骡马商人石染典

吐鲁番出土文书，是研究唐代历史与丝绸之路的宝贵资料。其中，有关马匹贸易的文书，对于我们研究当时丝路的具体状态，提供了十分重要的信息。让我们先看一件具体文书：《唐开元二十一年（733）石染典买马契》，内容如下：

1　马壹匹，骝敦六岁
2　开元廿一年正月五日，西州百姓石染典，交用大练拾捌
3　匹，今于西州市，买康思礼边上件马。其马
4　及练，即日各交相分付了。如后有人寒
5　盗认识者，一仰主、保知当，不关买人之事。恐
6　人无信，故立私契。两共和可，画指为记。
7　　　　　练主
8　　　　　马主别将康思礼年卅四
9　　　　　保人兴胡罗世郁（那）年卅
10　　　　保人兴胡安达汉年卅五
11　　　　保人西州百姓石早寒年五十①

在这件买马契约中，记录着一个具体的马匹交易。西州百姓石染典从一个府兵别将康思礼手里买得一匹马。

这匹马六岁。性别状况是敦，即骟，是雄性去势后的称谓。骝（䮑），指马的毛色，赤身黑鬃。根据上文所引《唐六典》，这其实就是"齿岁、肤第"项目。这样的一匹马，价值是十八匹大练，不论马主还是购买人，都受契约约束，而唐朝的法律也是保护这种私人契约的。除了买卖双方，参与契约的还有三位保人，而保人与买卖人，应该都有粟特人背景。稍有不同，兴胡是没有入籍的粟特商人，称作百姓的则是入籍的粟特人。这件契约显示，不管入籍与否，粟特人之间依然存在着密切的合作关系。

----

① 唐长孺主编《吐鲁番出土文书》肆，北京：文物出版社，1996 年，279 页。

稍有疑问的是,入籍的粟特人担任保人,承担相应的司法责任是没有问题的,因为政府可以及时找到他们。但是作为兴胡的粟特人怎样履行相应的司法责任呢?因为这样的契约是要通过地方政府,获得政府的承认方能生效。可见,政府也是认可兴胡作为担保人而存在的。或许兴胡是长期居住在西州,获得地方政府的同意,可以履行部分居民的司法义务。

买马人石染典,在阿斯塔纳 509 号古墓出土的文书中,有多件与他有关,这使得我们对他有了更多的了解。比如,同年某月廿日,石染典用大练十七匹,从杨荆琬那里购买一头母騬,青色,五岁,"近人颊膊有蕃印并私印,远人膊损"[1],即前腿上有蕃印和私印,后腿受伤。契约没有写清月份,估计是同一个正月。更重要的是同墓文书有石染典过所,证明石染典是一个很地道的商人。

根据《唐开元二十年(732)瓜州都督府给西州百姓游击将军石染典过所》,这一年的三月十四日,石染典计划前往安西贸易,取得瓜州的批准,从瓜州得到了过所。从十九日开始,石染典经过悬泉守捉、常乐守捉、苦水守捉、盐池守捉,到达沙州。在沙州,他上牒申请,此地贸易(文书中称"市易")完成,要继续前往伊州贸易。第 16 行后小字批注"沙州市勘同,市令张林",代表沙州的市易完成之意,而继续前往伊州的申请,得到沙州长官名"琛"的批示"任去",时间是三月二十五日。几天以后,伊州刺史张宾"押过",证明石染典已经到达伊州。该过所,有五处印文,根据文书整理者的说明,安西一方、沙州三方、伊州一方。

石染典虽然声称要去安西,但最后根据王仲荦先生的判断,"石染典并没有去安西,变卦了,改去安西为去伊州"。尤其是过所的第一段,前十行,王先生认为是西州都督府文书,户曹参军杨也是西州的[2]。不过,时间有问题。这里时间是三月十四日,而三月十九日是在前往沙州的路上。所以,此处文字,一定属于瓜州。现在《吐鲁番出土文书》整理者的定名是正确的。虽然石染典最终要去的目的地是安西,但在经过州政府的时候,需要经过确认程序,经过的镇戍守捉也

---

① 唐长孺主编《吐鲁番出土文书》肆,280 页。
② 王仲荦《吐鲁番出土的几件唐代过所》,作者著《蜡华山馆丛稿》,北京:中华书局,1987 年,274—314 页。

需要勘过①。

1　家生奴移□□　　□□□□

2　安西已来,上件人肆、驴拾。今月日,得牒

3　称:从西来,至此市易事了。今欲却往安

4　西已来,路由铁门关,镇戍守捉不练行由,

5　请改给者。依勘来文同此,已判给,幸依勘

6　过。

7　　　　　　　　　　　府

8　户曹参军宣

9　　　　　　　　　史杨祇

10　　　　　　开元贰拾年叁月拾肆日给。

11　三月十九日,悬泉守捉官高宾勘西过。

12　三月十九日,常乐守捉官果毅孟进勘西过。

13　三月廿日,苦水守捉押官年五用勘西过。

14　三月廿一日,盐池戍守捉押官健儿吕楚珪勘过。

　　　琛

15　　作人康禄山　石怒忿　家生奴移多地

16　　驴拾头沙州市勘同,市令张休。

17　牒,染典先蒙瓜州给过所,今至此市易

18　事了,欲往伊州市易。路由恐所在守捉不

19　练行由。谨连来文如前,请乞判命。谨牒。

20　印开元廿年三月廿　日,西州百姓游击将军石染典牒。

21　　任　去。琛　示。

22　　　　廿　五　日。

23　印

24　四月六日伊州刺史张宾　押过②

----

①　此过所不能读懂的是14行盐池戍守捉的勘过时间是三月二十一日,但20行表明石染典向沙州提交的申请是三月二十日。不过,14行之后开始使用另一张新纸,可能是造成时间稍乱的原因。

②　《吐鲁番出土文书》肆,275—276页。

石染典从伊州返回西州,是否去过安西事实上不能确知。我们再次获得石染典的消息是第二年的正月,他在西州买了一匹马,一头骒,之后申请再次前往伊州市易,这是《唐开元二十一年(733)染勿等保石染典往伊州市易辩辞》提供的信息。此文书主要内容如下:

1 ————————————|石||染|典|计|程|不|回|,连|————————

2 罪者。谨审:但染勿　等保石染典在此见有家宅

3 及妻儿亲等,并总见在。所将人畜,并非寒该等

4 色。如染典等违程不回,连答之人,并请代承课

5 役,仍请准法受罪。被问依实。谨辩。元

6 　　　　开元廿一年正月　日

7 ————————石染典人肆,马壹,骒、驴拾壹。————————

8 　　　　　请往伊州市易,责保

9 　　　　　可凭,牒知任去。谙。元

10 　　　　　璟白。

11 　　　　　　　廿三日

12 依判,谙。延祯示。

13 　　　　　　　廿三日

14 依判,谙。齐晏示。

15 　　　　　　　廿三日

16 依判,谙。崇示。

　　　　　　　　　廿三日
——————————————————————————————

17 依判。斛斯示。

18 　　　　　廿三日①

石染典的经商活动很繁忙,他回到西州最早也是开元二十年四月,转年正月五日买得一匹马,二十日买得一头骒,二十一日即提出申请,要前往伊州市易。经过层层审批,二十三日获得批准。石染典从伊州回西州的时候,主要有人四位,包括石染典在内,二位作人,一个家生奴,另有十头驴。现在石染典重新出发,人没有增加,但增加了一匹马和一头骒。再清楚不过地说明了石染典买马是为了出

----

① 《吐鲁番出土文书》肆,277—278 页。

卖。他如此频繁地来往西州、伊州、沙州之间，一定熟悉市场行情，从而证明西州在马匹贸易中的地位，正是一个马匹集散地。

石染典是什么商人？从这些资料中我们看得很清楚，他的货品清单很单纯，都是大型牲畜，马、骡和驴。石染典是一位专业买卖骡马的商人，可以概括地称他为骡马商人。

从沙州到伊州、西州，虽然仅仅是丝绸之路上的一段路程，但彼此的交往与贸易往来，本质上也是丝绸之路上的一个缩影。根据《大唐三藏法师传》，玄奘西行求法，在瓜州遇到兴胡老人，授以老马，此老人便称是经常往来沙州、伊州的商人，因此之故，他的马便成了识途老马①。此马关键时刻曾救了玄奘的性命，更重要的是证明这段路程，不仅石染典，也是很多商人往来获利的一个场所。

三、作为市场的西州

西州是马匹等大型牲畜贸易的市场，石染典的资料已经做了部分证明。西州和其他地区一样，在日常生活中，马匹的使用很广泛，重要性不证自明。因为很多人需要购买马匹，马匹贸易市场自然生成。但仅仅自我需求，市场的功能太有限，而石染典的故事证明，作为骡马贸易市场的西州，它所满足的当然不是西州一地的需要。西州是骡马的集散地，草原的骡马商品汇集到西州，然后再从西州扩散到周围地区。石染典就是利用西州与伊州、瓜州等地的差价来获取贸易利润的。

让我们从具体资料入手。

这是一件出土于阿斯塔纳221号墓的唐高宗永徽三年（652）的文书，整理者名之为《贤德失马陪征牒》，内容如下：

　　1　边州 ⬚⬚⬚⬚⬚⬚⬚⬚ 月

　　2　廿九日，在群夜放，遂马匹阑失，□ 被 府符

　　3　征马，今买的前件马，付主领讫。谨以牒 陈 □

　　4　　　　　　　永徽三年五月廿九日 ⬚⬚⬚⬚

---

① 《大慈恩寺三藏法师传》卷一，北京：中华书局，2000年，13页。

5　　　　　　　　贤德失马,符令陪备。

6　　　　　　　　今状虽称付主领讫,官人

7　　　　　　　　见领时,比定言注来了。

8　　　　　　　　即依禄(录),牒岸头府,谨问

9　　　　　　　　文达领得以不。具报①。

唐朝前期实行府兵制,而军队是使用马匹的重要机构。这位叫作"贤德"的士兵负责放牧军马,结果在永徽三年五月二十九日夜里,有一匹军马丢失了。根据规定,丢失马匹放牧者需要赔偿,而贤德也按照命令执行了。此文书就是确认贤德陪马是否到位,西州都督府下发文件,要岸头府具体汇报到底收到马匹没有。岸头府即岸头折冲府,其地团在西州交河县,能够给岸头府发指令的只有西州都督府了。而贤德属于岸头府看来也没有疑问。

卫士贤德,或许并不需要战马,但是因为丢失了战马必须赔付,于是立刻就需要购买战马,如果西州的马匹市场不够发达,就会让贤德买马一事变得艰难。看来,贤德很快完成了购马,并立刻交给岸头府。然而,我们没有看到贤德购马的具体文书,并不知道他从哪里、使用了多少费用完成了购马任务。

阿斯塔纳188号墓出土的两件文书,有关买马的事可以给出比较具体的答案。《唐神龙三年(707)年和满牒为被问买马事》,由两件相关文书组成,内容如下:

（一）

1　□壹拾叁匹

2　问今付上件练充马壹匹直□

3　得以不者,但前件练依苦□

4　被问依实,谨牒。

5　　神龙三年二月　日和满□

6　　　附敬仁白

7　　　　　一日

（二）

1　马一匹骝敦,七岁,大练壹拾叁□

① 唐长孺主编《吐鲁番出土文书》叁,北京:文物出版社,1996年,313页。

2 　□蕃中将前件马至此◻◻◻◻◻◻

3 　　马请 准 例处分, 谨牒。

4 　　　神龙三年二月　　日领客使别奏和◻◻◻◻◻◻

5 　　　依注付司定□□

6 　　　　　　一日

7 　◻◻◻◻◻◻◻月一日录事使

8 　　　录事摄录事参军

9 　　　检案敬仁白 ①

和满经手购买了一匹马, 使用大练十三匹, 此马是一匹七岁骊敦, 即七岁赤身黑鬃的骊马。"蕃中将前件马至此"一行字很清晰地说明, 这是一匹蕃马, 是有人从"蕃中"带到西州的马。西州是一个马匹贸易的市场, 此文书给出了很准确的证明。

买马卖马, 通常以一匹为单位进行, 这是很容易理解的, 因为马毕竟是大件商品。但是, 如果是官方购马, 数量就可能更大些。同墓出土的《唐上李大使牒为三姓首领纳马酬价事》文书, 反映的就是一次买卖十六匹马的贸易。

1 ◻◻◻◻◻◻◻◻◻◻◻◻◻◻◻九日
　　　　　　　　　　　　一匹匹州拾◻◻◻◻◻◻

2 　三姓首领胡禄达干马九匹□匹各柒◻◻◻◻◻

3 　三姓首领都担萨屈马六匹, 匹别 各 ◻◻◻◻◻

4 　右检案内去十一月十 六 □得上 件

5 　牒请纳马, 依状检到前官◻◻◻◻◻

6 　□□ 牒 上李大使, 请 牒 ◻◻◻◻◻ ②

阅读文书可知, 卖马的一方是三姓首领, 其中胡禄达干出卖九匹马, 都担萨屈出售六匹马。文件书写者应该是西州都督府, 因为有"牒上李大使"字样, 应该是西州政府在帮助李大使买马, 而李大使代表什么机构来买马, 从文书中还看不出

----

① 《吐鲁番出土文书》叁, 71—72 页。
② 《吐鲁番出土文书》叁, 40 页。

来。但李大使肯定不是西州当地政府,只能是内地的什么机构。

吐鲁番出土的另一件文书,可以提供有关李大使的疑问。一件《唐开元十六年(728)西州都督府请纸案卷》,文书分散在多个收藏地,我们这里只引用我们需要的部分,即大谷文书5839号,内容如下:

1　　　　案纸贰伯张　次纸壹伯张　笔两管　墨一挺

2　牒:真陁今缘市马,要前件纸笔等,请准式处

3　分,谨牒。

4　　　　　开元十六年五月　日,河西市马使米真陁牒。

5　　　付司。检令式,河西节度

6　　　买马,不是别　敕令市。计不

7　　　合请纸笔,处分过。楚珪

8　　　示。　　　　　　廿九日

9　　　　五月廿九日,录事使

10　　　录事参军沙安付

11　　　检案,沙白。

12　　　　　　　一日

　　　　　　　　　　　　　　　　　　　　　(沙)

13　牒检案连如前,谨牒。

14　　　　六月　日,史李艺牒。

15　　　检,沙白。

16　　　　　一日

17　案纸二百张　次纸一百张　笔两管　墨一挺

18　　右得河西市马使牒,请上件纸墨等。

19　　都督判:检令式,河西节度买马,不是别

20　　敕令市,计不合请纸笔,处分过者。依检

21　　前后市马使鞠中郎等,并无请纸墨等

22　　处。

23　牒件检如前,谨牒。

24　　　　六月　日,史李艺牒。

25　　　承前市马,非是一般。或朔方

26　　　　　远凑，或河西频来。前后

27　　　　　只见自供，州县不曾官给。

　　　　　　　　　　　　　　　　　　　　　　　（沙）
　　　　--

28　　　　　既无体例可依，曹司实（后缺）①

河西节度使派出市马使米真陁前往西州购马（称作"市马"），因为是公干，他便
向西州政府提出办公用品的要求，具体为："案纸贰伯张、次纸壹伯张、笔两管、墨
一挺。"结果，遭到西州都督楚珪的拒绝，其言为："检令式，河西节度买马，不是
别敕令市。计不合请纸笔，处分过。"根据"令式"（唐代的法规），河西节度使买
马，而不是中央政府买马（"别敕令市"），西州不该提供纸笔。米真陁提出要求
是五月二十九日，到六月一日就得到了拒绝的答复。

　　此时的西州隶属于伊西北庭节度使，与河西节度使不是上下级关系，所以河
西节度使的事西州可以置之不理。如果是"别敕令市"，即中央命令西州买马，
或者命令西州协助河西买马，那么西州是可以提供帮助，包括办公用品的帮助。
由此我们可以知道，上文的李大使可能与市马使米真陁是一样的大使，专门到西
州来买马的，但李大使却获得了帮助。

　　在西州都督批示之后，第20、21行西州的官吏李艺又补充了一条证据："依
检前后市马使麹中郎等，并无请纸墨等处。"看来此前不久，一位叫作麹中郎的市
马使也曾来过西州买马，而且没有纸笔之类的要求。当然更重要的信息是下面
的批字："承前市马，非是一般。或朔方远凑，或河西频来。前后只见自供，州县
不曾官给。"这个说法很关键，证明西州作为马匹市场的重要性，朔方、河西等地
经常来西州购马。

　　朔方也来西州市马，这是一个重大信息，证明西州市场的影响范围之大。
《旧唐书·王忠嗣传》：开元"二十九年，代韦光乘为朔方节度使，仍加权知河东
节度事。其月，以田仁琬充河东节度使，忠嗣依旧朔方节度"。而就是王忠嗣对
于购买蕃马，拥有很强的战略眼光。"先是，忠嗣之在朔方也，每至互市时，时高
估马价以诱之，诸蕃闻之，竞来求市，来辄买之。故蕃马益少，而汉军益壮。及至
河、陇，又奏请徙朔方、河东戎马九千匹以实之，其军又壮。迄于天宝末，战马蕃

----

①　小田义久主编《大谷文书集成》叁，京都：法藏馆，2003年，208页。

息"①。上文所举文书,是开元十六年,而言及朔方到西州市马,则在十六年之前。王忠嗣的大举市马,既然已经有先例,也可能继续前往西州市马。

河西节度使的所在地是河西走廊的武威,朔方在灵州,他们市马不一定仅仅选择西州一个方向,但从西州官吏的傲慢姿态看,各地市马使频繁前往西州,应该是基本事实,而这很好地证明了是西州马市辐射范围之广大。不仅如此,如果河西、朔方没有其他地方市马的话,似乎可以证明整个北部中国的西部,都依赖西州的马市。

应该注意河西节度使派出的市马使,他的名字叫"米真陁",毫无疑问他也有粟特人背景,即当时丝绸之路上最活跃的商人。前文所及骡马商人石染典,也是粟特人。他们虽然肯定已经在中国落籍,但他们经商的才干依然可以充分发挥作用。而在西州出卖马匹的常常是蕃人。比如,上文所涉及的三姓首领,属于突厥部落②,而从西州向西,向西北,皆可通往草原地区。

西州的马市交易情况,还有很多具体情况无法了解,同是阿斯塔纳 188 号墓出土的《唐译语人何德力代书突骑施首领多亥达干收领马价抄》则提供了一个新事证,证明交易通常要经过翻译人来完成。

1　□钱贰拾贯肆伯文
2　　右酬首领多亥达干马叁匹直。
3　　十二月十一日付突骑施首领多亥达
4　　干领。
5　　　　　　　　　　译语人何德力③

突骑施首领多亥达干,出卖三匹马,获得"贰拾贯肆伯文"钱,而这笔钱是通过"译语人何德力"代为签收的。"译语人"就是翻译人。何德力,很可能也是一个入籍的粟特人。当然,作为一个成熟的影响力巨大马匹交易市场,有专业的翻译人是再正常不过的事。

在西州的马匹贸易中,我们频繁地看到了粟特人的身影。作为国际商人,他们在丝绸之路上的活跃是人所共知的,而我们讨论西州的马匹贸易,其实不过是丝绸之路贸易经济的冰山一角而已。从李白出生碎叶的角度看,碎叶不仅是丝

---

① 《旧唐书》卷一〇三《王忠嗣传》,北京:中华书局,1975 年,3197—3201 页。
② 参见姜伯勤《敦煌吐鲁番文书与丝绸之路》,北京:文物出版社,1994 年,118—119 页。
③ 《吐鲁番出土文书》肆,41 页。

路一个重镇,李白的老乡们以粟特人为主,他们正是丝绸之路最活跃的人群。

四、西州马市的传统

作为重要的骡马国际市场,西州是有传统的。唐朝统一之前,西州之地是高昌王国,当时已经形成成熟的马匹市场。通过吐鲁番出土文献,我们得知在麹氏高昌国(502—640)时代,高昌王朝就经常购买境外马匹。了解这一点,对于理解唐朝西州的马匹市场当然是有益的。

阿斯塔纳48号墓出土一组高昌国兵部买马文书,给我们提供了十分具体的资料。下面,先以《高昌延昌二十七年(587)四月兵部条列买马用钱头数奏行文书》为例,了解高昌买马的一般情况。

1　　　　　　　　　　　　　　　子 传:高伯亮边买赤马一匹,用钱

2　　　　　　　　　　　　边 买瓜(騧)马一匹,用钱卅七文;次阿浮利沙

3　　　　　　　　　　　　钱卅五文。有(右)马三匹,付匡安受。

4　都 合 □□叁匹,用钱壹伯(佰)壹拾捌文。

5　谨按条列买马用钱头数,列别如右,记识奏诺奉　　行

6　　　门　下　校　郎　□　　　　　　　琼

7　　　通　事　令　史　□　　　　　　　患

8　　　侍　　郎　　史　　　　　　　　　养生

9　延昌廿七年丁未岁四月廿九日兵部　　　　　　奏

10　　□军 将军高昌令尹麹　　　　　　伯雅

11　　□卫 将军绾曹郎中麹　　　　　　绍徽

12　　□□□□□部 事麹　　　　　　　欢

13　　　　　　严　　　　　　　　　佛图

14　　　　　　翟　　　　　　　　　奇乃

15　　　　　　郑　　　　　　　　　僧道①

① 唐长孺主编《吐鲁番出土文书》壹,北京:文物出版社,1992年,338页。

这是高昌国的一种官文书,其实就是兵部买马之后执行的记账程序文书。具体执行单位是兵部,9 行有年月日"兵部奏",是文书关键。高昌最高行政官员是高昌令尹,往往由王位继承人担任,这个时期的令尹是麴伯雅。其下,是缩曹郎中,此时是麴绍徽,然后才是兵部负责人麴欢,然后署名的是兵部的次级官员等。这一干人,是呈递文书的官员,皆属行政系统。"延昌廿七年"一行之上,是门下官员签署,门下校郎等人,他们是国王身边的办公机构领导,在这里表达接受文书。第 5 行,"谨按条列买马用钱头数,列别如右,记识奏诺奉行"是这件文书的目的,就是买马完毕,需要按照"奏诺"执行"记识",用今天的话说就是按制度规定记账归档,完成最后手续①。

我们讨论的重点是买马的内容。这次高昌兵部买马,一共三匹,其中第二匹用钱 37 文,第三匹用钱 45 文,总数是 118 文,那么第一匹是 36 文。高昌钱是银钱,就是丝绸之路上著名的通用货币萨珊银币。三匹马,第一匹是从高伯亮手里购买,第二匹不知卖者,第三匹阿浮利沙肯定是胡人。政府买马,当然会多方进取,而我们看到最明显的特征就是凡买马都每匹论价,毕竟马是贵重商品。

587 年四月,高昌兵部买马 3 匹。

同年六月八日,兵部又买马 1 匹,买自翟呼典畔陀,用银钱 45 文②。

同年六月廿九日,兵部买马 48 匹。观察文书,没有一匹一计价,应该是一并合计,文书有残,没有留下总价钱,但第 2 行残留"用钱卅七文",这可能是平均价,如此则总价为 1776 文③。

同年七月,兵部再次买马。这次是每匹计价,总数银钱 258 文,买马共 8 匹,每匹 32 文多,在合理的区间之内④。

----

① 参见作者另文《略论高昌上奏文书》,《西域研究》2003 年第 4 期;收入作者著《汉唐文化与高昌历史》,济南:齐鲁书社,2004 年,146—171 页。

② 《高昌延昌二十七年(587)六月兵部条列买马用钱头数奏行文书》,《吐鲁番出土文书》壹,339 页。

③ 《高昌延昌二十七年(587)六月廿九日兵部条列买马用钱头数奏行文书》,《吐鲁番出土文书》壹,340 页。

④ 《高昌延昌二十七年(587)七月兵部条列买马用钱头数奏行文书》,《吐鲁番出土文书》壹,341 页。第 8 行"都合用钱贰伯伍拾捌文,买得马捌口",最后一字残缺,应是"匹"字。若是数字,则买马太多,钱数太少。

同年七月十五日,兵部再次买马,依然每匹计价,共买马 18 匹,钱数残损不知①。

八月,高昌兵部继续买马。这次买马是几匹一计价,第 6 行总结"都合买马□□□匹,用钱壹仟肆伯捌拾文"②。买马总数,大约 40 匹左右。

此外,根据同墓出土文书《高昌延昌二十七年(587)某月兵部条列买马用钱头数奏行文书》,高昌兵部再买马两匹,用银钱 67 文③。此外至少还有一次买马,但仅仅留下文书的开头部分,内容没有保留下来④。

延昌是高昌王麴乾固的年号,延昌二十七年仅仅一个墓保存的不全资料,我们就知道高昌国兵部购买马匹至少 120 匹。这既不是高昌国一年买马的总量,更不是高昌马匹市场出售的总量。由此依然不能估计高昌马匹市场的规模,但是这里维系一个畅通的马匹市场是没有问题的,而这其实就是唐朝西州马匹市场的历史传统。西州的马匹市场是继承而来的,至少高昌国时代已经打下了良好的基础。

再看相关的历史记载,对于西州的这个市场也有所体现。《隋书·高昌传》记载高昌"国中羊马牧于隐僻之处,以避外寇,非贵人不知其所"⑤。看上去,一副神秘的样子。这个记载的含义是,不知道为什么高昌国富于羊马,可能是高昌国存在重大机密。其实,吐鲁番是一个山间盆地,坐落于此的高昌国没有太复杂的地形。从高昌南行,进入塔里木盆地,北行越过天山,进入准噶尔盆地。西行进入天山,却有良好的高山牧场,但那里基本上不是高昌的控制区域。所以,高昌富于羊马的秘密不在高昌,而在高昌周边。高昌的正北、西北、正西,都是通往草原和高山牧场的通途大路,反方向说,周边的草原产品因此很容易进入高昌,并在高昌形成集散中心。

本文以吐鲁番出土文书为中心,讨论西州的骡马贸易问题,这不过是丝绸之路贸易的一个缩影。其实,传世文献的相关记载更多,这里仅举一例,以明其义。

----

① 《高昌延昌二十七年(587)七月十五日兵部条列买马用钱头数奏行文书》,《吐鲁番出土文书》壹,342 页。

② 《高昌延昌二十七年(587)八月兵部条列买马用钱头数奏行文书》,《吐鲁番出土文书》壹,343 页。

③ 《吐鲁番出土文书》壹,344 页。

④ 《高昌延昌年间兵部条列买马用钱头数奏行文书》,《吐鲁番出土文书》壹,345 页。

⑤ 《隋书》卷八三《西域·高昌》,北京:中华书局,1973 年,1846 页。

《全唐文》收录窦忻所作《大唐故云麾将军左监门将军上柱国彭城县开国公刘府君墓志铭并序》一文,记录志主刘元尚充当朝廷市马使的事,其文有如下内容:

> 君讳元尚,字符尚,彭城人也。……解褐拜披廷监作大食市马使,燕王市于骏骨,伯乐顾之龙马。遂使三军迎送,万里循环。荣宠是加,超公内寺伯也。复为骨利干市马,崎岖百国,来往三春。追风跃而奔腾,逐日回而来献,遂加公谒者监。①

刘元尚参与很多重大事件,是一位出色的宦官,特别是"北庭使刘涣,躬行悖逆,委公斩之。又瀚海监临,宣慰四镇,兵士畏爱,将帅威慑"。他长期以监军身份活跃在西域。"以天宝十二载八月十一日遘疾,薨于金城里之私第,春秋六十有八"。那么他活跃期属于开天之际,与丝绸之路活跃期相一致。

刘元尚充当市马使的时候,推测在开元前期。大食即阿拉伯帝国。刘元尚市马获得成功,加官晋爵。随后,又前往骨利干市马。骨利干属于北方,历史文献有记载。《唐会要》记为:"骨利干处北方瀚海之北,二俟斤同居,胜兵四千五百,口万余人。草多百合,地出名马。……贞观二十一年正月内附。"②就在贞观二十一年八月,骨利干遣使朝贡,送马百匹,唐太宗还特意为其中的十匹各命美名,还著文叙事③。刘元尚作为朝廷的市马使,往来西域和北方草原,应该都是大宗贸易。

如果说丝绸之路上马匹贸易发达,那么最大的客户只能是沿途国家。中国是农业大国,又有漫长的边境线,军队建设需要大量的马匹,认为中国是丝绸之路沿线重要的马匹需求方,是完全能够理解的。

(作者单位:中国人民大学国学院)

----

① 《全唐文新编》卷四〇三,长春:吉林文史出版社,2000 年,4652—4653 页。
② 《唐会要》卷一〇〇,2116 页。
③ 《册府元龟》卷四〇《帝王部·文学》,429 页。有关唐太宗叙事之文,见《唐会要》卷七二《马》,1542 页。

11—13 世纪中国的两个景教家族

党宝海

　　景教随着唐武宗灭佛运动,在中国内地迅速式微。虽然有研究者指出,部分景教徒转而依托汉地佛教,使景教得以长期存续①,但立论证据尚显单薄。景教在汉地的大规模复兴,要到 13 世纪蒙古帝国建立以后。这一复兴过程,得到大量北亚、中亚景教徒的推动。北亚景教徒原来就活跃在蒙古草原中部的克烈部、阿尔泰山南北的乃蛮部之中。而中亚景教徒则来自天山南北的畏兀儿地区和更西的楚河流域、河中地区,直至伊朗北部、叙利亚的广大地区②。

　　从唐朝后期到大蒙古国建立之前的数百年间,在蒙古大漠以南的华北北部,景教徒的活动虽然罕见,但并未绝迹。20 世纪以来,随着研究的深入,两个 11 世纪移居中国的景教家族——耶律氏和马氏,引起了学界的广泛关注。本文拟对相关研究做一些细微的补充,请方家指正。

---

　　① 王媛媛《唐后景教灭绝说质疑》,《文史》2010 年第 1 期,145—162 页。

　　② 周良霄《元和元以前中国的基督教》,《元史论丛》第一辑,北京:中华书局,1982 年,137—163 页;刘迎胜《蒙元时代中亚聂思脱里教的分布》,《元史及北方民族史研究集刊》第七期(1983 年),66—73 页;Wassilios Klein, *Das nestorianische Christentum an den Handelswegen durch Kyrgyzstan bis zum 14. Jh.*, Turnhout: Brepols, 2000, pp. 203 – 293;周良霄《金元时期中国的景教》,发表于 Roman Malek 编辑的国际景教会议论文集 *Jingjiao*: *the Church of the East in China and Central Asia*, Sankt Augustin: Institut Monumenta Serica, 2006, pp. 197 – 207;牛汝极《十字莲花:中国元代叙利亚文景教碑铭文献研究》,上海:上海古籍出版社,2008 年;Li Tang, *East Syriac Christianity in Mongol-Yuan China*, Wiesbaden: Otto Harrassowitz, 2011;殷小平《元代也里可温考述》,兰州:兰州大学出版社,2012 年;等等。关于中国学界对景教的前期研究,详见杨晓春《二十年来中国大陆景教研究综述(1982—2002)》,《中国史研究动态》2004 年第 6 期,11—20 页。此处不一一列举。

一、迁居时间与宗教传承

耶律氏居住在净州（治所在今内蒙古乌兰察布市四子王旗城卜子村一带），家族墓地位于今四子王旗王墓梁。耶律氏来华是在辽圣宗时期（983—1030），据《管领诸路也烈□□答耶律公神道之碑》（以下简称《耶律公神道碑》，碑刻文字残缺严重，多字缺文用省略号表示）："惟夫□耶律……之祖［太?］尉公，讳保……西域帖里薛人。……当辽圣宗朝，授官不拜。……加太尉、开府仪同三司，改姓曳剌氏。"①

《耶律公神道碑》没有明确指出这个家族的族群身份，只涉及其宗教身份为"西域帖里薛人"。帖里薛即 tersā/tarsā②，为波斯语对基督教的称呼③。该词早在唐代即进入汉语，景净《大秦景教流行中国碑》中写为"达娑"④。在蒙元时期的汉文文献中，该词写为"迭屑"。伯希和曾经论述 tarsā 在蒙元时代多指畏兀儿⑤。如果以上论断不误，那么，耶律氏很可能属于迁徙到西域的回鹘人（后称畏兀儿人）。

不过，耶律氏也有可能来自更远的中亚地区。tarsā 可指畏兀儿，并不等同于 tarsā 只是畏兀儿。毕竟这个词的原始含义是指基督教徒。用来指称基督徒的这

----

① 关于王墓梁耶律氏墓地的介绍和《耶律公神道碑》的录文，均见盖山林《元"耶律公神道之碑"考》，《内蒙古社会科学》1981 年第 1 期，78—80 页；盖山林《阴山汪古》，呼和浩特：内蒙古人民出版社，1991 年。此碑的最早研究者为陈垣先生，1938 年所写论文先以英文发表于 *Monumenta Serica*, vol. 3, no. 1, 中文原稿题为《马定先生在内蒙发见之残碑》，收入《陈垣学术论文集》第一集，北京：中华书局，1980 年，247—248 页。

② 早在 1983 年，刘迎胜先生已经将该词释出，见前引刘迎胜《蒙元时代中亚聂思脱里教的分布》，《元史及北方民族史研究集刊》第七期，71 页。

③ 据北京大学东方语言文学系波斯语教研室编《波斯语汉语词典》，该词词根为 tars，意为害怕、畏惧、担心。tarsā 除了指基督教徒外，还表示胆小的人、懦夫。在波斯语中，基督教用 tarsā-ee（tarsāya）表示。见《波斯语汉语词典》，北京：商务印书馆，1997 年，562 页。

④ 《大秦景教流行中国碑》录文见朱谦之《中国景教》，北京：东方出版社，1993 年，225 页。

⑤ P. Pelliot, "Chrétiens d'Asie Centrale et d'extrême-Orient". *T'oung Pao*, vol. 15(1914), No. 5, p. 636. 此文有汉译本，伯希和撰、冯承钧译《唐元时代中亚及东亚之基督教徒》，《西域南海史地考证译丛》第一卷第一编，北京：商务印书馆，1962 年重印 1934 年本，62—63 页。

一词汇在中古波斯语(巴列维语)、粟特语中就已经存在①。把耶律氏看作来自中亚地区的基督徒或许更符合该词的原初含义。据《耶律公神道碑》,这个家族来华是在辽圣宗统治期间(983—1030)。在这一时期,景教在北亚漠北草原地区迅速传播。据叙利亚文史料,蒙古高原中部地区的克烈部信仰景教始于 1007年(伊斯兰历 398 年)。在这一年,克烈部首领在暴风雪中迷路,基督教圣者显形并引导克烈汗走出迷途,作为回报,克烈汗率二十万部众皈依景教②。克烈部信奉景教是不争的事实,学界倾向于肯定 11 世纪为克烈信教的发端③。忽略叙利亚教会史籍记载中的神话成分,促使克烈部大规模转向景教信仰的,必定有景教传教士全面而深入的传教工作在发挥作用。与景教在漠北地区大规模传播同时,有西域帖里薛人来到辽朝绝不是简单的孤立事件。从这方面考虑,该家族来自中亚景教核心地区的可能性无疑是存在的。

耶律氏来华后,由于得到辽朝的赐姓"曳剌氏",便逐渐成为契丹耶律氏的一员。在金代,这个家族与其他很多契丹人一道,被迫改用汉姓,该家族采用汉姓"刘"④。

另一个重要的景教家族是马氏。他们最初来华是在辽道宗时期,据《马氏世

----

① P. Pelliot, "Chrétiens d'Asie Centrale et d'extrême-Orient". op cit. , p. 636 已经指出 tarsā 的巴列维语形式 tarsāk,冯承钧上引汉译文漏译。该词在粟特语中的使用,见 B. Gharib, *Sogdian Dictionary*, Tehran: Farhangan Publications, 1995, p. 391; 参阅前引 Wassilios Klein, *Das nestorianische Christentum an den Handelswegen durch Kyrgyzstan bis zum 14. Jh.* , p. 133.

② 此事见叙利亚 14 世纪著名学者 Bar Hebraeus 撰写的《宗教史》和 Māri 撰写的《塔之书》。前者明确提到克烈部名,后者则写为突厥。详见 A. Mingana, "The Early Spread of Christianity in Central Asia and the Far East: a New Document", *The Bulletin of the John Rylands Library Manchester*, vol. 9 (1925), no. 2, pp. 14 – 17. 汉译文见牛汝极、王红梅、王菲译明甘那《基督教在中亚和远东的早期传播》,最初发表于《国际汉学》第十辑(2006),后收入牛汝极《十字莲花:中国元代叙利亚文景教碑铭文献研究》,171—172 页。前引周良霄《元和元以前中国的基督教》也对相关史料进行了引证,见 140—141 页。

③ 有学者对 11 世纪初克烈信仰景教的史事持怀疑的看法,并认为克烈应为乌古斯之误。见 E. C. D. Hunter, "The Conversion of the Ke"ait to Christianity in AD 1007," *Zentralasiastische Studien* 22 (1989/1990), pp. 158 – 176. 笔者按,这种质疑的观点并无切实的史料依据,兹不取。参以汉文史料,克烈部自 11 世纪开始信奉景教当属可信。参阅陈得芝《十三世纪以前的克烈王国》,《元史论丛》第三辑(1986 年),后收入同作者《蒙元史研究丛稿》,北京:人民出版社,2005 年,216—220 页;Li Tang, *East Syriac Christianity in Mongol-Yuan China*, op cit. , pp. 27 – 28.

④ 关于改用汉姓以及耶律姓氏与汉姓刘的对应关系,详见前引盖山林《元"耶律公神道之碑"考》。

谱》:"马氏之先,出西域聂思脱里贵族。始来中国者和禄罙思,生而英迈,有识量,慨然以功业自期。尝纵观山川形势,而乐临洮土壤之丰厚。辽主道宗咸雍间,奉大珠九以进,道宗欲官之,辞不就,但请临洮之地以畜牧,许之。遂家临洮之狄道。和禄罙思生帖穆尔越歌,以军功累官马步军指挥使。为政廉平而有威望,人不敢斥其名,惟称之曰马元帅,因以为氏。"①辽道宗咸雍年号共 10 年,从1065 年到 1074 年。有论者指出临洮狄道属于北宋熙州,并非辽朝疆土,帖穆尔越歌所任马步军指挥使,也是宋朝职官②。不过,熙州归属于北宋是在熙宁五年(1072),恰在道宗咸雍年间③。撰写时间更早的元好问《恒州刺史马君神道碑》讲述马氏只说该家族"出于花门贵种。宣、政之季,与种人居临洮之狄道,盖已莫知所从来矣",采用的是北宋的宣和、政和纪年。讲述马氏世系,《恒州刺史马君神道碑》没有提到第一代和禄罙思,而是从第二代迭木儿越哥(即上文"帖穆尔越歌")开始的。从上述种种迹象来看,马氏进入肃州的时间虽然有可能在 1065年到 1074 年间,但自熙宁五年之后,由于该地改由北宋统辖,遂成为北宋的治下之民。

金灭北宋后,马氏地位跌落,流放辽东,后迁往漠南的静州(又写做"净州")天山地区,从事农牧业致富。"帖穆尔越歌生伯索麻也里束,年十四而辽亡,失父母所在,为金兵所掠,迁之辽东,久乃放还,居静州之天山。沥血求父母不得,遂隐居不出。业耕稼畜牧,赀累巨万。"④

值得注意的是,在大蒙古国时期马氏更早的碑传资料中,该家族的宗教信仰、来华时间都是模糊的,而家族的族群身份则比《马氏世谱》的记载清晰得多。关于马氏的宗教信仰,元好问的《恒州刺史马君神道碑》没有透露与景教有关的任何信息,相反,马氏的宗教信仰具有强烈的佛教色彩:"金兵略地陕右,尽室迁辽东,因家焉。太宗尝出猎,恍惚间见金人挟日而行,心悸不定,莫敢仰视,因罢猎而还。敕以所见者物色访求。或言上所见殆佛陀变现,而辽东无塔庙,尊像不可得,唯回鹘人梵呗之所有之。因取画像进之,真与上所见者合。上欢喜赞叹,

① 黄溍《金华先生文集》卷四三,《四部丛刊》影印元刻本。
② 王颋《桐繁异乡——元净州马氏九世谱系考辨》,收入同作者《西域南海史地考论》,上海:上海人民出版社,2008 年,224 页。
③ 《宋史》卷八七《地理志三》"熙州",参见张沛之《元代色目人家族及其文化倾向研究》,天津:天津古籍出版社,2009 年,199 页。
④ 上引黄溍《金华先生文集》卷四三《马氏世谱》。

为作福田以应之。凡种人之在臧获者,贯为平民,赐钱帛,纵遣之。"于是,马氏的第三代把骚马也里黜(即上文"伯索麻也里束")利用这一契机,"迁净州之天山","此地近接边堡,互市所在,于殖产为易,君家勤俭自力,耕垦畜牧所入,遂为富人"①。

这一故事抛开神异成分不谈,我们尚可注意到,景教在金代的影响力是非常微弱的。它作为独立宗教的独特性、排他性并不显著,相反,它和佛教在很大程度上是趋同的,以至于马氏所属的景教寺院被视为佛寺(所谓"梵呗之所"),他们尊奉的神像被看作"佛陀变现"之像。这是我们认识金代景教所应当留意的特殊历史现象。

研究者已经指出,景教在唐代与佛教有密切关系,景教徒参加佛教活动、采用佛教术语、教义上利用佛教教理等②。甚至有研究者推测,唐代后期及后世景教是依托佛教而维系存在的③。中亚突厥人的景教文献也显示了景教和佛教的混合倾向:耶稣被称为"佛",耶稣受难后进入了"涅槃"状态,景教和佛教的一些表述方式也常常并用④。事实上,直到元代,景教仍与佛教有着密切的联系。有资料显示,景教的日常宗教用语,仍在大量借用佛教的语汇。如元代文献记载,有景教教堂被视为佛寺、佛殿;景教徒墓碑上有"匪佛后身,亦佛弟子。无憾死生,升天堂矣"等文字,将耶稣称为佛。又有碑传称,山东济宁景教首领按檀不花"深通佛法,持戒甚谨……□斋素食,月余而罢"。研究者指出,此"佛法"实指基督教而言,斋戒月余指的是基督教为期 40 天的四旬斋(Quadragesima)⑤。

综上所述,在金朝初年的辽东,至少在外人看来,景教与佛教的界限是相当模糊的。不过,上引《恒州刺史马君神道碑》显示,金代初期,来自西北地区的回鹘景教徒在隐蔽的佛教的外衣下,毕竟保留了自己的宗教、圣像和教堂。"金人挟日而行"当与景教耶稣圣像的某类形象有关,而"梵呗之所"正是他们的教堂所在。

----

① 元好问《遗山先生文集》卷二七,《四部丛刊初编》景印明弘治十一年刊本。

② 黄夏年《景教与佛教关系之初探》,《世界宗教研究》1996 年第 1 期,83—90 页。

③ 前引王媛媛《唐后景教灭绝说质疑》,《文史》2010 年第 1 期。

④ Wilhelm Baum and Dietmar W. Winkler, *The Church of the East: a Concise History*, London and New York: Routledge Curzon, 2003, pp. 75–76.

⑤ 张佳佳《元济宁路景教世家考论:以按檀不花家族碑刻材料为中心》,《历史研究》2010 年第 5 期,46 页。该文还列举了元代景教与佛教密切关系的其他例证,可参看。

《马氏世谱》只写出了马氏的宗教身份"西域聂思脱里贵族",而未涉及他们的族群身份。元好问《恒州刺史马君神道碑》则记载:"君讳庆祥,字瑞宁,姓马氏,以小字习里吉思行。出于花门贵种。宣、政之季,与种人居临洮之狄道,盖已莫知所从来矣。"①文字讲了两层意思。首先,马氏"出于花门贵种"。花门是回鹘的代称②。若此,马氏为回鹘人。这和金朝大臣称呼马氏移民的寺院为"回鹘人梵呗之所"一致。但是,接下来文字又说"宣、政之季,与种人居临洮之狄道,盖已莫知所从来矣",即明确地说,政和、宣和年间(1111—1125)马家已经居住在临洮狄道,至于何时从何地迁来等更久远的家史,已经无从得知了。《马氏世谱》则记载,辽咸雍年间,第一代移民和禄呆思以向辽道宗进献九颗大珠为代价,获准居住在临洮狄道。此前,他"尝纵观山川形势,而乐临洮土壤之丰厚"。有可能,该家族来自更远的西域。

耶律氏和马氏来辽朝的时间分别在983—1030年和1065—1072年间。碑传资料都显示他们来自西域,马氏在金朝初年的族群归属是回鹘,但更久远的族属和居住地已无从知晓。这一时期在北亚草原地区景教迅速传播,为我们推测他们的原来居住地和迁徙原因提供了线索。

二、身份的转变

耶律氏、马氏很快适应了在中国的世俗生活。他们取得了辽朝统治者的器重。耶律氏的始祖被任命为"太尉、开府仪同三司,改姓曳剌氏"。

马氏始祖和禄呆思"奉大珠九以进,道宗欲官之,辞不就,但请临洮之地以畜牧,许之。遂家临洮之狄道",狄道归属北宋后,和禄呆思一家仍定居此地。和禄呆思之子帖穆尔越歌以军功累官马步军指挥使。为政廉平而有威望,"人不敢斥其名,惟称之曰马元帅,因以为氏"。第一代和禄呆思获得了临洮狄道的牧地,第二代帖穆尔越歌成为北宋的高级军官,并以官名作为姓氏③。值得注意的是,帖

① 上引元好问《遗山先生文集》卷二七《恒州刺史马君神道碑》。
② 周清澍《汪古部的族源——汪古部事辑之二》,《文史》第10辑,北京:中华书局,1981年;后收入同作者《元蒙史札》,呼和浩特:内蒙古大学出版社,2001年,114—117页。
③ 有学者认为马氏不是来自于官称,而是源于该家族的宗教信仰,"马"可能为叙利亚语表示"教长"的mar,可备一说。见前引殷小平《元代也里可温考述》,178—185页。

穆尔越歌(Temür Öge)是一个突厥—蒙古化的人名加称号,帖穆尔(Temür)为突厥语、蒙古语的共有词汇,意为"铁"。"越歌"为突厥语 Öge,指智者、谋士。这个名称直到 13 世纪时仍在蒙古人中使用,如著名的塔塔尔人首领铁木真兀格。成吉思汗的名字铁木真就源自此人之名①。

在金代,耶律氏的地位有所下降。从大蒙古国时期恢复他们的耶律姓氏来看,这个家族曾被禁止使用契丹赐姓。据碑文,该家族在金朝增添男婴,"正隆间生孙子春、子成"。金正隆年号的使用起于 1156 年,终于 1160 年。这里提到的耶律子春曾在大蒙古国时期与耶律楚材有亲密交往。在耶律楚材写给他的唱和诗歌《寄耶律子春》中,耶律子春又被称为刘子春:"说与沙城刘子春,湛然垂老酷思君。同游青冢春将尽,共饮天山酒半醺。茧纸题诗熟练字,毡庐谈道细论文。五年回首如真梦,衰草寒烟正断魂。"②这位耶律楚材的知己应当就是《耶律公神道碑》中提到的耶律子春。首先,居住地域在净州沙城,与耶律氏世居地相同③。其次,姓氏相同,都为耶律氏。从年龄来看,耶律楚材(1190—1244)与耶律子春应是忘年之交。后者比前者年长三十余岁。现存耶律楚材最早写给耶律子春的诗歌为《丁亥过沙井和耶律子春韵二首》④。丁亥为 1227 年,按正隆年间耶律子春出生推算,1227 年时约为 67 至 71 岁。

蒙古在灭金的战争中,得到契丹人的有力配合。出于对女真人的仇恨,很多契丹人投降蒙古,协同作战⑤。从《耶律公神道碑》"国朝阿□□延□咸……中……尽拔之,遂以……,太祖诏复耶律氏"的记载来看,似乎耶律氏在蒙金战争中曾协助蒙古。据神道碑,契丹耶律氏已经成为该家族的族群身份,而原来的族群身份则已经淡忘。在和蒙古统治者交往的过程中,他们恢复采用耶律姓氏。此外,由于宗教信仰保持不变,这个家族的宗教身份依然牢固。其家族墓地仍坚持使用景教的墓葬形制,并且使用叙利亚文刻写突厥语墓志⑥。

----

① 见《蒙古秘史》59 节,Igor de Rachewiltz,*The Secret History of the Mongols : a Mongolian Epic Chronicle of the Thirteenth Century*,Brill,2004,p. 13,p. 319.

② 耶律楚材《湛然居士文集》卷一〇,《四部丛刊初编》景印元钞本。

③ 在耶律楚材诗歌中多次提到沙城、沙井、天山(即内蒙古阴山)可证,详见上引耶律楚材《湛然居士文集》卷二《丁亥过沙井和耶律子春韵二首》、卷三《和耶律子春见寄五首》、卷四《寄沙井刘子春》。

④ 前引耶律楚材《湛然居士文集》卷二。

⑤ 参阅刘浦江《辽朝亡国之后的契丹遗民》,《燕京学报》新 10 期(2001 年),135—172 页。

⑥ 前引牛汝极《十字莲花:中国元代叙利亚文景教碑铭文献研究》,82—99 页。

　　与耶律氏的情况略有不同的是,马氏家族在金朝的地位经历了先降后升的过程,家族成员为金朝壮烈殉难。《马氏世谱》记载马氏进入金朝的第一代拒绝出仕:"帖穆尔越歌生伯索麻也里束,年十四而辽亡,失父母所在,为金兵所掠,迁之辽东,久乃放还,居静州之天山。沥血求父母不得,遂隐居不出。业耕稼畜牧,赀累巨万,好施与,结交贤士大夫。金主熙宗闻其名,数遣使征之。辞曰:'古者求忠臣必于孝子之门,吾不逮事亲,何颜事君乎?'终不起。"

　　伯索麻也里束之子名习礼吉思(汉名马庆祥,字瑞宁),"姿貌魁杰,以志气自负,善骑射,而知书,凡诸国语言文字,靡所不通"。金章宗时,"卫绍王在藩邸,召见礼宾之。所陈备边、理民十余事,皆军国之要务,悉奏行焉"。泰和年间,"以六科中选,试尚书省译史"。卫绍王继位后,习礼吉思作为金朝使者,出使蒙古,"卫绍王曰:习礼吉思忠信而多智,且善于辞令,往必无辱。及入见,上(成吉思汗——引者)爱其谈辩,而观其器宇不凡,称叹久之。因赐名曰:也而添图古捏,汉言能士也"。

　　贞祐年间,习礼吉思带领全家随金宣宗南迁汴京,"擢开封府判官,内城之役,加昭勇大将军,充应办使,不扰而事集,以劳迁凤翔府兵马都总管判官"。"元光二年秋,谍报大军将攻凤翔。行台命清野以俟,主帅素与之不协,乃减其从骑,行三舍,而与大军前锋遇于洤水,战不利,且战且却,将及城,伏兵遮其归路,矢尽援绝。"习礼吉思被俘不屈而死。"宣宗命词臣王鹗草制,赠辅国上将军、恒州刺史,谥忠愍。"

　　蒙古对待习礼吉思后人的态度耐人寻味。"太宗皇帝闻其忠义,遣内臣撒吉思不花持黄旗抚问其家,得其三子,俾入觐于和林。宪宗皇帝嘉之,使备宿卫。中统元年,丞相线真、内侍蒙速速引见世祖皇帝于白马甸,上谕旨曰:'此也而添图古捏之子,乃父忠于主,朕今官其子,安有不尽力如其父乎?'"①

　　果然,自此以后,马氏便开始为元朝奔走驱驰。大蒙古国时期元好问为马庆祥撰写《恒州刺史马君神道碑》,只说马家是"出于花门贵种"的回鹘人,到了元代,马氏的族群身份已经变成了汪古②。这和漠南回鹘人演变为汪古人的过程

----

　　① 上引文均见黄溍《金华先生文集》卷四三《马氏世谱》。

　　② 马祖常《石田先生文集》卷一三《故礼部尚书马公神道碑》,台北:新文丰出版公司《元人文集珍本丛刊》影印明刊本;许有壬《至正集》卷四六《魏郡马文贞公神道碑》,上引《元人文集珍本丛刊》影印宣统石印本;苏天爵《滋溪文稿》卷九《马文贞公墓志铭》、卷一九《马君墓碣铭》,陈高华、孟繁清点校,北京:中华书局,1997年;《元史》卷一三四《月合乃传》,北京:中华书局,1976年,3245页。

是一致的——汪古多被学者考订为以回鹘为主体，杂糅西北诸部民众而形成的族群①。但是，从另一方面分析，这种族群身份的选择和汪古人在元朝享有更高的政治地位应不无关系。

三、文化的存续与习得

由于耶律氏、马氏是由西域迁入中国的景教家族。旧有的以宗教为核心的文化传统在两个家族中仍不同程度地存续下来。

耶律氏在大蒙古国成立之初，得到统治者的信任。"太祖诏复耶律氏……公主闻其贤……遣使召至位下，授以官，辞不就，□年七十二，无病而卒。"从神道碑上下文来看，此人当为耶律子春、子成的父亲。文中提到的公主，研究者考订为长期执掌汪古政务的成吉思汗第三女阿剌合别乞，当可信从②。接下来提到的是耶律子成，"公讳子成……且□冠……人非凡祖之□悠□□子公……文钦受……寺主，管领也里可温……"。据此可知，在净州地区建有景教寺院，耶律子成是景教寺的寺主，负责管领当地的也里可温（泛指基督教徒，此处当指景教徒）。这和神道碑碑额的内容"管领诸路也烈□□答耶律公神道之碑"是基本一致的。有学者认为，神道碑碑额无法读出的缺字可能是"可温"③，但是"也烈可温答"不符合蒙古语的语音和语法习惯，该词很可能是也里可温 erkegün 的复数形式 erkegüd，似乎可补写为"也烈可兀答"。从耶律氏在四子王旗王墓梁的家族墓地来看，这个家族大量使用石材制作带有十字架的墓顶石，石上用叙利亚文刻写突厥语的墓志文，对中亚景教传统有较好的保持。这和该家族景教首领的身份吻合④。

在内蒙古达尔罕茂明安联合旗敖仑苏木古城出土了一组重要碑刻《王傅德风堂碑》。碑文写于至正七年（1347）。在此碑碑阴，列有汪古赵王府官员的题

---

① 参看前引周清澍《汪古部的族源——汪古部事辑之二》。
② 前引盖山林《元"耶律公神道之碑"考》，《内蒙古社会科学》1981 年第 1 期。
③ 前引陈垣《马定先生在内蒙发见之残碑》，《陈垣学术论文集》第一集，247—248 页。
④ 前引牛汝极《十字莲花：中国元代叙利亚文景教碑铭文献研究》，82—99 页。

名,其中有"圣旨管领也里可温八忽答不花"①。元代景教首领的头衔中带有"圣旨"字样还可以找到其他碑刻资料的例证②。由《王傅德风堂碑》所记景教首领职名,可见汪古部所在漠南中部地区景教徒的数量之多。考虑到耶律氏是这一地区最早迁入的信奉景教的家族,而且在宗教事务方面居于领导地位,不能排除这样的可能:奉旨管领也里可温的八忽答不花或许出自耶律子成家族。

《耶律公神道碑》还提到了耶律子成的高超技能:"王太后令□为漏门,其高□尺,傍施十二门,以象十二时,燃烛于□中□□,水火筹箭,毫厘不差。"有的研究者认为这是耶律子成修建的景教教堂③。此说不确。周良霄先生正确指出,文中所述为制作计时器④。囿于篇幅,周先生未展开论述,谨此略作补充。文中明确提到所造为"漏门","象十二时",明显与计时有关。"筹箭"是古代滴漏型计时器必备的构件。筹,指表示时间的刻度或标尺。箭,又称漏箭,指漏壶中用以指示时刻的指针,通常制成箭形。很多早期漏箭上本身就标有刻度,称为"箭刻"。漏箭随着漏壶滴下的水上浮或下降,通过相应的刻度变化表示当时的时间⑤。元代文献中记述计时漏壶,有提及"筹箭"一词的,如元人袁浩《通州州治谯楼碑铭》记载元至正年间通州(今江苏南通)重建谯楼、制作漏壶等:"更漏之制尚矣。……铸铜为壶,中实以水,窍壶为漏,浮箭为刻,以候中星早晏,验昼夜长短。……新鼓鼙,建旗帜,铸壶滴,置筹箭,弛者张而废者举焉。"⑥以中国国家

① 此处录文据日本考古学家江上波夫的摹写,他曾长期主持敖仑苏木的考古发掘,摹本文字清晰,当可信从。见江上波夫《元代オングト部の王府址「オロン・スム」の调查》,最初发表于1955年,后收入同作者《アジア文化史研究·论考篇》,东京:山川出版社,1967年,图版五九。陈垣据照片将文字读为"管领也里可温八忽塔不花",稍有不同。见前引陈垣《马定先生在内蒙古发见之残碑》,247页。

② 如元代山东济宁景教首领骚马"钦受圣旨玉宝管[领]也里可温掌教司官,重修也里可温寺宇。"见《乐善公墓碑》,道光《巨野县志》卷二〇,叶28a—31b。参见前引张佳佳:《元济宁路景教世家考论:以按檀不花家族碑刻材料为中心》,47页。

③ 前引盖山林《元"耶律公神道之碑"考》,《内蒙古社会科学》1981年第1期。不久前出版的学术著作仍沿袭此说,见王大方、张文芳编著《草原金石录》,北京:文物出版社,2013年,168页。

④ 前引周良霄《金元时期中国的景教》,收入 Jingjiao: the Church of the East in China and Central Asia, pp. 206 – 207.

⑤ 石云里《中国古代科学技术史纲·天文卷》,沈阳:辽宁教育出版社,1996年,197—200页。

⑥ 文见《全元文》51册,南京:凤凰出版社,2004年,469页。原文见(康熙)《通州志》卷一四、(光绪)《通州志》卷三。

博物馆藏元代延祐三年（1316）铜壶滴漏为例，整套滴漏由日壶、月壶、星壶、受水壶组成。四壶自上而下依次安放，通高 264.4 厘米。日壶的水以恒定的流量滴入下层的月壶，月壶之水滴入星壶，星壶之水滴入受水壶。受水壶的壶盖正中立一铜表尺，上有时辰刻度。铜尺前放一木制浮箭，木箭下端是一块木板，名曰浮舟。受水壶中的水随时间推移而增加，浮舟托起木箭缓缓上升，木箭顶端与铜表尺上的刻度对照，可知当时时间。这是中国现存最早的复式漏壶①。带有时辰刻度的铜表尺就是筹，与浮箭配合使用，表示时间。从《耶律公神道碑》的文字来看，耶律子成设计制作的漏门比较复杂，除了用水外，还采用烛火以供夜间照明。用十二门显示十二时辰，似乎采用了复杂的旋转轮轴构造，让十二时辰逐次呈现，而且计时准确，"毫厘不差"，达到了很高的计时精度。这种复杂、高超的计时器制造技术，很有可能是耶律氏在中亚故乡就已经掌握的。他们虽然离开了故土，但并未放弃自己的宗教和传统技能。正如唐代文献所述，景教徒多掌握一些高明的技艺，"雕镌诡物，制造奇器。用浮巧为珍玩，以谲怪为异宝"②。从耶律氏制作漏门的工艺来看，是完全符合这一文化传统的。

马氏对景教传统的保存，只能从人名见其端倪。第一代：和禄罙思（Horam Mishael）。第三代：伯索麻也里束/把骚马也里黜（Bar-Cauma Elišo）。第四代：习礼吉思/习里吉思（Sirgis，名庆祥，字瑞宁）。第五代：月忽难（Johanna，名贞，字正臣，又名福海）。第六代：约实谋（Joseph）、奥剌罕（Abraham）、保禄赐（Paulus）、世吉/失吉（Sirgis）、审温（Simeon）。第七代：阙里奚斯（Georges）、岳难（Johanan）、雅古（Yakub）。第八代：天合（Denha，即马祖中）、易朔（Yiso）、卤合（Luc）。第九代：伯嘉讷（Buccanan）等③。

---

① 胡继勤《我国现存唯一完整的一件元代铜壶滴漏》，《文物参考资料》1957 年 10 期，43—44、38 页；中国国家博物馆编《中华文明：〈古代中国陈列〉文物精萃》，北京：中国社会科学出版社，2010 年。

② 《唐会要》卷六二"谏诤"，开元二年柳泽疏。北京：中华书局，1955 年，1078 页。

③ 人名资料和世系图，详见殷小平《元代也里可温考述》，157—162 页。但是第 161 页世系表有误，表中"世忠"的子孙应属"世昌"。另外，据《马氏世谱》，马润只有七个儿子，天合并非马润之子。前引张沛之《元代色目人家族及其文化倾向研究》197 页列为马节之子，亦不确。据王颋考证，为马礼之子，即马祖中。此说可以信从。见前引王颋《桐繁异乡——元净州马氏九世谱系考辨》，221 页。

　　凡是能够复原的景教常见人名,已经随文用拉丁字母拟出①。由上述人名不难看出:尽管马氏家族汉化日深,但是他们仍然在一定程度上保持着景教的传统,没有完全忘记本家族的宗教文化。

　　在另一方面,我们也应看到,无论耶律家族还是马氏家族,他们对汉文化的接受程度是逐步加深的。耶律家族的耶律子春能与耶律楚材建立深厚友谊并多有诗文唱和,应具有很高的汉文写作能力和文化修养。在耶律楚材的和诗中,有这样的诗句:"科登甲乙战文闱,吾子才名予独知。""曲蘖乡中前进士,风波堆里老中书(渠有诗云:老去惟耽曲蘖春。故有是句)。"②有研究者根据这些诗句指出,耶律子春可能参加过金朝的科举考试并考中进士③。

　　马氏,尤其马祖常在汉文化上取得的成就在元代是引人瞩目的。学界对此已经有很多研究,兹不赘述④。金代马氏对汉族传统伦理的接受与践行值得在此讨论。从碑传材料来看,对忠孝伦理的奉行最为突出。伯索麻也里束认为:"古者求忠臣必于孝子之门,吾不逮事亲,何颜事君乎?"拒绝出仕金朝。习礼吉思(马庆祥)"性纯悫,儿时侍亲侧如成人,饮食必后长者"。"或劝之仕,辄应之曰:幸有以具甘旨,夫复何求?况昆弟皆蚤世,我出,孰与为养乎?父有疾,粥药必亲尝,衣不解带,疾不可为而殁,哀恸几绝,庐于墓侧三年。母亡,执丧亦如之。闻者皆曰:笃孝君子也!"习礼吉思作为金朝使节出使蒙古被扣留,对于成吉思汗的诱降,他的回答是:"贪利则不仁,避害则不义,背君则不忠,出使而不报则不信。诚拘留不返,当以死自誓,反道失身,虽生何益?"成吉思汗"知不可夺,乃厚礼而归之"。蒙金战争爆发后,蒙古遣使索要习礼吉思,金朝同意遣送。习礼吉思涕泣而言曰:"臣身犹草芥,不足惜也。苟利于国,虽死不恨。但以人资敌,岂谋国之道哉?"金朝最终拒绝了蒙古的索要。当习礼吉思防守凤翔陷入蒙古重围之时,蒙古再次招降,诱之曰:"我国闻公贤,屡召不至,今亟降是转祸为福之机也。"习礼吉思不为所动。被俘之后,蒙古强迫他投降,"令军士彀弓持满,环向

---

　　① 人名的拟定参考了前引 P. Pelliot, "Chrétiens d'Asie Centrale et d'extrême-Orient", p. 630. 伯希和撰、冯承钧译《唐元时代中亚及东亚之基督教徒》,56 页;张沛之《元代色目人家族及其文化倾向研究》,263 页;殷小平《元代也里可温考述》,49—76 页。

　　② 前引耶律楚材《湛然居士文集》卷二《丁亥过沙井和耶律子春韵二首(其一)》、卷三《和耶律子春见寄五首(其五)》。

　　③ 刘晓《耶律楚材评传》,南京:南京大学出版社,2001 年,206 页。

　　④ 详见前引张沛之《元代色目人家族及其文化倾向研究》第五章《汪古马氏家族考察》;前引殷小平《元代也里可温考述》,165—178 页。

而胁之曰：不降，死矣。又不听。鷇者毕发，夫集其身如猬，骂不绝口而死"①。习礼吉思对国家忠诚不渝，慷慨死节，放在任何一个时代都是可歌可泣的英雄。我们从他的言行，可以看到儒家伦理的强烈影响。

总　结

本文利用汉文文献《耶律公神道碑》和《马氏世谱》《恒州刺史马君神道碑》，结合其他中外史料，对耶律氏和马氏两个信奉景教的非汉人家族做了讨论。两个家族的碑志和谱牒资料显示，他们的族属可能为回鹘，但笔者推测他们也有可能来自景教传统更为深厚的中亚或西亚地区。由于特殊的身份、技能，他们迅速得到辽朝、北宋统治者的器重，分别获得了契丹赐姓与汉姓。虽然辽、宋被金朝灭亡以后他们的地位一度低落，但凭借文化和技能，又都较快复兴。在蒙古灭亡金朝的战争中，两个家族的政治立场不同，而后来均得到蒙古统治者的任用。

具有深厚景教根基的耶律氏除了出任地方官，还掌握着净州等地基督教的领导权，其家族成员被任命为寺主、管领各路也里可温。人丁兴旺的马氏则出任元朝的世俗官职，累代仕宦不绝。

在文化方面，耶律氏和马氏在不同程度上保持着景教的文化传统，前者的景教传统保留得更多，此外还掌握高超的计时器制造工艺。马氏的景教影响主要体现在人名上，这个家族从金代以后受儒家文化的影响，出现了一批忠孝之士和艺文人才。

如果把唐代、元代视为景教/聂斯脱里教传入中国的两次高潮，那么，在此期间的11—13 世纪，景教传入中国的渠道并未断绝，仍有新的景教信仰者把这一宗教带入中国的华北地区，他们保有教名、圣像、教堂。尽管这一时期的景教可能受到佛教的强烈影响，对所在地域民众的影响有限，但它毕竟以一种独立的宗教形式存在。

除了探索唐代景教在 9 世纪以后的遗存和影响之外，唐、元之间中国景教具有新的来源和独特存续状态，这同样是值得关注的研究课题。

（作者单位：北京大学历史学系）

---

① 前引元好问《遗山先生文集》卷二七《恒州刺史马君神道碑》。习礼吉思为金殉国事，又见《金史》卷一二四《马庆祥传》，2695 页。

附录一　吉尔吉斯斯坦学者"李白与丝绸之路"研究论文选粹

[编者按]吉尔吉斯斯坦国立民族大学孔子学院为配合会议的召开,组织吉尔吉斯斯坦学者编辑出版了吉尔吉斯语与俄语版《"李白与丝绸之路国际学术研讨会"论文集》(比什凯克,2015),包括参会研讨的俄语论文以及李白诗歌的吉语翻译选本两部分,代表了该国"李白与丝绸之路"研究的最新成果。兹选取其中具有代表性的论文4篇,由吉尔吉斯国立民族大学孔子学院的老师们翻译为中文,以飨中国读者。该论集目录,亦附译其后,以便参考。

公元前1000年吉尔吉斯与新疆游牧民族
之间的文化关系
——以中国伊犁河谷地区遗迹为例

伊万诺夫·谢尔盖

一千年前,今日新疆地区的民族文化情况相当复杂。根据中国考古学家的研究,这里被分为多个游牧和半农耕文化区域:东部地区的洋布拉克文化,中部地区和天山北部的苏别依西或苏贝西文化,天山南麓的察吾乎沟口文化,西部地区喀什噶尔的香宝宝文化(塔什库尔干文化遗迹),还有毗邻哈萨克斯坦的中国伊犁河谷地区分离出的遗迹群,这里有时可以合并成单独的文化类型①。

不过该文化区域的划分并不是最终的,它仍然在继续调整和明确中。近年来,在中国的阿勒泰地区已经发现并研究了巴泽雷克类型的古墓遗迹。

在这个领域中,中国伊犁河谷地区塞种遗迹的文化现状是很有趣的。近几十年来在那里已经发掘并研究了一系列完整生动的墓葬遗迹(包括索墩布拉克、

---

① 舒力尕,2010,16—20页,图一。

铁木力克、穷科克、伊勒格代墓地等）。他们与天山和七河地区的塞种文化具有显著的相似性①。

然而，新疆该地区已被研究的塞种时期墓葬具有其特殊性，甚至是在他们内部也有一系列细微的差别。而且形成的墓葬所在地越是处于伊犁河流域较高的地方，与吉尔吉斯斯坦及邻国哈萨克斯坦七河地区的塞种墓葬差异越大。

研究中国伊犁河谷地区塞种时期的墓葬，主要是为了确定同一时期在天山和七河地区的塞种遗迹其相似性或差异性的程度②。

伊犁河谷上游地区的塞种遗迹根据其地形特点形成了多样化的类型，即这些遗迹不仅显示了墓葬在所在墓区中非系统性的位置，还显示了其在链状排列上的位置以及当时封堆所处的位置。有些封堆是无序的（如穷科克墓葬）。在这方面，伊犁河谷上游与天山和七河地区的塞种遗迹相当接近，这些墓葬中的随葬品通常处于链状排列的位置，但同样也会遇到墓葬位置不成系统的情况。

墓葬通常不大，为土石结构。在墓葬的封堆上几乎总是有清晰的两个石环，虽然有些封堆表面上的石头是随意放置排列的，但是通过进一步的挖掘几乎能够断定内外石环总是位于墓葬的正上方。天山和七河地区墓葬封堆的详细结构几乎相同。

在中国伊犁河谷地区墓葬内部结构呈现出相当大的可变性，如简单泥土墓穴、竖穴偏室墓、石椁、泥土墓穴中有部分岩石构成的砌面等。前两种墓葬内部结构是较为常见的，而后两种比较少见。实际上在所有已被研究的墓葬中大都是泥土墓穴。在某些情况下这些墓葬中有用于放置随葬品的偏室。竖穴，通常设在墓穴入口处的北墙，在墓道与偏室之间有生土二层台。在不少墓葬中都有部分岩石构成的砌面（如穷科克墓葬、山口水库墓地等）。这些墓穴与简单的泥土墓穴相比没有太多的不同。但穷科克墓葬中的石椁是非常罕见的。

从这些墓葬的内部结构描述中可以清楚地看到，中国伊犁河谷地区墓葬中竖穴偏室墓的比率较高；而在同一时期，天山和七河地区墓葬中竖穴偏室墓相对

----

① 《察布查尔县索墩布拉克古墓群》，《新疆文物》1995 年第 2 期，1—19 页；《伊犁恰甫其海水利枢纽工程南岸干渠考古发掘简报》，《新疆文物》2005 年第 1 期，13—32 页；《2005 年度伊犁州巩留县山口水库墓地考古发掘报告》，《新疆文物》2006 年第 1 期，1—40 页；《在古代和中世纪早期的"东部突厥"》（经济.物质文化），1995，256—260 页；苏加金娜，2010，183—197 页。

② 阿吉舍夫 K. A.，库沙耶夫 Г. A.，1963；塔什巴耶娃，2011。

较少。这两个被研究的区域其他方面实际上又没有区别。此外,需要注意的是,在新疆伊犁河谷地区遗迹中有竖穴偏室墓和泥土墓穴的现象,这种现象不仅出现在一个墓葬中,而且在个别情况下也会出现在同一个墓葬群中,这充分表明这些墓葬群的年代时间是一致的,这与随葬品并不矛盾。

随葬品具有多种形式,主要由陶器组成,基本组合与天山及七河地区的塞种器皿没有差别。此外,在形式上也表现出了相似性,一些地方(如环状把手、带管状壶嘴的器皿等)在外观设计上主要是光滑的釉底料。但同一时期,中国伊犁河谷墓葬中出土的相当一部分陶器涂有暗红色或棕红色的陶衣,主要的图案是交叉的斜线("网"状图案)、三角形、菱形格纹等①。

天山和七河地区的塞种器皿很少有陶衣,但是在图案和颜色的选择上是相同的。此前人们认为,在塞种遗迹中存在彩陶是受费尔干纳地区的影响。然而,现在很明显,传统灰陶的传播已经过去了,在新疆东部地区早期的察吾乎沟口遗迹中已出现具有相同类型纹饰的彩陶。因此,彩陶在伊犁河谷上游地区遗迹中有较高的比例可以归因于与新疆相邻的斯基泰—塞种文化的影响。

其他种类的随葬品,包括日常生活物品、武器、首饰等,其外观与已知的天山和七河地区墓葬并没有明显的差异。所以在此我们还不能说,中国伊犁河谷地区的塞种墓葬是非常不同的。这些墓葬中常常只有不多的几个容器或单个的物品,主要是铁质的刀具。虽然他们更接近于天山和七河地区的塞种遗迹,但毕竟天山和七河地区的墓葬随葬品数量非常有限。

这些不多的相似性使大部分伊犁河流域上游的墓葬不能准确地显示其年代归属,因此,他们往往被追溯到公元前一千年末期,与乌孙文化相关,有时也会出现在俄罗斯文学作品中。然而其整个物质文化面貌近似于公元前5世纪至2世纪早期的欧亚游牧民族的遗迹,没有任何受到匈奴文化面貌影响的迹象。假如他们确实是属于匈奴—萨尔玛提亚时期的遗迹,那么一定会受到其影响。伊犁河流域上游与天山及七河地区的墓葬遗迹的相似性考察有利于进一步证明他们所处的年代是一致的。

中国伊犁河谷地区早期游牧民族的墓葬遗迹与天山和七河地区周边的塞种遗迹基本上类似,虽然在细节方面有一些区别,比如最具特点的是竖穴偏室墓出

---

① 苏加金娜,2010,196 页。

现的比率较高,但在同一时期,他们实际上与天山和七河地区的遗迹几乎没有区别。在仅存的文化区域出现竖穴偏室墓的墓葬,很有可能与伊犁河上游的人口迁移有关。墓葬传统的其他部分都非常接近,包括随葬物品的组成。

上述论证可以归结出,中国伊犁河谷地区的遗迹是天山和七河地区塞种文化的特殊地域形式,具有其自身强烈的地域传统,同时,它也影响着邻近文化,形成了伊犁河上游墓葬的独特性。

天山和七河地区的塞种文化存在相似的特殊性,在天山地区发现了被认为是七河文化类型的青铜物品,包括祭祀桌、灯盏和大量用于装饰的罐子。而大部分物品也出现在新疆伊犁河谷地区①。但考古学家们的一些研究结果也指出,其中一部分(吐鲁番地区)阿拉戈乌墓葬与苏贝西(苏贝依西)文化有关,在那里发现了饰有虎翼的灯盏,在七河地区也有类似的祭祀桌和灯盏。这表明天山和七河地区的塞种文化沿着伊犁河向更远的东部地区传播——出现在吐鲁番绿洲,而且,更早些时候就已经出现在了该地区。对阿拉戈乌虎翼灯盏的研究发现其明显受到阿契美尼德文化的影响。因此,可以确定早在公元前5世纪至6世纪初他就已经出现在那里,这与M30号墓葬并不矛盾,该墓葬的埋葬时间是公元前5世纪末至公元前3世纪初②。

在此基础上,我们可以间接地断言,至少是在公元前5世纪,天山和七河地区的塞种文化就已进入中国伊犁河谷地区,从那里与新疆东部地区的其他文化产生了关联。与此同时,产生了相反的文化影响,并且伊犁河上游的部分居民可能迁向了七河地区和天山。不过,新疆的这部分地区可能在更早之前——公元前7世纪末至公元前6世纪就已经与天山和七河地区有了积极的联系,从而主动形成了早期游牧民族文化认同的关联。

在近期出现了更多有利于证实天山和七河地区早期游牧民族的事实,可以在塞种—虎翼(«острошапочные»塞种)的阿契美尼德铭文中确定。早期游牧民族在古代中亚地区建立了强大的民族政治联盟。并且,很明显可以确定中国伊犁河谷地区在很长一段时间里是这个塞种联盟的一部分。总之,长期停留在单一的政治和文化空间的框架内可以解释伊犁河谷上游地区与天山和七河地区居

---

① 李肖、党彤《准噶尔盆地周缘地区出土铜器初探》,《新疆文物》1995年第2期,46页图39—46,53;舒力泵,2010,58页图1—3,5,8.

② 《在古代和中世纪早期的"东部突厥"》(历史文集),1988,183—188页。

民文化的相似性。

参考文献:

1. 阿吉舍夫 K. A. ,库沙耶夫 Г. A.《伊犁河谷的乌孙和塞种文化》,阿拉木图,1963。

2.《在古代和中世纪早期的"东部突厥"》(历史文集),莫斯科,1988。

3.《在古代和中世纪早期的"东部突厥"》(经济. 物质文化),莫斯科,1995。

4. 伊万诺夫 C. C.《在塞种时期天山古代游牧民族关于民族文化认同的问题》,《自然、社会和人类研究方面的系统方法》,比什凯克,2015。

5. 苏加金娜 H. A.《在公元前一千年末至公元一千年初伊犁河谷居民墓葬仪式的最新数据》(根据穷科克 1 号墓葬的出土物品),俄罗斯圣彼得堡大学物质文化历史学院的记录,2010,第五号。

6. 塔什巴耶娃 K. И.《天山和阿勒泰地区早期游牧民族文化》,比什凯克,2011。

7. 舒力尕 П. И.《公元前 8 世纪至 3 世纪新疆墓葬群的年代表和分期》,巴尔瑙尔,2010。

8.《察布查尔县索墩布拉克古墓群》,《新疆文物》1995 年第 2 期。

9.《伊犁恰甫其海水利枢纽工程南岸干渠考古发掘简报》,《新疆文物》2005 年第 1 期。

10.《2005 年度伊犁州巩留县山口水库墓地考古发掘报告》,《新疆文物》2006 年第 1 期。

11. 李肖、党彤《准噶尔盆地周缘地区出土铜器初探》,《新疆文物》1995 年第 2 期。

(作者单位:吉尔吉斯国立民族大学国际关系与东方学系)

(李原花　译)

7—8世纪唐代的中亚外交政策与游牧民族

朱马纳利耶夫·藤奇博洛特

中亚的游牧文明与定居农业文明总是处在对抗状态之中。这是两种不同的社会结构、经济类型、种族、政治体系、生活方式塑造的不同文明。这种对抗时常导致冲突与战争,而其结果就是文明载体的毁灭、民族的根绝和领土的兼并。无论如何,在15世纪前,世界史从不了解游牧和定居这两种文化在时间、空间与破坏规模方面的对抗。

应对强大的定居农业文明需要更加强大的军事政治结构,这正是所谓的游牧帝国。如艾思第所指出的那样,游牧民对农耕民族发起进攻并不意味他们处于衰败之中,相反,当他们衰落、当他们穷困或受到饥饿带来死亡的威胁时,他们会返回山林,在那里得到拯救;直到他们重新变得强大时,又会开始新的攻击①。此外,在对外征服的过程中,政治权力会由于新部族的加入,使统治家族拥有更多的物力、人力资源,而得到进一步加强与巩固。统治者将这些资源再分配给自己的同族是必需的。因此,战争与掠夺是游牧国家或帝国出现的最重要的因素。

游牧民对外界的依赖还取决于另外一个因素,即游牧经济的一个特征,就是一贯的不稳定。自然灾害和瘟疫带来了周期性的波动,大量牲畜的死亡以及随之而来的饥饿等,这些后果是极端负面的②。

为了成功地进行扩张,游牧社会应当足够团结。同时,入侵的对象越强,对游牧民集中与团结的要求就越高。绝大多数游牧民对最大程度的掳掠感兴趣,

---

① H. 艾思第《6世纪下半期突厥人与中国的贸易与军事关系》,*Acta Orientalia*,Budapest,1968,Hung. Tom. XXI. pp. 140 – 141;I. 艾思第《公元615年中国与突厥人的政治接触与冲突》,*Acta Orientalia*,Budapest,1980,Hungarica;《中亚前伊斯兰史料集选》第一卷第四章,1990,Edited by J. Harmatta, pp. 123 – 130;H. H. 克拉金《游牧社会》,符拉迪沃斯托克,1992,162页。

② 哈扎诺夫《欧亚草原游牧民历史回顾》,《社会进化的游牧民选择》,莫斯科,2002年,40页。

但是扩张过程中征服者却面临着新问题,如政权的稳定、游牧贵族社会地位与财产地位的巩固等。他们如何成为被征服民众的统治者,取决于他们自己正确的决定。扩张可以减轻或解决由于游牧社会内部分裂而引发的社会问题,同时扩张把问题向外输出,靠被征服与臣服的社会来解决自身的内部问题①。在征服中亚大部分地区后,突厥人成了从中国向地中海延伸商道的主要分支的控制者。

这条商道上的主要中间人是粟特人与波斯人,他们控制了从河中到叙利亚的商道。当时丝绸的主要购买者是拜占庭。丝绸贸易给粟特商人与突厥大可汗带来了可观的收入。突厥人取得了通过粟特人销售自己的掳掠物与来自中国各王国贡赋的可能。

在征服中亚的农耕区域后,突厥人遇到了萨珊波斯与拜占庭这样与他们之前遇到的中国文明比肩的文明。对突厥人来说,一个陈旧的观念被打破了,即"中国不再是唯一一个农业国家"。现在需要将自己的对外政策方向转向西方,因为在这里可以与农耕地区建立商业贸易关系而又不存在来自他们的政治压力②。

中亚地区长期的变化很大程度上影响了突厥汗国与邻国关系的广度与紧密程度。突厥人第一次以独立的身份加入国际舞台,他们视领土扩张及财物、奴隶与市场的获取为自己的目标;由此又衍生出新的利益诉求:寻找同盟者,寻求霸权,保证国家的外部安全,组建军事政治集团,占领新的土地③。

游牧民政治组织形式的特殊性对突厥汗国的对外政策赋予印记。内部矛盾破坏了军事实力,弱化了对外政策的积极性。如果游牧国与农耕国的对外政策不与他们自己对外部世界的观念发生冲突,这两种政策取向在大多数情况下是不相容的。

游牧民族与农耕民族不同的观念体系决定了他们的外交关系。当一方承认另一方的统治时,这种统治可以表现为给予贡赋,独立的小邦或部落的统治者前往宫廷朝见,亦或者站在领主方面作战。突厥汗国作为中亚地区一个强大国家

----

① 哈扎诺夫《游牧民与外部世界》,阿拉木图,2000 年,365 页。
② H. B. 秋聂尔《中国史料中的南西伯利亚、中亚与远东各民族》,莫斯科:远东文化出版社,1961 年,75—76、128 页。
③ A. H. 别伦施塔姆《蒙古征服前的吉尔吉斯斯坦与吉尔吉斯古代史》,《吉尔吉斯斯坦与吉尔吉斯人历史与考古资料选编》第二卷,比什凯克,1997 年,243 页。

的出现引起了上述列强的不同反应。特别是中国,把此事看得非常负面,其预见两大帝国间不可避免的冲突只是个时间问题。至于说到萨珊波斯与拜占庭,因为他们互相敌对,他们均把突厥汗国当作自己可能的盟友。因此两者均在与突厥汗国保持结盟关系中维护着自己的全球利益①。

公元 6 世纪 50—70 年代,突厥人向东方征服了高昌、铁勒和新疆农耕地区的其他小城邦地方政权,同时也征服了高车、托古兹奥古兹人、奥土兹鞑靼人、契丹人等居住在这里的人民。西部领土的征服使突厥人成为强大的悒怛帝国的邻居。当时这一帝国的领土囊括广大地域:中亚的大部分、阿富汗、西北印度、新疆南部绿洲城邦政权。553—556 年,突厥汗国成功地消灭柔然,然后又与西魏一起进攻吐谷浑王国,突厥人与中国北部之北齐、西魏建立了外交关系。之后,突厥汗国又与西魏签订了针对北齐的联盟。557 年,北周代西魏后,继续保持与突厥的关系,两个北中国王朝都尽力讨好突厥,最终他们都成为突厥的朝贡国家②。

这样,6 世纪 50—70 年代突厥人在中亚的对外政策基础,是确立自己在区域内的统治地位,他成功地在北中国各王国中立的情况下攻下了柔然,征服了新疆地区的绿洲,然后,与伊朗一起灭亡了悒怛帝国。突厥汗国的领土延伸至阿姆河。6 世纪 70 年代突厥人成了中亚的主人,控制了丝绸之路的大部分。正如古米廖夫指出,囊括整个亚洲草原的统一大国的出现,对中国、拜占庭、伊朗的外交具有重大意义③。

6 世纪 80 年代初,汗国进入了一个长期的危机时代,内部因素是危机之源——王族争夺汗位。额实巴尔汗以分封采邑给自己近亲的方法试图克服危机,但是只能帮助帝国暂时避免手足相残,战争还是在 584 年爆发,且危机并不局限于此④。突厥汗国那些离心力量扩大了,在战争与掳掠中富裕起来的占有大量封地的突厥贵族开始致力于自治。所有这些导致了汗国的政治危机与内部争斗,之后危机中的汗国分裂为东西两部。

----

① 《吉尔吉斯斯坦与吉尔吉斯人历史资料》(公元前 2 世纪到 18 世纪中国史料),*МИКК.* 第二卷,比什凯克,2003 年,14 页。

② Г. Е. 格鲁姆—格勒日马衣勒《西蒙古与乌梁海边区》,《与中亚国家相关各国历史概要》第二卷,列宁格勒,1926,119—120 页。

③ 《匈奴史料集》,C. 125。

④ Н. Я. 比丘林《远古时期中亚地区各民族史集》,335—236 页。

在外部因素中,首先应当指出的是中国的统一。外部与内部因素促使中国必须统一。隋朝与继之而来的唐朝都实施了经济改革与中央集权,这些措施使中国很快成为一个强大的国家。

581 年中国重新统一后,中亚的局势发生了根本性的变化,突厥人开始遭到隋朝军队的连续打击。在对外政策方面,新的朝代对游牧民采取了严厉的态度。他们对北方的邻居实施了新的战略与战术。隋唐王朝制订了先削弱、后消灭游牧王朝的策略。与突厥汗国内部的纷争与动荡相联系,中国王朝采取的一系列预防性政策是完全有益的,这些政策使中国王朝对突厥汗国内部政治冲突的干预成为可能。中国的强大正好赶上了突厥统治集团内部,尤其是王族阿史那内部的纷争。583—584 年,突厥汗国内战开始,战争以托烈门汗、卡拉秋林塔尔都施汗、塔姆干汗、杰基设为一方,以额实巴尔大汗为一方。额实巴尔大汗当时试图吞并另一方的封地,进攻他们的同盟,引起了诸汗的不满。此外,由于内部战争,突厥敌对各方需要隋朝的帮助,沙钵略可汗就希望与隋朝和平相处,并得到军事支援以打击西突厥汗国。同样,西突厥的达头可汗也向隋朝皇帝请求援助,但是隋廷拒绝了所有人。很快沙钵略可汗就向朝廷发出国书,公开表达了自己成为中国藩属的愿望。朝廷赐予可汗鼓乐与旗帜,以证明他是唐朝的属臣。这次仪式后,隋朝派出军队和沙钵略一起击败了阿波汗。他把掳掠物全部留给自己并发誓永不侵犯中国边境,每一年都向中国献出贡赋①。

突厥汗国持续十年的战乱终于在 603 年将帝国分裂成东西两部。应当特别指出的是,归并到汗国的契丹人、阿巴尔人、乌格尔人、高车人、契比人、赛扬古人中的部分人接受了隋朝的宗主权,在隋朝的挑唆与收买下,不止一次地挑起过动乱。古米廖夫写道:尽管违背了突厥人民的意志与愿望,但汗国还是分裂了。分裂是相互疏远和仇视的结果。曾几何时是一个整体的两个部分走上了不同的道路。同时中国统治者采取一系列外交行动来分裂汗国,而汗国内部其实无须这一切,分裂的趋势已经很明显了②。

中国的战略家很清楚,尽管汗国分裂了,但其依然是非常可怕的力量,于是中国又在儒家思想的基础上制订了臣服突厥的计划。中国的使臣们积极活动,

----

① H. B. 比古列夫斯卡亚《6、7 世纪之交的拜占庭与伊朗》,莫斯科、列宁格勒,1946 年,82—83 页。

② Л. Н. 古米廖夫《古代突厥人》,148—149 页。

试图改变可汗们的地位。很快沙钵略可汗承认自己是隋朝的属臣,作为交换,他得到了皇帝军队的支持,打败了发起叛乱的达头系可汗们——卡拉秋林汗与阿波托烈门汗。

这一时期中国的外交起到了很大的作用。外交使沙钵略汗与阿波汗发生了争执,后者建立了强大的联盟来反对沙钵略汗与隋朝。多亏中国的使臣长孙晟,向中国发起的远征被叫停,隋朝分别与沙钵略可汗、卡拉秋林塔尔都施可汗签订了和平协议。在中国显贵裴矩向皇帝呈交的奏章中,建议将突厥汗国分为东西两部。皇帝赞同了这一方案,并且下令在迎接射匮可汗的使臣时使用相同的礼仪。

射匮可汗被授予象征王权的带有白色羽毛的竹箭,以鼓励他进攻处罗可汗。后者被完全粉碎,他被俘后送至隋朝,在那里成为一名尊贵的俘虏。这样,朝廷正式承认突厥汗国的分裂。相应的,两个大可汗的地位被朝廷认为是同等的,他们在隋朝的地位也是同等的,即他们都是皇帝的属臣。隋朝达到了自己的目的。隋朝主持签订的两个汗国之间的和平协定对后两者来说都是极其负面的,因为中国认定的两个大汗的平等主体地位,成为其进一步分裂与矛盾进一步激化的重要原因。

588 年,隋朝皇帝允许突厥人在边境地区展开与中国的贸易。应当指出,中国同任何外国的贸易,包括与游牧民的贸易均被视作政治问题。私人贸易被视为对国家的背叛与犯罪,理应受到惩罚,最高可以处死。易货贸易的发展取决于形势,中国人可以在任何时候暂停贸易。很明显,上述让步是战术性的决定。因为在长期的战乱和贫困后,中国需要一个喘息的时机,突厥人到最终也没有认识到中国给予他们的帮助最后竟然成为他们臣属中国的开端。中国人将突厥人的请求视为他们服从的信号,帮助他们然后将他们纳入自己的藩属。之后所有这些帮助都被用来打击同族的突厥人,要求他们保护中国边界不受可能的外来入侵者的侵犯。

突厥人继续寻找同中国的贸易机会,他们在边境地区用牲畜交换丝绸,在必要的情况下发出强硬要求,或者以军事入侵做威胁。但这一点在中国的理解是不一样的。一般来说,对游牧民的行为给予老生常谈的解释,即他们好战、残酷等,中国的记载经常提到这点,而游牧民经常性地入侵不过是要寻找贸易机会。综上所述,中国严格监控对外贸易,因为贸易是国家的垄断权利与特权。国家制订了禁卖物品清单,其中有很多是民用商品。销售这些商品要受到处死的威胁,被视为对国家的背叛①。

在两大帝国的竞争中,中国获胜并赢得了在中亚的统治地位。这应该归功于中国的外交艺术,即不需要召集大量的军事力量,只是使用谋略就足以制服游牧民。此外,汗国也使用了中国的这种外交手段,将汗国的离心力量引入了自己的轨道。汗国那时已经处在分裂的缝隙中,他们已经是相互仇视的两个部分,其战争一直持续到他们先后于 630 年(东突厥)、658 年(西突厥)完全臣属于中国。

西突厥的主要对外政策就是控制贸易通道,保证其安全,保证驼队贸易的正常进行。这种贸易带来了巨大的收益。在这一点上,汗国的统治者与定居民族的利益,特别是与粟特人的利益是一致的。

西突厥汗国的权力来自于他们在多民族条件下保证内部的稳定,遏制游牧民族好斗的天性。从部落集团中形成了咄陆与弩失毕两大部族,他们对帝国的政治经济生活给予很大的影响。以上提到的因素在汗国内部均造成了不稳定性。阿史那王族的削弱引发了又一次的分裂,内讧战争导致接受臣属地位。所有这些都在唐帝国的掌控中。唐朝更替隋朝以后,其与北方民族的力量对比发生了急剧的变化,也更进一步确定了双方关系的实质。中国在长期沉重的社会经济危机中尚未恢复时,是突厥大汗国的藩属;但是,中国快速有效地进行经济改革与行政体制改革后,唐朝皇帝成功度过了国家危机,开始实施既定的中亚战略。618 年,唐撕毁了与突厥汗国签订的和平条约;太宗皇帝同意与突厥颉利可汗签署兄弟合约,只是太宗成了尊贵的兄长。这一时期、这种关系,用太宗皇帝的话讲,他在与突厥的关系中视突厥为敌国,即承认唐与突厥均是合法存在的国家。但是当唐恢复过来并聚集了大量的战争资源后,国家走向了对外扩张,特别是对北部与西北部游牧地区的扩张。唐帝国在西北方向的意图是实现对丝绸之

----

① H. B. 比古列夫斯卡亚《叙利亚史料中的苏联各民族史》,莫斯科、列宁格勒:苏联科学院出版社,1941 年,73 页;H. B. 比古列夫斯卡亚《5 至 7 世纪拜占庭的外交与丝绸贸易》,《拜占庭编年史》第 26 卷,莫斯科:科学出版社,1947 年,208—209 页;B. П. 莫克雷宁、M. H. 费多罗夫《7 至 12 世纪吉尔吉斯斯坦与周边地区贸易关系史》(价格问题),《伊塞克地区考古发现》,伏龙芝,1975 年,121 页。

路的控制。这是唯一一条连接东西方的贸易动脉①。

在咄陆汗逃走后,642 年射匮可汗取得了西突厥的权力。他向唐朝派去了贡使并要求与唐联姻。但是皇帝要求他将五个部落让给他作为聘礼,这五个部落属于龟兹阿史那王子额实巴尔(贺鲁)。他是室点密可汗的后代,波利设的儿子。射匮可汗指责贺鲁有阴谋,驱散了他的部落,他带着自己的近臣逃亡至唐。皇帝派他率军进攻龟兹。这样上待贺鲁,只是因为唐准备对西突厥进行远征。很明显唐皇对贺鲁给予了很大的期望,指望他成为自己手中的傀儡。此外,唐朝并没有与贺鲁一起作战而只是希望削弱西突厥。唐暗中帮助贺鲁对付射匮可汗。应当指出,为了达到自己的目的,转向中国在古代与中世纪都是一个普遍的现象。游牧民游牧到帝国的边界时,获得了与草原深处的竞争者争斗间隙的喘息,并且利用中国的支持,重返大草原,重新建立自己的统治。中央国家给游牧民以款待,同时力图使他们服从自己,从而帮助自己干预中亚事务,在那里确立中国的统治以扩张领土。这一计策的典范就是匈奴呼韩邪单于的归顺,这历来都被当作天子智慧而传诵②。

阿史那贺鲁开始再次统一西突厥的企图引起了唐廷的不安,唐廷害怕出现一个强大的游牧帝国在商道上对抗自己。因此,很快形成的由回鹘骑兵、常备兵组成的巨大的军事集团开始联合起来反对西突厥汗国。尽管阿史那贺鲁成功地统一了所有的西突厥故土,但是 7 世纪中叶到 8 世纪初的历史事件可以让我们下这样的结论:并非所有对唐帝国持反对态度的国家都支持贺鲁,他们对此持观望态度。这样,658 年,贺鲁在天山支脉波罗河洛山被彻底击败,本人在向西逃跑的过程中被俘,送至长安,于次年死去。

阿史那贺鲁军队的覆亡标志着西突厥汗国的最终崩溃。阿史那贺鲁没有采取措施恢复西突厥两大部族之间的关系,也没能团结他们以巩固自己的权力,恢复西突厥汗国的统一。当然,这一进程中,唐的外交家们也利用了汗国的矛盾与

----

① Л. Н. 古米廖夫《拜占庭史学家费奥菲拉特·斯模卡塔〈历史〉中的突厥可汗传记与真实》,《拜占庭编年史》第 26 卷,莫斯科:科学出版社,1965 年,75—76 页;Л. Н. 古米廖夫《古代突厥人》,148 页。

② Н. Я. 比丘林《远古时期中亚地区各民族史集》,292—294 页;Н. В. 秋聂尔《中国史料中的南西伯利亚、中亚与远东各民族》,莫斯科:远东文化出版社,1961 年,192 页;А. Г. 马利亚夫金《中亚的历史地理:资料与研究》,新西伯利亚:科学出版社,1981 年,22 页;А. Г. 马利亚夫金《唐史料中的中亚国家:文献与研究》,新西伯利亚:科学出版社,1989,38 页。

汗国内部各部落之间的敌对关系。中国的计策只是加重了汗国与内部各联盟之间本已存在的矛盾。在巩固了自己在区域内的阵地后,唐帝国的军队给予西突厥汗国以最后的打击,使其最终分裂。

王族阿史那失去了对所有联盟的控制,他没能取得游牧民的支持,对镇压部落分离主义来说他已经不是一个现实的力量。汗国现在处在非常复杂的状况下,贺鲁重新统一西突厥汗国的企图以完全失败告终。为了实现对西突厥旧地的完全控制,唐帝国采取了分割的办法,建立了两个都护府:濛池都护府与昆陵都护府,将两个傀儡可汗阿史那布真与阿史那弥射放置在了领袖的位置上。建立傀儡汗国,说明唐朝缺乏现实的力量去完全控制西突厥故地,所以其采取了一个临时策略,赢得时间巩固自己的统治并在获得足够的物质前提后完全清除突厥汗国。

两个不能和解的傀儡可汗之间的仇恨最后以阿史那部落后代的毁灭告终,唐的统治者试图将另一个阿史那部落的代表——阿史那都齐收纳到自己方面来,他曾经是匐延都督府都督,很快称自己是西突厥十部的大可汗,他与吐蕃人缔结了合约,并且向安西发动了进攻。这一举动引起了唐廷的极度愤怒,因为西突厥的再次统一将导致一个新的强大游牧国家的出现。唐朝绝对不能容忍,故而唐朝派出了讨伐军去抓捕都齐,最终,军队解决了这次危机。对都齐指望的落空使唐不再奢望寻找新的傀儡,唐重新想起了布真与弥射的后人,决定利用他们。

此外为了安抚游牧民,在他们服从中国后,唐在突厥人与其他部族旧地设置了都护府与都督府。这些地方的民族明显有自治的权力。唐朝的军队只承担保证秩序与保护都护辖区的安全。在必要的情况下,组建讨伐军镇压反帝国的骚乱[1]。

按照中国的史料,除了两个都护府外,唐还在都护府的统辖下,在西突厥旧地建有八个都督府。但是史料未指出,这些行政区域到底处在哪个都护府的管辖之下。

----

[1] А. Г. 马利亚夫金《唐为获取中亚东部霸权的策略》,新西伯利亚:科学出版社,1980年,103—126页;А. Г. 马利亚夫金《阿史那部族中的傀儡》,《"东部突厥"与中亚》,1984年,144—146页;А. Г. 马利亚夫金《唐史料中的中亚国家:文献与研究》,新西伯利亚:科学出版社,1989年,37、45、98—102、340—341页。

为了巩固与加强自己在西突厥旧地的权利,唐建立了傀儡政权。为此他们利用了布真与弥射的服务。两人都表示了对唐朝的忠心。此外,唐朝认为只建立傀儡国家是不够的,所以,为了建立对西突厥各地完全的控制,建立了上述濛池与昆陵两大都护府。

摆在被任命为西突厥故地西部可汗阿史那布真面前的任务是向七河渗透,消灭那里试图重新恢复西突厥汗国统一与建立独立国家的运动。类似的任务也摆在了他的继承者面前。唐军在丝绸之路东段重要战略与贸易地点的驻扎,是军事渗透的最重要的结果。西突厥汗国的崩溃与室点密可汗第五代子孙布真与弥射傀儡国家的建立,没有保证区域内的稳定,尽管唐的军队控制了整个西突厥旧地,但是西突厥人不准备接受唐朝至上的地位,中国人掌控局势的所有尝试都使得局势复杂化,把国家变成了战争不断的舞台。战争一直持续到秋尔根施汗国出现。

这样,突厥汗国离心力占了上风,为了实现自己的政治野心,他们从外部得到了政治支持。由不同的统治家族,不同的封臣与不同的臣属所组成的不同的集团之间的矛盾扩大了,外部干预加深了。在对抗的过程中,汗国的内部政治不稳定形成了,使汗国团结与复苏为一个统一整体实际上是不可能的。593 年,尤努鲁克可汗(588—599)时期恢复汗国统一企图的破灭证明了这一点。在军事政治关系中,先分裂然后被内部冲突撕裂的汗国已经不再是构成唐帝国的现实威胁。尽管如此,游牧民还具有军事潜力,他们被部署在帝国的边境上,承担着防卫义务,在可能的敌人入侵情况下他们成为减震器。

在阿史那部落的帮助下,唐帝国多次奴役西突厥民众的企图却以失败告终。西突厥人既不想做唐朝的傀儡,也不想服从吐蕃的控制。在这一时期,西突厥民众在四个前线为争取自由展开了斗争。此外,根据西突厥人对唐军的反抗规模判断,实际上唐甚至在部分西突厥土地上的稳固与常规的统治都不存在。在这片土地上一直存在不同部族之间不间断的冲突,直到秋尔根施夺得西突厥的统治权。中国的远征军在西突厥故土上的建设没有给出令人满意的结果。中国只是成功地暂时遏制了游牧民,很快又受到回鹘、契丹、吐蕃与其他游牧民族入侵的威胁,这已经不是本篇文章研究的范围了。

唐帝国与突厥汗国为了争夺中亚的政治统治进入了战争,为了达到目的双方都动员了现存的物力与人力资源,期间还使用了外交谋略,建立了针对对方的联盟。最终中国人成为这场中亚争夺战的胜者。但是过了一百年后,同样是这个唐朝,在怛罗斯河边遭受到了游牧民的毁灭性的打击。之后一千多年,中国没有再踏入中亚的土地。

唐帝国在中亚的扩张可分为五个阶段:一,630 年东突厥覆灭后,唐巩固了自己在西部边疆的阵地,唐军是直接促成者。二,640 年在突厥骑兵的帮助下唐灭高昌。三,658 年在回鹘人与东突厥人的帮助下,唐击溃了西突厥。四,唐朝从 658 年至 8 世纪中期试图稳固与扩大自己在中亚地区的影响。五,751 年,唐军在怛罗斯河被击溃,随后唐在中亚所有据点被消灭①。

这样,西突厥汗国试图在整个中亚建立自己的霸权,他尽力重新保障商道的安全,发展能给他与中亚定居民带来重要利益的驼队贸易。隋唐战略是先削弱且不允许西突厥汗国初期游牧帝国重新统一趋势的出现。唐帝国以外交与军事手段成功地将分裂带入汗国内部,使他们成为中央国家的藩属,必要时建立傀儡国家。西突厥汗国为了独立与自由持续进行着与唐军的残酷的战争,而内部的两个部族集团——咄陆与弩失毕争权夺利阻碍了这一目标的达成。所有这些促使汗国分裂成为两个内战不断的部分,从而最终纳入了唐的管辖。

唐朝成功地将突厥帝国分裂成两个部分后,在争夺中亚的斗争中胜出;他在突厥人的土地上确立了保护国制度,最终把他们从商道上排挤了出去。突厥人试图与中国建立商业经济与外交关系的尝试被中国理解为承认突厥人的藩属关系。千年以来,中国对游牧民族的外交理论始终未变,它在任何历史时期、任何情况下都是镇压"蛮夷"通用的政治工具。

持续了两个多世纪的突厥汗国与隋唐中国的外交政策,其特征表现为:双方都力图将对方削弱,然后将对方从商道上排挤出去,并建立在丝绸之路商道上的军事政治控制。突厥帝国所有同中国建立贸易经济关系的尝试,都以中国方面要求突厥汗国做出领土与政治的让步而告终。因为中国曾视这种关系为向游牧民施压的工具②。

隋唐帝国采取了一系列先削弱后消灭突厥汗国作为国际政治主体的措施。

---

① А. Г. 马利亚夫金《7 至 10 世纪"东部突厥"史》,《古代与中世纪早期的"东部突厥"》,莫斯科:科学出版社,1988 年,305 页。

② Т. Д. 朱马那利耶夫《古代至 17 世纪末天山游牧民政治史概要》,比什凯克,2007 年,166—167 页。

中世纪的中国对外政策建立在儒家学说的意识形态基础上。针对突厥人,中国实施了隐秘但思路清晰的外交,这些手段最终获得了正面的效果,突厥汗国被逐个消灭。

两个汗国建立的亲中国的集团,很会展开反对自己同胞的活动。各强国争夺丝路控制权的结果是建立互相针对的强大联盟。西突厥与唐朝、拜占庭建立联盟,而东突厥、萨珊波斯与阿瓦尔帝国为另一方。这种联盟形式对唐有利,次第地,唐于 630 年、658 年先后消灭了东突厥和西突厥。

（作者单位:吉尔吉斯国立民族大学国际关系与东方学系）

（罗锡政　译）

李白诗歌吉尔吉斯语译作的翻译特点

——以《望庐山瀑布》《独坐敬山亭》《静夜思》为例

什赛尔·伊斯哈尔

吉尔吉斯斯坦和中国历来是友好邻邦。两国彼此珍视经济、政治、军事、能源、投资、人文、技术等诸多领域中的共同利益。两国间在诸多领域的紧密联系为两国人民间实现多样化的文化交流提供了广阔的空间。

正是由于吉尔吉斯斯坦和中国的密切合作,吉尔吉斯人研究中国博大精深的文化兴趣明显提高。毫无疑问,欲深入了解中国文学,首先,须让吉尔吉斯人感受至今仍璀璨独特的中国文学;其次,通过所研究的作品认识邻国大众的世界观、价值观及社会思潮;第三,共同投身于人类文化事业。

现如今广泛学习各种语言的趋势为吉尔吉斯人提供了有利的时机。今天,我们的同胞不仅仅通过阅读汉语、吉尔吉斯语版本的文学作品,而且可以通过阅读俄语、英语、哈萨克语以及其他语言版本的文学作品来学习中国文学。吉尔吉斯斯坦政府把促进大众学习全人类璀璨文化列入计划中。事实上,各民族之间的文化交流、相互理解、相互影响就像一个媒介,将不断推动全人类文化的发展。

本文意在分析中国伟大诗人李白最著名的三首诗歌的吉尔吉斯语(下称"吉语")翻译,重在解析其译文中反映的典型人物、中心思想、主题内容、艺术价值等。如今的吉尔吉斯人民族自觉意识正在一个蓬勃的发展时期,用本民族的语言研究李白诗歌作品成为日益迫切的需要。

中国有海量的优秀诗歌,但李白诗歌创作乃诗歌界之顶峰是公认的,这也是我们选译李白诗歌作品的重要原因。他的诗歌独一无二、自成一派,哲学、历史、政治、美学、道德、思想、眼界等等,均在他的诗歌里有很好的体现。

李白的语言是多方面构建的。自然,记录在诗歌作品里的语言在本质上有别于欧洲语言。因为汉字本身含义丰富,自然,其运用在相应的文章里也就具有了更多的含义,能使读者在欣赏诗歌的过程中有不同的理解。从这个角度来看,作为中国诗歌的经典,读者在欣赏、解读李白诗歌上同样显示出了极广泛的才能。也就是说,如果把李白的诗歌作品比作乐谱,那么它只有在大师们的高超演绎下才会再次悦耳、鲜活起来。

李白诗歌作品遵循了中国唐代诗歌的基本主题:大自然与诗人、告别世俗、寺庙生活、酒茶、妻友、晚年等。然而分析李白诗歌创作,绝不能只单单借助于常规科学分析法将其划分为各个构成要素。因为各个要素在诗人的诗歌作品里都发生了根本性的变化,诗歌里充斥着美学、哲学的浪漫主义概念。在这强烈、热情而富有创造力的热情中,阴郁的神话概念在光辉的诗歌形象面貌中体现出来,相反的,光辉的诗歌形象具有复杂的神话概念的意义形态。可以说,李白诗歌创新体现在不同的精神世界里。

李白的文学作品是最难的翻译类别之一。翻译的难处在于,欲用另一种语言转换表达作者的创作风格、韵律特质、思想内容,译者就必须具有多方构建语言及多维的文学作品鉴赏能力。在这种要求下,专注于文学作品的翻译者需要使用文学手法保留作品的美学价值及文学风格。也就是说,意欲使翻译语言能够重现原诗语言意境,就须多去了解常见的成语典故或固定搭配的变化等。因为在直译诗歌的过程中常常会失去原本的意义,所以需要寻找类比去体会细微的或含蓄或幽默的表现手法。

关于文学作品翻译,有一些简明幽默的俏皮话,如:"翻译就像女人,如果美丽就不忠实,如果忠实就不美丽。"乍一看,很难找到折中的办法,像是陷入了绝境。但翻译的至高标准与上述提及的论点相反,即:"不仅仅要翻译出准确而优美的句子,且须展示出用什么翻译方法以实现这个目标最为合适。"

本文分析研究吉尔吉斯诗人对李白最著名的三首诗歌的翻译,它们分别是:Э. Турсунов《望庐山瀑布》的译作,К. Шакир《静夜思》的译作和 Э. Эрматов《独坐敬亭山》的译作。这三首诗歌的其他精彩生动翻译,如 Ш. Дуйшеев、А. Ɵмурканов、К. Басылбеков、С. Акматбекова、О. Шакир 等,本文不涉及。

《望庐山瀑布》是诗人李白创作于公元 726 年的诗歌作品。庐山的圆顶很像香炉,这在诗人的生活、哲学思想、诗篇中具有重要的意义。用传说中的匡山隐士兄弟的名字命名的庐山,李白登上去也不是一次了。青年时期的李白曾在大明寺潜心钻研道家经典。成年后的诗人又来到这里欣赏落在斜坡上的晨雾、红日照射下的紫色云霞。公元755年,突厥人安禄山叛乱,安史之乱后李白逃难迁家至大明寺。年迈的诗人整日坐在小茅屋的桌前,偶尔沿着山坡失神游走,捡些必不可少的草药。

原文	直译	文学翻译
望庐山瀑布	Смотрю на водопад горы Лушань	Луншань тоосундагы шаркыратма.
日照香炉生紫烟	Солнце освещает Шяньлу, курится фиолетовый дым,	Кайнар тоодон көк буу көкко бууланат,
遥看瀑布挂前川	Вдалеке смотрю на водопад, который свисает как связка с монетами.	Бийикзоодоншаркыратмакулунат,
飞流直下三千尺	Быстро стекают вниз на з тысячи пяди,	Агыш тарам Саманчынын Жолундай,
疑是银河落九天	Думаю, это Серебряная Река спадает с девяти небес.	Көктөн Жерге кумуш тустуусуу агат [2, с. 20].

　　根据吉尔吉斯国立民族大学吉中系教研室的大学生们的直译稿,读者可以看到此诗歌中李白竭力借助于庐山美丽的景色表达自己的理想,李白被这壮美的景色深深震撼。孤零零的庐山峰顶被红日照耀着,蒙上了一层紫红色的烟雾,此番描写为这景色增添了浪漫主义色彩。瀑布从山峰喷涌而出,为大地带来生机勃勃的气象。瀑布奔腾的意象表现出的生机颇具哲学意味。李白对于风景的印象主义描写为大自然增添了传神的一笔。

　　而诗人 Э. Турсунов 的翻译作品,读者会直接发现译者从诗歌中的香炉引出的翻译主题。事实上,香炉是点着香火的炉子,古代中国人用它烧香拜玉皇大帝。所以在第一行中李白绝非偶然看到日光笼罩下徐徐升起的薄薄的青雾。第二个关键词"银河",译者是完全忽略的。李白在这个词里同样给予了哲学意味。在任何一个中国人的理解里,银河是紧密地与玉皇大帝、王母娘娘、牛郎、织女等事物相关联的。在这首诗里诗人却以本民族神话为线索重新翻译,使高深的哲学思想变得轻松、美丽而浪漫。

　　《独坐敬亭山》是诗人李白创作于公元753年的诗歌作品。敬亭山坐落在古代宣城不远处海拔为 256 米的山上。诗人独自坐在长满小花的小路旁,陷入自己安静的情绪中,感受自然和原本的世界。心里是宁静的,周围的环境也是安静的。鸟儿们飞得没有了踪迹,天上飘浮的孤云也不愿意留下,慢慢向远处飘去。只有我看着高高的敬亭山,它也默默无语地注视着我,谁也不会觉得厌烦。谁能理解我此时寂寞的心情,只有这高大的敬亭山了。诗人的表达在诗歌里的灵感、才情数千年来被人们传唱。

原文	直译	文学翻译
独坐敬亭山	Одиноко сижу в горах Цзинтиншань.	Изинтиншань тоосунда жалгыз олтурам
众鸟高飞尽	Самые разные птицы высоко улетели,	Ысыктан чарчап
孤云独去闲	Одно облако одиноко плывет.	Булуттар жылат жай гана. Зыпылдап учкан
相看两不厌	Каждый смотрит друг на друга не уставая,	Чымчыктын кеттиуйуру. Тоо мага карап,
只有敬亭山	Только с уважением смотрю на гору.	Мен тоого карап олтурам… Бетме-бет шунтип Жок бизде эч бир туНулуу[3,c.148].

吉语版译文中 O. Шакир 将翻译的重心放在了敬亭山上,与中文诗歌中群山一般被看作是炎帝的化身、大自然永恒的象征一致。群山的永恒深邃与人类社会中的日常琐事形成了对比。云的各种形态(雪白的、轻盈的、黑暗的、沉重的、乌黑的等等)被比喻为人类社会形形色色的存在方式,因为它们强调出了激动、平静、缓和、冲突、烦恼、忧伤等众多感受。为加强译文中的平静,译者翻译过程中增加了"炎热到疲倦",然而,李白对山景深深的敬意却突然消失了。"炎热到疲倦"一行的翻译与诗人的平静感十分不协调,再次给诗句增添了人们日常琐事的感觉,因此似乎无意间丢失了整首诗歌的主旨。看来,O. Бакир 翻译该诗过程中参照了 A. Гитовича《独坐敬亭山》的俄文翻译版,而 A. Гитовича 俄文翻译过程中恰好借助了俄语中存在的惯用句:孤云独去闲。

《静夜思》是诗人李白安史之乱后被流放至夜郎(今贵州省)时所创作的诗

歌作品。在废弃荒芜的小茅屋里,诗人在寂静而萧瑟的秋夜里凝望着月亮,心中思念着可能再也无法回去的故乡,想到故乡的一切,想到家里的亲人,想到年华易逝。这些都成了诗人沉重的难以承受之痛。突然之间,与世隔绝,抛弃一切世俗,人间疾苦就像是无形的加重了的恐惧与可怕。

原文	直译	文学翻译
静夜思	Думаю тихою ночью.	Бейпил түндөгу ой
床前明月光	Перед лежанкой лунный свет,	Ай нурун көрдум
疑是地上霜	Думаю об инее на земле.	Салынган төшөк алдында
举头望明月	Подняв голову, смотрю на светую луну,	Ак бубак жерге
		Төгулуп азыр калгандай…
低头思故乡	Опустив голову, думаю о родине.	Көтөрсөм башты
		Ай турат тоонунустундо
		Карасам төмөн
		Тууган жер ойго келет жай[3, c. 116].

这首诗歌的译本是吉尔吉斯著名诗人 Э. Эрматовым 的成功之作,其翻译之精彩源于译者本身就是一位出色的抒情诗人。译者充溢着诗人的悲剧内心,所以能够很贴切地表达出中国古代唐诗作品细腻的抒情色彩。当然,对于译者而言,《静夜思》的翻译真是一个艰难的考验。诗歌是中国古代语言之精品。该诗仅有四行,每行仅有五个字。Э. Эрматов 作为吉尔吉斯现代诗人,明了其语言之复杂情感,始终坚定地为吉尔吉斯读者展现真正的中国古典诗歌杰作,这是非常值得尊敬的。

综上所述,笔者分析了李白最著名的三首诗歌的翻译。这些优美大方的吉语译作是由 Э. Турсунов, О. Шакир и, Э. Эрматов 完成的,当然,还有吉尔吉斯其他翻译人员(С. Акматбековым К. Басылбековым, А. Өмүркановым, А. Турдугуловым и другими)正在共同为吉尔吉斯读者带来中国诗人李白的名作。他们致力于并将一直致力于人类文化的相互交流与繁荣。

参考文献:

1. Г. Цулечилаазе,《艺术时期理论问题》,第比利斯:文学与艺术出版社,1964 年,268 页。

2. И. С. 柏勒朱若娃编《李白选集》1—2 部,比什凯克,2004 年,92 页。

3. Тузгөндөр Шерниязов Ч 编《李白诗歌》,比什凯克:Typap 出版社,2015 年,160 页。

4. А. 阿赫玛托娃,А. 吉托维奇,Л. 别任与 Э. 巴拉硕夫译《李白、杜甫抒情诗选集》,莫斯科:儿童文学出版社,189 页。

（作者单位：吉尔吉斯斯坦国家科学院东干学与中国学研究中心）

（李　婷　译）

关于建立碎叶历史文化综合中心的设想

马如昔奇·弗拉基米尔

在距吉尔吉斯斯坦托克马克市阿克—贝希姆镇不远处有一座古城遗址,那是西突厥汗国古城遗址,很久以前这个城市被称作苏亚博或碎叶。这个城市建于公元 6 世纪并且在 6—12 世纪间一直存在。这是突厥文化和中国文化最重要的连接点。

在中国的史料中有有关该城市的大量叙述。在 7 世纪中叶碎叶与龟兹、疏勒、于阗并称为唐代"安西四镇"。从 9 世纪起,碎叶成为突厥汗国的中心。英国的考古学家格·克拉乌松第一次把这座古城同在中国和阿拉伯文献中不止一次提到的著名的碎叶城相提并论。1982 年当地的居民从阿克—贝希姆镇把带有中国文字的石板送到了吉尔吉斯托克马克布拉那博物馆。鲁普卢年科读了上面的文字,它提到了中国的卫戍要塞——碎叶和中国西域地方长官的名字——杜怀(宝)。

碎叶曾经历过很多历史事件。这里坐落着室点密可汗的大本营,拜占庭、中国和波斯的使臣曾被派往那里。碎叶成为西突厥的都城(中心城市),然后是突骑施汗国的都城(中心城市)。城市成为七河地区的政治、文化和贸易的中心。在突厥汗国期间的碎叶是丝绸之路上重要的一段。6—8 世纪中国(玄奘)同拜占庭、伊朗的联络证明了碎叶在战略和政治关系上的重要意义。碎叶已成为很多历史事件的见证,古碎叶生命中的所有事件都成了独一无二、具有重要意义、无价的历史纪念。

公元 701 年伟大的诗人李白就出生于碎叶。这个城市进入历史,使得不同的古代文明、文化和宗教的出现和对话成为可能:佛教、基督教—聂斯托利派、摩尼教、拜火教和其他很多宗教。

100 多年间,从研究阿克—贝希姆开始,积累了很多揭示古碎叶各个历史阶段的资料。发掘出了城市的建筑、收集了一些手工制品。

今天根据各社会组织和国际援助组织的提议,要在国家组织的层面进行合作,建立碎叶历史文化综合中心。该中心将建于碎叶城(图1)。

图1　阿克—贝希姆古城遗址及设计中的纪念中心

历史文化中心将建立碎叶博物馆,设计古城全景图和模型,建立李白纪念碑。同时,计划进行考古挖掘及保存工作,碎叶基督教—聂斯托利教堂陈列工作等。今天中亚的基督教—聂斯托利教堂是最大和最具有意义的,在公元629年佛门僧人玄奘曾来到碎叶并对它进行了记载,将来还要建立这个伟大行者的纪念碑(图2-5)。

图 2-5　碎叶历史文化中心设计图

　　实施该计划的过程中,还计划出版一些中文、吉尔吉斯文的和俄文版的李白诗集及有关碎叶历史的宣传手册,期望在碎叶历史文化综合中心的基础上以诗歌朗诵和艺术会演等形式进行诗歌、文学的联欢。

　　历史文化中心将制订教学计划,教育孩子和年轻人了解自己边疆的历史。吉尔吉斯人民以及来自中国和全世界的游客都能够参观碎叶历史文化中心,借以触摸丝绸之路上最伟大的城市之一的西突厥汗国的都城——碎叶的历史。

（作者单位:吉尔吉斯斯坦碎叶历史文化研究中心）

（孔　愿　译）

吉俄版《"李白与丝绸之路国际学术研讨会"论文集》简介

[版权页信息]

"李白与丝绸之路国际学术研讨会"论文集/（吉俄版）

比什凯克市—比依克吉克·普留斯出版社－2015 年－160 页

ISBN 978－9967－33－106－8

　　本论文集旨在加深吉尔吉斯人民对中国的了解。唐朝是中国历史上的"黄金时代"，出生于唐朝的天才诗人李白创作的作品闻名世界,关于他的作品在论文集分为两编。第一编是学者们在研讨会上所讨论的文章,第二编是由著名的吉尔吉斯诗人阿克马特别阔娃（Akmatbekova）、阿克巴洛夫（Akbarov）、萨勒（Saaliev）翻译成吉尔吉斯语的李白等诗人的诗歌作品。

　　吉尔吉斯国立民族大学孔子学院组织出版此研讨会论文集。

　　主编　库勒塔耶娃·乌木特（Kultaeva U. B.）

目　录

翻译集

萨根·阿克马特别阔娃

阿曼泰·阿克巴洛夫

哲迪格尔·萨勒

附录二 "李白与丝绸之路国际学术研讨会"资料

[编者按]2015 年 10 月 15 日至 18 日,由吉尔吉斯国立民族大学、中国新疆师范大学主办,吉尔吉斯国立民族大学孔子学院,新疆师范大学文学院、北京大学中国古代史研究中心、中国李白研究会共同承办的"李白与丝绸之路国际学术研讨会",在吉尔吉斯国立民族大学隆重召开。这是有关李白研究首次在国外举办的学术会议,也是有关这个专题第一次多学科的学术对话,它为今后丝绸之路上的跨文化交流提供了宝贵的经验。兹将此次会议前后的相关发言和会议综述汇集如下,以资参考。俄语发言稿,也均由吉尔吉斯国立民族大学孔子学院中方教师翻译为中文,谨此致谢。

"李白与丝绸之路国际学术研讨会"欢迎词

别什莫夫·阿斯卡尔

尊敬的各位专家、各位来宾:

正值秋高气爽、菊花盛开之际,美丽的吉尔吉斯斯坦迎来了各位专家学者。"李白与丝绸之路国际学术研讨会"在此隆重召开。这是古丝绸之路沿线国家重要的文化活动,更是吉尔吉斯斯坦学术界的盛事。我谨代表吉尔吉斯国立民族大学并以我个人名义,向前来参会的诸位专家、学者表示热烈的欢迎,并对大会的召开表示衷心的祝贺!

古往今来,丝绸之路将中国与吉尔吉斯斯坦以及其他中亚国家紧密地联系在了一起。在这历史长河中必须提到一个人物,他就是中国唐代诗人李白。在中国文学史上,李白是独树一帜的伟大诗人之一。中国史籍记载,李白出生于碎叶城,即今天的吉尔吉斯斯坦托克马克市。从李白的诗歌创作中,人们能深切感受到他和西域文化之间的密切联系。

今天,我们在吉尔吉斯斯坦欢聚一堂,希望在这次学术盛会上,各位专家、学者能畅所欲言,将李白诗歌研究与古今丝绸之路研究提高到一个更高的层次。相信本次国际学术研讨会能为各国专家、学者搭建一个学术交流与合作的平台,也将赋予丝绸之路经济带建设更多的文化内涵。

祝愿所有与会人员能通过此次学术活动,增进交流,切磋探讨,收获学术发展与人文交流的丰硕成果。

最后,预祝本次国际学术研讨会圆满成功!祝大家工作愉快,身体安康!

谢谢大家!

(作者单位:吉尔吉斯斯坦外交部周边国家司)

"李白与丝绸之路国际学术研讨会"开幕式致辞

朱玉麒

各位来宾,女士们、先生们:

我们中国学者团队怀着朝圣一般的心情,来到吉尔吉斯斯坦,来到比什凯克。我们不仅是来参加一次学术的研讨会,也是来看望千年以来中国史书上就记载着的我们的芳邻、我们的亲戚。因此,请让我代表中国学者的团体,向你们——吉尔吉斯斯坦及其周边国家的学者们——致以兄弟姐妹一般亲切的问候! 同时,我代表所有学者对主办会议的吉尔吉斯国立民族大学、中国新疆师范大学给予的积极支持,对承办会议的吉尔吉斯国立民族大学孔子学院、新疆师范大学文学院、北京大学中国古代史研究中心、中国李白研究会付出的辛劳勤勉,对吉尔吉斯斯坦外交部、吉尔吉斯斯坦驻华大使馆予以的鼎力协助,表示衷心的感谢和崇高的敬意!

中国的学者,都铭记着这样的历史:中国的历史书上,记载着一个早年被称为"鬲昆"(Gekun)、唐代被称为"黠戛斯"(Xiajiasi/ Qırğız)的古老民族,他们驰骋在北方草原,与漠北草原的各部族在与中国的漫长而密切交往中共同创造了东方大地上游牧与农耕互补的文明史,尤其是《玛纳斯》这部伟大史诗,成为中、吉两国人民共同的财富,连接了我们之间血肉交融的情谊,至今传唱。

今天,我们的学术研讨会,正是来景仰我们更早时期共同的文化巨匠——公元701年、一千三百一十五年前在碎叶城出生的李白。

走遍中国大江南北、黄河上下的李白,以他豪放飘逸的诗笔,描绘了中国山川景物的瑰丽神秀,歌咏了追求自由与生命的人生强音,成为汉语诗歌巅峰时期的8世纪盛唐最伟大的诗人。千年以来,李白的传说家喻户晓,李白的诗歌代代传诵。即使在朝鲜半岛,也传唱着"李太白的月亮"的童谣;即使在东瀛日本,也珍藏着现存最早的宋版李白文集。李白与他的诗歌,不仅是中国文化的瑰宝,也熔铸了整个东亚文明的精神。

然而,在李白同时代人的记载中,明确告诉我们这样的事实:李白是出生于中亚碎叶——今天吉尔吉斯斯坦的托克玛克市附近的诗人。所以,李白不仅是我们中国的骄傲;他对人类的文化贡献,也同样是吉尔吉斯斯坦人民的骄傲!

公元705年,五岁的李白跟随家人从中亚碎叶进入大唐帝国的天府之地,是他成为伟大的汉语诗人的决定性年头。今天,在那个重要历程之后的一千三百一十周年,我们中国的学者终于从其成长、终老的地方返回到他的出生地,第一次与当地的学者开始了共同研讨这位伟大诗人留下的属于丝绸之路、也属于世界的文化遗产。这是一个非常值得庆祝和纪念的文化盛事。

本次会议的另外一个议题,是来探寻我们共同的丝绸之路。在连接世界文明的这条伟大道路上,由于中吉两国地缘上的紧密联系,使我们早就熟悉了怛罗斯(Talas)、热海(伊塞克湖/ Issyk-Kul)、碎叶(阿克·贝希姆/Ak-Beshim)、八剌沙衮(布拉纳/ Burana)等等的吉尔吉斯斯坦地名及其相关历史史实。"明月出天山,苍茫云海间",李白的诗句描述的明月、天山,也正是我们中吉两国共同拥有的皎洁月亮和坚固靠山。我们今天有幸能够踏上吉尔吉斯斯坦的土地,与各位专家共同探讨丝绸之路上的历史,相信对于我们未来共同的文化事业和贸易往来,都有着可以预见的前景。

让我们借着李白的足迹开端,共同走向丝绸之路友好往来的明天!

谢谢大家!

(作者单位:北京大学历史学系暨中国古代史研究中心)

"李白与丝绸之路国际学术研讨会"
俄语讨论组总结发言

伊马佐夫·穆哈迈德

目前已经有 2000 首左右的李白诗歌翻译成了俄语和吉语,对吉尔吉斯人了解、认识李白诗作有着重要意义。

大会主题发言依次是朱马纳利耶夫·藤奇博洛特先生、伊万诺夫·谢尔盖先生以及吉尔吉斯国家科学院东干学与中国学研究中心的什赛尔·伊斯哈尔博士,马如昔奇·弗拉基米尔先生还向大家介绍了关于在吉尔吉斯斯坦建立李白博物馆(碎叶历史文化中心)的设想。

分组讨论中,库勒塔耶娃·乌木特教授提出了一个问题,即李白所有的诗都是通过俄语翻译成吉语,如果直接从汉语翻译吉语的话,意义会变吗?什赛尔·伊斯哈尔先生回答了这个问题,他认为李白的诗歌是最难翻译的类别之一。翻译之难在于用另一种语言转换准确表达出作者的创作风格、韵律特质、作品思想等。它应该具有基本艺术作品的多义性、多结构性和多题材性所赋予的完整的文学特性。在这种情况下,专注于文学作品的翻译者就需要使用文学手法以保留作品的美学价值和文学风格。也就是说,如果要翻译语言重现原诗语言,就须要多了解成语典故或惯用语的变化等。因为在直译诗歌的过程中常常会失去本身的意义,所以,需要寻找类比以体会细微的含蓄、幽默手法等等。所以从汉语直接翻译成吉语很难。

忠·阿力先生提出的问题是,每种语言都有自己的特点,翻译成俄语和吉语的时候有没有区别或者特别的情况?史斯尔·伊斯哈尔的回答是:Ermatov E. 先生将李白的诗翻译成吉语,Ahmatova A. 将李白的诗翻译成俄语,在他们两个翻译稿里面都有自己的翻译特色,两个都有自己的典雅之处。每位语言读者的感知也不一样,所以很难说某一位翻译者的翻译好或不好。

马如昔奇·弗拉基米尔提出读中文诗的时候可以听到中文特有的韵律,翻译成俄语和吉语的时候这个韵律是该改变还是留下? 什赛尔·伊斯哈尔的回答是俄语和吉语的韵律一样,但是中文诗的韵律是有自己的特点,所以可以说各有特点。

伊马佐夫·穆哈迈德提出除了 Tursunov, Ermatov, Shakir 等译者,还有没有别的学者翻译李白的作品? 什赛尔·伊斯哈尔回答:还有许多其他译者,比如 Duisheev, Akmatbekova, Saalaev, Ernisov……,其中包括很多年轻的翻译者,我们的个别学生也在尝试翻译李白的作品。

奥斯曼诺娃·乔勒盼女士提出建议,希望给吉尔吉斯的学生专门出版李白诗集的书。大家都认为这是个好主意,大家还建议给学生们创办专门的文学兴趣小组,在这个小组里感兴趣的学生可以翻译中国的文学作品。

伊马佐夫·穆哈迈德总结说:什赛尔·伊斯哈尔的文章吸引了很多人,他的著作包括艺术创作和翻译理论。总的来说,我们最好出版两本书:一是学生们翻译的李白诗歌;二是吉尔吉斯所有翻译者翻译的李白诗集。

马如昔奇·弗拉基米尔先生简单地谈了关于在吉尔吉斯斯坦建立李白博物馆(碎叶历史文化中心)的设想,这个项目的目的是开一个以李白为主题的历史博物馆,给研究李白的学者们展示他出生的地方,而且在这个中心可以组织诗歌比赛、中华武术比赛等。在吉尔吉斯斯坦建立李白博物馆的主意是哈萨克斯坦的 Igor Khvan 先生提出的,开始我们自己提供建立李白博物馆的资金,后面我们将从中国香港和俄罗斯找投资,但我们还需要资金支持。我们已获得了总统阿坦姆巴耶夫的许可。

库勒塔耶娃·乌木特教授提出了在李白博物馆组织"诗人宫"的想法。她认为如果开一个"诗人宫"的话,不仅是文学家,历史学家、东干学家、中国学家们都可以来组织各种活动。伊马佐夫·穆哈迈德先生很支持这个设想,他认为如果在吉尔吉斯斯坦建立李白博物馆,从事李白研究的学者们可以带领更多的民众更好地认识这个伟大的地方,旅游者的数量也会大幅增加。

(作者单位:吉尔吉斯斯坦国家科学院东干学与中国学研究中心)

"李白与丝绸之路国际学术研讨会"
中文讨论组总结发言

薛天纬

中文讨论组的各位专家,除了大会发言的几位专家之外,围绕着"李白与丝绸之路"的主题,展开了两个单元精彩而热烈的议题发言与讨论。18 位中方议题发言专家的文章,集中于"李白"与"丝绸之路文化"两个议题,其中 7 篇与唐代诗歌有关,3 篇与丝绸之路上的马匹和商贸有关,5 篇与李白出生地碎叶有关,3 篇与古城遗址墓葬有关。讨论议题涉及考古学、历史学、美学、文学、地理学等多个角度。

罗时进教授主持了丝绸之路研究的讨论。李白先世的流窜地,在原始文献中有"条支""碎叶"两种说法,薛天纬《条支与碎叶》的文章认为这两种说法不矛盾,条支是一个泛指西域的大概念,碎叶则是西域的一个具体地名,随着碎叶城地理位置的确定,李白先世流窜之地也就明确了。刘子凡博士用自己手绘的唐代西域走势图形象地展示了碎叶的地理位置,其《唐代的碎叶与庭州》讨论西域两个军镇的关系,也正体现出唐朝经营西域的基本战略格局,其对碎叶在唐代的兴废,为我们了解那个时期的西域历史提供了纲领。纳比坚·穆哈穆德罕教授则论述了古代丝绸之路哈萨克斯坦境内的历史名城——怛逻斯(塔拉斯)的历史变迁。

霍巍教授借助 PPT 的完美图片,以充足的考古材料讲述了西藏出土的黄金面具,文章《考古学视野下的唐代吐蕃与中亚文明》是通过对西藏考古材料的研究,对唐代吐蕃文化受到中亚文化影响的若干因素加以剖析,从一个新的角度审视了吐蕃文化与中亚文明之间的关系。罗丰《中亚粟特人墓葬与中亚西亚文物——以宁夏为例》,则着重介绍了宁夏出土的与中亚、西亚有关的墓葬和文物。

孟宪实教授的《丝绸之路上的马匹贸易——以吐鲁番出土资料为中心》与张

庆捷先生《胡商贩马图考》堪称讨论丝路商业贸易的双璧,根据出土文书和壁画,对中古时期的马匹贸易进行了深入的讨论。党宝海教授利用汉文文献《耶律公神道碑》《恒州刺史马君神道碑》《马氏世谱》等材料,结合其他中外史料,对耶律氏和马氏两个信奉景教的非汉人家族做了新的讨论,分析了11—13世纪中国两个景教。刘学堂教授对于中亚古代居民崇7习俗源流,将崇拜神秘数字7进行深度解读,并以亲自挖掘过884所墓葬材料作为支撑,得出了7的崇拜是原始人类的灵魂观和宇宙观。

霍巍教授主持了有关李白与唐诗研究的专场讨论。齐东方教授的《从李贤、李静训到李白——考古发现与李白先祖》从当代考古挖掘的北朝李氏家族墓葬中发现的中亚文物出发,就其与李白的碎叶出身的关联角度进行了有趣的论证。梁森教授认为,从陈寅恪以来提出李白是"西域胡人说"的研究,具有明显的历史与文化重构的意义,使我们在了解李白血统及文化基因的同时,进一步加深对他的思想行迹的认识。

罗时进的《李白"薄声律"的诗学背景及其"将复古道"实践》是对李白诗歌观念的重要研究,他认为李白在开元十五年后以鄙薄声律的姿态出现于盛唐诗坛,意在以"将复古道"为旗帜推行复古诗学理想。他对扭转当时拘忌声病的倾向,改变盛唐诗坛的品质,丰富诗歌创作的风格做出了具有诗史价值的贡献。刘屹教授《从周舍到李白——〈上云乐〉的艺术与宗教脉络再解读》否定了20世纪初以来关于李白的诗作《上云乐》反映了唐代景教的思想意识,文章从萧梁的周舍初作《上云乐》的艺术史背景谈起,认为其反映的不过是从汉代以来就有的西胡为皇帝献寿的传统乐舞表演,李白对周舍的拟作完全可以在中国传统的文化背景下得到圆满的解释,无须牵扯上景教的问题。

朱玉麒与陶喻之的文章讨论了民间文化中的李白形象。朱玉麒教授从中国传统文化心理结构的角度重新解读了关于李白"铁杵磨针"的传说。认为这个传说曾经有多个主人公,但是由诗歌出发而广为人知的诗人李白,在"铁杵磨针"的传说故事中,又被推举为勤奋好学的代表,带来了诗歌之外更为杰出的道德影响力,使他成为民间传说中最大的公约数。陶喻之则从民间美术史上李白在明清版画和年画中大量出现的"力士脱靴"和"醉草蛮书"题材,高度评价了李白的"人民性"。

尚刚教授的《唐代诗文与工艺美术》,从工艺美术史的角度,分析了唐诗的高度史料截止,认为唐诗具有说明装饰演进、提供定名依据、揭示器物用途、主要知识来源和唯一文献史料等多种功能。来自新疆师范大学文学院的青年博士吴华峰、孙文杰也分别就《唐诗"花门"考》、《清代西域诗对唐诗的影响》进行了主题发言。

    总的来说,中文讨论组的议题发言与讨论,从不同的学科,对于中吉两国的李白研究、丝绸之路上的中吉文化交流,提供了许多非常有益的新视角,是这两个议题的新成果。

(作者单位:新疆师范大学文学院)

"李白与丝绸之路国际学术研讨会"闭幕词

马 磊

各位专家学者,女士们、先生们:

大家好。首先,让我们热烈祝贺由吉尔吉斯国立民族大学和新疆师范大学主办的此次"李白与丝绸之路国际学术讨论会"圆满成功!

我代表承办单位吉尔吉斯国立民族大学孔子学院、新疆师范大学文学院、北京大学中国古代史研究中心、中国李白研究会和吉尔吉斯国立民族大学吉中系向参加这次学术研讨会的专家学者及各位来宾表示最衷心的感谢!

在此次研讨会中,与会的学者和专家从文学、艺术、历史、地理、经济、宗教等方面对李白与中亚地区深厚的渊源进行了深刻而全面的讨论;对李白这位出生在今吉尔吉斯斯坦的托克马克(碎叶城)的中国古代文学巨匠所做的诗歌体现的丰富文化内涵和精湛的艺术成就进行了细致的分析和高度的评价。大家赞誉李白创造了中国古代浪漫主义文学创作高峰,为唐诗的繁荣与发展开创了全新局面,他批判地继承了前人的传统,并形成了独特风格。

李白的出生地也是学者们津津乐道的,李白生于碎叶城,也就是现在的吉尔吉斯斯坦的托克马克市。五岁那年,他随家人迁到四川省江油县定居。李白不仅在文学上的成就使唐诗达到了音乐美与形式美的完美结合,而其出生地更是成为现今中国和吉尔吉斯斯坦文化与经济交流的重要契机和关键纽带。此次中吉两国学者广泛而深入的交流,使我们更为明确历史所赋予我们的责任,那就是,共同担负起保护和弘扬李白文化的责任,并进一步拓展文化、经济、贸易等方面的合作!

各位专家学者,女士们、先生们:希望通过我们这次研讨会,让中吉两国学者携起手来,共同推动李白及中亚研究这项伟大文化事业,共同创造中吉文化、经济合作的新高度!

最后,祝大家身体健康,万事如意!

谢谢大家!

(作者单位:吉尔吉斯斯坦国立民族大学孔子学院)

"李白与丝绸之路国际学术研讨会"综述

周　珊　刘子凡

　　2015 年 10 月 15 日至 18 日,由吉尔吉斯国立民族大学、中国新疆师范大学主办,吉尔吉斯国立民族大学孔子学院、新疆师范大学文学院、北京大学中国古代史研究中心、中国李白研究会共同承办的"李白与丝绸之路国际学术研讨会"在吉尔吉斯国立民族大学隆重召开。

　　会议的开幕式由吉尔吉斯国立民族大学孔子学院吉方院长库勒塔耶娃·乌木特教授主持,吉尔吉斯斯坦外交部周边国家司司长别什莫夫·阿斯卡尔先生等代表吉方致欢迎辞。北京大学中国古代史研究中心教授、新疆师范大学黄文弼中心主任朱玉麒博士代表中方致开幕辞。来自中国、吉尔吉斯斯坦、哈萨克斯坦的近 50 位学者出席了此次会议。国外汉学研究者与中方学者围绕着"李白"与"丝绸之路"的主题,就文学、历史、考古、工艺美术等多领域展开了充分地讨论。

一、中亚学者的研究简述

　　来自吉尔吉斯斯坦、哈萨克斯坦等国的汉学家,展示了中亚汉学界在李白研究以及丝绸之路考古、历史等领域取得的成果。

　　李白是一位具有国际影响力的伟大诗人,吉尔吉斯斯坦的学者也致力于将李白的诗歌翻译并介绍到吉尔吉斯斯坦。来自吉尔吉斯国家科学院东干学与汉学研究中心的什赛尔·伊斯哈尔博士的发言《吉尔吉斯诗人翻译李白诗歌的翻译特点》,便介绍了吉尔吉斯诗人 Э. Турсунов 翻译的《望庐山瀑布》,К. Шакир 翻译的《静夜思》,Э. Эрматов 翻译的《独坐敬亭山》,并对三位诗人各自翻译的优点和未尽之处进行了品评。他分别用汉语和吉尔吉斯语朗读了这三首诗歌,他认为李白的作品是最难翻译的文学类别之一,难处就在于用另一种语言转换表达出作者的创作风格、韵律的重复以及作品的中心思想。这里介绍的三种翻译各有优劣。诗人 Э. Турсунов 的翻译,将《望庐山瀑布》中高深的哲学思想变得轻松、美丽、浪漫,但却忽略了"香炉""银河"等古代中国的神话意象。О. Шакир 翻译《独坐敬亭山》时将重心放在了敬亭山上,同时他应是参照了 А. Гитовича 的俄文翻译,恰好借用俄语惯用句来翻译"孤云独去闲",但译者增加了"炎热到疲倦"一行,却丢失原文中诗人的慰藉感。著名诗人 Э. Эрматовым 对《静夜思》的翻译可以说是成功的,译者充满了诗人悲剧式的内心状态,所以能够很贴切地表达出中国古代唐诗作品细腻的抒情色彩。同时,他也肯定了吉尔吉斯翻译者在人类文化的相互交流与繁荣方面做出的贡献。

吉尔吉斯国立民族大学国际关系与东方学系朱马纳利耶夫·藤奇博洛特教授的《7—8 世纪唐代的中亚外交政策与游牧民族》,梳理了唐帝国与突厥争夺中亚的历史,探讨了在农耕和游牧两种文明作用下,唐帝国与突厥各自外交策略的实质。他指出,中亚的游牧民与定居农业文明之间总是处在对抗状态之中。这是两种不同的社会结构、经济类型、种族、政治体系、生活方式塑造的不同文明。突厥汗国与唐帝国在中亚的争夺就是这样一种对抗。持续了多过两个世纪的突厥汗国与隋唐中国的外交政策的特征是,双方都力图削弱对方,然后将对方从商道上排挤出去,以及在丝绸之路商道上建立军事政治控制。突厥同唐朝建立贸易经济关系的努力,通常都会被唐朝理解为承认突厥人的藩属关系,唐朝方面也会借此要求突厥做出领土与政治让步,因为唐朝曾视这种关系为与游牧民进行政治博弈的工具。隋唐帝国采取了一系列削弱突厥汗国作为国际政治主体的措施,针对突厥人实施了清晰的外交,这些手段最终获得了正面的效果。

吉尔吉斯国立民族大学国际关系与东方学系副教授伊万诺夫·谢尔盖先生《公元前 1000 年吉尔吉斯与新疆游牧民族之间的文化关系——以中国伊犁河谷地区遗迹为例》,探讨了中国新疆伊犁河地区及吉尔吉斯天山和七河地区考古文化的关系。他仔细分析两个区的墓葬在墓穴形式、两圈石环、内衬,以及出土文物中的彩绘陶器、青铜物品等方面的相同和差异,同时指出,同一时期中国伊犁河谷地区早期游牧民族的遗迹与天山和七河地区周边的塞克遗迹基本上类似,只是在细节方面有一些区别。至少是在公元前 5 世纪,天山和七河的塞克文化进入中国伊犁河谷地区,并由此与新疆东部地区的其他文化产生关联,与此同时也产生了相反的文化影响。这可能与伊犁河上游的天山和七河地区人口的迁徙有关。不过,新疆的这部分地区可能在更早之前——公元前 7 世纪末至公元前 6 世纪就已经与天山和七河地区进行了积极地联系,主动形成了早期游牧民族文化认同的关联。

哈萨克斯坦阿里—法拉比国立大学纳比坚·穆罕穆德汗教授《古代丝绸之路哈萨克斯坦境内的历史名城——怛逻斯的演变》,结合传世文献和出土文物,对丝绸之路上的另一座重要城市塔拉斯的历史进行了考述。他认为,中世纪怛逻斯城已成为较大规模的且市场繁荣的中亚中心城市之一;突厥汗国物质文化和工艺制品质量达到令西方人惊讶的程度;中世纪唐朝社会经济的高速发展和丝绸贸易额量的增长,必然对中亚地区乃至突厥汗国物质文化的发展产生积极影响,突出表现在"营帐装饰以五彩缤纷的丝绸帷幔"之上;位于中亚的怛逻斯城也随之成为东西文明的交融纽带和桥梁。各种文化的融合也塑造了哈萨克的民族性格,哈萨克族的宽宏大量、大度包容、开放性的民族性格是在辽阔的地理环境中吸取各大城市文化的基础上逐渐形成的,怛罗斯就是其中之一。

吉尔吉斯斯坦"碎叶"历史文化研究中心主任马如昔奇·弗拉基米尔先生《关于在吉尔吉斯斯坦建立李白博物馆的设想》一文,总结了关于碎叶的考古及研究历史,并提出了在碎叶遗址附近建立李白博物馆的想法。他指出,英国的考古学家格·克拉乌松第一次把在中国和阿拉伯文献中不止一次地提到的著名的苏亚博城(碎叶城)提到崇高的地位。1982 年当地的居民从阿克·贝西姆镇把带有汉字的石板送到了布拉那博物馆。Г. П. 鲁普卢年科解读了上面的文字,比对出了中国文献中的碎叶。碎叶城的历史充满了辉煌,碎叶曾是西突厥的中心,也是政治、文化和贸易的中心。公元 701 年伟大的诗人李白出生于碎叶。进入这个城市的历史,看到的是文明和文化的对话,是宽容地对待在古代作为不同形式世界观的不同宗教的对话。根据各社会组织和国际援助组织的提议,目前正筹备建立碎叶历史文化综合中心和博物馆,并树立李白纪念碑。他提出的这一构想得到了与会学者的一致支持。

二、中国学者的学术贡献

来自中国的学者,为会议贡献了很多高水平的研究成果。历史、考古、文学、艺术领域的专家从多学科的角度围绕共同的主题从事探讨,在唐代文学与中亚史的专业会议中,还是第一次。他们的论文主要围绕以下议题展开。

议题一:李白家世与李白诗歌

河南省社会科学院葛景春研究员的主题发言《李白及其诗歌中的丝路文化色彩》,详细总结了李白本人及其诗歌中的西域文化因素,认为李白本身就是中国文化和西域外来文化相互交融的代表性人物。他指出,李白的先世出身于碎叶,他本人受胡化家庭影响,浸染的胡气颇深,对中亚地理和文化也非常熟悉,他的诗歌中经常出现对于丝绸之路沿线城镇、风景及西域物产的描写。正是由于大唐的对外文化开放的政策与丝绸之路的开通,以及李白特殊的家世,才产生了李白这样的融西域丝路文化与中国文化于一身的思想开放、文化多元的典型的盛唐诗人。

上海博物馆陶喻之研究员《明清民间的李白——读图话李白》,以《历代古人像赞》《三才图会》《无双谱》等众多木刻版画李白人像,和河北武强、安徽阜阳、天津杨柳青等套色年画、京剧版画中的李白传奇场景,以及李坚、苏六朋等画家笔下设色李白人物故事绘画为素材,来解读明清以来民间视野中的诗仙李白形象。民间版画、年画中大量李白人物图像,化身千万,它们成为民间认识李白的重要途径,也是普通百姓心目中李白形象的缘起。

北京大学考古文博学院齐东方教授的《从李贤、李静训到李白——考古发现与李白先祖》认为,李白出生于碎叶,隋代权臣李浑被告谋反,李氏有一房流寓到碎叶,即为李白的五世祖。李氏家族中,北周李贤墓在宁夏固原发现,隋代李静训墓在陕西西安发现。两座墓出土遗物极为丰富,重要的是其中都有来自西亚、中亚的物品,说明李氏家族本身就与丝绸之路有着密切的联系。李氏起家于丝绸之路要塞陇西,军人世家,麾下常有胡人相助,数代经营,势力强大。李白的先祖落难后流落碎叶要继续生存,自然要浸染胡风,而这一家族的根基与当地融为一体并不困难。

中央民族大学文学与新闻传播学院梁森教授《陈寅恪李白家世考辨平议》指出,陈寅恪断言李白为"西胡族类之深于汉化者",依据信实史料而来,具有相当的说服力,但仍存有疑点。不过迄今还没有可靠证据能够推翻陈氏之说。另一方面,陈寅恪关于李白家世的考辨,鲜明地体现了他中古历史研究中所持的种族文化观念。李白以其西域胡人的身份融入汉文化,成了主流文化的代言和时代社会的精英。以陈寅恪的立场来看,李白的文化身份远远超越了种族身份,这也是陈寅恪的考辨启发我们认识李白及其历史地位的重要意义。

苏州大学文学院罗时进教授《李白"薄声律"的诗学背景及其"将复古道"实践》一文,从盛唐诗学发展的时代脉络出发,考察了李白所谓"薄声律"的相关问题。他认为,学者们对李白"薄声律"的现象,或者加以回护,或者仅仅作为个体创作特征加以诠释,淡化了这一诗学行为的特殊意义。开元十五年以后,"既闲新声,复晓古体"成为唐代诗坛的主流,李白正是在此时以"薄声律"的姿态出现于盛唐诗坛,意在以"将复古道"为旗帜推行复古诗学理想。他对扭转当时拘忌声病的倾向,改变盛唐诗坛的品质,丰富诗歌创作的风格做出了具有诗史价值的贡献。对李白"薄声律"的诗学观应与其复古诗学实践结合起来考察,对于揭示唐诗演变的关节,理解唐诗发展的成就都具有重要意义。

首都师范大学历史学院刘屹教授的《从周舍到李白——〈上云乐〉的艺术与宗教脉络再解读》一文,对于李白的诗作《上云乐》是否反映了唐代景教的思想意识的问题进行了辨析。他认为,李白的《上云乐》是对萧梁周舍初所作《上云乐》的拟作,所描写的只不过是从汉代以来就有的西胡为皇帝献寿的传统乐舞表演。《上云乐》完全可以在中国传统的文化背景下得到圆满的解释,其中的"大道"和"元气"等都是出自中国本土的基本概念,无须牵扯上景教的问题。故而李白《上云乐》中所谓的"景教意象"不能成立,李白从事诗歌创作的文化背景还是应归位到中国本土文化。

北京大学中国古代史研究中心朱玉麒教授《李白"铁杵磨针"传说考》,研究了李白"铁杵磨针"这一经典的中国古代励志故事,认为李白勤学的声誉与其诗文中对早年苦读的自述有关,而这个传说最早可以追溯到南宋的《方舆胜览》,眉州象耳山外的磨针溪则承担了这个传说的真实场景。与此同时,这个传说也被附会于道教的玄(真)武大帝,以及佛教中的东晋高僧昙翼身上。类似的传说也在其他民族的民间故事中流传演变。这一传说的叙述模式,折射出"勤学为天才必经之路"的中国传统文化心理结构。而李白作为诗人的名声,使其在中国的传说共同体中成为最大公约数,这个传说家喻户晓的主人公,最终落在了李白身上。

议题二：李白出生地、丝路重镇碎叶研究

武汉大学文学院尚永亮教授《唐碎叶与安西四镇百年研究述论》，参考大量文献及研究成果，对唐代碎叶与安西四镇的相关研究进行了详细地述评，并提出了自己的观点。其综述主要从"文献记载之矛盾与古代学者的不同理解""20世纪前八十年围绕碎叶展开的论争及考古发现""两世纪之交三十余年的'两碎叶'和'四碎叶'之争""安西四镇的兴废、交替及其他"等四个方面展开，同时通过考证指出，唐代的碎叶城在今吉尔吉斯斯坦之托克马克附近，作为安西四镇之一的碎叶镇当为热海碎叶，所谓的"两碎叶""四碎叶"说因欠缺足够的事实根据，不能成立。他认为，安西四镇之初置当为贞观二十二年，其间凡五置五弃，而碎叶与焉耆则在调露元年、开元七年发生两度交替。

陕西省考古研究院张建林研究员《中国学界对吉尔吉斯斯坦阿克·贝希姆（碎叶）遗址研究概述》一文，对于碎叶城遗址的考古发掘史和研究史进行了梳理和展望。他指出，19世纪末以来，俄国、苏联学者即开始持续不断的调查、发掘，成规模的发掘一直到1998年。相继发掘出罗城（东城）、子城（西城）、佛寺、景教教堂、祆教及摩尼教墓葬等重要遗迹，出土大量重要文物，引起国际学术界的广泛关注。遗址的考古发现真正引起中国学术界注意是在20世纪60年代以后，张广达、宿白等先生先后发表过文章进行研究。1982年出土的杜怀宝碑及1997年出土的汉文残碑也引起了中国学者的关注。不过总的来说，中国学术界对阿克·贝希姆遗址的研究开展较晚，研究的范围有限。考古学家尚未介入或参加过对遗址的发掘，直接影响到我国学术界对遗址综合研究的进展。

中国人民大学国学院、新疆师范大学文学院薛天纬教授的《条支与碎叶》，辨证了原始文献中李白先世的流窜地有"条支""碎叶"两种说法的问题。他指出，碎叶城可以确定在今吉尔吉斯斯坦阿克·贝希姆遗址，而唐人语汇中的"条支"，通常并不确指"条支都督府"或漕矩吒国，而是承袭汉代的观念指代极远的西方边地。唐代诗人写到"条支"，也都是泛指广大的西域地区。因此，关于李白先世流窜之地，李阳冰《草堂集序》"中叶非罪，谪居条支"与范传正《唐左拾遗翰林学士李公新墓碑序》"隋末多难，一房被窜于碎叶"的说法，并不矛盾。条支是一个泛指西域的大概念，碎叶则是西域的一个具体地名。

北京大学历史学系刘子凡博士的《唐代的碎叶与庭州》，通过对唐代碎叶镇与庭州的关系的研究，考察了碎叶在唐代西域经营中的历史地位。他指出，碎叶

是唐朝在西突厥腹地设立的军镇,庭州则是天山北麓最为重要的军政机构,碎叶与庭州共同承担起了镇抚天山南北诸游牧部落的职责。虽然碎叶大多数时间都是安西四镇之一,但碎叶与庭州之间有着十分密切的军政关系。调露元年(679)波斯道行军后,王方翼在碎叶筑城并镇守碎叶,随后王方翼与杜怀宝在碎叶与庭州之间频繁迁转,此时驻碎叶的安西副都护与驻庭州的金山都护同级,碎叶与庭州开始共同镇抚诸部落。在长安三年突骑施乌质勒占领碎叶后,唐朝就失去了对碎叶的控制。从景龙四年(710)诏书看,碎叶曾一度隶属于北庭。直到开元七年(719),唐朝才正式以焉耆替代碎叶在四镇中的位置。碎叶与庭州的这种关系,也正体现出唐朝经营西域的基本战略格局。

议题三:唐诗与中亚文化研究

清华大学美术学院尚刚教授《唐代诗文与工艺美术》,以唐代为例,选择典型诗文,考述了唐代诗文对于工艺美术研究的文献意义。他指出,诗文是研究唐代工艺美术的基本文献史料之一,涉及了工艺美术的各个品类,包含着相当丰富的重要内容:或说明装饰主题的演进;或能披露装饰、造型等的定名;或可补充对器物用途的认知;或是重要品种的基本甚至唯一文献的史料。就李白来说,两《唐书》载有李白衣宫锦袍,乘舟夜游,"自采石达金陵"的故事。而在唐代对于男士衣锦,汉人、汉地的热情远远不及胡人、胡地。李白的家族曾在胡地长期生活。那里的风习也应令李白深受濡染,故其衣锦不仅因为矫矫不群,还在提示其家族的历史。这或也可视为他生在碎叶的佐证。

新疆师范大学文学院暨西域文史研究中心吴华峰博士《唐诗"花门"考》,探讨了"花门"这一唐诗边塞意象,认为其源自于唐代"花门山"与"花门山堡"这两个现实存在的历史地理概念。"花门山"与"花门山堡"位于唐朝与回纥的边境,有过出塞及西北生活经验的岑参最早将"花门"作为诗歌意象运用在创作中。杜甫受到他的启发,继而在诗歌中以之指代回纥。除了杜甫诗歌,唐代传世史料中别无以"花门"代指回纥的用例,"花门"也不是回纥的自称。自杜甫创造性地使用之后,经过宋人注解,"花门"才逐渐演化为一个民族的代称,并成为后世文史领域内约定俗成的语言习惯。

新疆师范大学文学院暨西域文史研究中心孙文杰博士《清代西域诗对唐诗的影响——以〈历代西域诗钞〉〈清代西域诗辑注〉为中心》探讨清代西域诗的唐

诗影响。他认为,在浓郁的复古思潮影响之下,清人最终在唐诗的光芒之下寻找到了自己的精神家园,作为清诗主要组成部分的清代西域诗也不例外,纷纷以"宗唐"为旨归,在不同程度上受到了唐诗的影响。清代西域诗人群体在创作的过程中,他们推崇唐人,学习唐诗、模仿唐诗,在不同程度上都受到了唐诗的影响,这主要体现在他们对唐诗意象的承袭、化用唐人诗句、用唐人诗韵、咏唐事等方面。但清代西域诗在继承唐人成果的同时,也体现出了其发展与转型的特点。

议题四:丝绸之路考古研究

四川大学中国藏学研究所霍巍教授《考古学视野下的唐代吐蕃与中亚文明》一文,通过西藏考古材料的研究,对唐代吐蕃文化受到中亚文化影响的若干因素加以剖析,从一个新的视角来审视吐蕃文化与中亚文明之间的关系。其中涉及了前吐蕃时期当地与克什米尔地区新石器时代文化的交互影响,蚀花料珠、猕猴装饰、带柄镜、"斯基泰风格"动物纹饰的中亚因素,以及吐蕃时期在金银器、吐蕃丝绸、棺板画、马具、造型艺术、丧葬习俗等方面的中亚影响。霍巍教授还重点考述了黄金面具的中亚背景。他同时指出,吐蕃与中亚地区的文化交流,可以上溯到吐蕃王国建立以前的史前时期;吐蕃在中亚的进出,对中古时期欧亚大陆的政治格局、经济贸易、族际关系与国际关系等方面产生过重要的影响;在吐蕃与中亚之间,可能存在着多条交通路线;宗教被认为是文明交流最好的"晴雨表"。

宁夏文物考古研究所罗丰研究员《中亚粟特人墓葬与中亚西亚文物——以宁夏为例》一文,着重介绍了宁夏出土的与中亚、西亚有关的墓葬和文物。他指出,宁夏是陆上丝绸之路的重要组成部分,考古出土的文物古迹与文献证实,隋唐时期,宁夏固原、盐池、灵州地区居住着相当数量的入华粟特人。1982—1995年,在宁夏固原南郊发现的一处隋唐时期的家族墓地,7座墓葬中出土6方墓志,证明是分属两个史氏家族的昭武九姓墓葬。宁夏盐池何氏家族墓地的6座唐墓属于中亚"昭武九姓"之一的何国人后裔。这些墓葬都出土了大量有关中亚、西亚的文物。原州史氏家族墓地、盐池何氏家族墓地是入华粟特人墓群在中国境内为数不多的发现,丰富了我们对于流寓中国的中亚粟特人的认识。

新疆师范大学历史学院刘学堂教授《史前"彩陶之路"与中原早期文化的西向拓展》,结合考古学和民族学材料,对在中亚历史到现在许多民族中都存在的崇"七"文化习俗的内涵及源流,进行了考证。他指出,中国新疆地区有很多

"七"崇拜遗存,1979 年孔雀河古墓沟墓地发掘的 42 座墓葬中有 6 座地表围有 7 圈木围桩,小河墓地中与神秘数字"七"有关的遗存发现更多,包括男性棺前的女阴立木刻有 7 道旋纹,几件人面像在鼻梁上横搭 7 根细毛线,木梳大都是 7 根梳齿等等。古突厥人视"七"为圣数,基督教、伊斯兰教中也有关于"七"的传说。中亚从原始宗教到人为宗教中,"七"都具有神性,是圣数,这里的居民的现实生活中也充满着崇"七"的文化习俗,它们都根植于极其古老的原始宇宙观和灵魂观。

议题五:唐代中亚与丝绸之路的文化交流与贸易来往研究

北京大学历史学系副教授党宝海博士《11—13 世纪中国的两个景教家族》,利用汉文文献《耶律公神道碑》和《马氏世谱》《恒州刺史马君神道碑》,结合其他中外史料,对耶律氏和马氏两个信奉景教的非汉人家族做了讨论,推测两个家族很可能来自景教传统更为深厚的中亚或西亚地区。由于特殊的身份、技能,他们迅速得到了辽朝、北宋统治者的器重,并分别获得了契丹赐姓与汉姓。虽然辽、宋被金朝灭亡以后他们的地位一度衰落,但凭借文化和技能,又都较快复兴。在蒙古灭亡金朝的战争中,两个家族的政治立场不同,但后来均得到蒙古统治者的任用。如果把唐代、元代视为景教/聂斯脱里教传入中国的两次高潮,那么在此期间的 11—13 世纪,景教传入中国的渠道并未断绝,仍有新的景教信仰者把这一宗教带入中国的华北地区。

山西省考古研究所张庆捷研究员《胡商贩马图考》,结合新出土资料、传世绘画作品和古文献资料,释读了北朝唐代胡商贩马图的背景,并对此历史现象做出较深刻的探讨。他指出,中国古代对外来马匹有着巨大需求,汉代以来西域诸国都在向中原输送马匹,名曰上贡,实为交换或贸易。太原北齐娄睿墓墓道东壁上层壁画绘有马群,紧随在胡商率领的骆驼商队之后,显然与胡商贸易有很大关系。忻州北朝壁画墓墓道壁画中,再次发现有胡人贩马的内容,壁画中共有 18 个人物,由具体情境分为马匹贸易与狩猎两类题材六组人物。墓葬壁画中反复出现这个题材,一是西域的马品种优良,深受骑马民族青睐,二是胡商贩马到中原来卖的现象比较普遍。这种传统一直延续下来,唐代大量出现的《训马图》《调马图》《贡马图》等,实际都应当是《贩马图》或者《献马图》。

中国人民大学国学院孟宪实教授《唐西州的马匹贸易——以吐鲁番出土文

书为中心》,则是从唐代西州的马匹贸易入手,来讨论唐朝各级政府和沿路人民是如何利用丝绸之路的。他指出,马是唐代重要的军事和交通运输力量,唐代的马除了官马和私马外还有蕃马,而从吐鲁番出土文书看,蕃马贸易是丝绸之路贸易的一个非常重要的方面。唐代吐鲁番文书中所见的商人石染典,就是在西州买马,并准备带到丝路沿线的其他城市出售。更多的马匹买卖文书证明,西州当地是一个马匹的集散地,很多人因为各种理由需要购买马匹,马匹贸易市场自然生成。在西州的马匹贸易中,我们频繁地看到了粟特人的身影,他们作为国际商人和翻译活跃在丝绸之路上。从李白出生碎叶的角度看,碎叶不仅是丝路一个重镇,李白故乡的粟特人也是丝绸之路最活跃的人群。

结 论

总之,本次会议汇聚了多个研究领域的高水平学者,充分展示了相关领域的新动向和新成果。此次会议,还同时举办了《李白研究论著目录》首发和赠书仪式,该书系朱玉麒教授与孟祥光博士合作,为本次国际学术研讨会专门编著出版。目录分为作品、专书、论文、文艺创作等几大门类,全面收录了与李白相关的各种论著,仅论文类一项就收录论文近6000篇,专书类更是分别列出每本书的章节子目。这不仅是对近百年来中国李白研究丰硕成果的总结,也是推动李白研究继续蓬勃发展的基础和动力。该书也被列入"新疆师范大学西域文史丛书"。一位出生西域的唐代诗人的研究资料,由新疆师范大学落实出版,并在其出生地举行首发仪式,堪称一时之盛事。

会议于2015年10月18日圆满闭幕。会议闭幕式由新疆师范大学文学院院长周珊教授主持,新疆师范大学文学院薛天纬教授总结了中文讨论组的发言,吉尔吉斯斯坦国家社会科学院伊马佐夫·穆哈迈德教授总结了俄文讨论组的发言。最后由吉尔吉斯国立民族大学孔子学院中方院长马磊先生致闭幕词。会后,会议中方专家在还对碎叶、巴拉沙衮故城,伊塞克湖(热海)等丝绸之路的重要地点进行了考察。

此次在中国以外的丝绸之路沿线国家成功举办的丝路研究会议对丝路文化研究意义重大。首先,这是一次多学科、高水平的学术对话。这次会议,除了从事李白研究的多位重要学者参加外,丝绸之路沿线各地方考古所及科研机构的著名学者也悉数到场,学者们在李白研究、唐代中亚史、丝绸之路文化交流等多个领域的精彩碰撞,点燃不少未来共同研究的话题。当然,也有学者已经贡献了跨学科的研究成果,例如齐东方教授便是利用考古资料来研究李白家世。

其次,跨国对话实现了文化交流的重要使命,为增进丝路沿线国家学界之间的交流与互动做出了积极地贡献。参加此次会议的有22位中国学者、21位吉尔吉斯斯坦学者以及1位哈萨克斯坦学者,会议期间,中国学者将中国文学、考古、历史等多个领域的研究动态和研究成果介绍给了外方学者,也得以知晓以吉尔吉斯斯坦为主要代表的中亚学者对于相关课题的研究进展,了解到一些新观点和新材料。

其三,中国学者利用此次会议获得了到古代丝绸之路境外段进行实地调查和研究的机会,遗迹的勘查和文物的鉴定一方面验证了国内通过资料获得的相关研究成果,另一方面也获取了一些未知的和合作的研究可能,如考古挖掘和博物馆共建等等。这是一次非常成功的尝试,借助此途径,相信中国学界能更好地通过实地研究乃至考古发掘,走上丝绸之路研究的国际舞台。

最后,新疆师范大学建立在丝路要道上的三所孔子学院——吉尔吉斯国立民族大学孔子学院、吉尔吉斯奥什国立大学孔子学院、塔吉克斯坦国立民族大学孔子学院,将此次会议的圆满成功视为孔子学院可持续发展的一个例证,都将在完成汉语推广、中华文化传播的同时将学院打造成为中外学术交流的平台、学术合作的联络人、"一带一路"沿线国家文化交流的使者,"新丝路战略"中文明互通、文化共进的推动者。

(作者单位:新疆师范大学文学院;北京大学历史学系)

附录三 "碎叶"碎叶

[编者按]在李白出生地的吉尔吉斯斯坦举办以"李白与丝绸之路"为主题的国际学术研讨会,对于众多中国学者来说,充满了诗意的期待。在会议和考察途中,追步诗仙的足迹,令人文思泉涌。以下的篇幅,撷取了参会人员的部分诗文,表达了他们在这片神奇的土地上寻找到的诗和远方。

吉国四首

薛天纬

凌山万仞入苍穹,匝地群峰白雪封。
我自乘风云外过,朝霞喷出满天红。(飞越凌山)

碎叶寻踪我到迟,千年史迹剩蛛丝。
楚河岸上残垣在,犹记一房流寓时。(碎叶故城)

天地为炉造化工,碧波淼淼入沧溟。
我来湖畔低回久,改写嘉州热海行。(伊塞克湖)

孔子西行不到秦,十年孔院看而今。
情深况有诗仙梦,异域山川草木春。(赠吉尔吉斯斯坦民族大学孔子学院)

2015 年 10 月 12—18 日

吉尔吉斯碎叶、热海行

葛景春

赴吉尔吉斯参加"李白与丝绸之路国际学术研讨会"四绝句

飞机乘罢又乘机,飞至乌城更向西。
屈指行程已万里,雪山顶上掠云飞。
(注:乌城乃乌鲁木齐简称。)

飘然云上过天山,大小雪峰断续连。
万水千山归蜀路,当年处处是难关!

银机降落比城东,城市深藏林木中。
吉国首都风景好,初冬郁郁又葱葱。
(注:比城指吉尔吉斯首都比什凯克。)

因朝太白祖居行,万里来寻碎叶城。
中吉群贤襄盛会,共研丝路大开通。

2015 年 10 月 15 日草于比什凯克

赴碎叶古城址考察三绝句

一路车行碎叶西,黄杨夹道向天齐。
古城遗址迹犹在,一片荒丘鸟尽飞。

城池遍地草秋黄,远处天山闪雪光。
搜遍古城皆不见,李家寓迹在何方?

一处遗存似住房,址前献酒表衷肠。
鸣枪三响齐呼唤,太白魂兮归祖乡!

(注:按照中国的习俗,向太白先人之魂,奠酒三杯;又按
　　中亚的习俗,当日天纬兄与余及建林兄向天各鸣一
　　枪,大家齐呼:"诗仙太白,列祖列宗,魂兮归来!"表
　　示对李白及其寓居碎叶的祖先的思念和敬意。)

2015 年 10 月 15 日草于碎叶古城

伊塞克湖观日出

四面雪山湖水开,山光水影共徘徊。
长空众鸟高飞尽,波上白云悠去来。
东望朝阳出碧海,南瞻晨雾起瑶台。
今日图将奇景去,好和朋辈说蓬莱。

2015 年 10 月 16 日草于伊塞克湖畔

热海放歌行

昔有岑参热海行,极言热海水如煮。
我觉神奇难以信,今日方来始一睹。
海水清澈直见底,水中游鱼清可数。
虽无沸浪煎汉月,初冬暖如春风度。
凌晨早起看日出,一片黑云影模糊。
俄顷黑云变红云,日光四射光满湖。
日照天山岭上雪,白桦黄杨杂相列。

山光水影相荡漾，海上风光为之绝。

海中水温十几度，里有温泉千百处。

四围雪山环海水，严寒大雪冻不住。

夜晚明月当空照，草气花香暖风拂。

当前已近霜降节，仍有游客海中沐。

但觉出水身上凉，水温反比岸上强。

海深六百七十米，中有鱼龙深处藏。

玄奘当年过此湖，水中有鱼不敢捕。

云此湖内有水怪，常从风雨水中出。

于今海畔石头多，磊磊落落遍山坡。

颜色斑烂呈五彩，上有图画似人摹。

石头个个大逾斗，风吹沙走石不走。

传说石头乃羊变，千年流传旦复旦。

昔有牧童来放牧，一夜群羊皆不见。

天明牧童来寻羊，只见石头一大片。

石头上面有羊形，羊皆钻进石里面。

轻扣石头有羊叫，牧童听了心骇然。

从此成为魔鬼滩，行人匆匆不敢看。

传闻此说有新解，海上仙人夜不歇。

拍羊成石遍海滩，依山傍海成一绝。

留与后人作景观，价比羊群高万千。

凡到热海游览者，看海看石又看山。

一条丝绸文化路，中西交通大串连。

我愿热海水永热，从此西域无严寒！

2015 年 10 月 16 日草于吉尔吉斯伊塞克湖畔

碎叶行

罗时进

生在西域太白公，唤我探奇越山崇。

一时身与诸天接，云生下界掠似鸿。

长行幸藉地脉通，瞻望渺远起夕虹。

旅人神往思骛极，岂料苍茫荒丘空。

谪星只合溟涬造，碎叶地灵神佑祷。

遗址掘得残碑在，疑雾渐从眼前扫。

羁縻经略遣远蹈，史实繁复待辨考。

轻抹尘埃欲究竟，仓颉作证托怀宝。

此处往昔称雄州，胡姬宝马夸不休。

而今发覆理旧基，难画城堡屋宇稠。

诗仙旧迹藏奥幽，祭酒鸣枪晚风遒。

魂兮归来致恭敬，天山遥看愁白头。

羌将愁心明月照，月下举杯星光耀。

记得三人尝对影，光阴驹隙千稔少。

山苍苍兮水淼淼，湖畔夜归作长啸。

思接今古向深秋，声带胡气惊万窍。

碎叶故城有怀李白

朱玉麒

碎叶东来丝路长,骊歌千首慰愁肠。
天山明月儿时梦,化作九州满地霜。

碎叶礼白记

陶喻之

期盼梦圆

屈指算来,自 2001 年上海社科院文研所孙琴安先生举荐,介入纪念李白诞生 1300 周年活动抵今,笔者业已随中国李白研究会访问过不少太白仙踪,像川北剑门关、夔门白帝城、长江瞿塘峡、襄阳习家池、池州秋浦溪、天台国清寺、马鞍山采石矶和长安兴庆公园等名胜古迹。此外还专程凭吊过当涂青山李白墓。不过,充满神秘色彩的李白出生地碎叶,则始终魂牵梦绕,无缘踏访,而且据我了解,不少毕生从事李白研究的学者也都不曾涉足,未免遗憾。

其实说来也情有可原,这个毗邻新疆唐代西域重镇,而今地处中亚吉尔吉斯,关河迹阻,眼下甚至比跨洋、跨洲自由行都可望而不可及。因此,就大多数人而言,碎叶行简直近乎奢望。有鉴于此,当去年此时,荷蒙北大中古史中心朱玉麒先生邀约:晚秋将有圆梦碎叶、出席"李白与丝绸之路国际学术研讨会"因缘,笔者当然喜出望外,闻风而动,早早开始起了学术和知识准备,因为这绝对是千载难逢的"千年等一回"啊!

在历经清早抵京吉国驻华使馆申办出国手续,辗转银行交纳加急费和苦口婆心说服那位不太友好的外交官同意下午递交吉国民族大学孔子学院邀请函等一揽子签证资料的磕磕碰碰后,我终于一路过关斩将,走完所有去吉国必要程序,准点踏上当晚返沪夜车。枕着车轮奏鸣酣然入睡,梦寐以求、热切期待中的碎叶胡笳、马蹄和驼铃,仿佛正由远而近,纷至沓来……

近邻一面

我是国庆长假后从广州参加"千年风雅:宋元以来绘画研讨会"毕,搭乘"红眼"航班直飞乌市,又席不暇暖,于次晨转机吉国首都比什凯克的。由夏意余威犹存的南国,转瞬置身胡马秋风西域,顿感衣衫单薄的丝丝寒意,遂赶紧变戏法般套上事先预备的冬装办理登机。

飞机从乌市起飞,几乎一直在沿着高耸入云的西天山脊巡航,因而舷窗底下景致是清一色刀削般冰峰雪岭。这自然让我联想起碑版书画家吴湖帆,曾将所弆藏东汉刘平国摩崖拓本所署天山题称"白山",许缘于此。因邻座多为同行学者,谈笑风生,关山度若飞,近两小时航程倒不觉得枯坐单调。当舷窗透现大片草原湿地和森林河流时,广播告知快抵达玛纳斯空港了。

入境手续出乎意料地简单,似乎仅通过一道安检,我们一行就出现在马磊院长为首的吉尔吉斯国立民族大学孔子学院前来迎迓的师生面前。握手寒暄稍后,两辆奔驰中巴载着我们直驱下榻的富豪酒店。从机场到市区历时约三刻钟,正好当作我们实地观察打量这个不太为人所晓的西疆邻邦的"相亲"机会。

事实上不光空中俯瞰,唐诗"白羽三千驻,萧萧万里行。出关深汉垒,带月破蕃营。蔓草河原色,悲笳碎叶声",早已表明吉尔吉斯本草原民族,其国旗正中图案便是先民毡房圆顶标志。首都比什凯克原名伏龙芝,分明是为纪念那位出生于斯的红军统帅;行前功课获悉当地还有他的纪念馆,本拟一睹究竟,可听说乏善可陈,也就作罢。但在吉期间不难发现广场或十字街头等显著位置,尚保留着列宁等伟人雕塑,无时不在提醒人们这里曾是苏联、后独联体国家。

左顾右盼间,汽车据称已驶入市中心地带,可环顾四周,感觉好像还穿梭于郊外一般,非但路上行人稀疏,也未见一片大型商店,更勿要说橱窗华丽的时装店了。直到回国前,被带到一大型购物餐饮超市,也只买了一打巧克力和看上去有些年份的普希金像,算是留念。总之,整个首都建筑、街道就像完全掩映在一座树木葱茏的大公园里。而后几天行程,我们也愈益加深了这种印象。

在带木扶梯类似大型民宿又颇具异国情调的酒店安顿好,我们马不停蹄地去拜会本次接待方、位于玛纳斯大街的吉民大孔院。该院教师多来自新疆师范大学,吉国学生则热情好客且彬彬有礼,点头示意加简单问候语让来宾顿感亲切。几间教室或传授剪纸,或讲解汉语;冒昧推开一扇门户,竟然有吉国女生表演工夫茶道,令我等忍俊好奇,上前端起茶杯抿了起来……

合影毕,告别孔院,风尘仆仆赶赴下一站吉国历史博物馆。其对过农业部、右边不远政府办公大楼和总统府方位优势,都证明该馆地处首都中央,一如我们天安门广场的国家博物馆。正门广场上有民族英雄玛纳斯骑马的塑像,像后正方形博物馆建筑,从体量、风格判断,当属苏联时代产物,拾级入内参观,果然。该馆除两层专门陈列吉国通史文物,有一层还保留有苏俄革命吉国星火燎原的内容。望着那些古铜色列宁雕像和工农兵群像,感觉就像从前观摩前苏联电影片头曲一般。博物馆底层两翼经营商品,摆着套娃、白色高冠毡帽"卡尔帕克"等,特色无多,也乏创意。倒是一侧展示当地出土中国唐代佛寺遗址和造像图片,引起川大藏学所霍巍教授浓厚兴趣,由于材料新颖,兼首次公布,不无学术价值,而欲罢不能。然而谈笑间,从落地至此加上时差,已过国内用餐时间,肚子早叫唤开饭了;遂赶紧返回酒店午膳,因为午休后将进入此行活动正题。烤馕、浓汤、色拉、牛羊肉,吉国饭菜花样较之中餐逊色不少,但偶尔品尝,倒也别具风味。印象中茶点、酥梨和早餐更为可口。不过,这只是我个人味觉而已。

联席论坛

我们本次出访肩负正式使命,是参加吉民大孔院和新疆师大文学院联袂举行"李白与丝绸之路国际学术研讨会"。午后富丽堂皇的比什凯克广场酒店会议厅高朋满座,在吉民大孔院吉方院长乌木特教授主持宣布开幕后,中吉两国嘉宾中国朱玉麒教授、吉国家科学院东干学与汉学研究中心东方学家、吉政府翻译与语言学研究所国际文学奖荣获者等分别致辞,对研讨会在李白家乡召开给予充分肯定和一致点赞。朱先生即席赠送以他为首主编的《李白研究论著目录》,为活动学术性增添分量。的确,在倡导和响应"一带一路"国际互动时事大背景下,到李白出生地举办如此高规格学术活动,无疑时地俱符,相当接地气,引发中吉双方高度重视显而易见;特别是东道主就此精心筹备,用功甚勤。譬如为体现会议国际性,不大的会场还尽量安排当堂同声翻译;议程最后吉国小学生以纯正中文朗诵李白《静夜思》,更让人为之动容。因为恐怕只有身临其境感受李白笔下月白霜色,才能真切验证其生此国度所言不虚;其实李白稍后诗人刘商《胡笳十八拍》的"塞马蕃羊卧霜霰……碎叶琵琶夜深怨。竟夕无云月上天,故乡应得重相见"似早有暗示。亦仿佛吉国英雄史诗《玛纳斯》卷首吟咏的:"石滩变成了林海,大地经历了变迁;可祖先留下的这首歌呦,世代流传在人间……"

紧接开幕式后,主题发言都是中吉双方知名学者阐述其前沿高见,他们依次为中国李杜研究会副会长、河南社科院李白研究专家葛景春先生《李白及其诗歌中的丝路文化色彩》,吉民大国际关系与东方学系藤奇博洛特教授《7—8 世纪唐代的中亚外交政策与游牧民族》,中国武汉大学文学院尚永亮教授《唐碎叶与安西四镇百年研究述论》。葛先生最后口占一绝令人叫绝:"因朝太白祖居行,万里来寻碎叶城。中吉群贤襄盛会,共研丝路大开通。"

茶歇之后,下半场发言则分别有吉民大国际关系与东方学系谢尔盖先生《公元前一千年吉尔吉斯与新疆游牧民族之间的文化关系——以中国伊犁河谷地区遗迹为例》,中国陕西考古研究院张建林研究员《中国学界对吉尔吉斯斯坦阿克·贝希姆(碎叶)遗址研究概述》,吉国家科学院东干学与汉学研究中心伊斯哈尔博士《李白诗歌吉尔吉斯语译作的翻译特点——以〈望庐山瀑布〉〈独坐敬亭山〉〈静夜思〉为例》,以及吉方碎叶历史文化研究中心弗拉基米尔先生《关于在吉尔吉斯斯坦建立李白博物馆的设想》。这些讲演或契合主题,或宏观把握,也有个案推敲和建言憧憬。总之,都占据着学术高度与前瞻性。譬如有关在碎叶遗址创建李白博物馆的规划,就引起我一番兴趣,会后通过翻译跟那位中心主任聊起合作话题。末了,还顺手贶赠一份由中国剧协主席、北京人艺著名演员濮存昕出演主角的话剧《李白》的戏单,权作该馆落成前收获的首份来自李白东土国人捐赠的纪念品吧!

信步酒店对过颇具人气的希望餐厅,品尝享用过吉式晚餐。稍事休息,由苏州大学古典文献研究所罗时进教授主持中文组交流,又如同连续剧般连夜在广场酒店会议厅开场。本节以中国代表为主的研讨相继有九位来自文史和考古界的学者发言,其中既有像原中国李白研究会会长、原新疆师大副校长薛天纬教授,登临《百家讲坛》并身为电视连续剧《贞观之治》编剧而出镜率颇高的知名唐史、敦煌学专家孟宪实先生这样的大家、名家;也有党宝海、刘子凡那样学有所长、术有专攻的北大、新师大青年才俊;还有来自西北、西南考古界所长级实力派。这般学术团队奉献的学术大餐可想而知,是精彩纷呈、蔚为大观。像薛天纬老师《条支与碎叶》和刘子凡《唐代的碎叶与庭州》,孟宪实老师《丝绸之路上的马匹贸易——以吐鲁番出土资料为中心》,和山西考古所张庆捷先生《胡商贩马图考》,就都引发共鸣,或碰撞出学术火花。新师大民族学与社会学学院的刘学堂教授《历史上中亚居民崇七习俗源流》,和能讲一口流利汉语的哈萨克斯坦阿里法拉比大学东方学系汉学家纳比坚《哈萨克斯坦丝路历史名城怛逻斯的演变》,分别以出土文物阐述鲜为人知的丝路古城及其民俗,均不失为有趣的探讨议题。而宁夏考古所所长罗丰的出土中亚粟特文物课件透露新出土资料,最引人入胜,大家定睛谛审,尤其同行全神贯注,生怕遗漏重要细节和精准信息,不时请求放慢些、再慢些。尽管此刻时针早已指向吉国时间晚上十点,差不多国内子夜时分,但众人似乎都还沉浸在虽议程满满但感观与收益匪浅的学术兴奋中。想必当玉山倾倒在富豪酒店的松软床垫上,要么今夜无眠,要么注定全是累并快乐着的富足感。

一夜无话,次日上午是继续中俄文分组讨论,俄文由吉国家社科院院士、东方学家穆哈迈德教授主持,中文则请霍巍教授担当。从论文题目看,吉方侧重李白早期生活与诗歌创作关系,以及汉、吉语情感传递命题。我注意到除个别男性作者如吉民大吉中系研究生《诗歌〈静夜思〉思想感情的吉语表达特点分析》外,几乎清一色为文学博士、教研室主任、民族诗人头衔的女士,像《吉尔吉斯可汗在唐皇帝信中的形象分析》《李白的生活与创作》《诗人李白的青年生活》《李白诗歌的吉语翻译》作者皆然。中文组除清华大学美术学院尚刚教授《唐代诗文与工艺美术》、新师大教师吴华峰《唐诗"花门"考》、孙文杰《清代西域诗的唐代影响》外,其余学者课题都关乎李白,属于专家专题报告而言归正传,这从北大考古文博学院齐东方教授《从李贤、李静训到李白——考古发现与李白先祖》、中央民族大学文学与新闻传播学院梁森教授《陈寅恪〈李白家世考辨〉平议》、罗时进教授《李白"薄声律"的诗学背景及其"将复古道"实践》、首都师大历史学院刘屹教授《从周舍到李白——〈上云乐〉的艺术与宗教脉络再解读》、朱玉麒教授《李白铁杵磨针传说考》诸题可见一斑。笔者《明清民间美术史上李白现象》钩沉明清年画、版画中不被人在意的李白故事画面,姑属发人所未发;因以图读"白",给人耳目一新感觉,薛老师表示有些列举图画连他也头一回鉴赏。笔者厕身滥竽于李白研究行列"打酱油"抵今,能博得同道和学界长辈肯定,总算差可聊以自慰。

茶歇稍息,紧凑的闭幕式在新师大文学院院长周珊女史主持下进行,薛天纬和穆哈迈德教授分别代表中俄文组做总结汇报,最后吉民大孔院中方院长马磊致闭幕词。至此,历时一天半的学术内涵丰富扎实、涉猎题材广泛的"李白与丝绸之路国际学术研讨会"宣告圆满结束。简单用完午餐,收拾行囊,重新集合登程,我们驱车东进,向着此行朝圣的目的地碎叶再次出发。

酒奠鸣弹

任凭路况不佳而窗外景观别致,车上连日行色匆匆累坏了的我们不顾车辆颠簸和沿途风光,几乎都陷入沉睡状态;直到猛地一阵刹车惊醒,才意识到汽车已疾驰了个把钟头停在一个叫红河城的佛教遗址前。精神复原,轻松爬上一座土丘登高望远或埋首寻觅,并未发现任何文化遗存;吉方陪同考古学家解释:出土文物都提取在博物馆。但从她夸张表述和手势、表情估计,这是一处较大的唐代遗址。继续行车到托克马克镇西南卅里的布拉纳城址,该文物点初具旅游景区模样。登上高高的伊斯兰风格砖塔和城堡,又信步城头下来,一侧是一片古乌孙民族特征石像,跟此前新疆昭苏县境所见风格雷同。低头走进一间有简单展览毡房,展品、小商品都不甚起眼,只抢拍了几张唐佛寺造像图片留念,便准备随车往终点阿克贝希姆城址进发。有趣的是,在景区口候车,居然碰上几位据说来吉国办养鸡场的河南朋友刚从碎叶城朝拜下来,到此一游;足见碎叶李白说影响之大,甚至在旅吉国人心目中还占有重要一席之地呢。

托克马克西南八公里阿克贝希姆城址正是大名鼎鼎唐西域四军镇之一碎叶,现为一片面积不大的开放式废墟。苏联时期,俄、日联合考古队就是通过对该高地多次发掘,出土包括武则天时期大云寺遗址和杜怀宝碑等一批确凿文物资料,学术界才最终坐实,正式认定此地系史上古碎叶城址的;本次登临城头时,我们还见到当年发掘后被遗弃的几处考古探方。

先在略显开阔疑似碎叶十字街头处坡地站定,这样四下眺望,远处天山雪景与夕阳交相辉映,城底衰草凄凄,是一片开阔草地;环顾周围,前不见古人,后不见来者。一种被凝固了的苍凉残缺美感顿上心头,令每位如愿以偿的访客叹为观止,久久难以释怀。此刻,有心的新师大老师提来几瓶印有李白头像商标的国产白酒"白云边";于是,我们人手斟满纸杯仰天托举。不知谁建议效法太白邀月状高呼一声——太白先生,我们终于到您老家来啦!伴随众声呼唤加之半杯酒下肚,激动的大家纷纷将剩余酒水滴洒在碎叶古城的尘土间,顿时激起一阵阵混合着浓香、酱香和清香的兼香酒味,象征着来自五湖四海人们拜谒诗仙故地的馨香一瓣。

随后大家响应一位中方导游提议,再次聚集到原先考古遗址坑边,拟以一种特殊礼仪表达我们不远万里到此纪念李白的敬仰心声。只见他蓦然从裤腰间拔出一把小手枪神秘地关照:"按此地规矩,祭祖要对空鸣枪叫魂。现在里边恰有三颗子弹,就请三位长者鸣弹三发,略表寸心吧!"大家一致推选此行年长的老会长、老专家薛天纬、葛景春和张建林三位先生履行这一神圣使命。随着声声虔诚祈祷祝福:"太白先生,魂兮归去来兮!""太白不朽,诗仙永生!""千年等一回,太白魂兮归!"但听得三声清脆枪响久久回荡在碎叶古城上空,惊起草丛中一群野鸟,画意诗情顷刻毕现。这正是:城上斜阳胡笳哀,碎叶非复旧池台;鸣弹三声唤太白,仿佛惊魂归去来。而葛先生当即口占一绝云:"一处遗存似住房,址前献酒表衷肠。鸣枪三响齐呼唤,太白魂兮归祖乡!"大家恋恋不舍地走出碎叶城,我留意到落在最后的梁森先生蹲下身子,双手撅起一把古城泥土,意味深长地包进餐巾纸里,轻轻掖进了右手裤兜……

热海观澜

昨晚从碎叶赶赴伊塞克湖畔彩虹宾馆用餐、入住又过子夜,错失领略湖光山色夜景。好在秋后已非旅游旺季,这个由苏联残障儿童疗养院改建的偌大度假村,几无旁的游客,而夜阑寂静,兼以日昨把酒尽欢的伏特加酒精作用使然,倒也一觉睡得踏实,并起了个大早。

早餐过后,我们首先被安排去伊湖州博物馆参观。一路上汽车不时伴行伊湖,由此正可远观其浩瀚一角,而更远处天际线背景呈现的连绵天山冰峰特别的壮观。据说"伊塞克"当地语意为"热",故而伊湖古称热海,寓意冬季不冻;唐边塞诗人岑参《热海行送崔侍御还京》诗就有"送君一醉天山郭,正见夕阳海边落。柏台霜威寒逼人,热海炎气为之薄"句。笔者以前曾游览过瑞士莱蒙湖,发现伊湖湛蓝水色足与日内瓦湖媲美;而从伊湖州博物馆了解的知识是伊湖面积四倍于莱蒙湖,其超七百米水深也位列世界高山湖泊第一,水量第二;后来我特地由平视角度改为回国飞机上俯视,她真像是一颗镶嵌雪地草原间的蓝宝石啊!

在又踏勘了一处史前岩画遗址,我们未走回头路,而是沿着一条水量丰沛的河流自东朝西返回;朱玉麒教授指着这条貌不惊人河流告诉大家,这正是史书上赫赫有名的楚河,现为吉、哈两国界河,过河翻山北上不远,就可到哈萨克斯坦首都阿拉木图。于是在大家一致要求下,汽车停在一处通往哈萨克斯坦口岸旁,我们余兴盎然,到河边作了番史地踏勘,才满意而归。

午休后再出发,是参观北天山南麓伊湖边"精神家园"博物馆。既冠以神圣主题,自与精神世界有关了;但迈步如同绿草如茵、树木蓊蔚的公园方知,这实属以包括佛教寺庙在内的各大宗教文化博览园。空旷的新建筑内展示着壁画或塑像,别无文物陈列,甚至文字介绍。意兴阑珊,顺着名人雕塑小径,随意踏进一座气势不凡的大厅,倒发现横陈着不少跟主人公相关出版物、巨幅画像乃至电影剧照,原来这是七年前去世、荣获国葬待遇的国际知名作家艾托马托夫的纪念堂。

霍巍教授性好戏谑,他见原先审美疲劳的大家此刻兴致勃勃,且大厅恰有桌椅可供小憩,便当场朗声戏称发挥道:"纪念艾氏外国文学研讨会现在开始!"受此气氛感染和激发,知识渊博的朱玉麒教授即席言简意赅地点评起艾氏生平、作品;而梁森教授等艾氏作品粉丝也不时插话补充。短暂却信息量丰富的发言互动,令席间众人对艾氏文学成就有了大体了解,不失为寓教于游于乐的即兴知识调剂;这一临时起意的额外研讨活动,博得在座同仁一片热烈掌声。

不知出自谁人动议,见太阳落山尚早,况且行前通知预备游泳裤;游兴未减的齐东方、张建林、尚永亮、朱玉麒和吴华峰、党宝海、孙文杰、刘子凡等几位老中青学人,不约而同脚踩满地金黄落叶,穿过一排排像浑身长满眼睛列队对他们行注目礼的白桦林,登上宾馆所在伊湖边栈桥稍事活动身体,便迫不及待次第一个猛扎跳进虽名曰热海却雪水注就冰凉刺骨的湖中畅游起来。下水前猛喝几口伏特加驱寒保暖的老师耐力倍增,挥臂蹬腿游向湖心深处;来不及作准备就跃跃欲试几奋不顾身的年轻教师,毕竟火力壮,身体棒,也不甘落后,仗着水性劈波斩浪,愈游愈勇。顿时间,浪里白条翻滚,激起片片欢腾水花。笔者无奈系旱鸭子,看在眼里,痒在心里,却无缘置身异域大自然波峰浪谷间接受挑战而只得甘拜下风,惟手持相机为这些激流勇进同道勇士加油鼓劲,呐喊助威,并摁下张张不惧风浪,湖中搏击镜头……

已记不清受何话题牵引,本次行程中宁夏考古所长罗丰模仿数落心高气傲者方言俗语"心气高,妄想大"风靡一时,播于人口。望着湖中逐浪翻腾的矫健身影,我的发散型思维不免感及此行追随的主人翁如大鹏展翅、自由翱翔的太白先生来。想当初正是具有骑鲸跨龙胆魄,不畏强暴傲骨铮铮,才造就其世所景仰的貌视权贵、与民同欢的飘然太白形象的。即以其年幼回归而论,若无坚韧不拔顽强毅力和对东土大唐无限向往的坚定意志、信念,绝难历经艰辛困苦长途跋涉入蜀的。借用葛景春先生绝句,真可谓:"万水千山归蜀路,当年处处是难关!"因此,"心气高,妄想大",未必跟骄傲自满等量齐观,其中不乏敢想敢干闯劲儿;李白为人喜闻乐道,道理许在于此。据此,我对下定决心、不惧热海、勇敢击水、迎风斗浪的老师们心存感佩,油然而生敬意! 因为他们在风浪中真切践行了太白敢作敢当的精神;而这种时代弄潮儿和风流人物傲然精神状态,显然正是而今迈步从头跃的重走"一带一路"者所需具备的啊!

诗续联绵

碎叶去来,罗时进先生赠诗《碎叶行》翩然达览,该诗高度概括我们此番团结、紧张、严肃、活泼难忘学术之旅,读之诗情焕发,当初热烈研讨、严谨考察情景跃然再现,令我等回味再四,击节赞叹(参上)。

末了,笔者拜读罗教授诗,未免技痒一试,亦急就拟联作诗回应,聊博众贤、同好一哂:

> 碎叶热海深千尺,仿佛白山高万仞;
> 碎叶热海深千尺,不及太白中华情。

> 华夏崇诗仙,飘然盖代传。
> 脱靴才昨日,醉表已千年。
> 为民请命在,摧眉折腰难。
> 雁行过热海,雅集赛西园。

Светлая луна над Тяньшань

Сборник статей Международной научной конференции "Либо и Великий Шёлковый путь"

Оглавление

（Переводчик: Ужэнь Гаова）